REVISTA DE DIREITO MERCANTIL
industrial, econômico e financeiro

147

Publicação do
Instituto Brasileiro de Direito Comercial Comparado
e Biblioteca Tullio Ascarelli
do Departamento de Direito Comercial
da Faculdade de Direito da Universidade de São Paulo

Ano XLVI (Nova Série)
julho-setembro/2007

MALHEIROS
EDITORES

REVISTA DE DIREITO MERCANTIL
industrial, econômico e financeiro

Nova Série — Ano XLVI — n. 147 — julho-setembro de 2007

REVISTA DE DIREITO MERCANTIL
publicação trimestral de
MALHEIROS EDITORES LTDA.
Rua Paes de Araújo, 29, conjunto 171
CEP 04531-940
São Paulo, SP - Brasil
Tel. (11) 3078-7205
Fax: (11) 3168-5495

Diretor Responsável: Álvaro Malheiros
Diretora: Suzana Fleury Malheiros

Assinaturas e comercialização:
CATAVENTO DISTRIBUIDORA DE LIVROS S.A.
Rua Conselheiro Ramalho, 928
CEP 01325-000
São Paulo, SP - Brasil
Tel. (11) 3289-0811
Fax: (11) 3251-3756

Supervisão Gráfica: Vânia Lúcia Amato
Composição: *Scripta*

SUMÁRIO

DOUTRINA

A UNICIDADE DO REGRAMENTO JURÍDICO DAS SOCIEDADES LIMITADAS E O ART. 1.053 DO CC. USOS E COSTUMES E REGÊNCIA SUPLETIVA 7
– PAULA A. FORGIONI

ATUALIDADES

O ESTADO, A EMPRESA E O MERCADO – NOVAS TENDÊNCIAS DE DIREITO ECONÔMICO E COMERCIAL. Empresa em crise, reforma das legislações nacionais e implementação de políticas públicas. O direito a serviço do mercado? 13
– MANOEL JUSTINO BEZERRA FILHO

DO NEGÓCIO DE INTERMEDIAÇÃO: A INTERVENÇÃO DO AGENTE NOS CONTRATOS DE COMPRA E VENDA PELA INTERNET 20
– FABRÍCIO GONÇALVES DE SOUZA SABINA

A RACIONALIDADE ECONÔMICA DO COMBATE AO *INSIDER TRADING*: ASSIMETRIA DE INFORMAÇÃO E DANO AO MERCADO 42
– JOÃO PEDRO SCALZILLI e LUIS FELIPE SPINELLI

DA LIVRE PARTICIPAÇÃO, COMO REGRA, DE SOCIEDADE ESTRANGEIRA EM SOCIEDADE BRASILEIRA DE QUALQUER TIPO (CC, art. 1.134, segunda parte) 55
– ERASMO VALLADÃO A. E N. FRANÇA e MARCELO VIEIRA VON ADAMEK

ELEIÇÃO DO CONSELHO DE ADMINISTRAÇÃO DA S/A: VOTO MÚLTIPLO E VOTOS FRACIONÁRIOS 63
– JOSÉ MÁRIO BIMBATO

DIREITO DE RECESSO E AS ALTERAÇÕES INTRODUZIDAS PELAS LEIS NS. 9.457/1997 E 10.303/2001 73
– MARCEL GOMES BRAGANÇA RETTO

JUROS SOBRE O CAPITAL PRÓPRIO. NATUREZA JURÍDICA 101
– FÁBIO FERREIRA LANZANA PEREIRA

DO UNIVERSO CAMBIÁRIO PARA O UNIVERSO OBRIGACIONAL: VIABILIDADE E REQUISITOS DO PROTESTO DE DOCUMENTOS DE DÍVIDA 117
– SIMONE EBERLE

SINAIS DISTINTIVOS DA EMPRESA 144
– NEWTON SILVEIRA

A RECUPERAÇÃO JUDICIAL: DISPOSIÇÕES GERAIS, PEDIDO E PROCESSAMENTO ... 153
– DANIEL ADENSOHN DE SOUZA

A COMPENSAÇÃO NA FALÊNCIA: SUBCLASSE NO QUADRO GERAL DE CREDORES 181
– VINÍCIUS JOSE MARQUES GONTIJO

ANÁLISE ECONÔMICA DA NOVA LEI BRASILEIRA DE FALÊNCIAS E RECUPERAÇÃO DE EMPRESAS 194
– Stefania Eugenia Barichello

DISCUSSÃO SOBRE A INDENIZAÇÃO PUNITIVA NO BRASIL 210
– Renata de Paiva Puzzilli Comin e Mariana Guimarães Borborema de Sousa

REGULAÇÃO DOS FUNDOS DE PENSÃO BRASILEIROS OU ENTIDADES FECHADAS DE PREVIDÊNCIA COMPLEMENTAR 233
– Renato Buranello e Bruno Cerqueira

ESPAÇO DISCENTE

MERCADO, DESENVOLVIMENTO ECONÔMICO E REGULAÇÃO INTERNACIONAL: O CASO DOS SERVIÇOS DE SEGURO 241
– Rafael Lima Sakr

JURISPRUDÊNCIA COMENTADA

AFFECTIO SOCIETATIS – SOCIEDADE ANÔNIMA FECHADA 265
– Cristiano Gomes de Brito

PARECERES

RESTITUIÇÃO FALIMENTAR, EM CASO DE BANCOS ESTRANGEIROS, DE LINHAS DE CRÉDITO INTERNACIONAIS DESTINADAS AO FINANCIAMENTO À EXPORTAÇÃO CONCEDIDAS A BANCOS NACIONAIS CUJA QUEBRA FOI POSTERIORMENTE DECRETADA 273
– Haroldo Malheiros Duclerc Verçosa

COLABORAM NESTE NÚMERO

Bruno Cerqueira

Formado pela Universidade do Estado do Rio de Janeiro/UERJ. Mestre em Finanças e Economia Empresarial pela Fundação Getúlio Vargas/FGV-EESP.

Cristiano Gomes de Brito

Doutor e Mestre em Direito Empresarial pela Universidade Federal de Minas Gerais/UFMG. Especialista em Direito Processual Civil pela Universidade Federal de Uberlândia/UFU. Professor na Graduação e Pós-Graduação de Direito Empresarial, Civil e Processual Civil. Advogado em Uberlândia/MG.

Daniel Adensohn de Souza

Mestrando em Direito Comercial na Faculdade de Direito da Universidade de São Paulo/USP. Advogado, especialista em Direito Processual Civil pela Escola Superior de Advocacia da OAB/SP.

Erasmo Valladão A. e N. França

Mestre e Doutor em Direito Comercial pela Faculdade de Direito da USP. Professor Doutor do Departamento de Direito Comercial da Faculdade de Direito da USP. Advogado em São Paulo.

Fábio Ferreira Lanzana Pereira

Mestrando em Direito Comercial pela Pontifícia Universidade Católica de São Paulo/PUC-SP. Advogado em São Paulo.

Fabrício Gonçalves de Souza Sabina

Bacharel em Direito e Mestre em Direito Privado pela Faculdade de Direito da Universidade Federal de Minas Gerais/UFMG. Advogado.

Haroldo Malheiros Duclerc Verçosa

Mestre e Doutor em Direito Comercial pela USP. Professor de Direito Comercial da USP. Membro do Centro de Mediação e Arbitragem da Câmara do Comércio Brasil-Canadá. Consultor.

João Pedro Scalzilli

Mestrando em Direito Privado pela UFRGS. Especialista em Direito Empresarial pela UFRGS. Advogado em Porto Alegre/RS.

José Mário Bimbato

Mestre em Direito pela Universidade de Yale (EUA). Foi Consultor Jurídico do Ministério da Indústria, do Comércio e do Turismo (1996-1999).

Luis Felipe Spinelli

Mestrando em Direito Privado pela UFRGS. Especialista em Direito Empresarial pela UFRGS. Advogado em Porto Alegre/RS.

Manoel Justino Bezerra Filho

Doutor e Mestre em Direito Comercial pela Universidade de São Paulo/USP. Juiz Substituto em 2º Grau no TJSP. Professor de Graduação e Pós-Graduação na Faculdade de Direito da Universidade Presbiteriana Mackenzie e na Escola Paulista da Magistratura.

Marcel Gomes Bragança Retto

Mestre em Direito Comercial pela Universidade de São Paulo/USP. Advogado em São Paulo.

Marcelo Vieira von Adamek

Mestre e Doutorando em Direito Comercial pela Faculdade de Direito da USP. Pós-Graduado pelo IBRE/EASP-FGV. Advogado em São Paulo.

Mariana Guimarães Borborema de Sousa

Bacharel em Ciência Política pelo Instituto de Ciência Política da Universidade de Brasília/UnB. Bacharel em Direito pela Faculdade de Ciências Jurídicas do Centro Universitário de Brasília/UniCEUB.

Newton Silveira

Professor Doutor de Direito Comercial e Propriedade Intelectual na Faculdade de Direito da USP.

Paula A. Forgioni

Professora Titular de Direito Comercial da Faculdade de Direito da Universidade de São Paulo/USP.

Rafael Lima Sakr

Mestrando em Direito Internacional pela Faculdade de Direito da USP.

Renata de Paiva Puzzilli Comin

Bacharel em Ciências Sociais pela Faculdade de Filosofia, Letras e Ciências Humanas da USP. Bacharel em Direito pela Faculdade de Direito da PUC/SP. Pós-Graduação em Direito Civil pela Universidade de Paris II – Panthéon-Assas (*Diplôme Supérieur d'Université de Droit Civil*). Advogada em Brasília/DF.

Renato Buranello

Mestre em Direito Comercial pela PUC/SP. Graduado pela PUC/CAMP, com extensão em Comércio Exterior e *Banking* pela FGV. Professor do Curso de Direito Empresarial da PUC/SP (COGEAE). Fundador do Instituto Brasileiro de Desenvolvimento do Agronegócio/IBDA. Professor do MBA em Gestão do Agronegócio do Pensa-Fundace (FEA/USP). Membro do Instituto Brasileiro de Direito do Seguro/IBDS e da Academia Nacional de Seguro e Previdência/ANSP.

Simone Eberle

Mestre e Doutora em Direito Civil pela UFMG. Diretora do Departamento de Protestos da Serjus/Anoreg (MG). Tabeliã de Protestos em Minas Gerais. Ex-Professora Assistente de Direito Civil e Empresarial da UFJF.

Stefania Eugenia Barichello

Advogada.

Vinícius Jose Marques Gontijo

Mestre e Doutor em Direito Comercial pela UFMG. Professor no Mestrado e na Graduação da Faculdade de Direito Milton Campos. Professor na Graduação e Pós-Graduação *Lato Sensu* da PUC/MG. Ex-Professor Substituto na Faculdade de Direito da UFMG e na Escola de Direito da Universidade Federal de Ouro Preto/MG. Advogado.

Doutrina

A UNICIDADE DO REGRAMENTO JURÍDICO DAS SOCIEDADES LIMITADAS E O ART. 1.053 DO CC. USOS E COSTUMES E REGÊNCIA SUPLETIVA

Paula A. Forgioni

1. O estudo do direito comercial, em sua perspectiva histórica, demonstra ser impossível a revogação a penadas de suas tradições. Nele, a força dos usos e costumes é de tal sorte que, embora ignorada por muitos, acaba por enformar não apenas a atuação dos agentes econômicos, mas principalmente as *decisões dos tribunais*. Em que pese às críticas – muitas vezes injustas – desferidas contra a jurisprudência comercial brasileira, é inegável que as decisões, vistas com a distância do tempo, não apenas guardam entre si certo sentido, mas também apontam o caminho da evolução da disciplina jurídica do mercado.

A prática mercantil vai muito além do papel que lhe é tradicionalmente reservado pela manualística – invocada, quando muito, como resquício histórico relacionado ao nascimento medieval do direito comercial. Os usos e costumes ligam-se não apenas ao poder criador da classe mercantil, que constantemente faz surgir novas soluções para problemas econômicos, mas também à resposta dada a essa atividade pelos tribunais. O direito comercial não existe sem os julgados; e, por sua vez, o resultado dessa corrente de decisões condiciona a atuação dos agentes econômicos, fechando um ciclo que não pode ser ignorado pelo intérprete do Direito.

O texto legal inicialmente interpretado pelos empresários (e por seus assessores), as práticas que estes implementam nos limites deixados à autonomia privada pelo direito objetivo, a reação dos tribunais a esses comportamentos e a interpretação que os juízes dão aos mesmos textos normativos trazem como resultado a formatação da ordem jurídica do mercado. Assim, os usos e costumes não surgem *apenas* da atuação livre dos comerciantes, mas de seu comportamento *condicionado* pelas características do ambiente em que desempenham seus negócios, pelos textos normativos e pelas decisões dos tribunais.

2. Muitos sustentam existir espécie de "seleção natural" dos usos e costumes. Determinada prática, imaginada por um agente econômico, é copiada e novamente replicada até se transformar em regra, cujo seguimento é esperado daquele que atua em determinado mercado. Assim, as "invenções" eficientes prevaleceriam espontaneamente sobre as menos adequadas.

Essa afirmação encerra, contudo, apenas *meia*-verdade: os usos e costumes são depurados pela prática – que pode mostrar aos agentes econômicos os caminhos mais "eficientes" –, mas também são trabalhados pela pena nos tribunais ao interpretarem fatos e textos normativos. *Nunca é de-*

mais lembrar: o julgador não se prende somente ao texto da lei, debruçando-se também sobre os fatos do caso concreto trazidos ao seu conhecimento. *Portanto, um costume não aceito pelos tribunais* – isto é, por eles considerado violador de norma jurídica – *acaba desautorizado ou simplesmente não se consolida*.

Dizendo-o de outro modo: suponha-se que uma empresa realize determinado negócio jurídico, até então pouco usual, que entende lícito. A prática mostra-se economicamente vantajosa, e rapidamente outros agentes econômicos copiam-na. Passado algum tempo, os tribunais, interpretando/aplicando textos normativos, consideram que o original negócio é, na verdade, ilegal. No torvelinho do mercado, não mais será prudente adotar a prática – e, portanto, esta não se perpetuará, ainda que em um primeiro momento se tenha mostrado eficiente. Diante da *orientação jurisprudencial* há forte *desestímulo* à sua implementação por parte de outros agentes.

Em conclusão: os usos e costumes refletem complexa interação entre texto normativo, atos dos comerciantes e jurisprudência.

3. Daí que as decisões jurisprudenciais ligam-se à dinâmica do direito comercial moderno mais do que se costuma supor. Em várias matérias, longe de serem julgados desconectados, mostram-se importante força que auxilia a modelagem das regras seguidas e criadas pelos comerciantes.

Não obstante, no Brasil o estudo da jurisprudência mercantil acaba relegado a segundo plano, muitas vezes vista como mera conseqüência do comportamento isolado de alguns agentes econômicos, e não como elemento fundamental do condicionamento desse mesmo comportamento. Nas últimas décadas, também como decorrência de um positivismo exacerbado, a atividade jurisprudencial na área mercantil tem sido desprezada, ao mesmo tempo em que se destaca a "incontrolável discricionariedade" dos julgadores. A atividade dos tribunais acaba vista como "fator de desestabilização do sistema", e não como possível sinalizador para os agentes econômicos dos comportamentos que serão admitidos e integrados à ordem jurídica. Ou seja, o estudo jurisprudencial acaba encarado como fator de aumento das incertezas, e não possível instrumento de sua redução.

4. Um dos mais eloqüentes exemplos da visão equivocada da função dos usos e costumes e da jurisprudência comercial na formatação do mercado corporifica-se no tratamento doutrinário normalmente reservado às sociedades por quotas de responsabilidade limitada. Introduzidas no Brasil pelo Decreto 3.708/1919, tornaram-se ao longo de quase nove décadas o tipo societário mais comum no país. Esse diploma, com menos de 20 artigos, foi sendo interpretado/aplicado pelos agentes econômicos e pelos tribunais de forma a dar lugar a disciplina jurídica bastante peculiar; *texto normativo, prática mercantil e decisões judiciais brasileiras mesclaram-se, determinando a formatação desse tipo societário em nosso país*. Impossível, pois, conhecer o conjunto de regras e de princípios que regem as sociedades limitadas a partir apenas da lei: *exige-se o absoluto domínio de sua evolução histórica*.

Lembremos, a título exemplificativo, do longo processo que culminou na admissão da dissolução parcial da sociedade em virtude da vontade de apenas um de seus sócios. De início o art. 15 do Decreto 3.708 autorizava a retirada do sócio somente na hipótese de discordância com a alteração do contrato social, garantindo o recebimento dos haveres, calculados "na proporção do ultimo balanço approvado". Entretanto, os agentes econômicos, visando ao recebimento de sua participação em valores de mercado, insistiram na dissolução total da sociedade, buscando embasamento no art. 335, V, do CComercial. A jurisprudência nacional, aos poucos, consolidou a idéia de que, por um lado, o direito de retirada não poderia ser negado ao sócio e, de outro, que a preservação do ente produtivo exigia sua continuidade.

5. A observação da evolução jurisprudencial brasileira em matéria de sociedades limitadas leva-nos a identificar as vigas-mestras de sua disciplina, ou seja, os temas principais ao redor dos quais foi sendo tecido o regramento jurídico desse tipo societário. Aqui, emergem não apenas a dissolução parcial, mas também a exclusão de sócio pela maioria do capital social, a possibilidade de alteração do contrato social por sócios que representam a maioria do capital (e não sua unanimidade), a penhora de quotas, a continuidade da sociedade com herdeiros do sócio pré-morto etc. Entremeando todas essas discussões colocava-se o questionamento sobre a melhor interpretação a ser dada ao art. 18 do decreto das limitadas, que dispunha: "Serão observadas quanto às sociedades por quotas, de responsabilidade limitada, no que não for regulado no estatuto social, e na parte applicavel, as disposições da Lei das Sociedades Anonymas".

6. Outro aspecto que não podemos olvidar – e que muito auxilia a compreensão do regramento jurídico aplicável às limitadas – é que, em sua origem, a interpretação das questões a elas ligadas impregnava-se de espírito *individualista*, próprio do chamado "contratualismo" dominante no século XIX. Juridicamente, a sociedade limitada era apenas um *contrato*, com espírito não muito diverso dos outros disciplinados pelo Código Comercial.

Com efeito, em 1850 nosso Código Comercial apartava as sociedades comerciais em dois grandes grupos: as "companhias" e as "sociedades comerciais". Estas, tidas como sociedades "contratuais", eram vistas como mera corporificação da associação entre dois agentes econômicos que se uniam para comerciar em conjunto. Nesse prisma, nada mais natural que permitir que um deles, isoladamente, pudesse pôr fim ao contrato, se assim lhe aprouvesse.[1]

De outra parte, o Código Comercial disciplinava também as sociedades anônimas, que não poderiam se dissolver por vontade unilateral do acionista (cf. art. 295). O tipo de empreendimento ao qual a sociedade anônima seria destinada exigia que sua estrutura fosse dotada de maior *grau de estabilidade*: daí essa profunda diferença a apartá-la dos tipos societários "contratuais" previstos em nosso Código. Contava também – e muito – a possibilidade de limitação da responsabilidade da *totalidade dos acionistas* pelas obrigações sociais, conforme disposto no art. 298: "Os socios das companhias ou sociedades anonymas não são responsaveis a mais do valor das acções ou do interesse por que se houverem compromettido".

7. Nesse quadro, por força de lei – e não da prática comercial –, surgem em 1919 as sociedades por quotas de responsabilidade limitada. A vida mercantil reclamava tipo societário com limitação plena da responsabilidade dos sócios pelas obrigações sociais e que, ao mesmo tempo, se colocasse de forma mais maleável que as sociedades anônimas.

Diante do laconismo do texto do Decreto 3.708, seu art. 18, transcrito linhas acima, procurava indicar a forma de colmatação das lacunas da disciplina desse tipo societário. As discussões sobre a correta interpretação desse dispositivo foram bastante extensas, gravitando quase todas em torno da seguinte questão: prevendo o contrato social a aplicação subsidiária da Lei das Sociedades Anônimas, em caso de lacuna, dever-se-ia completar os dispositivos do contrato social valendo-se dessa lei ou, ao invés, seria mais adequado socorrer-se antes da disciplina geral das sociedades mercantis, então previstas nos arts. 300 a 310 do CComercial?

1. Em nossos dias essa visão "individualista" ou "egoísta" poderia causar espanto em alguns, mas não podemos negar que ainda hoje aceitamos a mesma rota para outros contratos (não-societários) que sustentam núcleos de atividade econômica. Tomemos, a título exemplificativo, o contrato de distribuição comercial: em que pese à disposição do art. 473 do Código Civil, em princípio, qualquer das partes pode lhe pôr fim. Há 50 anos não era muito diferente com as sociedades limitadas.

O problema muito se afastava de mero exercício teórico, pois, nos casos concretos que se apresentavam aos tribunais, a adoção de uma ou de outra linha levaria a resultados diametralmente opostos. Em 1950 importante julgado do STF discutiu sobre se o sócio minoritário poderia exigir que os livros sociais lhe fossem exibidos a qualquer tempo.[2] A aplicação da Parte Geral das sociedades comerciais, em face do art. 290 do CComercial, levaria a resposta necessariamente positiva: "(...) em nenhuma associação mercantil se pode recusar aos sócios o exame de todos os livros, documentos, escrituração e correspondência e do estado da caixa da companhia ou sociedade, sempre que o requerer; salvo tendo-se estabelecido, no contrato ou outro qualquer título da instituição da companhia ou sociedade, as épocas em que o mesmo exame unicamente poderá ter logar".

Fosse outra a solução, e a Lei das Sociedades Anônimas chamada a complementar diretamente o contrato social, o direito de exame dos livros haveria de ser negado a sócios que não possuíssem ao menos 5% do capital social e não conseguissem embasar seu pleito em decisão judicial (cf. art. 57 do Decreto-lei n. 2.627/1940).

Naquela histórica decisão Orozimbo Nonato deixara claro que "a sociedade por quotas não é uma sociedade anônima simplificada. A Lei da Sociedade Anônima absolutamente não é a subsidiária da sociedade por quotas. Segundo o mencionado art. 18, ela é 'apenas subsidiária do contrato de sociedade por quotas', aplicando-se a esta 'no que não for regulado no estatuto social'. A Lei da Sociedade Anônima é supletiva da vontade das partes contratantes da sociedade por quotas, quando possível a sua aplicação. Mas não supre a vontade do legislador que estatuiu a sociedade por quotas. Com efeito, a sociedade por quotas é regulada pelas normas da lei própria e pelos arts. 300 a 302 do CComercial". "O subsídio será à vontade das partes, e não à do legislador. De resto, o art. 2º da Lei da Sociedade por Quotas refere-se aos arts. 300 a 302 do Código de Comercio, ao tratar do título constitutivo da sociedade".

8. Não pretendemos, aqui, reproduzir em sua inteireza o debate que se travou na doutrina sobre a disciplina jurídica das sociedades por quotas. Entretanto, é importante deixar consignado que, após décadas de discussões, consolidou-se o entendimento de que, justamente por não poderem ser reduzidas a uma "sociedade anônima de menores dimensões", o contrato social deveria, antes de tudo, ser complementado com as regras gerais das sociedades comerciais para, se e quando fosse o caso, invocar *posteriormente* a lei do anonimato.

Isso fez com que a disciplina jurídica *concreta* das sociedades limitadas fosse sendo construída a partir da conjugação entre o decreto que especificamente as regulava e a Parte Geral contida no Código Comercial. Na ausência de previsão expressa do contrato, ninguém esperaria impedir um sócio de ter acesso aos livros societários e tampouco negar-lhe o direito de despedir-se da sociedade recebendo seus haveres. Igualmente se entendeu que ninguém poderia ser imposto ou impor-se como sócio de uma limitada, a não ser que houvesse acordo prévio permitindo essa inclusão, de forma que a "livre circulação das quotas" jamais foi princípio norteador das limitadas.

9. É apenas com o conhecimento desse contexto histórico que se pode pretender explicar o art. 1.053 do atual CC, tentativa frustrada de pacificar discussões havidas em épocas passadas. Diante de nossa história, conseguimos reconhecer que em muitos aspectos a disciplina das limitadas no atual diploma reflete retrato confuso de alguns estágios *já superados* de sua evolução. Por vezes, analisando seus dispositivos, tem-se a impressão de olhar uma fotografia dos anos 1960, amarelada pelo tem-

2. RE 16.234.

po, que em muito pouco corresponderia à realidade das sociedades efetivamente existentes às vésperas da promulgação do atual diploma. Congelou-se um tipo societário que não mais existia, para trazê-lo à luz no século XXI. Não bastasse, o Código procura solucionar problemas inerentes a um tipo societário artificialmente mumificado, não à sociedade limitada *efetivamente* existente neste início de século.

10. Para piorar ainda mais a situação, o Código "cria" (ou, melhor, copia do *Codice Civile* italiano de 1942) o tipo das sociedades simples. Concebidas para serem a típica sociedade de pessoas, *sua disciplina acaba por incorporar inúmeras regras gerais das sociedades comerciais, tal como vinham reguladas pelo Código de 1850*. Essa correspondência é inegável e exsurge cristalina da simples comparação dos textos normativos. Por exemplo, o art. 288 do antigo Código, que vedava a sociedade leonina, encontra-se agora no art. 1.008. O direito à exibição dos livros comerciais, antes estipulado no art. 290, corresponde ao atual art. 1.021. Várias questões consolidadas na jurisprudência sobre *limitadas* inspirarão artigos hoje constantes da disciplina da sociedade *simples*, como é o caso do art. 1.015.

11. Assim contextualizado o art. 1.053, voltemos ao seu teor. O *caput* parece bastante claro: a disciplina específica das limitadas há de ser completada com as regras das sociedades simples. Partindo da constatação de que a disciplina das sociedades simples "herdou" grande parte daquela que outrora constava da Parte Geral das sociedades comerciais de 1850, o texto normativo mostra sentido óbvio e mantém, *grosso modo*, nossa tradição: *aplicar as "regras gerais" naquilo que não conflitarem (ou mesmo que puderem ser harmonizadas) com a disciplina específica das limitadas*.

Por sua vez, o parágrafo único do art. 1.053, que tantas discussões tem gerado, dispõe que "o contrato social poderá prever a regência supletiva da sociedade limitada pelas normas da sociedade anônima". Interpretando esse dispositivo de forma sistemática e *de acordo com a realidade e tradição brasileiras*, não podemos chegar a conclusões outras senão às de que: (i) a disciplina das limitadas é composta dos dispositivos específicos, que se complementam pelas regras gerais das sociedades simples que com eles forem harmonizáveis ou compatíveis; e (ii) caso seja a vontade das partes, expressa no contrato social, a sociedade limitada (ou seja, o regramento da sociedade limitada, composto pelas regras específicas, por seu contrato social e pelas regras "gerais" das sociedades simples) clama pela disciplina "supletiva" (complementar) das sociedades anônimas.

Eis a verdadeira e única inovação com relação ao método de colmatação empregado pelo diploma anterior: agora, as partes podem decidir que a sociedade será eminentemente de pessoas, e recusar a disciplina típica (suplementar) das sociedades de capitais. Mas essa regência supletiva vem suprir o regramento "total" das limitadas, construído conforme o comando do *caput* do art. 1.053, e não apenas na parte específica do Código.

12. Insistimos: tomando em conta de consideração a evolução da realidade brasileira, outra não pode ser a interpretação do referido art. 1.053: as regras das sociedades simples completam-se *sempre* com aquelas gerais postas na disciplina das sociedades simples, e somente após chamam a "regência supletiva" das sociedades anônimas.

Caso contrário teríamos um novo tipo societário, estranho à nossa evolução histórica e à nossa prática – e que em nada corresponde à nossa realidade –, no qual as regras e os princípios das sociedades anônimas haveriam de ser diretamente aplicados ao regramento específico das limitadas.

Assim fosse, e viveria entre nós um quasímodo sem passado, desconectado da evolução histórica, a zombar do competente trabalho doutrinário e jurisprudencial desenvolvido ao longo de mais de 50 anos. Não há a "sociedade limitada simples" e a "sociedade limitada anônima", mas *apenas a disciplina jurídica da sociedade limitada, composta da interação da Parte específica do Código com sua Parte Geral* (hoje corporificada na sociedade simples) e que, se assim for a vontade das partes, pode ir além, chamando, naquilo que lhe for compatível, as regras e os princípios das sociedades anônimas.

A história das sociedades comerciais – dizia-o Sylvio Marcondes – corresponde à evolução da satisfação jurídica de necessidades econômicas. Assim, seria desprovida de sentido a criação de um novo tipo societário não reclamado pela prática. Não podemos nos embrenhar por estrada cuja embocadura evitamos há mais de 50 anos. Ao contrário, mostra-se mais prudente nos ampararmos na realidade societária existente e seguir em frente do que voltar e reacender infindáveis discussões que somente aumentam o grau de insegurança e de imprevisibilidade a que estão sujeitos os agentes econômicos brasileiros.

Atualidades

O ESTADO, A EMPRESA E O MERCADO – NOVAS TENDÊNCIAS DE DIREITO ECONÔMICO E COMERCIAL[1]

Empresa em crise, reforma das legislações nacionais e implementação de políticas públicas. O direito a serviço do mercado?

MANOEL JUSTINO BEZERRA FILHO

O direito está a serviço do mercado? Começando pelo último questionamento do título deste segmento, e tendo em vista estar o evento de hoje voltado para a nova legislação falimentar brasileira, melhor simplificar e tornar mais direta a questão, reformulando-a para perguntar se a nova Lei de Recuperação e Falências está a serviço do mercado. Reformulada a questão nestes termos, necessário também é que desde logo fique fixado que, neste momento histórico, pelo menos no Brasil – talvez no mundo todo –, o poder determinante no mercado é o poder do capital financeiro, dos banqueiros em geral, que quase tudo podem e que tudo conseguem, pelo menos em termos de resultados legislativos decorrentes das pressões exercidas sobre Câmaras e Senado, no que têm sempre contado com o auxílio, direto ou encoberto, do Poder Executivo.

O Poder Judiciário, limitado no seu âmbito de atuação pelas leis ditadas pelo Legislativo, às vezes tem tentado apresentar uma certa resistência, tênue e esparsa, que se espera possa vir a se tornar mais efetiva, contra o predomínio absoluto dos interesses do setor financeiro. Pince-se como exemplo, a última manifestação do Supremo Tribunal Federal, ao julgar a ADI n. 2.591, Relator o Ministro Eros Grau, e decidir que os negócios bancários estão submetidos ao Código de Defesa do Consumidor, embora ressalvando ao Banco Central a definição da taxa de juros das operações.[2] Se o STF tivesse decidido de forma contrária, teria liberado talvez as últimas amarras que ainda podem se contrapor às pressões para a busca do lucro a todo e qualquer custo. No âmbito do Superior Tribunal de Justiça, como exemplo desta tentativa de regramento da desordem

1. Palestra do autor no Seminário Internacional "O Estado, a Empresa e o Mercado – Novas Tendências de Direito Econômico", patrocinado pela Faculdade de Direito da USP, coordenado pelos Profs. Eros Roberto Grau, Diego Corapi e Paula A. Forgioni, com a participação de professores italianos e brasileiros.

2. Ementa: "*Código de Defesa do Consumidor. Art. 5º, XXXII, da CB/1988. Art. 170, V, da CB/1988. Instituições financeiras*. Sujeição delas ao Código de Defesa do Consumidor, excluídas de sua abrangência a definição do custo das operações ativas e a remuneração das operações passivas praticadas na exploração da intermediação de dinheiro na economia (art. 3º, § 2º, do CDC). Moeda e taxa de juros. Dever-poder do Banco Central do Brasil. Sujeição ao Código Civil. 1. As instituições financeiras estão, todas elas, alcançadas pela incidência das normas veiculadas pelo Código de Defesa do Consumidor. 2. (...)".

na busca do lucro, podemos trazer como exemplos as Súmulas 30 (entendendo inacumuláveis comissão de permanência e correção monetária), 233 (afastando a executividade de contrato de abertura de crédito), 258 (negando autonomia a nota promissória vinculada a contrato de abertura de crédito), 259 (acatando ação de prestação de contas de correntista contra o banco), 285 (limitando a multa moratória em contrato bancário ao máximo permitido pelo Código de Defesa do Consumidor), 286 (admitindo discussão de ilegalidades de contratos anteriores, mesmo tendo havido renegociação entre cliente e banco), 288 (inadmitindo a "taxa de juros de longo prazo" em contratos bancários com clientes), 296 (entendendo que a comissão de permanência não pode ser cumulada com juros remuneratórios, limitando os juros no período de inadimplência à taxa média de mercado, não podendo ultrapassar o percentual contratado em qualquer caso), 297 (entendendo que o Código de Defesa do Consumidor é aplicável às instituições financeiras), 298 (afirmando que o alongamento da dívida rural não é faculdade do banco e sim, direito do cliente).

É recomendável afastar desde logo, qualquer possibilidade de identificação de xenofobia, pois atualmente quando se fala em capital financeiro, não se pensa em nacionalidade. O capital financeiro é apátrida e sem outro interesse que o lucro, não se prende a qualquer nacionalidade e corre apenas para investir no lugar onde o lucro pode ser maior, interferindo sempre para que o lucro permaneça de forma contínua. À semelhança da Revolução Comercial e da decorrente globalização dos séculos XV/XVI, estamos hoje diante do retorno de uma nova forma de *Lex Mercatoria*, que se poderia entender como a coletânea de regras formadas a partir do costume das grandes empresas, aplicando-se a qualquer atividade empresarial e a qualquer empresário, independentemente do lugar no qual o fato tenha ocorrido e independente também da nacionalidade dos envolvidos no litígio a ser solucionado. Mais do que Tavares Guerreiro,[3] que fala no conteúdo da *Lex Mercatoria* que, "mesmo sem constituir ordem ou sistema, tende a se institucionalizar, cada vez mais superando a insuficiência do método de conflitos (de leis e de jurisdição) do direito internacional privado, para a disciplina dos contratos internacionais", o que se pode vislumbrar é uma nova forma de influência na própria elaboração da lei, para inserir nela normas que atendam, de forma globalizada, ao interesse do mercado.

Hermes Marcelo Huck[4] critica corretamente esta nova *Lex Mercatoria*, dizendo que "um comércio desvinculado das leis nacionais, antes de representar uma supressão de fronteiras, significa um comércio sem barreiras políticas. Os direitos nacionais impõem suas razões de ordem jurídica às relações comerciais internacionais. Um imenso mercado mundial, regulado apenas por regras autogeradas, certamente há de ignorar qualquer razão que não seja de mercado. A adoção generalizada de uma *lex mercatoria*, representará a consagração absoluta da lei do mercado despida de qualquer preocupação ou restrição de caráter jurídico nacional, ou principalmente político". Paula Forgioni é quem afirma que "o direito é fenômeno complexo que não pode ficar enclausurado nos limites da economia".[5] E, acrescentaria: menos ainda pode prender-se aos limites da análise econômica voltada aos interesses do mercado. Esta também é a posição de Calixto Salomão Filho, crítico do "princípio da eficiência" na medida em que esta pretende que as normas jurídicas e julgamentos sejam orientados por tal princípio,

3. J. A. Tavares Guerreiro, *Fundamentos da Arbitragem Comercial Internacional*, Tese de Doutorado, São Paulo, USP, 1989, à disposição na Biblioteca da Faculdade de Direito da USP.

4. Hermes Marcelo Huck, *Sentença Estrangeira e "Lex Mercatoria": Horizontes e Fronteiras do Comércio Internacional*, São Paulo, Saraiva, 1994.

5. Paula Forgioni, *Os Fundamentos do Antitruste*, 2ª ed., São Paulo, Ed. RT, 2005, p. 180.

lembrando que esta "pretensão claramente desconsidera o momento valorativo tanto da criação quanto da aplicação de qualquer norma jurídica, seja em matéria empresarial ou não".[6]

No caso específico de nossa Lei de Recuperação e Falências, relembre-se que o World Bank distribuiu fartamente aqui no Brasil, entre todos aqueles que se preocupavam com o estudo da lei – e entre os deputados e senadores que votaram o projeto –, um livreto intitulado *Principles and Guidelines for Effective Insolvency and Creditor Rights Systems*. Em tal folheto, trazia exatamente – a tradução literal no caso é suficiente – princípios e diretrizes para a eficácia dos procedimentos falimentares e de cobrança de dívidas, na forma de 35 recomendações a serem seguidas pelos legisladores brasileiros. As primeiras 26 recomendações diziam respeito à execução de dívidas, falência e reabilitação de empresas e modos informais de tentativa de salvamento de empresas em crises, enquanto as últimas nove recomendações traziam orientação sobre o Judiciário, expondo de que forma deveria este se estruturar e atuar para atender às necessidades da recuperação de empresas, evidentemente à luz do entendimento dos detentores do capital financeiro.

A pressão foi explícita e quem acompanhou os últimos meses da tramitação do projeto da lei de recuperação, recorda-se – os jornais da época traziam também noticiário a respeito – que os representantes da Câmara e do Senado Federal, de público, nas sessões de votação, lembravam sempre que precisavam aprovar rapidamente a nova lei de recuperação, pois este era um compromisso assumido com o World Bank e com o FMI. O argumento que se conseguiu impingir era no sentido de que o capital financeiro como um todo, estava interessado também na recuperação das empresas brasileiras e, por isto mesmo, queria que a lei privilegiasse o crédito bancário, em caso de recuperação e de falência, colocando-o em posição superior ao direito do crédito dos trabalhadores e do crédito fiscal. Diziam os representantes do sistema financeiro que este privilégio era essencial, pois garantindo aos bancos posição privilegiada, os juros para os empréstimos necessários à recuperação das empresas rapidamente baixariam, dentro do princípio de que quanto menor o risco, menores são os juros.[7] Como resultado, o que se vê é que a lei foi aprovada com todas as benesses que o capital financeiro queria para si e, como era de se esperar, não houve qualquer baixa nos juros que, no momento atual, em termos mundiais, perde apenas para os juros cobrados na Turquia, como informa o noticiário econômico de todos os jornais.

Já é possível tentar responder à pergunta feita no início do trabalho; e a resposta é no sentido de que a nova Lei de Recuperação, antes de preocupar-se com a tentativa de salvação das empresas em crise, preocupa-se com a recuperação do crédito financeiro investido em tais empresas. O exame de diversos artigos da lei mostra esta opção pelo capital financeiro, começando pelo § 3º[8] do art. 49, que esta-

6. Calixto Salomão Filho, *O Novo Direito Societário*, São Paulo, Malheiros Editores, 1998, p. 30.

7. Um histórico do que ocorria em período anterior à aprovação do Projeto pode ser visto na *RT* 822/128-138, abr./2004, deste mesmo autor.

8. "Art. 49. Estão sujeitos à recuperação judicial todos os créditos existentes na data do pedido, ainda que não vencidos. (...); § 3º. Tratando-se de credor titular da posição de proprietário fiduciário de bens móveis ou imóveis, de arrendador mercantil, de proprietário ou promitente vendedor de imóvel cujos respectivos contratos contenham cláusula de irrevogabilidade ou de irretratabilidade, inclusive em incorporações imobiliárias, ou de proprietário em contrato de venda com reserva de domínio, seu crédito não se submeterá aos efeitos da recuperação judicial e prevalecerão os direitos de propriedade sobre a coisa e as condições contratuais, observada a legislação respectiva, não se permitindo, contudo, durante o prazo de suspensão a que se refere o § 4º do art. 6º desta lei, a venda ou a retirada do estabelecimento do devedor dos bens de capital essenciais à sua atividade empresarial."

belece que os créditos relativos a alienação fiduciária de bens móveis e imóveis, bem como os créditos decorrentes de contratos de arrendamento mercantil, entre outros, não estão sujeitos aos efeitos da recuperação. Também não se sujeitam aos efeitos da recuperação os valores devidos a título de adiantamento de contrato de câmbio, conforme previsto no inciso II do art. 86, combinado com o § 4º[9] deste mesmo art. 49. Os créditos em moeda estrangeira, normalmente de titularidade das instituições bancárias ou dos grandes conglomerados financeiros, também gozam de tratamento privilegiado, pois o § 2º[10] do art. 50 estabelece que em tais casos, a variação cambial será conservada como índice de correção, só podendo ser afastada se houver expressa aprovação do próprio credor. Nas "Disposições Finais e Transitórias", no último capítulo da Lei, os arts. 193 e 194 arrematam a "blindagem"[11] dos negócios bancários relativamente à falência, ao dispor que as obrigações assumidas nas câmaras de compensação não está subsumidas à lei de falências, prevendo que tais obrigações "serão ultimadas e liquidadas pela câmara ou prestador de serviços, na forma de seus regulamentos". Completa o art. 194, quase repetindo a proteção já instituída no art. 193, para dizer que o produto resultante das garantias será destinado à liquidação das obrigações assumidas no âmbito das próprias câmaras. Ou seja, introduziu-se na lei um verdadeiro sistema de proteção aos negócios do capital financeiro, de forma tão escancarada, que a lei, durante sua tramitação e logo após sua aprovação, passou a ser jocosamente chamada de "Lei Febraban" ou "Lei de Recuperação do crédito bancário".[12] Para coroamento da defesa dos interesses dos bancos, e por evidente pressão destes, a última versão da lei de recuperação (esta modificação foi introduzida no projeto, dias antes da aprovação da lei), inseriu um inciso II no art. 83, para colocar em segundo lugar, no quadro geral de credores, os "créditos com garantia real", sabendo-se que normalmente em tal situação, estão exatamente os créditos dos bancos.

Se de um lado a defesa do capital financeiro ficou estabelecida, menos não se fez em favor do Fisco, bastando para tanto verificar a impossível obrigação imputada à empresa em processo de recuperação que, pelo art. 57 da lei, deverá apresentar certidões negativas de débitos tributários, antes da concessão da recuperação judicial prevista no art. 58. O dispositivo legal guarda tamanha impossibilidade de aplicação que, como era esperado, não tem sido aplicado, vez que sua aplicação fraudaria o princípio estabelecido pela lei, de preservação da empresa. Em outras palavras, exigir que uma sociedade empresária em crise apresente certidão negativa de débitos tributários equivale a determinar ao juiz que decrete a quebra da empresa, o que confronta a principiologia da lei, estabelecida no art. 47, no sentido de visar, sobretudo, a recuperação da sociedade empresária em crise.

Para que se possa bem apreender o espírito que norteou a lei, verifique-se agora que, enquanto de um lado se privilegia o crédito financeiro e o crédito fiscal, de outro relega-se a uma posição subalterna

9. "§ 4º. Não se sujeitará aos efeitos da recuperação judicial a importância a que se refere o inciso II do artigo 86 desta Lei."

10. "§ 2º. Nos créditos em moeda estrangeira, a variação cambial será conservada como parâmetro de indexação da correspondente obrigação e só poderá ser afastada se o credor titular do respectivo crédito aprovar expressamente previsão diversa do plano de recuperação."

11. O termo "blindagem" vem sendo usado, tanto em economia como em direito, para significar uma férrea proteção, bastante fechada, de determinado direito ou patrimônio, de tal forma que os bens "blindados" não serão atingidos por penhoras, seqüestros, arrestos, etc., vez que a defesa implantada em favor de tais bens destina-os especificamente a determinado fim. No caso, a "blindagem" é em favor dos negócios em câmaras de compensação, relativamente aos efeitos da falência.

12. V. artigo deste mesmo autor em *RT* 822/128, já anteriormente mencionado.

o crédito trabalhista. Embora esteja ainda em primeiro lugar no quadro geral de credores, ainda assim o crédito trabalhista fica limitado ao valor correspondente a cento e cinqüenta salários mínimos. Lembre-se ainda que antes do pagamento dos salários, sempre receberão os bancos o valor correspondente aos adiantamentos de contrato de câmbio (ACC), como prevê o inciso II do art. 86 da lei.

Necessário é atentar também para as distorções que, de forma inesperada e às vezes em progressão imperceptível à primeira análise, vão se acumulando a partir de uma posição não bem cuidada da lei. Como sabem todos que atuam no campo falimentar, as instituições financeiras não têm por hábito requerer falência de seus devedores, embora não haja qualquer impedimento legal, em princípio. Alguns estudos estão sendo feitos, porém, para que bancos passem agora a requerer falência de seus credores, a partir de uma conjunção de disposições legais. Sucede que a lei anterior, o Decreto-lei n. 7.661/1945, em seu art. 9º, inciso III, letra "b", exigia que o credor com garantia real renunciasse a ela se quisesse requerer a falência de seu devedor, disposição que não foi conservada na nova lei. O banco credor, se executar a garantia ofertada por seu devedor, sofrerá certamente a concorrência dos credores trabalhistas e fiscais, que tranqüilamente têm sido reconhecidos como preferenciais, mesmo em disputa com credor hipotecário. Assim, para o banco, sob o aspecto puramente tático, melhor será que requeira a falência do devedor ao invés de executar a garantia, pois, em caso de falência, apenas terá que suportar a preferência do credor trabalhista limitado a 150 salários mínimos (art. 83, I), preferência a que, de qualquer maneira, teria mesmo que se submeter na execução, com a desvantagem de nesta última não haver o limite de 150 salários mínimos. Além de excluir da preferência aquilo que excedesse os referidos 150 salários mínimos, excluiria também o credor tributário, que é o terceiro na lista do art. 83, logo depois do credor com garantia. Portanto, como se vê, por este lado o excesso de garantia aos bancos, atuará como estímulo para a falência e não para a recuperação, na qual o banco credor normalmente é mero expectador, que apenas aguarda o decurso dos 180 dias do § 3º do art. 49, para executar as garantias de alienação fiduciária e arrendamento mercantil, sem que em momento algum corra risco relativamente a qualquer outra garantia, na forma do § 1º do art. 50. Enfim, não será surpresa se começarem a surgir dentro de breve espaço de tempo, bancos requerendo a falência de seus credores; a posição dos bancos, embora possa parecer injustificável ante o princípio da preservação da empresa, será facilmente explicável, até porque a lei permite tal tipo de posicionamento.

Como examinado desde o princípio deste texto, a lei de recuperação veio manchada pela incorporação da idéia de que o direito deve servir o mercado. Não se está percebendo que esta incorporação começa a ser danosa para o próprio mercado, começa a atingir de forma terrível os próprios agentes econômicos que imaginam conquistar benefícios a partir da distorção. Não se pode pretender (como parece querer o segmento financeiro que tanta pressão fez para assumir posição de privilégio na nova lei) um mercado sem risco. Francesco Galgano pergunta, em uma de suas obras, como se distinguir o empresário e ele mesmo completa: "a resposta pode, à primeira vista, parecer óbvia: empresário é aquele que, na atividade de produção ou de troca, arrisca a própria riqueza".[13] Falando desta submissão do direito ao mercado, Calixto Salomão Filho, um dos mais jovens (se não o mais) Professor Titular de Direito Comercial da história da USP, externa sua fundada preocupação ante tal problema, lamentando que no Brasil, esta submissão do direito às grandes estruturas

13. Francesco Galgano, *L'Impreditore*, 3ª ed., Bolonha, Zanichelli Editore S.p., 1980, p. 165.

econômicas monopolistas chegue ao ponto de transformar o próprio direito em incentivador de tais práticas.

A partir do exame de leis aprovadas, Calixto traz dois exemplos, em texto[14] que vale a pena transcrever literalmente. Faz uma primeira crítica à Lei n. 8.884/1994, a chamada "lei antitruste", dizendo que surpreendentemente, esta lei que veio para combater os monopólios, acaba por favorecê-los, trazendo efeito exatamente contrário ao que dela se esperava. Diz: "A não-aplicação do controle estrutural pelos órgãos de defesa da concorrência – salvo raras exceções (a enorme maioria das concentrações entre empresas foi aprovada sem restrição expressiva) – fez com que o resultado da lei fosse, paradoxalmente, uma chancela estatal, inexistente até sua promulgação, de situações de elevadíssima concentração de poder. A constitucionalidade da posição jurídica de muitos monopólios ou oligopólios, em sua essência bastante discutível, passou a ser de difícil contestação após a aprovação do ato de concentração, por ter sido sua criação chancelada pelo órgão estatal encarregado da defesa da concorrência".

Em outro exemplo, o festejado Mestre toma como ponto de partida a nova lei de patentes (Lei n. 9.279/1996), dizendo: "A nova lei de patentes, editada em meio a pressões internacionais pelo seu reconhecimento ilimitado, passa a permitir o patenteamento de produtos essenciais, como medicamentos. Nova concentração de poder, evidentemente desnecessária em um país, cujas dimensões e população não permitiriam o desabastecimento de medicamentos, mesmo que as condições de preço não fossem as monopolísticas, proporcionadas pelas patentes – a introdução posterior dos genéricos provaria essa última afirmação para muitos medicamentos". E conclui seu artigo, com absoluta precisão, lembrando que "o resultado mais latente dessa política de estímulo ao poder é que as relações de dominação e força, em vez de relações jurídicas fundadas na moral e na ética, passam a ditar os relacionamentos econômicos e sociais".

Não se pode violar a essência das coisas, não se pode pretender tirar da atividade empresarial o risco, sob pena de, dialeticamente, a ausência de risco levar à própria morte da atividade. O exame de outra lei, a exemplo do sistema utilizado por Calixto Salomão Filho, também pode ilustrar o pensamento. A Lei n. 9.514/1997, combinada com a Lei n. 10.931/2004, estabeleceu um sistema de financiamento – calcado em parte no sistema americano de hipotecas para construções de habitações ao povo –, mediante o qual, concedido financiamento imobiliário para o adquirente, se este deixa de pagar qualquer parcela, pode perder o imóvel e tudo quanto já pagou sem qualquer devolução, de forma extremamente rápida, ante o mecanismo de alienação fiduciária introduzido para os imóveis. A par de estabelecer uma situação de iniqüidade (o adquirente pagou 90% do preço do imóvel, inadimpliu um décimo, perde o imóvel e tudo quanto pagou), torna o empresário de certa forma descuidado, pois não toma as cautelas necessárias no momento de conceder o financiamento, por saber que não corre risco, pois em caso de inadimplemento, ao contrário, terá lucro.

No entanto, esta garantia excessiva, este sistema legislativo a serviço do mercado, este afastamento do risco, esta "estrutura econômica baseada em grandes monopólios", como diz Calixto, pode levar a desvirtuamentos que conduzem exatamente ao resultado oposto, ou seja, ao invés de se afastar o risco, o risco aumenta a ponto de se tornar crise. Observe-se o exemplo atualíssimo dos créditos assim chamados "sub-prime" do sistema de financiamento imobiliário dos Estados Unidos. Lá, apesar da solidez das instituições e do mercado,

14. "Poder Econômico", no jornal *Folha de S. Paulo*, de 20.8.2007, p. A3.

ocorreu o que está tentando se demonstrar, ou seja, o afastamento do risco pelo sistema sólido de hipotecas americano, levou o empresário a emprestar dinheiro sem qualquer pesquisa maior, certo de que o risco de inadimplência estava afastado, ante a imediata retomada do imóvel. Daí, o surgimento de devedores com os créditos classificados como "sub-prime", ou seja, créditos de alto risco que não estão sendo pagos. E os financiadores agora retomam os imóveis, mas, para que, para vender para quem? E daí a parada na construção civil, e daí o aumento assustador do desemprego, e daí a crise que começa a se estender pelo mundo.

Aqui no Brasil, a lei de recuperações já começa a dar mostras de que pode caminhar para crise. Em primeiro lugar, como o crédito com garantia real está em segundo lugar na lista de credores, os bancos já não emprestam mais sem tal tipo de garantia, o que dificulta evidentemente os negócios de financiamento, a par de dificultar em conseqüência, o desenvolvimento da atividade empresária.

Outro resultado pernicioso deste art. 83 também se prenuncia e, aos estudiosos da matéria é curioso ficar atento para ver se a profecia se realiza. Aos credores com garantia real, em caso de inadimplemento, é mais conveniente o decreto de falência do que a execução; se o banco credor pagar os 150 salários do inciso I do art. 83, sobram-lhe bens (os garantidores) que não serão atingidos pelo Fisco, o que ocorreria se não houvesse falência.

Enfim, à guisa de conclusão: a nova Lei de Recuperação favorece o capital financeiro em prejuízo da atividade produtiva, por um lado. Por outro lado, dificulta o financiamento à atividade empresária, ao estimular por parte do credor a exigência de garantias reais. Finalmente, ao colocar o capital financeiro em posição privilegiada, induz o banco a, dentro da lógica capitalista, forçar a falência da sociedade empresária em crise, para que receba os valores decorrentes da realização da garantia, sobre a qual pesará apenas o valor dos salários em atraso, até o limite de 150 salários mínimos.

DO NEGÓCIO DE INTERMEDIAÇÃO: A INTERVENÇÃO DO AGENTE NOS CONTRATOS DE COMPRA E VENDA PELA INTERNET[1]

FABRÍCIO GONÇALVES DE SOUZA SABINA

1. DOS ASPECTOS FÁTICOS DA OPERAÇÃO: 1.1 "E-commerce" e sua problemática; 1.2 Do "modus operandi". 2. DA ESTRUTURA JURÍDICA: 2.1 Dos negócios jurídicos constitutivos: 2.1.1 Do esquema operacional; 2.1.2 Da representação: 2.1.2.1 Da espécie; 2.1.2.2 Da origem; 2.1.2.3 Dos limites; 2.1.2.4 Da irrevogabilidade; 2.1.2.5 Do substabelecimento; 2.1.2.6 Do representante; 2.1.2.7 Da duplicidade na representação; 2.2 Dos negócios jurídicos similares: 2.2.1 Do cartão de crédito; 2.2.2 Do crédito documentário; 2.2.3 Do negócio fiduciário; 2.3 Dos negócios jurídicos derivados. 3. DAS CARACTERÍSTICAS JURÍDICAS FUNDAMENTAIS: 3.1 Da nomenclatura e conceito; 3.2 Da classificação contratual; 3.3 Da natureza jurídica; 3.4 Das partes. 4. CONCLUSÕES. 5. REFERÊNCIAS BIBLIOGRÁFICAS.

1. DOS ASPECTOS FÁTICOS DA OPERAÇÃO

1.1 "E-commerce"[2] e sua problemática

A internet, por meio do computador, colabora substancialmente para a ampliação do leque de opções na aquisição de bens e para o acesso às oportunidades de realização da atividade negocial, resultando no avanço do comércio a cada dia. Nesse cenário, a presença física do fornecedor do produto, empresário e de se estabelecimento empresarial, são aparentemente substituídos por uma rede de informática formada por vários computadores conectados.

No entanto, a contratação por meio da internet não está imune a inúmeros problemas não muito difíceis de vislumbrar.[3]

1. Excerto retirado do texto final da Dissertação de Mestrado defendida pelo autor na Faculdade de Direito da UFMG, em 27.2.2008.

2. "Segundo Joel Timóteo Ramos Pereira o comércio eletrônico obedece algumas modalidades: *brochura-ware* (em que a empresa procede a divulgação *on line* dos produtos e serviços mas os presta *off line*. A internet seria mero meio de divulgação); *e-commerce* (a empresa além de divulgar pela internet, permite também transações entre a empresa seu cliente) e *business to business* ('as empresas implementam um ambiente colaborativo e transacional entre si na internet, sendo simultaneamente fornecedoras e compradoras uma das outras') (Joel Timóteo Ramos Pereira, *Direito da Internet e Comércio Eletrônico*, p. 32)" (Frederico Eduardo Zenedin Glitz, "A contemporaneidade contratual e a regulamentação do contrato eletrônico", in Carmem Lúcia Silveira Ramos *et al.* (orgs.), *Diálogos sobre o Direito Civil: Construindo a Racionalidade Contemporânea*, p. 217).

3. "Ação de indenização. Compra e venda. Contrato de transporte. Transação eletrônica. Internet. Ausência de senhas e dados cadastrais. Pedido simples. Nome e CFF. Riscos da vendedora. Omissão e negligência. Protesto de título. Cadastro de maus pagadores. Dever de indenizar existente. *Se a empresa coloca produtos à venda através de meios eletrônicos deve se precaver de todos os tipos de riscos e golpes possíveis. Se para efetivar a compra basta apenas o fornecimento do CPF*

A situação de "anarquia virtual" possibilitada pela internet dá margem ao enriquecimento ilícito e a fraudes, podendo representar tal fato, certa barreira à plena expansão dessa espécie de comércio, e, por conseguinte, da economia, em face da incredulidade na eficácia das relações entre comprador e vendedor potenciais, na medida em que, o comércio virtual põe em contato partes que não se conhecem e não tem desenvolvida entre si a confiança gerada por transações comerciais reiteradas.

Em suma, a garantia que o comprador tem a sua disposição é mínima para não mencionar inexistente. Esse cenário tem como imperativo o surgimento de institutos capazes de contornar esses problemas e o negócio de intermediação apresenta-se como novidade nesse sentido.[4]

1.2 Do "modus operandi"

No tocante especificamente aos contratos de compra e venda, a necessidade da segurança e eficácia na atividade comercial virtual possibilita mais um *insight* no criativo *modus operandi* do empresário atual, aliás, aspecto tão comum e peculiar ao direito de empresa,[5] na medida em que as: "Contingências surgidas na vida moderna têm dado lugar ao aparecimento de novas modalidades de comerciar, criando métodos ou processos que, pela sua freqüente utilização, se transformam em procedimentos comuns. Esses procedimentos em regra têm características próprias, o que faz com que, em virtude de assumirem aspectos jurídicos, mereçam estudos e tentativas de classificação por parte dos juristas".[6]

Nesse diapasão, o negócio jurídico evidenciador desse caráter inovador apresenta o seguinte esquema operacional: 1) oferta de produtos pela internet com opção de pagamento pelo comprador por meio de agente; 2) celebração de contrato de compra e venda; 3) opção por parte do comprador pela forma de pagamento por meio de agente; 4) disponibilização integral do preço pelo comprador em pode e controle por agente; 5) comunicação ao vendedor por parte do agente da custódia do preço do produto; 6) remessa ao comprador pelo vendedor do produto adquirido; 7) confirmação do recebimento do produto de acordo com os modo, tempo e lugar contratados ou silêncio por parte do comprador em relação ao produto ou, ainda, comunicação por parte do comprador ao agente do inadimplemento atribuído ao vendedor; 8) liberação do preço ao vendedor por parte do agente; ou retenção até a plena satisfação da obrigação por parte do vendedor; ou devolução do valor ao comprador, de acordo, respectivamente, com as hipóteses acima ventiladas, sendo que em qualquer das hipóteses, há a retenção pelo agente das tarifas contratadas.

2. Da estrutura jurídica

2.1 Dos negócios jurídicos constitutivos

2.1.1 Do esquema operacional

O agente intermediador atua em posição jurídica intermediária entre o vendedor

e nome, nada mais, é claro que golpes podem ser perpetrados dados à precariedade da venda. Ainda mais que o pagamento somente seria exigido após a entrega da mercadoria (...)" (TJMG, 15ª CC., ap civ 1.0702.03.065175-7/001, Rel. Desembargador Unias Silva, j. 27.4.2006, *DJ* 7.6.2006 – grifos acrescidos ao original).

4. Atualmente, os *sites* mais famosos que possuem programas que atuam na intermediação são o Mercado Livre, o PagSeguro e o *Pay Pal*.

5. Nesse sentido, analisando em retrospectiva histórica o direito comercial, tem-se, como exemplo, dentre outros, o surgimento dos títulos de crédito. "Surgiram os títulos de crédito, com algumas das características que hoje possuem, na Idade Média, e esse fato foi mais o fruto de necessidades momentâneas de caráter mercantil do que um procedimento visando especialmente à solução de um problema jurídico" (Fran Martins, *Títulos de Crédito*, 13ª ed., v. 1, p. 4).

6. Fran Martins, *Contratos e Obrigações Comerciais*, 15ª ed., p. 507.

e comprador nos contratos eletrônicos de compra e venda. Destarte, é crucial destacar que a posição jurídica do agente é a de intermediação entre dois sujeitos originários em uma relação jurídica prévia e com fim determinado – compra e venda.

Nesse sentido, o instituto jurídico em voga, apresenta forma triangular, dissociável em duas faces ou dois segmentos jurídicos precípuos e fundamentais que necessariamente o constituem: a) a relação jurídica direta entre o comprador e o vendedor na internet – contrato de compra e venda eletrônico; e, b) a relação jurídica angular entre o vendedor, o intermediador e o comprador – intermediação *stricto sensu* –, sendo que, desta, destacam-se duas outras: a relação jurídica direta entre agente e comprador e a relação jurídica direta entre agente e vendedor.

Por esse viés, o agente não é necessariamente parte no contrato de compra e venda, embora o seja, no negócio jurídico que o abarca. O mesmo é parte em outra relação, a intermediação *stricto sensu*, a qual, em conjunto com o contrato de compra e venda, dá gênese a um negócio jurídico maior e mais abrangente, que, por sua vez, abarca aquele.

2.1.2 Da representação

Uma vez que o agente atua diretamente na prática de determinados atos de interesse das partes, e, indiretamente, na defesa de direitos, não somente do vendedor, mas também, do comprador, tem-se que a natureza jurídica da intermediação *stricto sensu* é a de representação.[7] Nesse ponto, vale destacar que a atividade de intermediação dá-se em último plano no sentido de garantir e certificar a segurança no adimplemento das obrigações de ambas as partes contratantes nos contratos eletrônicos de compra e venda.

De acordo com o esquema fático e operacional apresentado, tem-se que, ordinariamente, a relação jurídica entre o agente intermediador e o vendedor possivelmente preexiste à relação do agente com o comprador e entre o comprador e o vendedor. As razões dessas assertivas evidenciam simplicidade extremada. Se no *site* do vendedor não houver disponível a possibilidade de pagamento por meio de agente, de pronto o comprador resta impedido de escolhê-la, razão pela qual, não há que se cogitar da existência de qualquer contrato ou eventual acordo entre fornecedor e qualquer pessoa que atue como agente.

Em momento posterior à oferta do bem e à possibilidade de pagamento por meio de agente, o oblato ao escolher o produto ofertado pelo policitante, anui à proposta feita na internet e, ao enviar a aceitação, celebra o segundo e principal negócio jurídico do negócio de intermediação – o contrato mercantil de compra e venda. Em concomitância a esse ato, quando o comprador elege a intermediação do agente como forma de pagamento, completa-se a segunda fase da primeira relação jurídica dita angular – a da intermediação *stricto sensu*.

Insta destacar que, o contrato de compra e venda se aperfeiçoa no mesmo momento do negócio jurídico de intermedia-

7. Insta destacar que a natureza jurídica ora referida não é a do negócio de intermediação, a qual será objeto em capítulo específico mais à frente. A natureza jurídica em foco neste momento é a que se refere à relação angular vendedor-agente-comprador chamada de intermediação *stricto sensu*, ou seja, a relação do agente junto ao comprador em prol do vendedor e vice-versa, conforme esquema operacional apresentado. Nesse sentido, tanto o comprador quanto o vendedor não praticam atos por si próprios, ou seja, não se presentam; fazem-se, todavia, representar. "De ordinário, nos atos da vida, cada um pratica, por si, os atos que hão de influir, ativa ou passivamente, na sua esfera jurídica. Os efeitos resultam de atos em que o agente é presente; pois que os pratica, por ato positivo ou negativo. A regra é a presentação, em que ninguém faz o papel de outrem, isto é, em que ninguém representa" (Pontes de Miranda, *Tratado de Direto Privado: Parte Geral*, t. 3, 2ª ed., p. 267).

ção *stricto sensu*, uma vez que, embora o comprador adira primeiramente à compra e venda e depois à forma de pagamento; do ponto de vista jurídico, a formação processa-se simultaneamente, na medida em que a contratação da compra não se aperfeiçoa sem a eleição da forma de pagamento.

Quando o comprador disponibiliza o preço do bem para o agente, esse concede a quitação em nome do vendedor e comunica a ele o ato, o qual, por sua vez, passa a ter o dever de remeter a mercadoria de acordo com as condições de tempo, modo e lugar convencionados. Tem-se nitidamente, nesse sentido, a atuação do agente em prol dos interesses do policitante, pois primeiramente, deve o comprador adimplir a sua obrigação.

Ao surgir para o agente intermediador o dever de liberar o preço em favor do vendedor somente após o comprador, em um determinado prazo estipulado, comunicar o recebimento do produto, percebe-se nitidamente que o intermediador passa a atuar em nome do oblato, pois ele tem a obrigação de reter o preço até a remessa do bem por parte do vendedor. Por outro lado, se o bem não estiver em acordo com as especificações contratadas, é dever de o agente restituir o preço ao comprador tão logo ele devolva a mercadoria ao vendedor e faça a devida comunicação. Esses atos implicam o cumprimento do convencionado pelas partes, como garantia da eficácia da compra e venda. Portanto, o liame de separação da defesa dos interesses do comprador e do vendedor pela atuação do agente intermediador é muito estreito.

Nesse sentido, o agente atua na operação de transferência de valores entre as partes, de forma a conceder a quitação ao comprador e a completar o pagamento ao vendedor; ou, na devolução do preço ao comprador, após este ter remetido de volta o bem ao vendedor, quando for o caso. Sendo assim, na medida em que o ato possibilitador dessa transferência não é praticado diretamente pelas partes originariamente contratantes – comprador e vendedor –, mas por terceira pessoa interposta e com poderes para tanto, a natureza jurídica da atuação do agente intermediador, frisa-se, não do negócio de intermediação é a de representação; pois "representação é, assim, a atuação jurídica em nome de outrem".[8]

2.1.2.1 *Da espécie*

Tendo como critério de classificação a origem, "o poder de representação tem sua fonte na autonomia privada (representação voluntária), na lei (representação legal), ou em decisão judicial (representação judicial) para os que distinguem essa espécie".[9] Sendo despiciendo maiores considerações, dúvidas não há de que a representação exercida pelo agente intermediador enquanto *de lege ferenda*, pertence à espécie voluntária ou convencional, uma vez que tem como causa e fundamento a autonomia da vontade das partes, conforme Constituição da República de 1988, art. 5º, II, e Código Civil de 2002, art. 115.[10]

2.1.2.2 *Da origem*

Não é novidade na doutrina civilista a ocorrência de representação sem mandato bem como a existência de mandato sem representação. No entanto, *in casu*, a melhor tese é a que propugna pela assertiva de que o agente, enquanto mandatário tanto do vendedor, quando do comprador, é outorgado de poderes de representação oriundos de um ou de outro negócio jurídico subjacente.

Para melhor elucidação dessa questão, mister se faz valer do fracionamento esquemático no negócio de intermediação apresentado. Portanto, na perspectiva desse raciocínio sedimentado, primeiramente,

8. Francisco Amaral, *Direito Civil: Introdução*, v. 1, 6ª ed., p. 432.

9. Idem, p. 440.

10. Na hipótese de o negócio de intermediação encontrar tipicidade legal em virtude de prescrição, a representação no mesmo configura-se como legal, pois imposta por lei.

passe-se a analisar a relação entre comprador e agente.

O *site* que disponibiliza o bem certamente disponibiliza ou deve disponibilizar também as regras regentes da relação do negócio jurídico que tange os direitos e deveres tanto do agente, quanto do comprador e, certamente, do vendedor; ou, as regras de um contrato de compra e venda mais complexo do que seria normalmente. Sendo assim, pode ser que faça parte desse corpo normativo a outorga expressa de poderes por parte do oblato. Nesse caso, não há margem para dúvidas, sendo inconteste a hipótese da existência de representação originada de mandato expresso e escrito.

Dúvidas podem surgir quando essa previsão não constar no corpo do contrato que prescreve as regras do pagamento por meio de agente. Porém, nesse caso, também, não há discussão relevante quanto à existência de um mandato, certamente, na modalidade tácita, conforme art. 656 da Lei n. 10.406/2002, na medida em que "a representação, com ou sem mandato, pode ser tácita ou oral, se o negócio jurídico, ou o ato jurídico *stricto sensu*, é da classe dos atos para os quais não se exige qualquer forma".[11]

Em suma, o mandato é necessariamente o contrato engendrado da relação entre comprador e agente, sendo um mandato *ad negotia*; especial quanto aos negócios determinados; condicional em face da necessidade da ocorrência de evento futuro – remessa do bem pelo vendedor; e, imperativo na forma de execução, pois "o mandatário há que seguir, rigorosamente, a trilha traçada pelo mandante e executá-lo sem se afastar da conduta que lhe foi imposta";[12] sendo, portanto, o "contrato pelo qual alguém (o agente intermediador) se obriga a praticar atos jurídicos ou administrar interesses por conta de outra pessoa (comprador e vendedor)".[13]

Dissecadas as nuances da relação jurídica entre o agente e o comprador, torna-se imperativo, em um segundo estágio de discussão, identificar os matizes da relação entre agente e vendedor, ou seja, a existência ou não de um mandato na relação jurídica entre o agente intermediador e o vendedor como causa de origem da representação.

A princípio, pode-se, erroneamente, inferir que na relação travada entre esses dois entes, ao contrário da estabelecida entre comprador e agente, possa não haver o mandato como genitor da representação.

Primeiramente, conforma objeto de demonstração, os dois institutos não apresentam relação de dependência, ou seja, o mandato não requer o poder de representação, assim como esta não necessita daquele.

Em segundo lugar, conforme as célebres palavras doutrinárias abaixo transcritas, o poder de representação, e, por corolário, a representação, podem surgir não somente de um contrato de mandato, mas de vários outros negócios jurídicos: "Parte da doutrina, sobretudo na esteira da codificação francesa, associa a representação voluntária ao mandato, tratando as duas de forma unitária. A sinonímia não parece, todavia, acertada. O mandato é um contrato que regula a relação entre o representado e o representante, estabelecendo termos e condições para o exercício do poder de representação. A representação – atuação em nome de outrem – ocorre, já se viu, independentemente da outorga do poder de representação e do eventual contrato que regule seu exercício. *Aliás, há inúmeras formas contratuais de se regular o exercício do poder de representação – não apenas por meio do mandato*".[14]

11. Pontes de Miranda, *Tratado de Direto Privado: Parte Geral*, t. 3, 2ª ed., p. 285.

12. De Plácido e Silva, *Tratado do Mandato e Prática das Procurações*, v. 1, 3ª ed., p. 56.

13. Orlando Gomes, *Contratos*, v. 3, 19ª ed., p. 347.

14. Anderson Schreiber, "A representação no novo Código Civil: arts. 115 a 120", in Gustavo Te-

Embora avaliando outros aspectos, o doutrinador continua seu entendimento no mesmo sentido: "(...) o intérprete, com boa vontade, poderá encontrar dispositivos que autorizam o entendimento de que *a representação voluntária independe do mandato*. Primeiro, a *própria existência de um capítulo dedicado à representação* já sugere que o mandato e a representação voluntária são institutos distintos. Além disto, é preciso notar que o art. 120, apesar de suas falhas, *não remeteu a representação voluntária ao capítulo que cuida do mandato, mas à Parte Especial do novo Código Civil, que inclui outras figuras contratuais e que inclui também a possibilidade expressa da criação de contratos atípicos*. Mais: o que se remeta para a Parte Especial não é o instituto da representação voluntária como um todo ou mesmo a sua forma, mas tão-somente os seus requisitos e os seus efeitos, de tal modo que nada no sistema do novo Código Civil impede que o intérprete extraia a essência da representação voluntária de dentro da disciplina do mandato e *a utilize em outras espécies contratuais, previstas ou não pelo legislador de 2002*".[15]

Em terceiro lugar, porque o mandato pode ser substituído pelo contrato de prestação de serviços celebrado previamente entre o vendedor e o agente como causa do surgimento do poder de representação; em que pese haver doutrina no sentido de que a representação não possa surgir de um contrato de prestação de serviços.[16]

Por fim, leva-se em consideração que a relação jurídica entre vendedor e agente pressupõe elementos mais complexos que não se identificam com a simplicidade da relação do intermediador com o comprador.

Face ao exposto, pode-se concluir que na hipótese de a representação ser exercida pelo agente intermediador junto ao comprador em nome e em prol dos interesses do vendedor, a mesmo não encontra sua base na existência pura e simples de contrato de mandato, mas no de prestação de serviços.

Portanto, por essa vertente, a prestação de serviços erige-se na relação do agente com o vendedor porque aquele, não somente recebe o preço e concede quitação e oferece um sistema de pagamento a fim de facilitar o cumprimento de contratos de compra e venda eletrônicos, mas, também, disponibiliza uma plataforma administrativa e de oferta de bens do vendedor pelo *site*. Vale destacar, que o *site* no qual os bens são ofertados pode ser de titularidade do agente, o qual permite que o vendedor se apresente com as suas ofertas.

No entanto, esse raciocínio não condiz com a realidade jurídica.

Também na hipótese da relação entre vendedor e agente, o contrato de mandato apresenta-se insubstituível mesmo pelo contrato de prestação de serviços, possuindo as mesmas características do celebrado entre agente e comprador. Portanto, evidencia-se o fato de que esse contrato não é um contrato necessário à formação do negócio de intermediação, na medida em que o vendedor tem a faculdade de utilizar

pedino (coord.), *A Parte Geral do Novo Código Civil: Estudos na Perspectiva Civil-Constitucional*, 2ª ed., pp. 237-238 (grifos acrescidos ao original).

15. Idem, p. 243 (grifos acrescidos ao original).

16. "A circunstância de o mandatário receber poderes para *agir em nome de outrem*, ou seja, a idéia *de representação*, mais do que qualquer outra, distingue o contrato de mandato dos outros contratos, principalmente do de locação de serviços. É verdade que a doutrina aponta, como diferença básica entre os dois institutos, o fato de a locação de serviços ter por objeto um fato material, enquanto o mandato tem por escopo a realização de um ato jurídico. *Mas o que mais profundamente afasta um contrato do outro é a idéia de representação, peculiar ao mandato*. É a circunstância de que na locação de serviços o locatário atua para o locador, enquanto no mandato o mandatário age em nome, no lugar e pelo mandato" (Sílvio Rodrigues, *Direito Civil: dos Contratos e das Declarações Unilaterais da Vontade*, v. 3, 30ª ed., São Paulo, Saraiva, p. 286 – grifos acrescidos ao original).

ou não a *home page* ofertada pelo agente; por outro lado, o agente pode simplesmente atuar na intermediação sem possuir *site* próprio e voltado à exposição de bens; e, por fim, o próprio vendedor pode ter um *site* voltado para esse fim.

2.1.2.3 *Dos limites*

Conforme demonstrado, o poder do agente, no campo da representação, possui limites estreitos de atuação, na medida em que "a representação somente se pode dar até onde e como a lei, o juiz ou o representado a permita; portanto, dentro de *limites*",[17] fato não capaz de descaracterizá-lo para a figura do núncio.

No âmbito do caso concreto proposto, a identificação dos atos a serem praticados pelo agente, e, por conseqüência, a externação dos limites do poder outorgado, é feita com base nos contratos de mandato, dos quais emana a intermediação *stricto sensu*.

Da assertiva acima, é possível extrair duas considerações: a) os limites do poder outorgado ao agente intermediador são estreitos e bem definidos; b) a representação para ambas as partes dá-se tanto de forma passiva, quanto ativa.[18]

2.1.2.4 *Da irrevogabilidade*

A irrevogabilidade assenta-se em três fundamentos básicos: por vontade das partes, quando há outorgado no interesse do mandatário ou representante ou de terceiro, ou, ainda, quando há mandato ou poder em causa própria, nos termos da cláusula *in rem suam*.

São basicamente três hipóteses que permitem o surgimento da irrevogabilidade, admitindo-a integralmente lícita: "1º. *Quando resultante de convenção.* E esta convenção se entende perfeita quando o mandante, renunciando a prerrogativa da revogabilidade, *declara a irrevogabilidade do mandato*, para que o mandatário constituindo se conserve e se mantenha nesta qualidade, *até que se ultime ou se execute o afazer*, que lhe foi cometido. 2º. *No mandato em causa própria.* Nesta hipótese, a cláusula imposta é decorrência da própria natureza do contrato, em virtude do qual o *objeto do mandato*, cedido ou transferido pela mandante, *passa a ser de interêsse* (*sic*) *exclusivo do mandatário* (...). 3º. *Quando é condição do contrato.* Quando a irrevogabilidade é decorrente de condição de um contrato bilateral, ou meio de cumprir uma obrigação contratada, exprime a própria estipulação da cláusula condicional, que vem reger o cumprimento da obrigação, que se gera do contrato (...)".[19]

Face ao exposto, o caso concreto subsume-se perfeitamente à terceira hipótese, embora possa perfeitamente enquadrar-se na primeira. Nesse sentido, a doutrina é de riqueza lapidar, destarte, merecendo sua transcrição na íntegra, conforme abaixo:

"Sob dois aspectos, pode a condição ser formulada ou se estruturar como elemento nato do próprio contrato, conforme alude o texto legal: *é condição inerente ao contrato ou se revela o próprio meio de ser executado*. Por esta forma, mesmo não inscrita expressamente, a irrevogabilidade se evidencia como natural decorrência da convenção ajustada. E, por essa razão, o mandato, que assim se formula, manifesta-

17. Pontes de Miranda, *Tratado de Direto Privado: Parte Geral*, t. 3, 2ª ed., pp. 293-279.

18. Não há dúvidas de que o agente é representante ativo e passivo, porque atua, ativamente, em nome do comprador, quando este paga o preço ao vendedor, e, para o vendedor, quando concede a quitação; e, atua passivamente para o vendedor, quando recebe o preço proveniente do comprador. "O representante passivo é aquele a quem se dirige a manifestação ou comunicação, ou de conhecimento, ou de sentimento, embora para outrem a quem atingi. Não é de exigir-se sempre o ato de vontade do que é receptor (representante passivo)" (Pontes de Miranda, *Tratado de Direto Privado: Parte Geral*, t. 3, 2ª ed., p. 278).

19. De Plácido e Silva, *Tratado do Mandato e Prática das Procurações*, v. 1, 3ª ed., pp. 410-411.

se como um *pacto acessório*, que se forma e tem vida dentro do contrato ajustado, que se impõe como objeto do próprio mandato. *Pela execução dêste (sic) é que se cumpre a obrigação ou se satisfaz a prestação, que, por sua vez, é o objeto do contrato principal. A irrevogabilidade do mandato, em semelhantes circunstâncias, nasce, naturalmente, da irretratabilidade do negócio ou do ajuste, que lhe serve de objeto.* É, pois, *elemento essencial* para que se satisfaça amplamente a obrigação assumida. O próprio mandante, que assim convencionou, dando poderes para que outrem (o mandatário) cumpra a obrigação *na forma por êle (sic) indicada ou nos limites da condição*, nem mesmo *teria mais interêsse (sic)* em revogar o mandato, outorgado para cumprir o obrigação contida no contrato ou convenção principal. Assim sendo, Clóvis Bevilaqua bem esclarece que 'no caso mencionado no n. II, *a irrevogabilidade resulta não do mandato pròpriamente (sic), mas do contrato bilateral de que o* ***mandato é condição****, ou do interêsse (sic) de terceiro. No* ***mandato para pagamento de uma dívida****, é o interêsse (sic) daquele a favor de quem é expedida a ordem, que o impede a revogação.* O mandato, então, é simplesmente o modo de efetuar o pagamento.'"[20]

Em suma, a outorga do mandato feita ao agente é condição para a execução plena do contrato de compra e venda, surgindo dependência deste em relação àquele, de modo que, o negócio de intermediação resta prejudicado se o mandatário não seguir suas diretrizes previamente acordadas e conhecidas pelas partes.

Ainda, neste tocante, deve-se observar que a previsão da cláusula de irrevogabilidade é despicienda em face da natureza e características do negócio de intermediação. Nesse sentido, mesmo que não haja a convenção da irrevogabilidade, esse estudo propugna pela defesa da tese de que o mandato é essencialmente irrevogável, com fulcro no art. 684 do Código Civil de 2002, pois é nítida a existência de condição de um negócio bilateral e o surgimento de uma espécie de estipulação em favor de terceiro.

20. Idem, pp. 414-415 (grifos acrescido ao original).

2.1.2.5 *Do substabelecimento*

Nesse tocante, não há razão para defender tese contrária, se o contrato de intermediação, ao qual adere o comprador, for omisso quanto à matéria, ou se não houver proibição, ou, ainda, se houver permissão expressa.

Sendo assim, o art. 667 do Código Civil de 2002, *caput* e parágrafos, prescrevem, em suma, os seguintes efeitos na hipótese de substabelecimento dos poderes: a) na existência de proibição, o agente responde nos termos da responsabilidade civil, mesmo havendo caso fortuito, salvo provando que o caso teria sobrevindo, independentemente do substabelecimento; além de responder pelo dever de indenizar os prejuízos causados pelos atos praticados pelo substabelecido na hipótese de culpa; b) na inexistência de proibição, o agente responde pelo dever de indenizar os prejuízos causados pelos atos praticados pelo substabelecido somente na hipótese de culpa; c) na omissão contratual, predomina a regra da culpa.

2.1.2.6 *Do representante*

Outro ponto a ser objeto de análise é a possibilidade do exercício da representação por pessoa jurídica.

A resposta certamente é positiva.

"Num sentido muito amplo, toda a conduta humana é fixada num ordenamento normativo como pressuposto ou como conseqüência se pode considerar como autorizada por esse mesmo ordenamento e, neste sentido, como positivamente regulada. Negativamente regulada por um ordenamento normativo é a conduta humana quando, não sendo proibida por aquele ordenamento, também não é positivamente permitida por uma norma delimitadora do domínio de validade de uma outra norma proibitiva – sendo, assim, permitida num sentido meramente negativo."[21]

Desse preceito decorre o princípio da legalidade em direito privado, conforme Constituição da República de 1988, art. 5º, II.

A norma esculpida nesse dispositivo é de clareza ofuscante, na medida em que prescreve que "ninguém é obrigado a fazer ou a deixar de fazer alguma coisa senão em virtude de lei". Destarte, *in casu*, não é olvidável a inexistência expressa ou tácita de qualquer norma proibitiva da possibilidade de uma pessoa jurídica exercer a representação.

2.1.2.7 *Da duplicidade na representação*

Nesse tocante, a melhor doutrina não se privou de tratar a respeito e a ensinar que, se não houver prejuízo, lesão, desconhecimento das partes e a própria natureza da obrigação não se apresentar defesa, não há motivos para impedimento.

O mesmo raciocínio é aplicável à auto-contratação, ou seja, ao caso de o agente também ser o eventual comprador.

"A Corte de Apelação do Distrito Federal, a 23 de abril de 1918 (Relatório de 1918, 149), assentou que uma pessoa pode representar duas ou mais pessoas, não devendo, na representação de uma, causar prejuízo à outra. *A fortiori*, representar a uma e tratar consigo mesma. O direito civil russo, que entrou em vigor no dia 1º de janeiro de 1923 (Lei de Introdução, art. 1º) (§ 40) pré-exclui, de modo absoluto, o contratar consigo mesmo. O Código Civil alemão, § 181, disse: 'Um representante não pode, se outra coisa não foi estabelecida, concluir negócio jurídico, em nome, ou como representante de terceiro, salvo esse ato não consiste exclusivamente na execução de obrigação'. Aí, proíbe-se a autonegociação e a dupla representação, mas a sanção à apenas a da impugnabilidade. No direito brasileiro, não nos poderíamos inspirar em doutrina alemã de hoje: não há, no sistema jurídico brasileiro, a regra jurídica do § 181; *a fortiori*, a do § 40 da lei russa. Nada obsta, no direito brasileiro, a que A outorgue poder de representação a B, para que alugue prédio, e B o alugue. Se, com isso, representando a A, cujos interesses são contrários aos seus, B causou dano a A, a discussão está fora da que se ferisse em torno do problema da permissibilidade da autonegociação: é a da possibilidade de ocorrer ato ilícito, relativo (infrações da obrigação de mandato) ou absoluto (art. 159). Dir-se-á o mesmo quanto à *dupla representação*."[22]

No mesmo sentido, também preconizava a doutrina estrangeira: "En la doctrina y en la práctica se discutía mucho la cuestión de si el representante de otro podía concluir negocios como tal representante consigo mismo o como representante de un tercero (doble representación). En todos estos casos se habla de 'contraer consigo mismo' o de '*auto-contratación*', a pesar de que también pude darse el caso de otorgamiento de negocios jurídicos unilaterales mediante declaración a sí mismo. *La esencia del negocio jurídico, del contrato y de la representación no se opone a la validez de semejantes negocios*. No se advierte por qué el representante, que emite una declaración en nombre de otro, no ha de poder a la vez recibirla en nombre de otro representado o en nombre propio, o emitir dos declaraciones de voluntad recíprocas, si el acto no se ejecuta de un modo oculto en su persona, sino en forma que pueda ser conocido por terceros, por ejemplo, ante un juez o notario, ante os testigos, mediante contabilización, colocación

21. Hans Kelsen, *Teoria Pura do Direito*, 6ª ed., p. 18.

22. Pontes de Miranda, *Tratado de Direto Privado: Parte Geral*, t. 3, 2ª ed., pp. 323-324.

de dinero en una caja, en un sobre o envoltura especial, mediante comunicación a los representados, etc. Ahora bien, en la mayoría de semejantes negocios los *intereses* de ambas partes son *opuestos* y, por consiguiente, el admitir como regla general que el representante esté facultado para la auto-contratación, no sería conforme ni con los intereses del representado ni con su voluntad presunta (o de la ley). Esta facultad sólo debe suponerse cuando se haya otorgado especialmente o cuando se trate de negocios en que, por lo regular, no sea de temer la lesión de la otra parte. El derecho romano ha admitido esto último en cuando al pago de deudas, recibo de un muto y ventas en subasta".[23]

Insta destacar que a própria natureza do negócio de intermediação exige a representação de duas pessoas que se situam jurídica e diametralmente opostas tendo por epicentro jurídico um mesmo mandatário.

Nesse diapasão, para encerrar qualquer dúvida, cita-se como exemplo que se encaixa perfeitamente no protótipo fático ora analisado: "(Y en este caso falta por regla general le colisión de intereses.) El apoderado general de A puede, por ejemplo, pagarse lo que le debe A, o pagarse en calidad de representante de A lo que debe a éste o, si es también representante de B, pagarse, en calidad de representante de ambos, lo que A debe a B. Ahora bien, estos pagos no pueden realizarse sólo in mente, sino en una forma que pueda reconocerse exteriormente (supra)".[24]

2.2 Dos negócios jurídicos similares

Embora se trate de um negócio jurídico distinto de outros existentes, é de fácil percepção certa correspondência ou eventual mistura de alguns elementos afins e similares, quando se tem em foco alguns institutos existentes e consagrados, o que evidencia, ora certa identificação, ora eventual mesclagem, o que, de qualquer forma, possibilita o melhor entendimento de suas características.

2.2.1 Do cartão de crédito

Nesse cenário, desponta o instituto do cartão de crédito, quando se tem como parâmetro para análise a forma trilateral que lhe é notória.

No negócio de intermediação, assim como no cartão de crédito, há três contratantes vinculados por liames jurídicos próprios que os abarcam, com a peculiaridade de o pagamento não ser feito diretamente pelo comprador, mas por um terceiro. Nesse contexto, o ensinamento doutrinário é a melhor forma de explicar a lógica e sistemática do segundo como meio de demonstrar a similaridade com o primeiro:

"Um sistema de cartão de crédito, além das modalidades especiais como opera, conta sempre com os elementos pessoais, que são os que vão pôr o sistema em funcionamento. Esses elementos são os sistemas emissores de verdadeiros cartões de crédito, *o organismo emissor, o titular do cartão e o fornecedor ou vendedor*. O *emissor* é, em regra, uma pessoa jurídica que serve de intermediária entre o *titular do cartão* (comprador) e o *fornecedor* (vendedor) para que entre esses se realize uma operação de compra e venda ou uma prestação de serviços. O fato de ser o emissor apenas um intermediário é que distingue o método de negociação por cartões de crédito. Na realidade, o emissor não vende; apenas facilita uma venda, credenciando, por meio da emissão dos cartões, o titular a adquirir mercadorias ou serviços de que necessite junto a um terceiro, o *fornecedor*. Naturalmente, nessa intermediação o emissor aufere lucros; mas assume, também, pesadas obrigações, entre as quais a de pagar ao fornecedor as aquisições feitas pelo titular, correndo o risco de não rece-

23. Ludwig Enneccerus, *Tratado de Derecho Civil: Parte Geral*, pp. 245-246.
24. Idem, p. 246.

ber as importâncias desembolsadas. Titular, beneficiário, usuário ou portador é a pessoa credenciada pelo emissor a fazer as aquisições junto ao fornecedor. Em regra, o beneficiário é uma pessoa física, mas podem ser fornecidos cartões a pessoas jurídicas... O último elemento pessoal de um sistema é o *fornecedor* ou *vendedor*. Esse é uma pessoa física ou jurídica que está devidamente habilitada a vender produto ou prestar serviços. O fornecedor mantém um contrato com o emissor, regulando as relações entre ambos. Esse contrato é em regra chamado de *contrato de filiação*; é em virtude dele que o emissor se obriga a pagar ao fornecedor, antes mesmo de recebê-las do comprador as despesas feitas por intermédio dos cartões, donde passar o emissor a ser o devedor do fornecedor nas operações por esse realizadas através dos cartões de crédito."[25]

Quanto à forma estrutural do instituto do cartão de crédito, a doutrina esclarece afirmando que "trata-se, com efeito, e ninguém pôs em dúvida, de uma operação triangular",[26] assim como o instituto ora estudado.

2.2.2 Do crédito documentário[27]

Se do instituto do cartão de crédito é extraída a percepção da estrutura triangular *sine qua non* do negócio de intermediação, do instituto do crédito documentário – *letter of credit*[28] – vislumbra-se seu mecanismo operacional e sua finalidade.

No tocante ao aspecto da operabilidade, a doutrina apresenta o seguinte conceito de crédito documentário: "Basicamente, o crédito documentado consiste numa operação creditícia, através de bancos intermediários, decorrente de uma venda internacional (...). O comprador (importador) solicita ao seu banco (no seu país) a abertura de um crédito (acreditivo) ao exportador, no país deste. O banco comunica então à sua filial ou correspondente, no país do exportador, a abertura do crédito em favor do exportador, expedindo em favor deste uma carta de crédito. Quando esse crédito, aberto pelo banco do comprador ao vendedor, é confirmado e irrevogável, a garantia do vendedor passa a ser total, pois que o banco do comprador assume a responsabilidade direta da obrigação. O vendedor pode então usar esse crédito antes ou por ocasião da entrega da mercadoria (...). Por seu turno, o comprador fica garantido, pois que o banco só aceitará ou pagará o preço após o exame da regularidade dos documentos representativos das mercadorias".[29]

Em face da finalidade, tem-se que: "É natural a desconfiança do vendedor em entregar a mercadoria, embarcando-a para o lugar designado pelo comprador, para só após receber o prêço (*sic*). Daí a necessidade de segurança que o crédito documentado visa suprir, garantido a perfeita execução do contrato".[30]

Sendo assim, não há dúvidas quanto à proximidade da estrutura operacional dos dois institutos.

2.2.3 Do negócio fiduciário

No entanto, o rol de institutos semelhantes não se finda neste ponto, haven-

25. Fran Martins, *Contratos e Obrigações Comerciais*, 15ª ed., pp. 509-511.

26. Waldirio Bulgarelli, *Contratos Mercantis*, 3ª ed., p. 615.

27. "Sabemos que são diversos os objetivos perseguidos pelo crédito documentário. Mas, nosso ver, dois deles avultam: a) garantir ao vendedor o cumprimento do contrato pelo comprador; b) garantir ao comprador o cumprimento do contrato pelo vendedor" (Ricardo José Martins, "Aspectos do crédito documentário", *RDM* 110/44, ano XXXVI, abr.-jun./1998).

28. Abreviatura internacional L/C ou LC, do inglês *letter of credit* e do espanhol, *carta de crédito*.

29. Waldirio Bulgarelli, *Contratos Mercantis*, 3ª ed., p. 224.

30. Jorge Vasconcelos Muniz, *Do Crédito Documentado: Revogado, Irrevogável e Confirmado*, Tese de Livre-Docência em Direito Comercial, Faculdade de Direito de Pelotas e Universidade do Rio Grande do Sul, 1962, p. 15.

do mais um, o negócio fiduciário, sendo, todavia, o instituto que menos predicativos semelhantes apresenta com o negócio de intermediação. Porém, seu estudo não pode ser olvidado, na medida em que a parca doutrina existente sobre o negócio de intermediação utiliza a denominação "intervenção do agente fiduciário", o que remete ao termo negócio fiduciário, dessa forma, não sendo remota a possibilidade de indução a erro.

Nessa seara, seguindo o método proposto, a melhor forma de apresentar um instituto é primeiramente destacando sua definição.

"Entende-se por *negócio fiduciário* o negócio jurídico inominado pelo qual uma pessoa (fiduciante) transmite a propriedade de uma coisa ou titularidade de um direito a outra (fiduciário), que se obriga a dar-lhe determinada destinação e, cumprindo esse encargo, retransmitir a coisa ou direito ao fiduciante ou a um beneficiário indicado no pacto fiduciário (...). O fiduciário assume a obrigação de dar ao bem ou direito recebido a destinação prevista no contrato e de restituí-lo ao fiduciante ou a terceiro indicado na ato de constituição da fidúcia, enquanto que o fiduciante assume a obrigação de implementar todas as formalidades necessárias à efetiva transmissão do bem ou direito, de respeitar a titularidade do fiduciário, além de outras obrigações que o *pactum fiduciae* possa prever."[31]

Por esse viés, a única semelhança entre os negócios fiduciário e de intermediação está na finalidade, ou seja, no fato de que o fiduciário, em um, e o intermediador, em outro, detêm o bem e o preço, respectivamente, em prol dos interesses do proprietário originário, dotado da incumbência do cumprimento das diretrizes da destinação estipulada, seja no sentido de devolver a esse, seja no sentido de passar para terceiro.

31. Melhim Namem Chalhub, *Negócio Fiduciário*, pp. 38 e ss.

2.3 Dos negócios jurídicos derivados

A compreensão com mais propriedade da forma estrutural, da operação procedimental e dos aspectos funcionais do negócio de intermediação, torna mais fácil a identificação dos contratos periféricos, acidentais, acessórios ou derivados, e, portanto, tidos como simples desdobramentos do negócio de intermediação.

Esses contratos são assim considerados por várias razões: a) primeiramente, porque não integram necessariamente a estrutura originária trilateral do negócio de intermediação; b) em seguida, vislumbra-se o fato de que tais contratos não caracterizam o negócio do qual derivam; c) como terceiro ponto, tem-se que esses contratos, nessa hipótese, surgem sempre como conseqüência e nunca como causa; d) também nunca são necessários, pos podem ser substituídos por outras operações jurídicas que permitem o mesmo efeito almejado; e) o negócio de intermediação pode ser celebrado sem que seus derivados os sejam; no entanto, a recíproca não é verdadeira, na medida em que os contratos acessórios não têm suas existências cogitadas sem a celebração daqueles; f) e, por fim, esses contratos até mesmo podem ser dispensáveis ou facultativos.

São os contratos de prestação de serviço, depósito, transporte e seguro.

O agente, além da prática da intermediação no pagamento, pode ter interesse em disponibilizar para o vendedor uma estrutura virtual, mais conhecida como *home page*, para que o vendedor possa ofertar e expor suas mercadorias. Ou, por outro lado, o agente, muitas vezes, pode ter interesse apenas na intermediação. No primeiro caso, a operação é regulada por contrato de prestação de serviços celebrado apenas entre vendedor e agente, sendo o comprador estranho ao mesmo.

Na medida em que o comprador tem o dever de proceder ao pagamento ao vendedor, porém, por meio do agente, uma das práticas de fazê-lo é depositando o valor em conta bancária indicada. Certamente, a conta bancária não pode ser de titularidade do vendedor, pois não haveria razão de ser a ocorrência de intermediação. Portanto, o valor fica disponível em conta bancária pertencente ao agente até o comando de repasse ao vendedor ou de restituição ao comprador. Nesse sentido, evidencia-se um outro contrato como conseqüência do negócio de intermediação, o depósito bancário.

Outro contrato suscetível à celebração a título de cumprimento do negócio de intermediação, também ostentando o *status* de periférico, derivado e até acidental, é o contrato de transporte.[32]

"Ajustando-se levar de um para outro lugar uma coisa ou uma pessoa, mediante remuneração, surge esse contrato entre o que deseja transportar mercadorias ou transportar-se e aquele que assume a obrigação de executá-lo"[33] tem-se o contrato de transporte, que, *in casu*, pode ser dever do comprador ou do vendedor, conforme convenção entre as partes.

Por fim, a entrega da coisa comprada pode implicar o transporte; e esse, *in casu*, enquanto traslado de bem de um lugar para outro, torna suscetível que essa mesma coisa esteja sujeita a avarias e danos, razão pela qual, as partes se interessam em que uma "empresa assuma a obrigação de ressarcir prejuízo sofrido pelo responsável pelo transporte (comprador ou vendedor), em virtude de evento incerto, mediante o pagamento de determinada importância".[34]

Portanto, esses contratos tidos como derivados, uma vez que nunca integrantes necessários do negócio de intermediação, na hipótese de virem a ser celebrados, continuam a ser regidos pelos instrumentos normativos próprios que os regulam, não integrando seus efeitos ao negócio de intermediação enquanto instituto autônomo e próprio.

3. *Das características jurídicas fundamentais*

3.1 Da nomenclatura e conceito

Embora seja objeto raro na doutrina, para não mencionar praticamente inexistente, o instituto ora em estudo tem sido apresentado sob o nome de "a intervenção do agente fiduciário".

Em vista da proposta de desvendar as nuances fáticas, as características e efeitos jurídicos desse instituto ainda incipiente, não seria salutar deixar de apresentar nomenclatura que ostente o predicativo de ser a mais adequada ao mesmo.

Nesse viés, faz-se necessário destacar os elementos essenciais desse nome utilizado até então pela rara doutrina: intervenção e fidúcia. Feito isso, percebe-se que a terminologia acima citada não é a

32. Nesse ponto, em face das peculiaridades do contrato de transporte, insta fazer alguns esclarecimentos. O contrato de compra e venda de móveis necessariamente implica o transporte da coisa. Sendo assim, a princípio, o contrato de transporte não pode ser considerado acidental, na medida em que o transporte é imprescindível e deve ocorrer em algum momento. No entanto, dentro da perspectiva do negócio de intermediação, o transporte não pode ser considerado um contrato principal, porque não integra a estrutura daquele; ou seja, não integra a formação originária do negócio de intermediação, sendo apenas uma conseqüência. Mas, principalmente, é considerado acidental, porque, embora não seja comum e nem muito menos prático, o comprador tem, *in tese*, a possibilidade de buscar a mercadoria ou solicitar que alguém o faça. Nesses dois casos, o contrato de transporte não passa a ser sequer derivado, na medida em que o vendedor não participa de forma alguma, ficando a responsabilidade por conta e risco do comprador. Seno assim, o contrato de transporte que é considerado derivado é aquele no qual na celebração participa o vendedor, seja contratando o transportador com remuneração própria, seja com capital do comprador, por meio da inclusão do frete no peço da mercadoria.

33. J. X. Carvalho de Mendonça, *Tratado de Direito Comercial Brasileiro*. v. 4, t. 2, 1ª ed., p. 456.

34. Fran Martins, *Contratos e Obrigações Comerciais*, 15ª ed., p. 353.

mais adequada, na medida em que, como se não bastasse o fato de em nada denotar as nuances específicas do negócio jurídico, contribui para indução a erro por parte do intérprete do direito.

A expressão "intervenção do agente fiduciário" em nada se refere ao caso concreto quando se têm as peculiaridades do instituto jurídico a que visa conceituar.

Nessa esteira do raciocínio, mister se faz localizar no âmbito do vernáculo o significado das palavras intervenção e intervir.

Entende-se por intervenção "ato de intervir, interferência (...)";[35] e, por intervir "tomar parte voluntariamente; meter-se de permeio; vir ou colocar-se entre, por iniciativa própria; ingerir-se (...), interpor a sua autoridade, ou os seus bons ofícios, ou a sua diligência (...)".[36]

De fato, constata-se visivelmente a interferência por parte do agente; no entanto, tal interferência não se dá por iniciativa própria ou por voluntariedade. Muito pelo contrário, somente há intervenção, nos limites da contratação e na hipótese de sua existência prévia. Por outro lado, o termo intervenção e seus derivados não traduzem fielmente o principal elemento caracterizador da atuação do agente, qual seja, a intermediação, que, *in casu*, manifesta-se por meio da representação.

Quanto ao conceito de representação, a matéria foi exposta anteriormente, sendo eficaz apenas lembrar que significa a manifestação de vontade pelo representante, nos limites de seus poderes, produzindo efeitos em relação ao representado.

Por intermediação entende-se "a ação ou efeito de intermediar";[37] sendo intermediar "estar de permeio, entremear (...)";[38] e, por fim, intermediário, "que está de permeio, interposto, intermédio (...) mediador: agente de negócios; corretor; negociante que exerce suas atividades colocando-se entre o produtor e o consumidor; atravessador (...)".[39] Portanto, muito mais próximo das nuances evidenciadas pelo instituto.

Resta clara, portanto, a imprecisão na escolha do primeiro quando se refere ao negócio jurídico em comento, pois a intervenção, como é perceptível, pode se dar de várias formas, não apenas intermediando, sendo, além do mais, um termo muito mais amplo do que o de intermediação.

Após os argumentos acima expostos, quando se tem o instituto em foco, é no aspecto preciso do significado do verbete intermediação que é encontrada sua essência e, não na generalidade e amplidão do significado do vocábulo intervenção.

Por fim, ainda se tem a possibilidade de indução a erro, a qual não é afastada ao se partir da expressão utilizada pela doutrina. Por agente fiduciário vislumbra-se imediatamente em perspectiva o consagrado instituto de direito societário, prescrito no art. 66 e ss. da Lei das Sociedades por Ações.

Segundo melhor doutrina, a leitura do art. 68, *caput*, da lei acima referida evidencia a principal característica do agente fiduciário, qual seja, a de órgão da comunhão dos debenturistas. Dessa forma, tem-se que a representação por parte desse agente não é dupla, mas feita única, exclusiva e impreterivelmente em prol dos interesses das partes – a comunidade de debenturistas em face da sociedade.

No entanto, o principal fator que separa de forma inabalável qualquer afinidade entre o agente fiduciário dos debenturistas e o agente intermediador nos contratos de compra e venda pela internet, mesmo do ponto de vista analógico, é que a representação feita por aquele leva em consideração um conjunto de interesses, o da comunhão

35. Aurélio Buarque de Holanda Ferreira, *Novo Aurélio Século XXI: o Dicionário da Língua Portuguesa – Século XXI*, 3ª ed., p. 1.128.

36. Idem, ibidem.

37. Idem, p. 1.125.

38. Idem, ibidem.

39. Idem, pp. 1.125-1.126.

dos debenturistas, e, não de interesses individuais e opostos, como no caso deste.

Quanto ao aspecto da fidúcia, é imperativo dizer que, conforme ensinamento doutrinário, a referência é feita apenas do ponto de vista histórico, pois a confiança não é elemento fundamental da relação jurídica estabelecida no negócio de intermediação. Nesse sentido, referindo-se sobre o assunto, a doutrina, em brilhante entendimento, presta o seguinte esclarecimento: "Seja como for, o direito positivo vem emprestando a designação fiduciária às mais diversas figuras que, no direito moderno, vêm sendo construídas a partir da conciliação entre a concepção de fidúcia romana e a idéia geral do *trust*, e isto porque, a despeito das salvaguardas em favor do investidor-beneficiário, continuam presentes no negócio as regras da boa-fé e a confiança. *Pode-se até admitir que a utilização do vocábulo* ***fiduciário*** *para atos tipificados se faça apenas como elemento de referência histórica* (...)".[40]

E acrescentando, porém referindo-se ao negócio fiduciário, o célebre doutrinador continua sua lição, sendo a mesma, se perfeitamente aplicável a esse instituto, mais ainda ao negócio de intermediação.

"É controvertida a oposição da doutrina quanto à possibilidade e à conveniência de ser conferido tratamento sistemático ao negócio fiduciário, mediante a construção de figura tipificada em lei. Entendem alguns que, *caracterizando-se o negócio fiduciário pela situação de perigo em que se encontra o fiduciante, possibilitando abuso de poder por parte do fiduciário, a ausência dessa situação de perigo descaracteriza a natureza* ***fiduciária*** *do negócio*. De fato, como o fiduciário tem a plena propriedade ou titularidade sobre o bem ou direito transmitindo em fidúcia, em face de terceiros, pode desviar-se da finalidade estipulada no *pactum fiduciae* ou pode se utilizar do bem ou do direito de forma abusiva. Encontra-se o fiduciante, assim, em situação de desvantagem jurídica ou de perigo em razão da disparidade de tutela jurídica conferida ao fiduciante e ao fiduciário, circunstância que encerra a configuração de um poder de abuso por parte do fiduciário. Por isso mesmo, José Carlos Moreira Alves entende que *negócios jurídicos típicos, como a alienação fiduciária em garantia, não podem ser considerados como negócios fiduciários propriamente ditos*. Outros entendendo ainda presente o elemento confiança, mesmo nas espécies já regulamentadas, admitem a possibilidade de se incluírem esta no gênero compreendido pelos negócios fiduciários, com os quais são se confundem".[41]

Vê-se, portanto, que a confiança (fidúcia) e a boa-fé, embora elementos que devem sempre estar presentes, não somente no negócio de intermediação, mas em qualquer outro negócio jurídico, não são os elementos decisivos para o cumprimento das obrigações, pois há outros elementos jurídicos, a exemplo de regras contratuais fulcradas em disposições legais. Esse fato ocorre no negócio de intermediação, na medida em que não é a simples fidúcia que rege a atuação das partes, mas as regras contratadas pautadas em preceitos legais, portanto, substitutivos da fidúcia. A simples compra e venda pela internet sim poderia dizer que é pautada na fidúcia, ou seja, na confiança, pois as garantias legais vigentes não são capazes de garantir o perfeito adimplemento obrigacional. Por essa razão, o termo fidúcia não é o mais apropriado para integrar a nomenclatura do negócio de intermediação.

Evidenciados seus elementos semânticos, demonstrados os institutos semelhantes, bem como, seus derivados, ato contínuo mister se faz trazer a conceituação do negócio de intermediação.

40. Melhim Namem Chalhub, *Negócio Fiduciário*, pp. 76-77 (grifos acrescidos ao original).

41. Idem, pp. 69-70 (grifos acrescidos ao original).

Em suma, o negócio de intermediação é o instituto jurídico que consiste na atuação por parte de um terceiro (agente) com fins de representação no processo de transferência do preço (recebimento e pagamento) entre o comprador e o vendedor, em face da existência das obrigações primárias de entrega do bem vendido por este e da contraprestação da retribuição por aquele, decorrente de um contrato principal de compra e venda eletrônico.

3.2 Da classificação contratual

Independentemente de sua natureza jurídica, o negócio de intermediação apresenta-se como um "acordo de duas ou mais pessoas para, entre si, constituir, regular ou extinguir uma relação jurídica patrimonial",[42] portanto, um contrato. Vale lembrar que a classificação abaixo demonstrada tem como padrão o negócio de intermediação como um todo e não os contratos que o integram necessária ou eventualmente.

Sendo assim, o negócio de intermediação classifica-se como:

a) Atípico, na medida em que não encontra regramento normativo próprio e que lhe confira efeitos jurídicos previamente definidos, não encontrando *locus* conhecido no ordenamento jurídico, uma vez que não há disciplina legal específica, sendo pautado na autonomia da vontade;

b) Consensual, pois não há para sua celebração necessidade de cumprimento de qualquer formalidade – contrato solene ou formal –, bem como, também, não exige a entrega efetiva da coisa – contrato real –; formando-se, todavia, exclusivamente pelo acordo de vontade (*solo consensu*), ou seja, pelo consentimento;

c) Eletrônico, na medida em que as declarações de vontade que lhe dão gênese são manifestadas por meio da rede de computadores e porque o mesmo encontra sua razão de ser somente em face das peculiaridades da celebração pela internet;

d) Oneroso, porque todas as três partes envolvidas visam à obtenção de vantagens ou benefícios, havendo encargos mútuos;

e) Bilateral, na medida em que são previstas obrigações para todas as três partes envolvidas, de modo que as mesmas sejam credoras e devedoras recíprocas;

f) Plurilateral, quando se tem como critério a forma triangular, vislumbrando-se três lados e não apenas dois, concorrendo sempre três manifestações de vontade, de forma que as três partes atuam recíproca e concomitantemente;

g) Comutativo, pois as prestações de todas as partes são previamente conhecidas e certas pelas outras, onde "a relação entre vantagem e sacrifício é subjetivamente equivalente, havendo certeza quanto às prestações";[43]

h) Misto, porque resulta da combinação de elementos de diferentes contratos, formando uma nova espécie contratual não esquematizada na lei, caracterizando-os a unidade de causa;

i) Coligado, pois, enquanto "*contrato misto* resultante da combinação de elementos de diferentes contratos, formando nova espécie contratual não esquematizada na lei",[44] seus contratos formadores e suas respectivas disciplinas não são afastadas, devendo ser levados em consideração;

j) Individual, uma vem que, embora encerre em sua formação necessariamente três parte, as vontades são consideradas individualmente. Dessa forma, não cria a situação pela qual "uma vez homologado regularmente, gera deliberações normativas, que poderão estender-se a todas as pessoas pertencentes a uma determinada categoria

42. Darcy Bessone, *Do Contrato: Teoria Geral*, 4ª ed., p. 117.

43. Cf. Orlando Gomes, *Contratos*, v. 3, 19ª ed., p. 74.

44. Idem, p. 104.

profissional, independente do fato de terem ou não participado da assembléia que votou a aprovação de suas cláusulas, ou até, de haverem naquele conclave, oposto à sua aprovação";[45]

l) De duração ou de trato sucessivo, pois não é celebrado para que a prestação única de cada parte seja ordinariamente cumprida uma única vez no futuro. Muito pelo contrário, todas as prestações são interligadas, dependentes e ocorridas em sucessão;

m) De adesão, pois se subsume perfeitamente à previsão legal contida no Código de Defesa do Consumidor, art. 45, na medida em que é "aquele cujas cláusulas tenham sido estabelecidas unilateralmente pelo fornecedor de produtos ou serviços, sem que o consumidor possa discutir ou modificar substancialmente seu conteúdo". Nesse contexto, o comprador não participa do debate originador das cláusulas contratuais.

Dessa forma, a ciência do direito deve situá-lo dentro do sub-ramo do Direito das Obrigações, na parte dos contratos em espécie, ou seja, na classe do Direito Contratual.

3.3 Da natureza jurídica

Insta destacar que para a identificação da natureza jurídica do negócio de intermediação devem ser entendidas e levadas em consideração, as seguintes variáveis que o mesmo evidencia: a) a interação e correspondência entre os contratos de mandato e de compra e venda; b) a importância precípua da atividade de intermediação; c) o destaque do contrato de compra e venda; d) a execução conjugada das obrigações pelas partes; e e) responsabilidade pelo pagamento por parte do comprador junto ao agente e, após, responsabilidade deste perante o vendedor, com conseqüente exoneração da responsabilidade do primeiro.

Mesclando esses fatores, a natureza jurídica do negócio de intermediação é evidenciada perante os olhos dos juristas, que apontam para a teoria da delegação.[46]

"A delegação imperfeita, a despeito de seu nome, é verdadeira delegação passiva. É êste (*sic*) um negócio realizado entre três pessoas, no qual a primeira, delegante, devedora de uma segunda, delegatária, satisfaz o seu débito mediante um pagamento realizado por sua conta, mas por uma terceira, delegado, *nomine proprio*. A delegação passiva pode realizar-se junto com uma delegação ativa, se o delegante é credor do delegado, porque, em tal caso, com a prestação do delegado ao delegatário, além de executar-se a obrigação do delegante frente ao delegatário, cumpre-se também o débito do delegado ao delegante. Quando o delegado deve pagar diretamente ao delegatário, por conta do delegante sem obrigar-se prèviamente (*sic*) frente ao primeiro, diz-se que há uma *delegatio solvendi*. No entanto, quando o delegado deve prèviamente (*sic*) obrigar-se perante o delegatário a pagar em suas mãos por conta do delegante, fala-se de *delegatio deben-*

45. Caio Mário da Silva Pereira, *Instituições de Direito Civil: Fontes das Obrigações, Contratos, Declaração Unilateral de Vontade, Responsabilidade Civil*. v. 3, 10ª ed., p. 42.

46. Insta destacar que tal teoria também é a mais aceita na identificação da natureza jurídica do crédito documentário e em face do raríssimo estudo pelos doutrinadores civilistas sobre o instituto da delegação, em virtude da inexistência de prescrição no direito brasileiro e pela origem alemã é justamente no âmbito do direito comercial referente ao crédito documentário que esta obra busca sua fonte mais abundante. Nesse sentido: "Relata o autor que o instituto clássico da delegação, embora rejeitado pelos tribunais até então, sob a alegação de que, sendo romano, não se adaptaria às exigências modernas, de que o crédito documentado seria a expressão, é, a seu ver, a que melhor se enquadraria a sua natureza. Trata-se, apenas de fazer o que até então não se tinha feito: analisar com precisão como a delegação se realizaria na operação em exame. Alega, no entanto, que o propósito não é fácil, pois *a delegação imperfeita não tem disciplina legal, nem, a seu respeito, a doutrina é pacífica e segura*" (Jorge Vasconcelos Muniz, *Do Crédito Documentado: Revogado, Irrevogável e Confirmado*, cit., p. 59, grifos acrescidos ao original).

di ou *promittendi*. No primeiro caso, fica necessàriamente (*sic*) inalterado o vínculo obrigacional entre delegante e delegatário até o momento de pagamento. A *delegatio debendi*, ao invés, pode ser novativa, também denominada *perfeita*, se com ela se cria uma relação jurídica nova, com a substituição do delegante pelo delegado no débito com o delegatário, desobrigando-se o antigo devedor (delegante). Será cumulativa ou imperfeita, se, com o negócio delegatório, nasce uma nova obrigação, do delegado frente ao delegatário, que se coloca ao lado do vínculo originário entre delegante e delegatário, sem o extinguir (Cód. Civ., art. 1.000). 'Uma segunda obrigação vem reunir-se à primeira.' São duas obrigações distintas e independentes, a que correspondem duas ações diferentes, mas, como têm o mesmo objeto, o pagamento de uma extingue a outra. Sobre esta última forma, pode haver pacto especial entre delegante e delegatário, regulando a ordem de excussão, subordinando eventualmente a exigência da obrigação originária à prévia excussão do delegado. Em qualquer de suas formas, o instituto pressupõe o acôrdo (*sic*) de três vontades: delegante, delegado e delegatário, que, todavia, não precisa ser simultâneo, cumprindo-nos analisar como se constitui o vínculo entre êles (*sic*). A delegação compõe-se de três relações jurídicas, sendo que duas são preparatórias da última: a realizada entre delegante e delegatário, consistente em concordar o delegatário em receber o pagamento do crédito, que tinha, das mãos do delegado; e o vínculo entre delegante e delegado, cuja finalidade é a do último solver o débito do primeiro frente ao delegatário. A terceira relação, que se estabelece entre delegado e delegatário, é a executiva das duas precedentes, exaurindo-se no fato do pagamento, na *delegatio solvendi*, e de natureza pessoal, dando nascimento a uma obrigação, na *delegatio promittendi*."[47]

É justamente o que se observa no negócio de intermediação.

47. Jorge Vasconcelos Muniz, *Do Crédito Documentado: Revogado, Irrevogável e Confirmado*, cit., pp. 59-61. No mesmo sentido é a brilhante doutrina: "Ao contrário do direito romano, em que era essencial à obrigação a pessoalidade do vínculo, o direito moderno admite, não só a substituição do credor, mas também, do devedor, tornando válida a sucessão singular *inter vivos* na relação obrigacional, quer do lado ativo quer do lado passivo. No direito romano, novo devedor somente poderia suceder ao antigo mediante *novação*, isto é, ficando este quite com o credor. Era necessário então que 'nova dívida' fosse contraída para extinguir a anterior, verificando-se a substituição do devedor sob as formas da chamada *delegatio* ou da *expromissio*. Haveria delegação quando o devedor transferisse a terceiro, com o consentimento do credor, o débito com este contraído; haveria expromissão pela apresentação espontânea de terceiro que se propusesse a substituir o devedor. A *delegatio* e a *expromissio* romanas tinham efeitos extintivos e eram novativas. No direito moderno, superada a concepção romana da obrigação como vínculo estritamente pessoal, eliminou-se o obstáculo que impedia a substituição do devedor sem a extinção da dívida. Em vista disso, tanto a delegação quanto a expromissão adquiriram autonomia jurídica em face da novação, configurando institutos pertinentes à sucessão no débito, que pressupõe a continuação do mesmo vínculo obrigacional. Para distinguir essa forma de delegação e expromissão da *delegatio* e da *expromissio* novativas, chamam-se imperfeitas. A delegação imperfeita, a despeito do nome, é que é a verdadeira sucessão no débito posto que na delegação novativa, mais do que na sucessão, há nova obrigação com desate da relação anterior), e pode ser de duas ordens: liberatória ou cumulativa. É liberatória quando o devedor originário exonera-se da obrigação, assumindo o novo devedor inteira responsabilidade pelo débito. Há delegação cumulativa quando o novo vendedor entra na relação obrigacional, unindo-se ao devedor originário, que permanece vinculado. Por outro lado, quando à função atribuída pelas partes à delegação, é corrente, ainda, a divisão da delegação em *delegatio solvendi* e *delegatio promittendi*. A primeira consiste numa ordem dada pelo devedor originário a outra pessoa para que, em seu lugar, pague a dívida. Essa pessoa, o delegado, comunica que pagará diretamente ao delegatário a obrigação, por conta do delegante, sem, contudo, assumir a obrigação do devedor frente ao primeiro. O vínculo obrigacional entre delegante e delegatário permanece inalterado até o momento do pagamento. Ora, não implicando assunção da dívida ao lado do devedor ou substituição deste na relação obrigacional, não se configura aí uma verdadeira delegação. É a *delegatio promittendi* a figura autêntica da delegação. Nela, o delegado deve previamente, antes do pagamento, obrigar-se

No seu conteúdo econômico, assim como no crédito documentário "existe um débito nascido de um contrato de compra e venda, e a finalidade primordial do instituto é fazê-lo extinguir-se, mediante a intervenção de um terceiro, o banco",[48] *in casu*, um agente.

Em suma, entre o comprador e o vendedor, na oportunidade da celebração dos contratos originários, resta estabelecido que o preço não deve ser pago diretamente pelo comprador ao vendedor, mas através de um terceiro previamente incumbido desta função; sendo explícita uma autorização por parte do vendedor para que o comprador pague por meio de intermediação de terceiro, com recursos próprios e não com recursos do agente. Entre comprador e agente há a convenção pela qual o último se obriga a solver a obrigação do primeiro frente ao vendedor. Enquanto que entre o agente e o beneficiário (vendedor) existe uma relação para a solução do débito, com a qual se fecha o círculo da delegação.

3.4 Das partes

As partes envolvidas no negócio de intermediação, em face dos contratos obrigatórios que os integram são, obviamente, o vendedor, o comprador e o agente. Nesse caso, a análise sob o ponto de vista dos contratos obrigatórios oferece uma perspectiva diferente quando da análise do negócio de intermediação, ou seja, do todo.

Considerando o negócio de intermediação em fragmentação, as partes, uma em relação as ouras, assumem os papéis de comprador e vendedor, mandante e mandatário.

No entanto, dentro da proposta deste estudo, não é científico utilizar essas nomenclaturas aduzidas dos contratos integrantes, mas sim, das identificadas da unicidade contratual resultante do mosaico jurídico formado desses contratos. Destarte, da opção de pagamento pela intermediação de terceiro em contrato de compra e venda é vislumbrado, não um contrato de compra e venda, precipuamente, ou um mandato, mas, sobretudo, uma figura única, ou seja, o negócio de intermediação

Quando se tem sob foco esse todo, o vendedor e o agente assumem, de um modo geral, o papel dos ofertantes e o comprador, de aceitante; e, de um modo específico, são considerados intermediados o vendedor e o comprador; e intermediador, o agente.

4. Conclusões

Ao longo deste artigo foram destacadas determinadas indagações e apresentadas certas assertivas que impõem, neste momento, uma apresentação sistemática das seguintes conclusões:

1. O negócio de intermediação pode ser conceituado como o instituto jurídico

perante o delegatário a solver a obrigação do delegante, sucedendo a ele ou a ele se unindo. Ocorre nessa hipótese a modificação subjetiva no lado passivo da relação obrigacional; ou o devedor originário é substituído, dando ingresso ao delegado, ou este se junta a ele, ocupando, supervenientemente, a mesma função. Em qualquer dessas formas, a delegação revela uma estrutura trilateral, visto que se consolida pela conjunção de três espécies de relações: 1. entre delegante e delegado; 2. entre delegante e delegatário; 3. entre delegado e delegatário. Para a constituição da *delegatio* é preciso, em primeiro lugar, que o devedor de determinado credor convoque outra pessoa para substituí-lo ou para se juntar a ele, introduzindo-o, em qualquer das hipóteses, na relação obrigacional. Aceita pelo terceiro a delegação, é necessária outra relação, entre o devedor e o credor, acordando este em receber o pagamento do crédito das mãos do delegado. A terceira relação, que se estabelece entre o terceiro e o credor, é executiva das duas precedentes, exaurindo-se no 'fato do pagamento' (*delegatio solvendi*) ou dando nascimento a uma 'obrigação de pagar' (*delegatio promittendi*). Entre essas três relações, há, diríamos, uma conexão funcional da qual resultaria a figura da delegação, sem contudo deixarem de conservar-se estruturalmente autônomas" (Luiz Gastão Paes de Barros Leães, "Uso das cartas de crédito comerciais como instrumento de garantia", *Direito Comercial*, 1976, *apud* Waldirio Bulgarelli, *Contratos Mercantis*, 3ª ed., pp. 236-237).

48. Jorge Vasconcelos Muniz, *Do Crédito Documentado: Revogado, Irrevogável e Confirmado*, cit., p. 61.

que consiste na atuação por parte de um terceiro (agente) com fins de representação no processo de transferência do preço (recebimento e pagamento) entre comprador e vendedor, em face da existência das obrigações primárias de entrega do bem vendido por este e da contraprestação da retribuição por aquele, decorrente de um contrato principal de compra e venda eletrônico.

2. O termo "intermediação" evidencia-se como sendo o mais apropriado para integrar a nomenclatura desse instituto jurídico, em face do estreito hiato entre o significado do termo e a essência do instituto.

3. Sua natureza jurídica é da delegação imperfeita ou passiva, na medida em que o comprador – delegante –, devedor do vendedor – delegatário –, satisfaz o débito mediante um pagamento realizado por sua conta, mas por terceira pessoa, o agente intermediador – delegado. Não é uma delegação ativa, pois o agente não é um devedor primário e prévio do comprador.

Apresenta-se também em uma *delegatio solvendi*, pois não existe débito por parte do agente junto ao vendedor ou obrigação preexistente, simplesmente pela estipulação da intermediação. O agente, em hipótese alguma, tem a obrigação de proceder ao pagamento se o comprador assim não o fizer, porque não se trata de assunção de dívida e porque somente após o pagamento por este, há sua exoneração e surgimento da obrigação para aquele.

Não há que se cogitar em delegação cumulativa ou novativa – liberatória – porque, respectivamente, em primeiro lugar, não há simultaneidade entre as obrigações do agente e do comprador; e, em segundo lugar, porque não há, em face da simples celebração do contrato, exoneração do comprador, e sim com o seu ato de pagamento.

De forma alguma há assunção de dívida pelo agente, na medida em que o mesmo depende do repasse do preço por parte do comprador, não se incumbindo de fazer o pagamento por si próprio. Em absoluto há novação, pois a obrigação de pagar não é transferida ao agente, mas, simplesmente, o dever de repassar o preço pago pelo comprador. Não há, portanto, sub-rogação ou qualquer direito de regresso por parte do agente em face do comprador em relação à disponibilização em favor do vendedor, na medida em que não equivale a pagamento pelo comprador, mas em repasse.

4. O negócio de intermediação apresenta estrutura jurídica complexa, na medida em que em sua constituição, necessariamente concorrem os contratos de compra e venda e mandato; destarte, evidencia-se por meio de uma forma triangular, erigida de uma relação jurídica direta entre o comprador e o vendedor e uma relação jurídica angular estabelecida entre o vendedor, o intermediador e o comprador.

5. Do negócio de intermediação podem surgir os contratos de prestação de serviços, transporte, depósito e seguro, sendo estes considerados como derivados.

6. O negócio de intermediação assemelha-se ao cartão de crédito, quanto à forma; ao crédito documentário, em relação ao procedimento; e, ao negócio fiduciário, no tocante à finalidade.

7. O negócio de intermediação apresenta-se inserido no sub-ramo do Direito das Obrigações, na classe do Direito Contratual, sendo classificado como um contrato atípico, consensual, eletrônico, oneroso, bilateral, plurilateral quanto às parte, comutativo, misto, individual, de duração ou trato sucessivo e de adesão.

8. Para a sua formação concorrem o vendedor-intermediado, o comprador-intermediado e o agente intermediador.

9. Sua figura mais característica, o agente intermediador, é toda e qualquer pessoa física ou jurídica atuante na intermediação em nome e à ordem do comprador e do vendedor quanto ao pagamento e recebimento do valor da mercadoria, dentro dos prazos previstos.

5. *Referências bibliográficas*

AMARAL, Francisco. *Direito Civil: Introdução*. v. 1, 6ª ed., Rio de Janeiro, Renovar, 2006.

BARBAGALO, Érica Brandini. *Contratos Eletrônicos*. São Paulo, Saraiva, 2001.

BASTOS, Celso Ribeiro; MARTINS, Ives Gandra. *Comentário à Constituição do Brasil*. v. 7, São Paulo, Saraiva, 1990.

BESSONE, Darcy. *Do Contrato: Teoria Geral*. 4ª ed., São Paulo, Saraiva: 1997.

BULGARELLI, Waldirio. *Contratos Mercantis*. 3ª ed., São Paulo, Atlas, 1984.

CHALHUB, Melhim Namem. *Negócio Fiduciário*. Rio de Janeiro, Renovar, 1998.

CORRÊA, Gustavo Testa. *Aspectos Jurídicos da Internet*. São Paulo, Saraiva, 2000.

ENNECCERUS, Ludwig. *Tratado de Derecho Civil: Parte General*. Barcelona, Bosch/ Casa Editorial, 1935.

FERREIRA, Pinto. *Comentários à Constituição Brasileira*. v. 1, São Paulo, saraiva, 1989.

GLITZ, Frederico Eduardo Zenedin. "A contemporaneidade contratual e a regulamentação do contrato eletrônico", in RAMOS, Carmem Lúcia Silveira *et al.* (orgs.). *Diálogos sobre o Direito Civil: Construindo a Racionalidade Contemporânea*. Rio de Janeiro, Renovar, 2002, pp. 209-246.

GOMES, Orlando. *Contratos*. v. 3, 19ª ed., Rio de Janeiro, Forense, 1999.

HOLANDA FERREIRA, Aurélio Buarque de. *Novo Aurélio Século XXI: o Dicionário da Língua Portuguesa – Século XXI*. 3ª ed., Rio de Janeiro, Nova Fronteira, 1999.

KELSEN, Hans. *Teoria Pura do Direito*. 6ª ed., São Paulo, Martins Fontes, 1998.

LORENZETTI, Ricardo L. *Comércio Eletrônico*. São Paulo, Ed. RT, 2004.

MARTINS, Fran. *Contratos e Obrigações Comerciais*. 15ª ed., Rio de Janeiro, Forense, 2000.

______. *Títulos de Crédito*. v. 1, 13ª ed., Rio de Janeiro, Forense, 2000.

MENDONÇA, J. X. Carvalho de. *Tratado de Direito Comercial Brasileiro*. v. 4, t. 2, 1ª ed., Campinas, Russel Editores, 2004.

MIRANDA, Pontes de. *Tratado de Direito Privado: Parte Geral*. t. 1, 2ª ed., Campinas, Bookseller, 2001.

______. *Tratado de Direito Privado: Parte Especial*. t. 42, 2ª ed., Rio de Janeiro, Borsói, 1963.

______. *Tratado de Direito Privado: Parte Especial*. t. 43, 1ª ed., Campinas, Bookseller, 2006.

PECK, Patrícia. *Direito Digital*. São Paulo, Saraiva, 2002.

REQUIÃO, Rubens. *Curso de Direito Comercial*. v. 1, 25ª ed., São Paulo, Saraiva, 2003.

______. *Curso de Direito Comercial*. v. 2, 21ª ed., São Paulo, Saraiva, 1988.

ROCCO, Alfredo. *Princípios de Direito Comercial*. 1ª ed., Campinas, LZN Editora, 2003.

ROHRMANN, Carlos Alberto. "O governo da internet: uma análise sob a ótica do direito das telecomunicações", *Revista da Faculdade de Direito Milton Campos* 6/39-98, Belo Horizonte, Del Rey, 1999.

SANCHEZ, Michele Ratton. "O comércio eletrônico e os acordos da Organização Mundial do Comércio", in WAISBERG, Ronaldo Lemos Ivo (org.). *Conflitos sobre o Nome de Domínio: outras Questões Jurídicas*. São Paulo, Ed. RT, 2003, pp. 205-241.

SCHREIBER, Anderson. "A representação no novo Código Civil: arts. 115 a 120", in TEPEDINO, Gustavo (coord.). *A Parte Geral do Novo Código Civil: Estudos na Perspectiva Civil-Constitucional*. 2ª ed., Rio de Janeiro, Renovar, 2003, pp. 229-253.

SILVA, De Plácido e. *Tratado do Mandato e Prática das Procurações*. v. 1, 3ª ed., São Paulo, Guairá Ltda., 19--.

SILVA, José Afonso da. *Aplicabilidade das Normas Constitucionais*. 3ª ed., São Paulo, Malheiros Editores, 1999.

______. *Curso de Direito Constitucional Positivo*. 16ª ed., São Paulo, Malheiros Editores, 1999.

SILVA PEREIRA, Caio Mário da. *Instituições de Direito Civil: Introdução ao Direito Civil, Teoria Geral do Direito Civil*. v. 1, 19ª ed., Rio de Janeiro, Forense, 1999.

______. *Instituições de Direito Civil: Teoria Geral das Obrigações*. v. 2, 19ª ed., Rio de Janeiro, Forense, 2000.

______. *Instituições de Direito Civil: Fontes das Obrigações, Contratos, Declaração Unilateral de Vontade, Responsabilidade Civil*. v. 3, 10ª ed., Rio de Janeiro, Forense, 2000.

TERRÉ, François *et al. Droit Civil*. 5ª ed., Paris, Éditions Dalloz, 1993.

VERÇOSA, Haroldo Malheiros Duclerc. "Agente fiduciário do consumidor em compras pela internet: um novo negócio nascido da criatividade mercantil", *Revista de Direito Mercantil, Industrial, Econômico e Financeiro* 118/88-93, Ano XXXIX, abr.-jun./2000.

VOLPI NETO, Ângelo. *Comércio Eletrônico: Direito e Segurança*. Curitiba, Juruá, 2001.

A RACIONALIDADE ECONÔMICA DO COMBATE AO *INSIDER TRADING*: ASSIMETRIA DE INFORMAÇÃO E DANO AO MERCADO*

João Pedro Scalzilli

Luis Felipe Spinelli

1. Introdução. 2. Insider trading. *3. As motivações econômicas para a proibição da utilização de informações privilegiadas. 4. Considerações finais.*

1. Introdução

No momento em que o mercado de capitais brasileiro apresenta desenvolvimento nunca dantes visto, saltam aos olhos números que não deixam dúvidas de que se trata de um período especial[1] – o que pode ser facilmente constatado pelos níveis recordes de volume médio de recursos negociados no mercado,[2] pelo número recorde de Ofertas Públicas de Ações,[3] pela crescente valorização do Índice IBOVESPA[4] e

* Agradecem os autores o auxílio e o estímulo prestado pelo professor Nelson Eizirik para o desenvolvimento do presente texto.

1. Salientam os autores que ao tempo em que realizado o presente estudo a crise do mercado norte-americano, ocasionada pelo estouro da "bolha" especulativa no mercado imobiliário, e que se arrastou pelo setor financeiro – trazendo, com ela, a quebra dos então intocáveis bancos de investimento de *Wall Street*, como aconteceu com o *Lehman Brothers*, e a intervenção pesada do Governo dos Estados Unidos, a fim de evitar um mal maior, a um custo que superará o montante de 1 trilhão de Dólares –, ainda não havia sido deflagrada (ao menos na extensão em que se vislumbrou em setembro/2008, quando chegou a ser equiparada ao *crash* de 1929). Efetivamente, ainda não se sabe qual a extensão da atual crise, por quanto tempo perdurarão seus efeitos e, principalmente, em que medida será o Brasil afetado. Todavia, o mercado de capitais brasileiro provavelmente passará de maneira robusta (ou, no mínimo, será atingido de maneira mais branda do que seria outrora) pelos momentos de dificuldades que virão (haja vista todo o progresso tido ao longo da história de nosso país, mesmo com tantas dificuldades externas e, fundamentalmente, internas – como se pode verificar pelos dados colacionados na nota de rodapé 4), demonstrando que toda a evolução registrada nos últimos tempos não é passageira.

2. Neste sentido, basta atentar que o volume médio diário negociado na BOVESPA em 2007 foi superior a US$ 2,500,000,000.00, totalizando um volume negociado de US$ 625,924,900,000.00 (muito superior à marca registrada em 2006, que foi de US$ 275,620,525,000.00), de acordo com dados fornecidos em BOVESPA, *Informe Técnico. 2008* (disponível em *http://www.bovespa.com.br/Principal.asp*, acesso em 5.2.2008).

3. Em 2006 ocorreram na BOVESPA 26 *IPOs*; já no ano de 2007 existiu número recorde de 64 *IPOs* (cf. BOVESPA, *Informe Técnico. 2008*, disponível em *http://www.bovespa.com.br/Principal.asp*, acesso em 5.2.2008).

4. O Índice IBOVESPA completou 40 anos em janeiro/2008, servindo como indicador médio do comportamento do mercado brasileiro. E, apesar do desempenho irregular da economia nacional, apresentou valorização crescente, salientando-se que a linha que se forma a partir dos picos de alta do IBOVESPA é ascendente, apresentando uma alta real

pelo número de pessoas físicas que encontraram na Bolsa de Valores uma opção de investimento.[5] Como demonstra esse cenário, cada vez mais o mercado de capitais brasileiro vem desempenhando papel relevante no desenvolvimento econômico nacional, pois viabiliza o processo de capitalização das companhias a um custo, muitas vezes, inferior a qualquer outra forma disponível. Em outras palavras, serve de meio de ligação para que os poupadores possam investir suas economias em sociedades que necessitam obter recursos mais baratos que os oferecidos pelas instituições financeiras.

Tal desenvolvimento ocorre por uma série de fatores, dentre os quais está a aproximação do pequeno investidor do mercado de ações – tarefa árdua que passou pela aplicação de boas práticas de governança corporativa até a criação de um ambiente macroeconômico mais favorável aos negócios bursáteis. As boas práticas de governança corporativa e uma maior estabilidade econômica, aliás, ajudaram a desmistificar a Bolsa como sendo um ambiente hostil, um cassino onde se "aposta" dinheiro e reinam a especulação e o risco. A antiga percepção fazia com que o pequeno poupador, de uma maneira geral, preferisse opções de investimento mais conservadoras, como as de renda fixa.

Mas, se não é correto imputar tais características à Bolsa, ao menos da maneira pejorativa como outrora era feito, há que se admitir que o risco e a especulação são, sim, da essência do negócio bursátil. E, se assim o é, há ainda mais razões para que não se meçam esforços em prol de manter o mercado de capitais como um ambiente transparente e seguro. A confiança do investidor é um bem inestimável para o desenvolvimento do mercado de capitais.

Neste sentido, o risco inerente ao negócio com ações e outros valores mobiliários não pode ser agravado por agentes que fazem uso de práticas não-eqüitativas. E, dentre as práticas nocivas ao mercado de capitais, uma das mais graves é o uso de informação privilegiada, o chamado *insider trading*, sendo a análise dos aspectos jurídicos e econômicos – que é o que pretendemos aqui realizar, neste pequeno ensaio, valendo-nos das ferramentas fornecidas pela microeconomia – por trás desse fenômeno um fator essencial para melhor compreendê-lo e, conseqüentemente, combatê-lo.

2. Insider trading

O *insider trading*, ou uso de informação privilegiada, é a utilização de informação relevante capaz de afetar a negociação de valores mobiliários[6] antes de ser ela divulgada aos demais investidores, por pessoa que a tenha obtido, normalmente, por força de relação profissional mantida com a companhia.[7-8] "Assim, o *insider* compra

acumulada de 3.540% desde 1968, com correção pelo IGP-DI. Para maiores informações, v. BOVESPA, *IBOVESPA 40 Anos. 2008* (disponível em *http://www.bovespa.com.br/InstSites/Ibovespa_40anos/index.asp*, acesso em 5.2.2008).

5. Neste sentido, os investidores individuais já representam a marca de 23,82% daqueles que aplicam recursos na BOVESPA, ficando atrás apenas dos investidores estrangeiros (35,20%) e institucionais (30,10%), de acordo com os dados fornecidos pela BOVESPA, *Informe Técnico. 2008* (disponível em *http://www.bovespa.com.br/Principal.asp*, acesso em 5.2.2008).

6. É importante salientar que a proibição ao *insider trading* engloba tanto as transações no mercado (Bolsa de Valores ou mercado de balcão) quanto as transações privadas (sem a interveniência de instituição financeira integrante do sistema de distribuição de valores mobiliários) realizadas com os títulos mobiliários de emissão de companhia aberta (cf. Luiz Felipe Duarte Martins Costa, *Contribuição ao Estudo da Responsabilidade Civil dos Administradores de Companhias Abertas*, São Paulo, Dissertação (Mestrado em Direito)/Faculdade de Direito da USP, 2006, 250 fls., p. 124).

7. Neste sentido, basta analisar os §§ do art. 155 da Lei 6.404/1976; aqui já fica parte de nossa crítica, pois, embora tenha nascido pela constatação de administradores que se utilizavam de informação privilegiada para burlar o mercado e obter ganhos,

ou vende no mercado a preços que ainda não estão refletindo o impacto de determinadas informações sobre a companhia, que são de seu conhecimento exclusivo."[9]

Neste sentido, podemos elencar quatro elementos que caracterizam a prática de *insider trading*. O primeiro deles é que a informação utilizada deve ser relevante – o que equivale a dizer que deve ser vista à luz do fato relevante descrito, de maneira exemplificativa, no art. 2º da Instrução CVM-358 (regra, esta, que caminha no mesmo sentido do art. 157, § 4º, da Lei 6.404/1976). É, portanto, em linhas gerais, toda e qualquer decisão do controlador, deliberação da assembléia-geral ou dos órgãos de administração da companhia aberta, ou qualquer outro fato de caráter político-administrativo, técnico, negocial ou econômico-financeiro ocorrido ou relacionado aos seus negócios, que possa influir, de modo ponderável, na cotação dos seus valores mobiliários e na decisão dos investidores de comprar, vender ou manter esses títulos. São exemplos de fatos relevantes aqueles relacionados às seguintes situações: mudança no controle da companhia, fechamento de capital, incorporação, fusão ou cisão envolvendo a companhia ou empresas ligadas, renegociação de dívidas, alteração de direitos e vantagens dos valores mobiliários de sua emissão, divulgação de lucro ou prejuízo, início, retomada ou paralisação da fabricação de produto ou da prestação de serviço, modificação de projeções divulgadas pela companhia, pedido de recuperação judicial – entre outras.

Mas não basta que a informação seja relevante: é necessário que ela seja sigilosa também, caracterizando-se, como tal, pelo simples fato de ainda não ter sido divulgada ao mercado. Sendo relevante e sigilosa, é, conseqüentemente, uma informação privilegiada. "O que caracteriza o *insider trading*, portanto, é o momento da negociação, ou, em outros termos, o período no qual foi a negociação realizada."[10]

não se pode restringir a referida disciplina exclusivamente a tal categoria (como realmente ocorre com os demais deveres). Logo, consideramos equivocada a posição deste regramento justamente na seção que trata dos deveres e responsabilidades dos administradores (retomaremos, mais adiante, tal posicionamento; ademais, discorrendo sobre a origem do *insider trading*, mas constatando o alargamento dos sujeitos por esta conduta abrangidos nos Estados Unidos, v. Stephen M. Bainbridge, *Corporation Law and Economics*, Nova York, West Group, 2002, pp. 561 e ss.). Além disso, criticamos a estrita relação que se faz com o dever de lealdade (art. 155), pois a disciplina do *insider trading* aproxima-se muito mais do dever de informação (*duty of disclosure*), já que o *duty of loyalty* restringe-se à relação administrador/sociedade, tutelando exclusivamente esta, enquanto o dever de informar e o regramento da utilização de informações privilegiadas objetivam tutelar o mercado e todo o conjunto de investidores (como denota o § 3º do art. 155).

8. Salientamos que a princípio, como a própria legislação brasileira assim prevê, além de ser posição dominante na doutrina, o *insider trading* é ilícito que ocorre no âmbito do mercado de capitais, ou seja, abrangendo apenas companhias abertas. Entretanto, já existe jurisprudência norte-americana aplicando o *insider trading* também nas companhias fechadas (cf. Alexandre Couto Silva, *Responsabilidade dos Administradores de S/A: "Business Judgment Rule"*, Rio de Janeiro, Elsevier, 2007, pp. 168-169). Ademais, no Brasil, Eduardo de Sousa Carmo (*Relações Jurídicas na Administração das Sociedades Anônimas*, Rio de Janeiro, AIDE, 1988, p. 132), Eduardo Salomão Neto (*O "Trust" e o Direito Brasileiro*, São Paulo, LTr, 1996, pp. 146-149) e Rubens Requião (*Curso de Direito Comercial*, 25ª ed., revista e atualizada por Rubens Edmundo Requião,vol. 2, São Paulo, Saraiva, 2008, p. 218) compactuam com tal posicionamento. Todavia, apesar de tal alargamento, este trabalho ficará restrito à análise da utilização de informação privilegiada no âmbito do mercado de capitais.

9. Nelson Eizirik, "*Insider trading* e responsabilidade civil de administrador de companhia aberta", *RDM* 50/43, Ano 22, Nova Série, São Paulo, Ed. RT, abril-junho/1983. "Consiste, então, no aproveitamento particular de informações reservadas da vida de uma companhia emissora de títulos, em detrimento de outro contratante que ignora essa informação" – como leciona Luiz Felipe Duarte Martins Costa, *Contribuição ao Estudo da Responsabilidade Civil dos Administradores de Companhias Abertas*, São Paulo, Dissertação (Mestrado em Direito)/ Faculdade de Direito da USP, 2006, 250 fls., p. 121.

10. Modesto Carvalhosa, *Comentários à Lei de Sociedades Anônimas*, 2ª ed., vol. 3, São Paulo, Saraiva, 1998, p. 264. Entretanto, podemos citar pre-

O terceiro elemento é o uso dessa informação privilegiada para a negociação com as ações da companhia. Nesse desiderato, o sujeito pode objetivar tanto o lucro quanto evitar o prejuízo: ambas as hipóteses podem caracterizar a conduta ilícita. Isso porque, por exemplo, é óbvio que administradores da companhia ou outros funcionários de confiança terão acesso a informações relevantes, justamente porque são eles responsáveis pela própria divulgação delas; entretanto, não podem eles se aproveitar de tal conhecimento para atuar em detrimento do mercado de capitais: há a necessidade de respeitarem o dever de sigilo – logo, não podem nem utilizar a informação privilegiada e nem fornecer informações reservadas a pessoas que não estejam direta e especificamente envolvidas nos fatos e negócios jurídicos relevantes da companhia.[11]

Por fim, o quarto elemento é a utilização dessa informação por alguém que está "por dentro" dos negócios da companhia. É o chamado *insider*. Nesse perfil estão compreendidos controladores, administradores, sejam eles diretores ou membros do Conselho de Administração, os subordinados a esses e terceiros de sua confiança,[12] os membros do Conselho Fiscal, membros de órgãos técnicos e consultivos, como Conselho Consultivo, Conselho Editorial, Comitê de Auditoria, entre outros, e demais pessoas que possam ter acesso a esse tipo de informação, tais como advogados, auditores, analistas, consultores e, de uma maneira geral, parentes, amigos e outros relacionamentos de todas essas figuras até aqui citadas – apesar de, atualmente, qualquer sujeito que detenha informação privilegiada e a utilize poder ser responsabilizado pela violação da vedação legal, nos termos do art. 155, § 4º, da Lei 6.404/1976.[13-14]

cedente norte-americano ("Securities and Exchange Comission *versus* Texas Gulf Sulphur Co. – 2d Cir. 1968) no qual as transações que ocorreram imediatamente após a divulgação de informação relevante ao mercado também foram consideradas violadoras da *Rule 10b-5*, por se entender que não houve tempo suficiente para o mercado reagir ou digerir a informação prestada (que, no caso, era de descobrimento de uma mina); neste sentido, o Tribunal decidiu que o propósito da *Rule 10b-5* é garantir relativamente igual acesso à informação, ou simetria de informação. Desta forma, v. Stephen M. Bainbridge, *Corporation Law and Economics*, cit., pp. 552-553.

11. Cf. Modesto Carvalhosa, *Comentários à Lei de Sociedades Anônimas*, cit., 2ª ed., vol. 3, p. 265. Neste sentido, relacionando o dever de informação (art. 157) com o dever de sigilo, remetemos à seguinte citação: "Se o administrador estiver na posse de informação relevante, tal como delineada acima, sua obrigação fundamental é revelá-la ao público, em obediência ao princípio fundamental do *disclosure*. É possível que tal informação possa pôr em risco interesse legítimo da companhia (art. 157, § 5º). Nesse caso, porém, enquanto não for publicamente divulgada, o *insider* estará proibido de utilizá-la em proveito próprio, comprando ou vendendo valores mobiliários da companhia, tampouco recomendando a terceiros que o façam. Essa vedação deixa de vigorar tão logo a companhia divulgue o fato relevante ao mercado, salvo se a negociação com as ações puder interferir nas condições dos referidos negócios, em prejuízo dos acionistas da companhia, ou dela própria" (cf. Luiz Felipe Duarte Martins Costa, *Contribuição ao Estudo da Responsabilidade Civil dos Administradores de Companhias Abertas*, cit., pp. 123-124).

12. "Além do dever fundamental de evitar o vazamento a pessoas que não teriam acesso às informações relevantes, cabe ao administrador zelar para que todas as pessoas que, por dever profissional ou relação com a empresa, tenham esse acesso guardem, por sua vez, o sigilo sobre essas mesmas informações, evitando de sua parte o fenômeno do vazamento (*leakage*)" (nos termos do art. 155, § 2º) (cf. Modesto Carvalhosa, *Comentários à Lei de Sociedades Anônimas*, cit., 2ª ed., vol. 3, p. 266. No mesmo sentido, remetemos a: Paulo Fernando Campos Salles de Toledo, *O Conselho de Administração na Sociedade Anônima: Estrutura, Funções e Poderes, Responsabilidade dos Administradores*, 2ª ed., São Paulo, Atlas, 1999, p. 61).

13. "(...) em salutar medida, a Lei 10.303/2001 acrescentou o § 4º ao art. 155 e ampliou o rol das pessoas vedadas a negociar, de tal forma que qualquer um que tenha acesso à informação relevante pode ser agente da *insider trading*. Destaquem-se os chamados *market insiders*, isto é, aqueles que tenham relação comercial, profissional ou de confiança com a companhia, como auditores independentes, advogados, analistas de valores mobiliários, intermediários financeiros, consultores e integrantes do sistema de distribuição, que, muitas vezes, acessam a informação privilegiada antes de sua divulgação. Incluem-se aqui os chamados *tippees*,

A análise até aqui feita permitiu-nos observar quais as características do *insider trading* – o que fizemos através de linguagem jurídica e remetendo aos dispositivos legais existentes no Brasil sobre a matéria. Partimos, agora, para a análise do combate, no plano jurídico, da utilização da informação privilegiada, o qual pode ser feito por duas políticas legislativas que não são excludentes: a edição de normas preventivas a respeito da matéria ou a promulgação de normas repressivas.[15]

Atuando de maneira preventiva, destacam-se as regras referentes à ampla divulgação e disseminação das informações referentes aos potenciais *insiders* e à própria companhia para garantir a transparência do mercado de capitais (*full disclosure*).[16] Neste sentido, basta observar as obrigações existentes no art. 157 da Lei 6.404/1976, além das previstas nos arts. 116-A e 165-A e nos próprios §§ do art. 155 (que prevêem o dever de sigilo). No que tange às normas repressivas, estas impõem sanções aos participantes do *insider trading* – sanções, estas, de natureza cível (como estabelece o art. 155, § 3º,[17] da Lei 6.404/1976), administrativa[18] e criminal.[19-20]

isto é, pessoas que recebem a 'dica' da informação privilegiada" (cf. Luiz Felipe Duarte Martins Costa, *Contribuição ao Estudo da Responsabilidade Civil dos Administradores de Companhias Abertas*, cit., p. 125). Complementando o aqui salientado, remetemos à nota de rodapé 7.

14. Sobre o elemento subjetivo do ilícito, tende-se a adotar o seguinte critério: para aquele que ocupavam cargo dentro da companhia presume-se (presunção *iuris tantum*) que teve acesso a tal informação relevante; entretanto, se o *insider* for qualquer outra pessoa (*market insiders*), deve-se comprovar o acesso à informação privilegiada. Ademais, tem o suposto *insider* direito de se defender, podendo alegar, por exemplo, que não havia tido acesso à informação relevante ou que não houve prejuízo para os que compraram ou venderam no período, ou, ainda, que suas negociações na época foram realizadas sem o objetivo de obter lucros ou evitar prejuízos, desde que prove, por exemplo, que tinha necessidade urgente de se desfazer das ações para atender a compromissos financeiros – o que vai ao encontro da *Rule 10b5-1* do *Securities Exchange Act* norte-americano. Neste sentido entra a dicotomia entre *posse* e *uso* da informação relevante ainda não divulgada, que remete à terceira característica do *insider trandig*, anteriormente mencionada. Assim, cabe afirmar que tal ilícito depende do efetivo uso da informação privilegiada, inexistindo qualquer ilícito quando o investidor comprova que, mesmo diante da posse de referidos dados, já tinha ele deliberado anteriormente a realização da operação no mercado de capitais (para aprofundar o tema, remetemos à análise do caso "SEC *versus* Adler" (137 F.3d 1325 (11th Cir.1998) feita por Stephen M. Bainbridge, *Corporation Law and Economics*, cit., p. 569). Sobre o assunto, v., também Luiz Felipe Duarte Martins Costa, *Contribuição ao Estudo da Responsabilidade Civil dos Administradores de Companhias Abertas*, cit., p. 127.

15. Cf. Luiz Felipe Duarte Martins Costa, *Contribuição ao Estudo da Responsabilidade Civil dos Administradores de Companhias Abertas*, cit., p. 122.

16. Idem, ibidem.

17. A parte prejudicada tem direito à indenização, cabendo, inclusive, ação civil pública (cf. art. 1º, II, da Lei 7.913/1989). Ademais, além das perdas e danos, nada impede que a parte prejudicada possa solicitar a anulação do negócio firmado com o *insider*, com base em vício de consentimento (omissão dolosa – cf. art. 147 do CC). A sociedade, eventualmente, também pode propor ação contra o *insider*, especialmente se for administrador da companhia (cf. arts. 155, 158 e 159 da Lei das S/A), em razão da publicidade negativa derivada da revelação do caso ao público e da eventual diminuição de sua capacidade de recorrer à poupança pública na captação de recursos (cf. Luiz Felipe Duarte Martins Costa, *Contribuição ao Estudo da Responsabilidade Civil dos Administradores de Companhias Abertas*, cit., p. 126, em nota de rodapé, baseado em Stefano Ballarini, "La regolamentazione dell'*insider trading* nel Regno Unido", *Rivista del Diritto Commerciale e del Diritto Generale delle Obligazioni* 3-4/163-199, 1991 – p. 195).

18. A Lei 6.385/1976, art. 9º, confere à Comissão de Valores Mobiliários a competência para apurar objetivamente, mediante inquérito administrativo, os atos ilegais levados a efeito pelos *insiders*, punindo-os, quando cabível (salientando-se que tal prática é considerada infração grave).

19. A prática do *insider tranding* é tipificada criminalmente, nos termos do art. 27-D da Lei 6.385/1976, cominando-se pena de reclusão de um a cinco anos, além de multa de até três vezes o montante da vantagem ilícita auferida, tanto para a obtenção de vantagem para si como para outrem e através de negociação em nome próprio ou de terceiro.

20. Cf. Luiz Felipe Duarte Martins Costa, *Contribuição ao Estudo da Responsabilidade Civil dos Administradores de Companhias Abertas*,

Nosso ordenamento jurídico, portanto, combina tais critérios.

Desta forma, podemos afirmar que a leitura conjunta dos dispositivos permite concluir que a legislação brasileira seguiu o padrão normativo norte-americano e consagrou o princípio do *disclose or refrain from dealing* ("divulgue ou se abstenha de negociar").[21]

Até aqui estudamos, ainda que brevemente, a conceituação – caracterização – do *insider trading*, observando sua vedação e as conseqüências dele decorrentes. Entretanto, em nenhum momento foram explicadas as razões para tal proibição (ficando a pergunta: não seria melhor um mercado totalmente livre, sem amarras ou restrições?) – que é o que passaremos a fazer no item seguinte.

3. As motivações econômicas para a proibição da utilização de informações privilegiadas

Comecemos a explicitar as razões para a vedação do *insider trading*. E para tanto – e aqui o enfoque dado por este ensaio – nos utilizaremos de fundamentos econômicos, os quais melhor explicam os ganhos de eficiência com a regulamentação proibitiva. Assim, partamos para tal análise.

O mercado (que é o grupo de compradores e vendedores de um particular bem ou serviço)[22] funciona estritamente vinculado à circulação das informações. Neste sentido, o preço dos valores mobiliários reflete tais informações obtidas sobre cada companhia e o cenário macroeconômico. Tudo depende de informação, constituindo o preço pago por cada produto a valoração do conjunto de consumidores sobre aquele bem[23] – sendo que no mercado de capitais

cit., p. 122. Igualmente ocorre nos Estados Unidos: "Woe unto those who violate the insider trading prohibition, for the penalties are many, cumulative, and severe. The Justice Department may pursue criminal charges. The SEC may pursue a variety of civil penalties. Private party litigants may bring damage actions under both federal and state law" (cf. Stephen M. Bainbridge, *Corporation Law and Economics*, cit., p. 571).

21. Neste sentido, v. Luiz Felipe Duarte Martins Costa, *Contribuição ao Estudo da Responsabilidade Civil dos Administradores de Companhias Abertas*, cit., p. 123. Igualmente, recomendamos a leitura de Stephen M. Bainbridge, *Corporation Law and Economics*, cit., pp. 528-530.

22. Neste sentido, v. N. Gregory Mankiw, *Princípios de Microeconomia*, trad. de Allan Vidigal Hastings, São Paulo, Pioneira Thomson Learning, 2005, p. 64. Salientando a natureza humana do mercado, remetemos a Ludwig von Mises: "O mercado não é um local, uma coisa, uma entidade coletiva. O mercado é um processo, impulsionado pela interação das ações dos vários indivíduos que cooperam sob o regime da divisão do trabalho. As forças que determinam a – sempre variável – situação do mercado são os julgamentos de valor dos indivíduos e suas ações baseadas nesses julgamentos de valor. A situação do mercado num determinado momento é a estrutura de preços; isto é, o conjunto de relações de troca estabelecido pela interação daqueles que estão desejosos de vender com aqueles que estão desejosos de comprar. Não há nada, em relação ao mercado, que não seja humano, que seja místico. O processo de mercado resulta exclusivamente das ações humanas. Todo fenômeno de mercado pode ser rastreado até as escolhas específicas feitas pelos membros da sociedade de mercado" (*Ação Humana: um Tratado de Economia*, trad. de Donald Stewart Jr., Rio de Janeiro, Instituto Liberal, 1990, pp. 256-257).

23. "Os preços se constituem, em última instância, por julgamentos de valor dos consumidores. São o resultado da valoração, do ato de preferir 'a' a 'b'. São um fenômeno social, na medida em que são conseqüência da interação das valorações de todos os indivíduos que participam do funcionamento do mercado. Cada indivíduo, ao comprar ou não comprar e ao vender ou não vender, dá sua contribuição para a formação dos preços de mercado. Mas, quanto mais amplo o mercado, menor o peso de cada contribuição individual. Por isso a estrutura dos preços de mercado parece, ao indivíduo, um dado ao qual ele deve ajustar sua própria conduta" (cf. Ludwig von Mises, *Ação Humana: um Tratado de Economia*, cit., p. 328. À p. 334 complementa: "O processo de formação de preços é um processo social. Consuma-se pela interação de todos os membros da sociedade. Todos colaboram e cooperam, cada um no papel específico que escolheu para si mesmo no contexto da divisão do trabalho. Competindo na cooperação e cooperando na competição, estamos todos contribuindo para realizar o resultado final, qual seja, a

se deve levar em consideração que o preço dos valores mobiliários é estabelecido por investidores profissionais, os quais lidam diariamente e ficam a par das informações que afetam as ações de cada sociedade mais rapidamente que qualquer outro investidor (que compra com base no preço já formado, pagando, assim, a informação – de lucro, prejuízo, descoberta de minas, de compra de concorrente etc. – precificada no valor das ações que, muitas vezes, sequer conhece).[24]

Entretanto, o mercado de capitais só seria alocativamente eficiente quando a cotação dos valores mobiliários sofresse reflexos instantâneos advindos das informações disponíveis sobre as companhias emissoras[25] e dos demais fatores externos que nelas possam influir. Quanto mais rápido o reflexo, mais eficiente é o mercado. Assim, todos os *players* (ou – fazendo jus ao real funcionamento – todos os efetivos formadores de preço) do mercado deveriam ter acesso a todas as informações relevantes (conceito, este, já dado anteriormente) de maneira ampla, irrestrita e ao mesmo tempo, para equilibrar as regras do jogo.

Mas o mercado, como sabemos, não é perfeito, apresentando falhas, dentre as quais se encontra a assimetria de informações.[26] E aqui se enquadra o *insider trading*, visto que, neste caso, um dos operadores detém informações que, no futuro, sabe que influenciarão de maneira decisiva no preço dos valores mobiliários – tanto negativa quanto positivamente –, valendo-se de tal superioridade fática para efetuar negociação em posição vantajosa, burlando o normal sistema de preços – o qual, como visto, faria a informação circular normalmente caso todos os agentes econômicos tivessem acesso a tais dados. Obtém o *insider*, assim, vantagem indevida, tendo em vista a informação que possui (mas que não deveria utilizar) em detrimento dos investidores.

E dentre as conseqüências danosas que a assimetria de informações acarreta ao mercado de capitais está a seleção adversa,[27] que é um problema que surge em mercados em que o vendedor sabe mais

estrutura de preços do mercado, a alocação dos fatores de produção de modo a satisfazer os diversos tipos de necessidades e a determinação da cota de cada indivíduo").

24. Neste sentido – basta ver a nota de rodapé anterior – lecionam, igualmente, Frank Easterbrook e Daniel Fischel: "The price of stocks traded in public markets is established by professional investors, not by amateurs. These professionals – market makers, arbitrage departments of investment banks, managers of mutual funds and pension trusts, and others – handle huge sums that they are willing to use to purchase undervalued stocks. They study the firm's profits and prospects and bid or sell accordingly. People who do this poorly will find the funds at their disposal dwindling; people who do it well will command additional sums. At any given instant, the professional traders are those who have generally been successful at assessing the worth of stock" (*The Economic Structures of Corporate Law*, Cambridge, Harvard University Press, 1996, p. 18).

25. Cf. Eugene Fama, "Eficient capital markets: a review of theory and empirical work", *The Journal of Finance* 25-n. 2/383-417, maio/1970.

26. Dentre as principais falhas de mercado ("*Market failure*. The inability of market institutions to attain socially/economically desirable efficiency objectives, such as social welfare maximization" – cf. P. K. Rao, *The Economics of Transaction Costs: Theory, Methods, and Applications*, Grã-Bretanha, Antony Rowe, 2003, p. 43) a doutrina econômica tende a apontar o monopólio (e seus congêneres), as externalidades e a assimetria de informações. No presente estudo interessa-nos apenas esta última.

27. Normalmente a doutrina salienta dois efeitos ruinosos aos mercados em decorrência da assimetria de informações: a seleção adversa – que será aprofundada neste estudo – e o risco moral (*moral hazard*), que é, apenas para efeito esclarecedor, um problema que surge quando alguém, chamado de "agente", realiza alguma tarefa em nome de outra pessoa, chamada de "principal": se o principal não puder monitorar perfeitamente o comportamento do agente, este tende a empregar menos esforços do que os que o principal consideraria desejáveis; assim, a expressão "risco moral" refere-se ao risco de comportamento inadequado ou "imoral" por parte do agente. Podermos citar como exemplo de vínculo em que encontramos o *moral hazard* a relação de emprego, na qual o empregador é o principal e o trabalhador é o agente: o problema do risco moral é a tentação que trabalhadores inadequadamente monitorados têm de fugir às suas responsabilidades.

sobre os atributos de um bem que está sendo vendido que o comprador. Como resultado, este corre o risco de adquirir um bem de baixa qualidade – ou, no caso do *insider trading*, o comprador (ou vendedor) dos valores mobiliários que desconhece as informações relevantes a serem futuramente divulgadas corre o risco de negociar tais títulos a um preço descolado da realidade. Ou seja, a "seleção" dos bens vendidos pode ser "adversa" do ponto de vista do comprador desinformado.[28]

Para ilustrar o problema podemos mencionar o clássico exemplo dos carros usados, no qual os vendedores destes bens conhecem os defeitos dos veículos, ao passo que os compradores freqüentemente os desconhecem. Neste sentido, como os proprietários dos piores carros têm a mesma probabilidade de vendê-los que os proprietários dos melhores, os compradores estão sempre sujeitos a adquirir um "abacaxi". Com isso, muitas pessoas evitam comprar veículos no mercado de carros usados; assim, este simples problema dos "abacaxis" pode explicar por que um carro com apenas algumas semanas de uso pode ser bem mais barato que um carro novo do mesmo tipo: o comprador pode achar que o vendedor está tentando se livrar do carro rapidamente porque sabe de algo que o comprador desconhece. Ora, a assimetria de informação faz com que o mercado, naturalmente, pague menos pelos bens, pois já há uma presunção de que a falta de ética dos revendedores esconda fatores que causam uma diminuição no valor desses produtos:[29] não há como distinguir quais são os carros usados de boa e de má qualidade; então, a condição do veículo é tida como incerta.[30]

Este exemplo corriqueiro resume o cerne da questão: diante de tamanhas incertezas, quando os mercados estão sujeitos à seleção adversa, pode a liberdade (*mão invisível*) do mercado não funcionar. No mercado de carros usados, os proprietários de veículos bons podem optar por ficar com eles, em vez de vendê-los pelo preço baixo que os compradores céticos estão dispostos a pagar. Em nível mais avançado, a retirada dos bons carros do mercado reduz a qualidade média dos bens negociados, revisando ainda mais para baixo a percepção dos potenciais compradores; e, como estes pagam ainda menos pelos bens desse mercado, esse estímulo motiva, agora, os proprietários dos carros de qualidade moderada a sair do mercado, baixando mais e mais a qualidade dos bens negociados, e assim por diante, até um ponto em que a assimetria de informação leva ao fim do próprio mercado.[31-32]

Neste sentido, v. N. Gregory Mankiw, *Princípios de Microeconomia*, cit., p. 480.

28. Cf. N. Gregory Mankiw, *Princípios de Microeconomia*, cit., p. 481.

29. É o caso de veículos com a quilometragem alterada ou o motor recauchutado. Como há uma presunção de que o mercado de carros usados está repleto de bens com essas características e os potenciais compradores não dispõem das mesmas informações que os vendedores para saber quais bens são de baixa qualidade (assimetria de informação), esses veículos são precificados para baixo, fazendo com que a média de preços do mercado fique abaixo do que seria justo pagar por um carro de boa qualidade.

30. N. Gregory Mankiw, *Princípios de Microeconomia*, cit., p. 481. À mesma página cita o autor outro exemplo elucidativo: "Um (...) exemplo de seleção adversa ocorre nos mercados de seguros. Por exemplo, os usuários de seguro-saúde sabem mais sobre os seus problemas de saúde que as seguradoras. Como as pessoas com maiores problemas de saúde ocultos têm maior probabilidade de contratar um seguro-saúde que as demais pessoas, o preço do seguro reflete os custos de uma pessoa mais doente do que a média. Com isso, as pessoas de saúde média podem ser desencorajadas a contratar um seguro-saúde, por causa do alto preço".

31. Já nos mercados de seguros, de acordo com o exemplo dado na nota de rodapé anterior, os compradores com baixo risco podem optar por permanecer sem seguro, já que as apólices que lhes são oferecidas não refletem suas verdadeiras características. Por tudo, v. N. Gregory Mankiw, *Princípios de Microeconomia*, cit., p. 482.

32. Para aprofundar tal análise, remetemos ao célebre estudo de George Akerlof, Prêmio Nobel de Economia, acerca das condições do mercado, o qual, de maneira pioneira, através do estudo do mercado de carros usados, anteriormente mencionado,

A mesma lógica poderia ser transposta ao mercado de capitais, com alguns temperamentos. Se não, vejamos: a grande massa de investidores tem acesso apenas às informações divulgadas ao público, ao passo que um restrito número de *insiders* tem acesso a um manancial de dados com enorme potencial para influir na cotação dos valores mobiliários da companhia. Essas informações devem vir a público de forma a que todos os agentes do mercado tomem conhecimento ao mesmo tempo. Se, ao revés, alguns agentes têm conhecimento prévio dessas situações e as usam para lucrar (em detrimento dos desinformados), negociando com os papéis da companhia (da mesma forma que o revendedor de carros desonesto), esses títulos, aos olhos do investidor comum, poderiam ser tidos como os veículos usados do teorema de Akerlof, ou seja, como bens de baixa qualidade (*lemons*[33]).

Como há uma grande dificuldade em se saber quais são as companhias de boa ou má qualidade[34] (até porque, no mais das vezes, a utilização de informação privilegiada sequer vem à tona), a tendência seria a de que o mercado as precifique numa média, assim como faz com os carros usados.[35] Essa média, num cenário de uso indiscriminado de informações privilegiadas, tende a ser mais baixa que a dos mercados eficientes, fazendo com que o capital escoe para os mercados mais eqüitativos ou, mesmo, migre para outras modalidades de investimento "mais seguras", tornando a captação de recursos mais cara e o mercado mais volátil e propenso a oscilações.[36-37] Essa situação de uso endêmico de informação privilegiada, num estágio bastante avançado, poderia, por hipótese, levar ao desaparecimento do próprio mercado de valores mobiliários.[38]

Tal evolução se daria por várias razões, sendo que uma delas seria a saída das boas companhias do mercado de valores mobiliários. Com efeito, como haveria um grande risco de seus títulos não serem precificados pelo seu valor intrínseco correto, poderia haver um desestímulo a que as em-

demonstra que a utilização de informações privilegiadas e a existência de assimetria de informação, por razões econômicas e éticas, prejudicam o mercado, podendo levar, inclusive, ao seu próprio desaparecimento. Assim, v. George A. Akerlof, "The market for 'lemons': quality uncertanty and the market mechanism", *The Quarterly Journal of Economics* LXXXIV-n. 3/488-500, Cambridge, Mass., agosto/1970.

33. Esta é a terminologia utilizada nos Estados Unidos para indicar os carros usados ("abacaxis"), fazendo esta referência a obra de George A. Akerlof, "The market for 'lemons': quality uncertanty and the market mechanism", cit., *The Quarterly Journal of Economics* LXXXIV-n. 3/488-500.

34. Aquelas cujas cotações de suas ações sofrem influência da atuação de *insiders*.

35. A analogia que se faz entre *carros usados* e *ações negociadas com base em informação privilegiada* (ambos tidos, nesse estudo, como bens de "baixa qualidade") não está a sugerir que nas ações "zero quilômetro" (novas emissões) não possa haver *inside information*. Independentemente de serem "novas" ou "usadas", consideramos de "baixa qualidade", para os fins do presente estudo, as ações negociadas com base em informação privilegiada.

36. A assimetria de informação pode comprometer a liquidez do mercado (cf. Laura Beny, "Do insider trading laws matter? Some preliminary comparative evidence", *William Davidson Institute, Working Paper Number 741*, janeiro/2005 (disponível em *http://papers.ssrn.com/sol3/papers.cfm?abstract_id=623481*, acesso em 23.11.2007, pp. 5-6).

37. Segundo Laura Beny, se os *outsiders* forem sofisticados, eles precificarão o valor mobiliário tendo em vista o fato de haver assimetria de informação no mercado. Ou seja, para baixo. Se, ao invés, os *outsiders* não forem sofisticados, eles podem simplesmente abster-se conjuntamente de negociar com ações quando as normas *anti-insider trading* forem fracas ou não existirem, impedindo a pulverização do controle das companhias. Neste sentido, v. Laura Beny, "Do insider trading laws matter? Some preliminary comparative evidence", cit., *William Davidson Institute, Working Paper Number 741* – disponível em *http://papers.ssrn.com/sol3/papers.cfm?abstract_id=623481*, acesso em 23.11.2007, p. 4).

38. Cf. Calixto Salomão Filho, "Informação completa, direito societário e mercado de capitais", in Calixto Salomão Filho, *O Novo Direito Societário*, 3ª ed., São Paulo, Malheiros Editores, 2006, p. 159.

presas busquem capitalização via mercado acionário. Optariam, talvez, por outros meios de captação de recursos; conseqüentemente, o mercado se enfraqueceria, pela saída das boas companhias, e diminuiria de tamanho, tornando o custo do capital ainda mais alto,[39] até um estágio em que o mercado se tornaria inviável e as companhias perderiam uma importante fonte de financiamento de suas atividades.[40]

Ademais, como ocorre no mercado de carros usados (em que muitos agentes econômicos simplesmente evitam comprar tal tipo de bem, optando sempre por aqueles "zero quilômetro"), caso seja notório que operadores atuem indiscriminadamente com base em informação privilegiada, haveria uma perda de credibilidade generalizada na instituição (mercado de valores mobiliários), afastando aqueles investidores receosos de serem enganados (os quais, por hipótese, migrariam para opções de investimento tidas como "mais seguras"). Essa situação reduziria o volume de recursos negociados, prejudicando, por razões óbvias, a economia como um todo.[41]

Desta forma, a fim de evitar que as imperfeições do mercado possam trazer conseqüências desastrosas para a economia, faz-se lógica a intervenção estatal, tanto de maneira preventiva quanto repressiva, como já salientado anteriormente.[42] Neste sentido, o ordenamento jurídico deve fornecer incentivos aos agentes econômicos que têm informações relevantes anteriormente à divulgação ao mercado para que não as utilizem (devendo-se reprimir de maneira severa em todas as esferas – administrativa, civil e penal – aqueles que das informações privilegiadas lançam mão para obter vantagens econômicas), além de dever induzir a ampla transparência e circulação delas (*full disclosure*).

Tal tutela jurídica faz-se, portanto, necessária para, com o intuito de fazer com que o mercado de capitais se revista da credibilidade que necessita para cumprir sua função econômica, sejam proporcionadas aos investidores iguais oportunidades de conhecimento dos fatores que influem na formação da cotação dos valores mobiliários.[43] Ora, as informações relevantes devem estar disponíveis ao público em um dado momento, de modo a que todos os potenciais investidores possam avaliá-las e tomar as decisões que lhes pareçam mais adequadas a seus interesses, devendo aqueles que, por força de suas funções, saibam de fatos desconhecidos aos que não têm acesso a suas fontes particulares, e que são capazes de influir na cotação de valores

39. Considerando que, quanto maior for o número de companhias atuando no mercado de valores mobiliários, tanto menores serão os custos de transação neste.

40. Cf. Calixto Salomão Filho, "Informação completa, direito societário e mercado de capitais", cit., in Calixto Salomão Filho, *O Novo Direito Societário*, 3ª ed., p. 159.

41. "(...) proteção do fluxo de informação significa até mesmo proteção do investimento acionário. Sem essa proteção não há estímulo para compra de ações" (cf. Calixto Salomão Filho, "Informação completa, direito societário e mercado de capitais", cit., in Calixto Salomão Filho, *O Novo Direito Societário*, 3ª ed., p. 155).

42. "(...) severe asymmetries can disrupt markets so much that a social optimum cannot be achieved by voluntary exchange. When that happens, government intervention in the market can ideally correct for the informational asymmetries and induce more nearly optimal exchange" (cf. Robert Cooter e Thomas Ulen, *Law and Economics*, 4ª ed., Boston, Addison Wesley, 2004, p. 47).

43. "A *disclosure*, ou dever de informar, é, pois, o princípio da *aequitas*, posto em norma de conduta acionária, para afirmar a igualdade do direito de todos e quaisquer acionistas e de todos os investidores no mercado de ações. Todos têm direito às informações concernentes às deliberações sociais ou fatos relevantes capazes de alterar o valor de ações, e delas usar, lucrando ou prevenindo perdas" (cf. Eduardo de Sousa Carmo, *Relações Jurídicas na Administração das Sociedades Anônimas*, cit., p. 137). Falando, igualmente, da necessidade de equilibrar a posição dos *insiders* e dos *outsiders*, v. Calixto Salomão Filho, "Informação completa, direito societário e mercado de capitais", cit., in Calixto Salomão Filho, *O Novo Direito Societário*, 3ª ed., p. 158.

mobiliários, deixar de fazer uso desses dados.[44]

Assim, deve o ordenamento jurídico intervir na busca do ideal – que é, por óbvio, que as ações reflitam apenas as informações disponíveis para todos os agentes[45] –, coibindo a existência de forças que ajam à margem desse ambiente de informações simétricas. Em outras palavras, não podem existir *players* apropriando-se de informações relevantes e sigilosas e utilizando-as em detrimento daqueles que dispõem apenas daquilo que é publicamente divulgado: o ambiente deve ser de *full and fair disclosure*.

Em estudo elaborado sob os auspícios do *Willian Davidson Institute* da Escola de Negócios da Universidade de Michigan, e aqui já citado, Laura Beny aponta, respaldada por dados empíricos e formulações matemáticas, para o *insider trading* como fator relevante para o aumento da assimetria de informação no mercado de capitais, salientando que países engajados no combate ao uso de informação privilegiada, em especial com a promulgação e reforço da legislação *anti-insider trading*, possuem ações com precificação mais acurada, mercado de capitais com maior liquidez e empresas com estrutura de capital mais disperso (o que, por sua vez, também gera mais riqueza).[46]

4. Considerações finais

Objetivamos, aqui, trazer à reflexão a relevância do combate ao uso de informações privilegiadas, sobretudo analisando as conseqüências da conduta ilícita sob uma perspectiva econômica – a qual, em última análise, busca demonstrar a potencialidade danosa ao bem jurídico protegido (o mercado). Com efeito, não parece crível a possibilidade de existir um mercado de capitais desenvolvido e forte onde se faça uso indiscriminado de informações privilegiadas.[47]

Pode-se, portanto, vislumbrar fundamentos não apenas éticos, mas também econômicos, ao examinarmos o arcabouço legislativo *anti-insider trading* brasileiro, em especial as Leis 6.385 e 6.404, ambas de 1976, e a Instrução CVM-358/2002, as quais demonstram que a opção do legislador foi a de condenar a prática do uso de informações privilegiadas – assim como se faz em todos os países com mercado de capitais relevante.

Entretanto, não basta apenas termos um regramento jurídico adequado para tratar do tema. Se a assimetria de informações existe e alguns dela se beneficiam – e ninguém duvida de que isso efetivamente ocorra –, a resposta de todas as instituições, e principalmente do regulador e fiscalizador do mercado (no caso brasileiro, a Comissão de Valores Mobiliários), deve

44. Neste sentido, v. Paulo Fernando Campos Salles de Toledo, *O Conselho de Administração na Sociedade Anônima: Estrutura, Funções e Poderes, Responsabilidade dos Administradores*, cit., 2ª ed., p. 60.

45. Nelson Laks Eizirik, "*Insider trading* e responsabilidade civil de administrador de companhia aberta", cit., *RDM* 50/42-56 (p. 44).

46. Segundo Calixto Salomão Filho, a quebra do controle gera valor, qual seja, o de não possuir um controlador que aja somente em seu interesse e em detrimento do interesse dos minoritários. Esse valor é economicamente aferível na cotação das ações com boas práticas de governança corporativa. "É o valor do direito" (cf. Calixto Salomão Filho, *A Disciplina do Poder Econômico como Núcleo da Teoria Geral do Direito Empresarial*, palestra proferida na Universidade Federal do Rio Grande do Sul/UFRS no Curso de Especialização em Direito Empresarial, em 7.5.2007. O mesmo autor escreveu, com base em diferentes pesquisas, que "existe uma relação inversa entre grande concentração e valor de mercado da companhia, o que demonstra que também para a capitalização das empresas e o desenvolvimento do mercado de capitais a diluição acionária é fundamental" ("Diluição de controle", in Calixto Salomão Filho, *O Novo Direito Societário*, cit., 3ª ed., p. 67).

47. Neste sentido, fazendo referência a estudos sobre a relação entre simetria de informações e desenvolvimento do mercado de capitais, v. Calixto Salomão Filho, "Informação completa, direito societário e mercado de capitais", cit., in Calixto Salomão Filho, *O Novo Direito Societário*, 3ª ed., p. 154.

ser rápida e exemplar, pelos fundamentos nesta exposição aventados. Insuficiente, portanto, é a mera existência de legislação coibindo tal prática (tanto de modo preventivo quanto punitivo), sendo necessário que os operadores do Direito dêem efetividade às previsões legais, fornecendo, assim, a devida segurança ao investidor e, em última análise, promovendo o desenvolvimento do mercado.[48]

Bibliografia

AKERLOF, George A. "The market for 'lemons': quality uncertanty and the market mechanism". *The Quarterly Journal of Economics* LXXXIV-n. 3/488-500. Cambridge/Mass., agosto/1970.

APRIGLIANO, Ricardo de Carvalho. "*Insider trading*". *RDM* 109/173-182. Ano 36, Nova Série. São Paulo, Malheiros Editores, janeiro-março/1998.

BAINBRIDGE, Stephen M.. *Corporation Law and Economics*. Nova York, West Group, 2002.

BENY, Laura. "Do insider trading laws matter? Some preliminary comparative evidence". *William Davidson Institute Working Paper Number 741*. Janeiro/2005 (disponível em *http://papers.ssrn.com/sol3/papers.cfm?abstract_id=623481*, acesso em 23.11.2007).

BOVESPA. *IBOVESPA 40 anos*. 2008 (disponível em *http://www.bovespa.com.br/InstSites/Ibovespa_40anos/index.asp*, acesso em 5.2.2008).

——————. *Informe Técnico. 2008* (disponível em *http://www.bovespa.com.br/Principal.asp*, acesso em 5.2.2008).

CARMO, Eduardo de Sousa. *Relações Jurídicas na Administração das Sociedades Anônimas*. Rio de Janeiro, AIDE, 1988.

CARVALHOSA, Modesto. *Comentários à Lei de Sociedades Anônimas*. 2ª ed., vol. 3. São Paulo, Saraiva, 1998.

COOTER, Robert, e ULEN, Thomas. *Law and Economics*. 4ª ed. Boston, Addison Wesley, 2004.

COSTA, Luiz Felipe Duarte Martins. *Contribuição ao Estudo da Responsabilidade Civil dos Administradores de Companhias Abertas*. São Paulo, Dissertação (Mestrado em Direito)/Faculdade de Direito da USP, 2006 (250 fls.).

EASTERBROOK, Frank H., e FISCHEL, Daniel R. *The Economic Structures of Corporate Law*. Cambridge, Harvard University Press, 1996.

EIZIRIK, Nelson. "*Insider trading* e responsabilidade civil de administrador de companhia aberta". *RDM* 50/42-56. Ano 22 (Nova Série). São Paulo, Ed. RT, abril-junho/1983.

FAMA, Eugene. "Eficient capital markets: a review of theory and empirical work". *The Journal of Finance* 25-n. 2/383-417. Maio/1970.

FISCHEL, Daniel R., e EASTERBROOK, Frank H. *The Economic Structures of Corporate Law*. Cambridge, Harvard University Press, 1996.

GEVURTZ, Franklin A. *Global Issues in Corporate Law*. St. Paul/Minn., Thomson/West, 2006.

MANKIW, N. Gregory. *Princípios de Microeconomia*. Trad. de Allan Vidigal Hastings. São Paulo, Pioneira Thomson Learning, 2005.

48. "Ultimately, however, the question of whether insider trading prohibitions will promote deep and liquid markets, and decrease the cost of capital, should yield an empirical answer. A recent study by professors Bhattacharya and Daouk suggests that there is some positive news in this regard. By using four sets of available statistics, which the two professors contend can serve as surrogates for the cost of capital in a nation, professors Bhattacharya and Daouk examined whether insider trading laws decreased the cost of capital in the nations around the world that have enacted such laws. They found that the enactment of insider prohibitions produced no statistically significant impact. However, they also found that a statistically significant improvement in the cost of capital in a nation occurred after the first prosecution tool place under the nation's insider trading laws. In other words, while mere enactment of insider trading laws apparently produces no impact on investor confidence, efforts to enforce the law do" (cf. Franklin A. Gevurtz, *Global Issues in Corporate Law*, St. Paul/Minn., Thomson/West, 2006, p. 126).

MISES, Ludwig von. *Ação Humana: um Tratado de Economia*. Trad. de Donald Stewart Jr. Rio de Janeiro, Instituto Liberal, 1990.

PROENÇA, José Marcelo Martins. *Insider Trading: Regime Jurídico do Uso de Informações Privilegiadas no Mercado de Capitais*. São Paulo, Quartier Latin, 2005.

RAO, P. K. *The Economics of Transaction Costs: Theory, Methods, and Applications*. Grã-Bretanha, Antony Rowe, 2003.

REQUIÃO, Rubens. *Curso de Direito Comercial*. 25ª ed., revista e atualizada por Rubens Edmundo Requião, vol. 2. São Paulo, Saraiva, 2008.

SALOMÃO FILHO, Calixto. "Diluição de controle". In: SALOMÃO FILHO, Calixto. *O Novo Direito Societário*. 3ª ed. São Paulo, Malheiros Editores, 2006 (pp. 63-74).

———. "Informação completa, direito societário e mercado de capitais". In: SALOMÃO FILHO, Calixto. *O Novo Direito Societário*. 3ª ed. São Paulo, Malheiros Editores, 2006 (pp. 153-163).

———. *A Disciplina do Poder Econômico como Núcleo da Teoria Geral do Direito Empresarial*. Palestra proferida na Universidade Federal do Rio Grande do Sul/UFRS no Curso de Especialização em Direito Empresarial, em 7.5.2007.

SALOMÃO NETO, Eduardo. *O "Trust" e o Direito Brasileiro*. São Paulo, LTr, 1996.

SILVA, Alexandre Couto. *Responsabilidade dos Administradores de S/A: "Business Judgment Rule*. Rio de Janeiro, Elsevier, 2007.

TOLEDO, Paulo Fernando Campos Salles de. *O Conselho de Administração na Sociedade Anônima: Estrutura, Funções e Poderes, Responsabilidade dos Administradores*. 2ª ed. São Paulo, Atlas, 1999.

ULEN, Thomas, e COOTER, Robert. *Law and Economics*. 4ª ed. Boston, Addison Wesley, 2004.

Atualidades

DA LIVRE PARTICIPAÇÃO, COMO REGRA, DE SOCIEDADE ESTRANGEIRA EM SOCIEDADE BRASILEIRA DE QUALQUER TIPO (CC, Art. 1.134, Segunda Parte)

ERASMO VALLADÃO A. E N. FRANÇA

MARCELO VIEIRA VON ADAMEK

1. Introdução. 2. A origem do art. 1.134 do CC. 3. O art. 1.134 do CC não limita a forma de participação de sociedade estrangeira. 4. Em conclusão.

1. Introdução

Não fossem as gravíssimas e incompreensíveis conseqüências que a equivocada interpretação do art. 1.134, segunda parte, do CC[1] tem suscitado nos tribunais, o tema talvez nem tivesse envergadura suficiente para constituir objeto destas despretensiosas linhas. Ocorre, porém, que, apoiados numa leitura incompleta e superficial do citado artigo de lei – segundo o qual a sociedade estrangeira não pode funcionar no país sem autorização do Poder Executivo, "podendo, todavia, ressalvados os casos expressos em lei, ser acionista de sociedade anônima brasileira" –, alguns juízes têm entendido que seria vedada (e, portanto, irregular) a participação de sociedade estrangeira como sócia de sociedade brasileira que não adote a forma de anônima e, por efeito, têm aplicado sanções severas à sociedade brasileira da qual a estrangeira participa – e, por extensão, aos demais sócios.[2]

Esta interpretação – segundo a qual a sociedade estrangeira poderia *ou* funcionar

1. O art. 1.134, *caput*, que se encontra na "Seção III – Da Sociedade Estrangeira" do "Capítulo XI – Da Sociedade Dependente de Autorização", "Subtítulo II – Da Sociedade Personificada", "Título II – Da Sociedade", do "Livro II – Do Direito de Empresa" do vigente CC, tem a seguinte redação: "Art. 1.134. A sociedade estrangeira, qualquer que seja o seu objeto, não pode, sem autorização do Poder Executivo, funcionar no país, ainda que por estabelecimentos subordinados, podendo, todavia, ressalvados os casos expressos em lei, ser acionista de sociedade anônima brasileira".

2. Notícia divulgada no caderno "Legislação & Tributos" do jornal *Valor Econômico* (edição de 20.10.2008) informa que "no início deste ano a Justiça Paulista negou a uma empresa o requerimento de falência de um credor por ela ser sócia estrangeira de uma sociedade limitada no país. A 1ª Vara de Falências e Recuperações Judiciais de São Paulo entendeu que, por ser cotista de uma limitada e funcionar sem a autorização do Poder Executivo, a empresa seria irregular e, portanto, não teria o direito de pedir a falência de um credor. Em uma outra situação, a Justiça do Trabalho da Capital Paulista autorizou que os sócios de uma sociedade limitada respondessem com seus bens pelos débitos trabalhistas da empresa. A sociedade também foi considerada irregular por possuir sócios estrangeiros e atuar sem a autorização do Executivo. As decisões citadas, ainda que de primeira instância e raras na jurisprudência, ilustram os debates que começam a surgir no Poder Judiciário sobre o funcionamento das sociedades estrangeiras no Brasil".

no país por intermédio de estabelecimento subordinado, desde que obtida autorização do Poder Executivo, *ou*, então, apenas participar como acionista de sociedade anônima brasileira – constitui um manifesto equívoco, para o qual, reconhece-se, contribui imensamente a imperfeita redação do art. 1.134 do CC; mas, ainda assim, não se justifica nem se sustém. Deve ser superado.

2. A origem do art. 1.134 do CC

De início, é preciso lembrar a origem da regra. O art. 1.134 do CC, que trata substancialmente da autorização para a sociedade estrangeira operar no país, tem origem no art. 64 da antiga Lei das Sociedades por Ações (Decreto-lei 2.627/1940),[3] do qual é praticamente cópia servil. E, justamente por conta desta origem em texto da antiga Lei Acionária, ao transpor a regra para o vigente Código Civil o legislador pátrio acabou por inadvertidamente se referir apenas à livre possibilidade de participação da sociedade estrangeira como acionista de sociedade anônima brasileira – quando, decerto, deveria ter se reportado à faculdade de livre participação em qualquer tipo de sociedade brasileira, como regra.[4] Tanto assim é que perante o Congresso Nacional tramita projeto de lei (PL 7.160/2002, de autoria do falecido deputado Ricardo Fiúza) que, dentre outros pontos, pretende alterar a redação da parte final do citado artigo, para espancar quaisquer dúvidas.

Sob a égide do art. 64 do Decreto-lei 2.627/1940 a possibilidade de livre participação, como regra, de sociedade estrangeira em sociedade brasileira que não adotasse a forma anônima foi aceita entre nós, sem qualquer séria contestação.[5] Da mesma forma, não se vê razão alguma para que agora venha a sê-lo, se para tanto não há qualquer motivo ponderável de ordem superior, a não ser a imperfeita redação do art. 1.134 do CC, fruto da transposição linear da regra da antiga Lei Acionária (lei especial) para o contexto da disciplina geral. Nada sugere, pois, tenha o legislador pátrio realmente pretendido vedar a participação de sociedade estrangeira em sociedade brasileira que não adote a forma anônima.

Poder-se-ia contra-argumentar – é verdade – que, diante do texto promulgado, a possível intenção subjetiva do legislador cede espaço à regra objetiva da lei,[6] de modo que, pouco importando a *mens le-*

3. O *caput* do art. 64 do Decreto-lei 2.627/1940 tinha a seguinte redação: "Art. 64. As sociedades anônimas ou companhias estrangeiras, qualquer que seja o seu objeto, não podem, sem autorização do Governo Federal, funcionar no país, por si mesmas, ou por filiais, sucursais, agências, ou estabelecimentos que as representem, podendo, todavia, ressalvados os casos expressos em lei, ser acionista de sociedade anônima brasileira (art. 60)".

4. Com razão, Alfredo de Assis Gonçalves Neto observa que, "por evidente descuido, o codificador de 2002 reproduziu a norma revogada sem considerar que só no contexto anterior, inserida que estava na respectiva lei, é que se justificava a referência restrita à sociedade anônima (Decreto-lei 2.627/1940, art. 64)" (*Direito de Empresa*, São Paulo, Ed. RT, 2007, n. 582, p. 541). E acrescenta: "Não há por que compreender a norma como não abrangente da possibilidade de a sociedade estrangeira participar do capital social de qualquer sociedade brasileira (anônima ou não). Nenhuma particularidade comporta uma tal discriminação" (ob. e loc. cits.).

5. Em doutrina houve manifestação contrária à participação de sociedade estrangeira em sociedade limitada nacional (v. Roni Genicolo Garcia, "A multinacional 'limitada': uma ilimitada distorção", *RDM* 56/147-160, São Paulo, Ed. RT), mas essa posição, isolada, foi logo superiormente rebatida (v. Carlos Augusto da Silveira Lobo, "Participação de sociedades estrangeiras em sociedades por cotas de responsabilidade limitada", *RDM* 64/23-29, São Paulo, Ed. RT) e, na prática, não teve guarida. Pelo contrário, o Departamento Nacional do Registro do Comércio baixou sucessivas instruções normativas admitindo em geral a participação estrangeira, sem restringi-la pela forma (por exemplo: Instrução Normativa 58, de 13.6.1996, e Instrução Normativa 76, de 28.12.1998).

6. Cf. Carlos Maximiliano, *Hermenêutica e Aplicação do Direito*, 2ª ed., Rio Grande do Sul, Globo, 1933, ns. 23-37, pp. 30-45.

gislatoris, prevalece a *mens legis*. Pois bem. Que assim seja, pouco importa, fato é que até mesmo a letra objetiva do art. 1.134 do CC não restringe a forma de participação de sociedade estrangeira em sociedades brasileiras.

3. O art. 1.134 do CC não limita a forma de participação de sociedade estrangeira

A interpretação consoante a qual o art. 1.134 do CC teria vedado a participação livre de sociedades estrangeiras em sociedades brasileiras que não adotem a forma de sociedade anônima não se justifica e não se sustém, pelos seguintes motivos:

Em primeiro lugar, o art. 1.134 do CC não traz qualquer proibição – e o que não é proibido é, "ipso facto", permitido. O uso do gerúndio do verbo "poder" nas *verba legis* do preceito legal ("podendo ... ser acionista de sociedade anônima brasileira") expressa somente a idéia de possibilidade, faculdade ou opção, e nunca de proibição ou imposição. Não há, ao menos aí, vedação alguma à participação *in genere* de sociedades estrangeiras no capital de sociedades que adotem forma diversa da anônima – e, como corolário lógico-necessário dos princípios constitucionais da legalidade (CF, art. 5º, II) e da livre iniciativa (CF, art. 170), segue-se a inferência de que *o que não é proibido, é, "ipso facto", permitido*. Ao facultar uma forma de participação, o legislador nem por isso vedou pudesse ela se dar de outro modo.

Em segundo lugar, a interpretação "a contrario sensu" da cabeça do art. 1.134 do CC não autoriza deduzir a regra inversa proibitiva. O argumento *a contrario sensu* – "muito prestigioso outrora, malvisto hoje pela doutrina, pouco usado pela jurisprudência" e que, ainda nas palavras de Carlos Maximiliano, constitui "meio de dedução e de desenvolvimento, legislativamente, só adotável cautamente"[7] – não pode ser validamente utilizado na espécie. Não cabe tirar a regra oposta pelo método *a contrario* porque, de um lado, o comando não se refere a hipótese determinada de forma taxativa e, de outro, não há relação recíproca entre o pressuposto e a conseqüência da norma.[8] Na realidade, à interpretação do art. 1.134, segunda parte, do CC deve-se aplicar a parêmia oposta – *positio unius non est exclusio alterius*: "a especificação de uma hipótese não redunda em exclusão das demais".

Em terceiro lugar, a interpretação sistemática do Código Civil reforça o entendimento de não haver proibição genérica à participação da sociedade estrangeira em sociedades contratuais. O art. 997 do CC – que se encontra no capítulo da sociedade simples e, por via remissiva, apli-

7. Idem, n. 296, p. 263. A respeito do argumento *a contrario*, lembra ainda o grande jurista que "não podem os códigos abranger explicitamente todas as relações e circunstâncias da vida, em constante, eterno volver (...). Do silêncio do texto não se deduz a sua inaplicabilidade, nem tampouco a supremacia forçada do princípio oposto. A generalização do argumento *a contrario* extinguiria a analogia e a exegese extensiva, e até restringiria o campo da interpretação estrita, considerada esta nos termos em que os modernos a compreendem" (ob. e loc. cits.). Do ponto de vista lógico, afirma Tércio Sampaio Ferraz Jr. que o argumento *a contrario sensu* "é insustentável, pois uma conseqüência verdadeira pode resultar de um princípio falso, bem como duas hipóteses contrárias podem ter a mesma conseqüência. Seu estatuto da validade não é, pois, lógico, mas retórico" (*Introdução ao Estudo do Direito – Técnica, Decisão, Dominação*, 1ª ed., 4ª tir., São Paulo, Atlas, 1991, n. 6.3.4.3, p. 309).

8. Discorrendo sobre o argumento *a contrario*, Tércio Sampaio Ferraz Jr. invoca as lições de Ulrich Klug (*Juristisches Logik*), que distingue dois casos: "O primeiro ocorre quando há, entre os pressupostos legais e as correspondentes conseqüências, uma relação recíproca, isto é, uma implica a outra; neste caso, pode-se dizer, com certa segurança, que, se o caso não preenche as condições da lei, a ele não se aplicam as suas disposições (...); se, porém, a relação entre os pressupostos e as conseqüências não é recíproca, isto é, os pressupostos implicam as conseqüências mas estas não implicam necessariamente os pressupostos, então, o argumento é fraco; é o caso de normas gerais, que dispõem sobre uma generalidade de situações, sem cláusula restritiva" (*Introdução ao Estudo do Direito – Técnica, Decisão, Dominação*, cit., 1ª ed., 4ª tir., n. 6.3.4.3, p. 310).

ca-se igualmente aos demais tipos societários regulados naquele mesmo diploma (CC, arts. 1.040, 1.046, 1.053 e 1.096) – indica os requisitos do contrato de sociedade, o qual deverá mencionar "nome, nacionalidade, estado civil, profissão e residência dos sócios, se pessoas naturais, e a firma ou a denominação, nacionalidade e sede dos sócios, se jurídicas" (inciso II). Para vários estudiosos a exigência de indicação da "nacionalidade e sede dos sócios" que sejam pessoas jurídicas não se justificaria se para os tipos societários aos quais essa regra se aplica não fosse, então, permitida a participação de sociedades estrangeiras.

Em quarto lugar, a "ratio legis" desautoriza extrair do texto legal qualquer diferenciação fundada na forma. Este é, para nós, o argumento principal e decisivo. De fato, "mais que a letra crua" – ensinava Carlos Maximiliano –, "indicam se a exegese deve ser mais, ou menos, estrita os motivos, o fim colimado, a razão lógica, os valores jurídico-sociais que deram vida à regra e a justificam no sistema geral da legislação".[9] No caso, a *ratio legis* do art. 1.134 do CC é evitar que a sociedade estrangeira possa exercer suas atividades no território brasileiro, fora do alcance da fiscalização e do controle do Poder Público, em condições privilegiadas e de favorecimento em comparação aos demais agentes do mercado nacional. Para tanto, impõe o legislador que *ou* a sociedade estrangeira atue de forma direta, mas com a necessária autorização do Poder Executivo, *ou* participe de sociedade brasileira – hipótese, esta última, em que, independentemente da forma adotada pela sociedade brasileira, a fiscalização dar-se-á sobre esta, da mesma forma como sucede para todas as demais sociedades nacionais, tenham ou não investimento estrangeiro.[10] A *ratio legis*, portanto – como já esclarecera Pontes de Miranda, ao analisar o art. 64 do Decreto-lei 2.627/1940 –, é a de impedir o *funcionamento sem autorização* de sociedade estrangeira – o que, obviamente, não ocorre com a mera participação desta em sociedade brasileira.[11] Vê-se, portanto, que, para os fins colimados pela norma, a forma adotada pela sociedade estrangeira é dado totalmente irrelevante – fato, esse, que reforça a conclusão de que a sociedade estrangeira pode participar de qualquer outra sociedade brasileira, e não apenas daquelas que adotem a forma de anônima (tipo societário, esse, ao qual o legislador pátrio aludiu *exemplificationis causa*, e não *taxationis causa*, apenas porque, na origem, o preceito estava alocado na antiga Lei Acionária).[12]

Em quinto lugar, se proibição genérica houvesse, seria ela desarrazoada (arbitrária e desproporcional) – e, portanto, inconstitucional. Embora não se consiga ex-

9. Carlos Maximiliano, *Hermenêutica e Aplicação do Direito*, cit., 2ª ed., n. 289, p. 256.

10. E é por isso mesmo que Miranda Valverde justificava a exceção aberta pelo art. 64 do Decreto-lei 2.627/1940 no âmbito das companhias: "Nenhuma razão, entretanto, há para proibir as sociedades anônimas estrangeiras de serem acionistas de companhias brasileiras, *já que estas estão integralmente sujeitas às leis nacionais e podem ser controladas ou fiscalizadas pelo Poder Público*" (*Sociedades por Ações*, 3ª ed., vol. 1, Rio de Janeiro, Forense, 1959, p. 420 – grifos nossos). Esse mesmo controle ou fiscalização pode ser exercido, com muito mais intensidade até, sob certo aspecto, sobre as sociedades contratuais, como a limitada, cujos sócios podem ser conhecidos de todos (compare-se a publicidade irrestrita, constante do art. 29 da Lei de Registro Público de Empresas Mercantis e Atividades Afins – Lei 8.934/1994 –, com a do art. 100, § 1º, da Lei das Sociedades por Ações – Lei 6.404/1976).

11. "A exigência do art. 64 de modo nenhum apanha a subscrição de ações de sociedades por ações ou de comanditas por ações por parte de estrangeiros ou de sociedades estrangeiras de pessoas ou por ações, *porque aí não está em causa* ***funcionamento*** *de sociedade estrangeira*, quer de pessoas, quer por ações" (Pontes de Miranda, *Tratado de Direito Privado*, 3ª ed., 2ª reimpr., t. L, São Paulo, Ed. RT, 1984, p. 201).

12. O Departamento Nacional do Registro do Comércio, em 31.7.2003, aprovou o Parecer Jurídico DNRC/COJUR-126/2003 (disponível em *www.dnrc.gov.br*) confirmando a possibilidade de ingresso de pessoa jurídica estrangeira em sociedade limitada.

trair da letra do art. 1.134 do CC a existência de genérica proibição à participação de sociedades estrangeiras em sociedades brasileiras que não adotem a forma de anônima, insta registrar que, fosse possível detectá-la naquele dispositivo, a mesma estaria inquinada de irremissível inconstitucionalidade, pois: (1º) ofenderia o princípio da isonomia (CF, art. 5º, *caput*),[13] criando infundada diferenciação de regime jurídico não só entre as sociedades brasileiras e sociedades estrangeiras, mas também entre sociedades estrangeiras, de um lado, e outras espécies de pessoas jurídicas e pessoas naturais estrangeiras (às quais não se aplicaria a restrição), de outro, tão-só em função da *forma* adotada, e não da *atividade* exercida;[14] e (2º) seriam violados, igualmente, o mesmo princípio da isonomia (CF, art. 5º, *caput*) e o princípio da livre iniciativa (CF, art. 170) ao segregar e submeter a distintas regras sociedades brasileiras conforme tenham, ou não, participação estrangeira;[15] e isso sem considerar que muitas vezes a participação estrangeira é minoritária, e outras tantas vezes pode até ser expressiva mas insuficiente de per si para aprovar a operação de transformação societária – hipótese em que a sociedade brasileira e os demais sócios não podem ser indiretamente penalizados. De mais a mais, (3º) a genérica discriminação da participação de sociedade estrangeira em sociedade brasileira que não adote a forma de anônima, pouco importando seu objeto social e o setor em que esta atua, também haveria de ser reprovada à luz dos sobreprincípios da razoabilidade e da proporcionalidade,[16] por ausente qualquer razão subjacente a legitimá-la ou a autorizar o discrímen: a forma adotada pela sociedade brasileira, da qual a estrangeira participa, em nada altera a extensão dos poderes de fiscalização e de intervenção do Poder Público sobre a atividade exercida por aquela (= principal razão subjacente à exigência de autorização do Poder Executivo para a atuação direta de sociedades estrangeiras no país), precisamente porque tais poderes se manifestam sobre a sociedade brasileira, que, ademais, estaria atuando no mercado em igualdade de condições com os demais agentes. Por fim, (4º) se o art. 1.134 do CC tivesse circunscrito a possibilidade de participação de sociedades estrangeiras apenas em companhias brasileiras e se essa limitação fosse legítima, ter-se-ia que modular sua incidência, pondo a salvo as situações pré-constituídas, assim como seus efeitos ulteriores, que não poderiam ser

13. Haroldo Malheiros Duclerc Verçosa também identifica a violação ao princípio da isonomia, nos seguintes termos: "Considerando que a regra acima representa medida discriminatória do ponto de vista jurídico e completamente ineficiente sob o aspecto econômico, ela deve ser vista como inconstitucional, pela quebra do princípio de isonomia" (*Curso de Direito Comercial*, vol. 2, São Paulo, Malheiros Editores, 2006, n. 1.22.2.1, p. 276). A nosso ver, a proibição à participação estrangeira não existe na letra da lei; mas, caso se pudesse extraí-la através de métodos exegéticos abusados, a inconstitucionalidade seria manifesta.

14. As restrições à atuação de estrangeiros, muitas delas com respaldo no próprio texto constitucional (CF, arts. 176, § 1º, 178, parágrafo único, 199, § 3º, e 222; ADCT, art. 52, I e II), nunca se prendem ao veículo desta atuação, nem à qualidade das pessoas envolvidas (não se diferenciam pessoas naturais e pessoas jurídicas, nem apenas algumas dentre estas últimas); relacionam-se, sempre, à *atividade* a ser exercida pela sociedade nacional, e não à *forma* por ela adotada. Eis o ponto nodal.

15. Lembre-se, outrossim, que a Lei 4.131, de 3.9.1962, que disciplina a aplicação do capital estrangeiro e as remessas de valores para o Exterior, prescreve, em seu art. 2º, que "ao capital estrangeiro que se investir no país será dispensado tratamento jurídico idêntico ao concedido ao capital nacional em igualdade de condições, sendo vedadas quaisquer discriminações não previstas na presente Lei".

16. A razoabilidade e a proporcionalidade dos meios são, como se sabe, autênticas condições de legalidade da medida: "É em função do duplo caráter de obrigação e interdição que o *princípio da proporcionalidade* tem o seu lugar no Direito, regendo todas as esferas jurídicas e compelindo os órgãos do Estado a adaptar em todas as suas atividades os meios de que dispõem aos fins que buscam e aos efeitos de seus atos. *A proporção adequada se torna assim condição da legalidade*" (Paulo Bonavides, *Curso de Direito Constitucional*, 5ª ed., São Paulo, Malheiros Editores, 1994, pp. 356-357).

afetados pela lei superveniente (CF, art. 5º, XXXVI).

A livre participação, como regra,[17] das sociedades estrangeiras no capital de sociedades brasileiras, independentemente do tipo societário destas, é realidade que se tem por assente em nosso país desde há muito. Não foi negada ante a primitiva regra do art. 64 do Decreto-lei 2.627/1940, em que pese à sua quase-identidade vernacular.[18] Tinha – e tem – respaldo em diversos outros diplomas legais extravagantes ainda hoje em vigor (LICC, art. 2º, § 1º).[19] E não foi proscrita ou limitada pelo art. 1.134 do CC. Que deve ser interpretado inteligentemente, em harmonia com sua letra e sua *ratio*, tal como sempre o foi, sem conduzir a resultados chocantes e incompatíveis com a lógica que inspira nosso sistema jurídico: "É antes de crer que o legislador haja querido exprimir o conseqüente e adequado à espécie do que o evidentemente injusto, descabido, inaplicável, sem efeito".[20]

4. *Em conclusão*

À vista de todo o exposto, conclui-se que a regra da segunda parte da cabeça do art. 1.134 do CC, que transpôs quase literalmente a regra do art. 64 da antiga Lei das Sociedades por Ações para a lei geral empresarial, não restringiu, nem poderia validamente circunscrever, o princípio de que, de regra, e ressalvadas as situações específicas, a sociedade estrangeira pode ser sócia de sociedade brasileira que se revista da forma de sociedade anônima, limitada

17. As vedações ou restrições para estrangeiros (fundadas na atividade a ser exercida, e não propriamente na forma por eles adotada) existem, por exemplo, nas áreas de assistência à saúde (CF, art. 199, § 3º; e Lei 8.080/1990, art. 23), navegação de cabotagem (CF, art. 178, parágrafo único; Decreto-lei 2.784/1940, arts. 1º, "a" e "b", e 2º), empresas jornalísticas e de radiodifusão (CF, art. 222; Decreto 70.436/1972, art. 14, § 2º, I), transporte rodoviário de cargas (CF, art. 178; Lei 6.813/1980, art. 1º, I a III, e §§ 1º e 2º). Além disso, empresas em faixa de fronteira também sofrem restrições à atuação estrangeira, claramente inspiradas e justificadas por motivos de soberania e defesa nacionais (Lei 6.634/1979, art. 3º, I e III; Decreto 85.064/1980, arts. 10, 15, 17, 18 e 23).

18. A interpretação antiga e tranqüila da regra de Direito não deve ser abandonada sem que existam razões das mais sólidas: *minime sunt mutanda, quae interpretationem certam sempre habuerunt* ("altere-se o menos possível o que sempre foi entendido do mesmo modo"). "Esta preciosa máxima" – observava Carlos Maximiliano – "impõe o respeito à exegese pacífica, faz observar as normas de acordo com o sentido e o alcance uniformemente definidos durante dilatados anos pela doutrina e pela jurisprudência" (*Hermenêutica e Aplicação do Direito*, cit., 2ª ed., n. 303, p. 269).

19. O rol é por demais extenso. Poder-se-ia, aqui, ficar, porém, apenas com a já citada Lei 4.131/1962, que disciplina o capital estrangeiro, e não apenas enuncia o princípio de igualdade jurídica entre capitais nacionais e estrangeiros (art. 2º), como, ademais, traz, em seu art. 21, regra que claramente indica a possibilidade de participação estrangeira noutros tipos societários: "Art. 21. É obrigatória, nos balanços das empresas, inclusive sociedades anônimas, a discriminação da parcela de capital e dos créditos pertencentes a pessoas físicas ou jurídicas, residentes, domiciliadas ou com sede no Exterior, registrados na Superintendência da Moeda e do Crédito". Os estudiosos que se dedicaram ao estudo dessa lei nunca colocaram em dúvida a participação estrangeira noutros tipos societários personificados (v.: Áttila de Souza Leão Andrade Jr., *O Capital Estrangeiro no Sistema Jurídico Brasileiro*, Rio de Janeiro, Forense, 1979, p. 62).

20. É novamente do grande jurista Carlos Maximiliano a escorreita advertência: "Quanto possível, evita uma conseqüência incompatível com o bem geral; adapta o dispositivo às idéias vitoriosas entre o povo em cujo seio vigem as expressões de Direito sujeitas a exame. Prefere-se o sentido conducente a resultado mais razoável, que melhor corresponda às necessidades da prática, e seja mais humano, benigno, suave. É antes de crer que o legislador haja querido exprimir o conseqüente e adequado à espécie do que o evidentemente injusto, descabido, inaplicável, sem efeito" (*Hermenêutica e Aplicação do Direito*, cit., 2ª ed., n. 178, p. 182). Negar o pedido de falência, recusar o processamento de pedido de recuperação judicial ou desconsiderar a personalidade jurídica da sociedade limitada porque dela participa sociedade estrangeira são soluções iníquas, absurdas e sem qualquer lógica. Penalizam-se a sociedade brasileira, os sócios brasileiros e a empresa que nela se incorpora, escorados numa exegese obtusa da lei. Realmente, não dá para entender.

ou outro tipo societário,[21-22] porquanto: (1º) no citado artigo de lei não há proibição – e, portanto, o que não é proibido nesta matéria é, *ipso facto*, autorizado; (2º) a interpretação *a contrario sensu* do citado artigo de lei não permite inferir a existência de regra inversa de caráter proibitivo; (3º) a interpretação sistemática do Código Civil reforça a idéia de liberdade de participação de sociedades estrangeiras em sociedades contratuais brasileiras; (4º) a *ratio legis* do artigo em análise também não permite admitir tenha o legislador se preocupado em tutelar a forma da sociedade receptora dos investimentos; e, por fim, (5º) se proibição genérica houvesse, seria ela juridicamente desarrazoada (arbitrária e desproporcional) e, portanto, de constitucionalidade duvidosa – sem se mencionar, ainda, que representaria uma péssima inovação no Direito pátrio, a consagrar uma vedação que estaria em franca dissonância com a legislação até então em vigor, expressa em autorizá-la, e em completo contraste com as imperiosas necessidades de desburocratização de nossa legislação empresarial, para a atração de investimentos estrangeiros, de que tanto o país necessita para o cumprimento de seus objetivos fundamentais (CF, art. 3º).[23] O ambiente empresarial brasileiro já é dos mais áridos, inóspitos e difíceis; não carece ainda ser açoitado pela insegurança jurídica, notadamente em tema tão sensível para a atração de capitais externos.

21. Cf. (admitindo a participação de sociedade estrangeira em outros tipos societários): Adalberto Simão, *A Nova Sociedade Limitada*, São Paulo, Manole, 2004, n. 3.2.4, pp. 81-84; Alfredo de Assis Gonçalves Neto, *Direito de Empresa*, cit., n. 582, p. 541; Eduardo Grebler e Gustavo Grebler, "O fundamento da sociedade estrangeira no Brasil em face do novo Código Civil", in Frederido Viana Rodrigues (coord.), *Direito de Empresa no Novo Código Civil*, Rio de Janeiro, Forense, 2004, pp. 405-406; Elidie Palma Bifano e Sérgio Roberto de Oliveira Bento, *Aspectos Relevantes do Direito de Empresa de Acordo com o Novo Código Civil*, São Paulo, Quartier Latin, 2005, n. 24.2.2, p. 297; Fábio Tokars, *Sociedades Limitadas*, São Paulo, LTr, 2007, n 2.6, p. 136; Haroldo Malheiros Duclerc Verçosa, *Curso de Direito Comercial*, cit., vol. 2, n. 1.22.2.1, p. 276; Jan Curschmann e Cláudio Jolowicz, "Brasilien", in Rembert Süβ e Thomas Wachter (coords.), *Handbuch des internationalen GmbH-Rechts*, Bonn, Zerb, 2006, n. 13, p. 417; Jorge Lobo, *Sociedades Limitadas*, vol. I, Rio de Janeiro, Forense, 2004, n. 3.3.1.1.5.1, p. 78; José Edwaldo Tavares Borba, *Direito Societário*, 8ª ed., Rio de Janeiro, Renovar, 2003, p. 181; Luiz Antônio Soares Hentz, in Arruda Alvim e Thereza Alvim (coords.), *Comentários ao Código Civil Brasileiro*, vol. X, Rio de Janeiro, Forense, 2006, p. 241; Priscila M. P. Corrêa da Fonseca e Rachel Sztajn, *Código Civil Comentado*, vol. XI, São Paulo, Atlas, 2008, pp. 761-762; Sérgio Campinho, *O Direito de Empresa à Luz do Novo Código Civil*, 7ª ed., Rio de Janeiro, Renovar, 2006, n. 12.2.2, p. 272; Syllas Tozzini e Renato Berger, "Notas de Atualização" in Egberto Lacerda Teixeira, *Das Sociedades por Quotas de Responsabilidade Limitada*, 2ª ed., São Paulo, Quartier Latin, 2006, pp. 43-44 – entre outros. No regime anterior, cf.: Áttila de Souza Leão Andrade Jr., *O Capital Estrangeiro no Sistema Jurídico Brasileiro*, cit., p. 62; e Carlos Augusto da Silveira Lobo, "Participação de sociedades estrangeiras em sociedades por cotas de responsabilidade limitada", cit., *RDM* 64/23-29.

22. Cf. (restringindo a participação de sociedade estrangeira em sociedade anônima): Armando Rovai, "As sociedades estrangeiras e as limitadas", artigo publicado no jornal *Valor Econômico* (de São Paulo), caderno "Legislação & Tributos" (edição de 22.9.2008); e Ricardo Fiuza, *Novo Código Civil Comentado*, São Paulo, Saraiva, 2002, p. 1.045 (afirmando que, "se a sociedade estrangeira pretender tornar-se quotista de sociedade limitada nacional, a autorização é imprescindível"). No regime anterior, v.: Roni Genicolo Garcia, "A multinacional 'limitada': uma ilimitada distorção", cit., *RDM* 56/147-160.

23. Esta preocupação não é recente: "Uma das condições básicas para a criação e manutenção de um clima favorável aos investimentos de capitais estrangeiros consiste na garantia que se possa oferecer aos investidores alienígenas de que não sofrerão discriminações de tratamento com relação aos investidores nacionais" (Herculano Borges da Fonseca, *Regime Jurídico do Capital Estrangeiro*, Rio de Janeiro, Letras e Artes, 1963, p. 66).

Bibliografia.

ANDRADE JR., Áttila de Souza Leão. *O Capital Estrangeiro no Sistema Jurídico Brasileiro*. Rio de Janeiro, Forense, 1979.

ARRUDA ALVIM, J. M. de, e ARRUDA ALVIM, Thereza (coords.). *Comentários ao Código Civil Brasileiro*. vol. X. Rio de Janeiro, Forense, 2006.

BENTO, Sérgio Roberto de Oliveira, e BIFANO, Elidie Palma. *Aspectos Relevantes do Direito de Empresa de Acordo com o Novo Código Civil*. São Paulo, Quartier Latin, 2005.

BIFANO, Elidie Palma, e BENTO, Sérgio Roberto de Oliveira. *Aspectos Relevantes do Direito de Empresa de Acordo com o Novo Código Civil*. São Paulo, Quartier Latin, 2005.

BONAVIDES, Paulo. *Curso de Direito Constitucional*. 5ª ed. São Paulo, Malheiros Editores, 1994.

BORBA, José Edwaldo Tavares. *Direito Societário*. 8ª ed. Rio de Janeiro, Renovar, 2003.

CAMPINHO, Sérgio. *O Direito de Empresa à Luz do Novo Código Civil*. 7ª ed. Rio de Janeiro, Renovar, 2006.

CURSCHMANN, Jan, e JOLOWICZ, Cláudio. "Brasilien". In: SÜβ, Rembert, e WACHTER, Thomas (coords.). *Handbuch des internationalen GmbH-Rechts*. Bonn, Zerb, 2006.

FERRAZ JR., Tércio Sampaio. *Introdução ao Estudo do Direito – Técnica, Decisão, Dominação*. 1ª ed., 4ª tir. São Paulo, Atlas, 1991.

FIUZA, Ricardo. *Novo Código Civil Comentado*. São Paulo, Saraiva, 2002.

FONSECA, Herculano Borges da. *Regime Jurídico do Capital Estrangeiro*. Rio de Janeiro, Letras e Artes, 1963.

FONSECA, Priscila M. P. Corrêa da, e SZTAJN, Rachel. *Código Civil Comentado*. vol. XI. São Paulo, Atlas, 2008.

GARCIA, Roni Genicolo. "A multinacional 'limitada': uma ilimitada distorção". *RDM* 56/147-160. São Paulo, Ed. RT.

GONÇALVES NETO, Alfredo de Assis. *Direito de Empresa*. São Paulo, Ed. RT, 2007.

GREBLER, Eduardo, e GREBLER, Gustavo. "O fundamento da sociedade estrangeira no Brasil em face do novo Código Civil". In: RODRIGUES, Frederico Viana (coord.). *Direito de Empresa no Novo Código Civil*. Rio de Janeiro, Forense, 2004.

HENTZ, Luiz Antônio Soares. In: ARRUDA ALVIM, J. M. de, e ARRUDA ALVIM, Thereza (coords.). *Comentários ao Código Civil Brasileiro*. vol. X. Rio de Janeiro, Forense, 2006.

JOLOWICZ, Cláudio, e CURSCHMANN, Jan. "Brasilien". In: SÜβ, Rembert, e WACHTER, Thomas (coords.). *Handbuch des internationalen GmbH-Rechts*. Bonn, Zerb, 2006.

LOBO, Carlos Augusto da Silveira. "Participação de sociedades estrangeiras em sociedades por cotas de responsabilidade limitada". *RDM* 64/23-29. São Paulo, Ed. RT.

LOBO, Jorge. *Sociedades Limitadas*. vol. I. Rio de Janeiro, Forense, 2004.

MAXIMILIANO, Carlos. *Hermenêutica e Aplicação do Direito*. 2ª ed. Rio Grande do Sul, Globo, 1933.

MIRANDA VALVERDE, Trajano de. *Sociedades por Ações*. 3ª ed. Rio de Janeiro, Forense, 1959.

PONTES DE MIRANDA, F. C. *Tratado de Direito Privado*. 3ª ed., 2ª reimpr., t. L. São Paulo, Ed. RT, 1984.

RODRIGUES, Frederico Viana (coord.). *Direito de Empresa no Novo Código Civil*. Rio de Janeiro, Forense, 2004.

ROVAI, Armando. "As sociedades estrangeiras e as limitadas". *Valor Econômico* (de São Paulo) edição de 22.9.2008. Caderno "Legislação & Tributos".

SIMÃO, Adalberto. *A Nova Sociedade Limitada*. São Paulo, Manole, 2004.

SÜβ, Rembert, e WACHTER, Thomas (coords.). *Handbuch des internationalen GmbH-Rechts*. Bonn, Zerb, 2006.

SZTAJN, Rachel, e FONSECA, Priscila M. P. Corrêa da. *Código Civil Comentado*. vol. XI. São Paulo, Atlas, 2008.

TEIXEIRA, Egberto Lacerda. *Das Sociedades por Quotas de Responsabilidade Limitada*. 2ª ed., atualização de Syllas Tozzini e Renato Berger. São Paulo, Quartier Latin, 2006.

TOKARS, Fábio. *Sociedades Limitadas*. São Paulo, LTr, 2007.

VERÇOSA, Haroldo Malheiros Duclerc. *Curso de Direito Comercial*. vol. 2. São Paulo, Malheiros Editores, 2006.

WACHTER, Thomas, e SÜβ, Rembert (coords.). *Handbuch des internationalen GmbH-Rechts*. Bonn, Zerb, 2006.

Atualidades

ELEIÇÃO DO CONSELHO DE ADMINISTRAÇÃO DA S/A: VOTO MÚLTIPLO E VOTOS FRACIONÁRIOS

JOSÉ MÁRIO BIMBATO*

I – Introdução. II – Método d'Hondt. III – Fórmula de Cole. IV – Votos fracionários. V – Número de votos necessários para eleger um candidato. VI – Conclusão.

I – Introdução

Ao contrário do que comumente se supunha ao tempo da elaboração da lei das sociedades por ações de 1976, a introdução, no Brasil, do voto múltiplo, também conhecido como voto cumulativo, não era tão estranha, quanto parecia, aos hábitos brasileiros em matéria de eleições.

Como informa Walter Costa Porto, o Brasil teve, na Primeira República, um sistema de voto cumulativo para a eleição da Câmara dos Deputados. Tendo a Lei n. 1.269, de 1904, estabelecido a eleição por distritos, cada eleitor votava em três nomes nos distritos de quatro deputados, em quatro nomes nos de cinco, em cinco nos de seis, e em seis nos de sete deputados. Admitindo a possibilidade de acumulação dos votos, dizia o art. 59 dessa lei: "Na eleição geral da Câmara, ou quando o número de vagas a preencher no distrito for de cinco ou mais Deputados, o eleitor poderá acumular todos os seus votos ou parte deles em um só candidato, escrevendo o nome do mesmo candidato tantas vezes quantos forem os votos que lhe quiser dar".[1]

O voto múltiplo ou cumulativo é um dos meios de assegurar representação minoritária em organismos colegiados, como assembléias legislativas e conselhos administrativos. Por esse processo, cada eleitor dispõe de certo número de votos, podendo atribuí-los a um só candidato ou distribuí-los entre os candidatos de sua preferência.

Segundo Costa Porto, "o voto cumulativo foi adotado, pela primeira vez, no Cabo na Boa Esperança, em 1853, para a eleição da Câmara Alta e para os poucos deputados que a capital elegia à outra Câmara; na Inglaterra e na Escócia, para os conselhos de escola; nas eleições legislativas do Estado de Illinois, EUA, desde 1870 e para eleições administrativas ou burocráticas em outros Estados americanos; no Chile, em 1884, para eleições legislativas".[2]

No que se refere ao Estado de Illinois, temos a acrescentar que o voto cumulativo foi instituído na Constituição de 1870 para assegurar a representação de correntes minoritárias na Assembléia Legislativa e de acionistas minoritários na administração das companhias. Para a composição da primeira, cada distrito elegia três deputados e

* *jmbimbato@uol.com.br.*

1. Walter Costa Porto, *Dicionário do Voto*, Ed. UnB, 2000, verbete "voto cumulativo".

2. Ibidem.

a cada eleitor cabiam três votos, que podiam ser dados a um só candidato ou repartidos entre dois ou três, sendo eleitos os três mais votados. A eleição de deputados por voto cumulativo vigorou nesse Estado até 1980.

Para a eleição dos administradores da companhia, a Constituição de Illinois conferiu a cada ação tantos votos quanto o número de lugares a preencher no conselho de administração ("board of directors"), podendo o acionista atribuir seus votos a um só candidato ou distribuí-los entre dois ou mais.[3]

O voto cumulativo para a eleição dos administradores da companhia foi adotado por outros Estados da Federação americana, mas, na maioria deles, esse método de eleição não é obrigatório.

Na lei brasileira, de modo semelhante, cada acionista, com direito a voto, dispõe de um número múltiplo de votos (tantos votos por ação quanto o número de lugares no conselho), podendo "cumular os votos num só candidato ou distribuí-los entre vários" (Lei das S/A, art. 141).

A eleição do conselho por voto múltiplo é obrigatória, quando requerida por acionistas que representem certa fração do capital social com direito a voto (art. 141 c/c art. 291).

O processo de voto múltiplo não se aplica à eleição da diretoria, que é eleita por maioria de votos do conselho de administração ou, se a companhia não tiver conselho de administração, por maioria de votos da assembléia geral.[4]

Para os acionistas que participam da eleição por voto múltiplo é da maior importância saber como cumular os votos para eleger seus candidatos. Um erro de cálculo pode significar a derrota, como ilustra o célebre caso *Pierce v. Commonwealth*, julgado na Pensilvânia (EUA), em 1883. Na eleição dos administradores de uma companhia, o grupo então dominante dividiu seus votos em partes iguais entre seis candidatos ao conselho de administração, de igual número de lugares. A minoria, concentrando seus votos em quatro outros nomes, logrou elegê-los e assumir o comando da empresa.[5]

Para evitar erros como esse e outros semelhantes, o legislador brasileiro incluiu na Lei das S/A uma regra sem similar no direito norte-americano, segundo a qual, na eleição do conselho de administração por voto múltiplo, a mesa, que estiver dirigindo os trabalhos da assembléia, deve informar aos acionistas, antes da votação, o "número de votos necessários para a eleição de cada membro do conselho" (art. 141, § 1º).

O exato sentido dessa norma tem sido objeto de controvérsias. Segundo a inter-

3. O voto cumulativo para a eleição dos administradores da companhia deixou de figurar na Constituição do Estado de Illinois de 1980, mas foi mantido na lei ordinária, que assim dispunha: "In all elections for directors every shareholder shall have the right to vote, in person or by proxy, for the number of shares owned by him, for as many persons as there are directors to be elected, or to cumulate said shares, and give one candidate as many votes as the number of directors multiplied by the number of his shares shall equal, or to distribute them on the same principle among as many candidates as he shall think fit" (*Illinois Business Corporation Act*, § 28, William L. Cary, *Cases and Materials on Corporations*, 4ª ed., The Foundation Press, Mineola, N.Y., 1969, p. 276).

4. A *Exposição de Motivos* do projeto que deu origem à lei das sociedades por ações de 1976 esclarece: "O artigo 141 assegura – através do processo de voto múltiplo – a representação das minorias no órgão deliberativo da administração. Essa solução não pode ser adotada na eleição dos Diretores, cuja escolha por diferentes grupos de acionistas colocaria em risco a imprescindível unidade administrativa: deliberar pode ser função exercida por órgão colegiado, pelo voto da maioria, mas a execução exige unidade de comando".

5. 104 Pa. 150 (1883). A Corte manteve o resultado da eleição, considerando que se tratava "simplesmente do exercício de um direito constitucional de que ambas as partes se presumiam igualmente conhecedoras" – "(...) this was simply the exercise of a constitutional right, of which the respondents were presumed to be as well-informed as the relators" (Cary, ob. cit., p. 286).

pretação que adotamos, ela não se refere ao número de votos necessários para que um candidato seja considerado eleito, mas ao número de votos necessários para assegurar a eleição de um candidato.

O número de votos necessários para assegurar a eleição de um candidato pode ser determinado mediante uma fórmula matemática, que será examinada neste artigo.

De modo mais amplo, o número de lugares que cabem a cada acionista ou grupo de acionistas, dado o respectivo número de votos, pode ser determinado facilmente com o *método d'Hondt*, que também será explicado neste trabalho.

Uma das questões que podem surgir na eleição por voto múltiplo é a possibilidade de votos fracionários. Na divisão dos votos de um acionista ou grupo de acionistas entre seus candidatos é comum surgirem frações de voto. Se um acionista, por exemplo, dispõe de cinco votos e pretende votar em dois candidatos, a cada candidato cabem dois votos e meio. Pode o acionista, nesse caso, lançar dois votos e meio a favor de cada candidato, em vez de lançar, digamos, três votos a favor de um candidato, e dois votos a favor do outro?

Na maioria dos casos, as frações de voto são irrelevantes, porque não influem no resultado da eleição, mas, em certos casos, elas podem ser decisivas. Se, por exemplo, um grupo de acionistas vota nos mesmos candidatos e, na divisão dos votos entre os candidatos, houver frações, a soma dessas frações pode decidir a eleição de um ou mais candidatos. Esse problema, contudo, pode ser facilmente resolvido mediante prévio ajuste entre os interessados, de modo que se evitem frações de voto.

Outro problema diz respeito à possibilidade de empate, caso não sejam admitidos votos fracionários. Como veremos, a inadmissão de votos fracionários pode levar a empate na eleição por voto múltiplo. Em caso de empate, dispõe a Lei das S/A que deve haver nova eleição, também pelo processo de voto múltiplo, para o preenchimento dos cargos vagos (art. 141, § 2º).

A lei é omissa quanto à divisibilidade do voto na eleição por voto múltiplo, ao contrário do que estabelece quanto à ação, que é considerada indivisível em relação à companhia (art. 28).

A indivisibilidade da ação implica a indivisibilidade do voto, no sentido de que o acionista não pode votar com frações de ação. Com efeito, se a ação pertence a mais de uma pessoa, os direitos de acionista são exercidos pelo representante comum (art. 28, parágrafo único), que vota como um só acionista.

A hipótese que estamos considerando, porém, não é de frações de ação, mas de facões de voto que podem surgir naturalmente na eleição por voto múltiplo, como conseqüência da divisão dos votos de um acionista ou grupo de acionistas entre seus candidatos.

A questão está também relacionada com a fórmula de cálculo usual do número de ações necessárias para eleger certo número de candidatos de um acionista ou grupo de acionistas.

A validade dessa fórmula (que designaremos como *fórmula de Cole*) pressupõe a possibilidade de votos fracionários. Se não admitidas frações de voto, a fórmula de Cole pode dar resultados incorretos, levando a empate.[6]

6. O nome da fórmula é uma referência a Arthur T. Cole Jr., um advogado da Carolina do Sul (EUA), que, em artigo geralmente citado sobre a matéria, descreveu e comentou várias fórmulas matemáticas para eleição do conselho de administração da companhia por voto cumulativo (Arthur T. Cole Jr. "Legal and mathematical aspects of cumulative voting", *The South Carolina Law Quarterly*, vol. 2, pp. 225-244, 1950). Glazer, Glazer e Grofman, nos Estados Unidos, argumentaram que a fórmula de Cole (como eles designam sua fórmula principal) pode dar resultados incorretos, levando a empate, se não admitidos votos fracionários (Amihai Glazer, Debra G. Glazer, e Bernard Grofman, "Cumulative

Este artigo, após expor o método d'Hondt e a fórmula de Cole, examina a possibilidade de empate na eleição do conselho de administração da companhia por voto múltiplo em decorrência da exclusão de votos fracionários, bem como a possível influência da indivisibilidade do voto no cálculo do número de votos necessários para a eleição de um candidato.

II – Método d'Hondt

O método d'Hondt pode ser aplicado ao processo de voto múltiplo para determinar o número de lugares que cabem a cada acionista ou grupo de acionistas.[7]

O procedimento é muito simples. Divide-se o número de votos de cada parte (acionista ou grupo de acionistas) sucessivamente por 1, 2, 3, etc. Tomam-se por ordem decrescente os quocientes dessa divisão. Ao primeiro quociente corresponde a primeira vaga, ao segundo, a segunda e assim por diante. Cada parte pode eleger tantos candidatos quantos desses quocientes lhe correspondam, até completar o número de vagas.

Por exemplo, estão habilitadas ao todo 100 ações à eleição de um conselho de cinco lugares pelo processo de voto múltiplo. Os acionistas se dividem em dois blocos, *A* e *B*, o primeiro com 64 ações, o segundo com 36. Como há cinco lugares a preencher, cada ação dá direito a cinco votos. Conseqüentemente, *A* tem 320 votos, e *B* 180.

Com esses elementos, formamos a seguinte tabela:

	A	*B*
1	**320**	**180**
2	**160**	**90**
3	**106 2/3**	60
4	80	45
5	64	36

Na primeira coluna, à esquerda, estão os divisores de 1 a 5; na coluna *A*, os quocientes da divisão do número de votos de *A* por 1, 2, 3, etc.; na coluna *B*, os quocientes da divisão do número de votos de *B* pelo mesmo processo.

Os cinco maiores quocientes estão marcados em negrito, havendo três na coluna *A*, e dois na coluna *B*. Isso quer dizer que *A* pode obter três lugares no conselho, e *B* dois lugares. Mais precisamente, *A* pode eleger três candidatos, atribuindo a cada um 106 votos e 2/3 (linha 3) ou, alternativamente, 107 votos a cada um de dois candidatos e 106 votos ao terceiro. *B* pode eleger dois candidatos, atribuindo a cada um 90 votos (linha 2).

A tabela mostra o número máximo de candidatos que cada uma das partes pode eleger com certeza. Note-se que, se *B* tentar eleger três candidatos, poderá ficar sem representante no conselho. Por exemplo, *B* vota em três nomes, atribuindo a cada um 60 votos (linha 3), e *A* vota em cinco outros nomes, atribuindo a cada um 64 votos (linha 5). Neste caso, *A* elege seus cinco candidatos, ficando *B* sem lugar no conselho.

Essa técnica pode ser aplicada a eleições com mais de duas partes, mas, neste caso, deve-se levar em conta a possibilidade de alianças. Por exemplo, para a eleição

voting in corporate elections: introducing strategy into the equation", *South Carolina Law Review*, vol. 35, pp. 295-309, 1984).

7. Essa técnica, também conhecida como método da maior média, foi proposta pelo belga Victor d'Hondt, no século XIX, para determinar o número de lugares que cabem a cada lista ou partido em eleições realizadas segundo o sistema proporcional, e adotada por alguns países europeus, entre os quais a Bélgica, Portugal e a Áustria. Glazer, Glazer e Grofman (nota 6, *supra*), mostraram que o método d'Hondt pode ser também usado no sistema de voto cumulativo, para determinar o número de candidatos que cada acionista ou grupo de acionistas pode eleger para o conselho de administração.

de um conselho de cinco lugares estão habilitadas 90 ações, das quais o bloco *A* possui 40, o bloco *B* 25, e o bloco *C* 25. Portanto, *A* tem 200 votos, *B* 125, e *C* 125.

Se os blocos *B* e *C* não se unirem, *A* poderá eleger três candidatos, enquanto *B* e *C* poderão eleger um candidato cada um, como demonstra a tabela abaixo:

	A	*B*	*C*
1	**200**	**125**	**125**
2	**100**	62 1/2	62 1/2
3	**66 2/3**	41 2/3	41 2/3
4	50	31 1/4	31 1/4
5	40	25	25

Suponhamos, porém, que *B* e *C* entrem em acordo e votem numa só lista de candidatos. Neste caso, *B* e *C*, tendo a maioria dos votos, podem eleger três candidatos, cabendo ao bloco *A* dois lugares, como esclarece a tabela seguinte:

	A	*B&C*
1	**200**	**250**
2	**100**	**125**
3	66 2/3	**83 1/3**
4	50	62 1/2
5	40	50

Como visto nesse exemplo, se os acionistas se dividem em mais de duas partes concorrentes, deve-se ter em conta não só o número de votos de cada parte isoladamente, mas também a possibilidade de coligações. Na dúvida, o mais seguro para uma das partes é considerar os demais acionistas como uma só parte.

Deve-se notar ainda que o método aqui exposto não garante a eleição de nenhum candidato. Apenas mostra as possibilidades de cada parte. A eleição de cada candidato, no sistema de voto múltiplo ou cumulativo, depende do número efetivo de votos que lhe forem atribuídos, sendo eleitos os mais votados, até completar o número de vagas.

III – Fórmula de Cole

A fórmula de Cole, pela qual se determina o número de ações necessárias à eleição de certo número de candidatos de um acionista ou grupo de acionistas no processo de voto múltiplo, consiste na seguinte equação:

$$x = \frac{ac}{b+1} + 1 \quad \text{(Equação 1)},$$

em que *a* representa o número total de ações habilitadas a votar na eleição dos conselheiros, *b* o número de lugares a preencher (ou o número de lugares no conselho, supondo-se que todos os lugares devam ser preenchidos), *c* o número de candidatos que um acionista ou grupo de acionistas pretende eleger, e *x* o número de ações necessárias para assegurar a eleição desse número de candidatos, desprezada a fração.[8]

Por exemplo, estando habilitadas ao todo 100 ações à eleição de um conselho de cinco lugares, quer-se saber quantas ações são necessárias para assegurar a eleição de um candidato. Temos os seguintes dados: $a = 100$, $b = 5$, $c = 1$. Solução:

$$x = \frac{ac}{b+1} + 1 = \frac{(100)(1)}{5+1} + 1 = \frac{100}{6} + 1 = 17 + \frac{2}{3}.$$

Portanto, são necessárias 17 ações, desprezada a fração, para assegurar a eleição de um candidato nessa hipótese. O resultado mostra que 17% das ações (e, conseqüentemente, 17% dos votos) são suficientes para eleger um candidato.

Supondo-se ainda 100 ações ao todo habilitadas à eleição de um conselho de cinco lugares, quantas ações são necessá-

8. Arthur T. Cole Jr., loc. cit.

rias para assegurar a eleição de dois candidatos? Solução:

$$x = \frac{ac}{b+1} + 1 = \frac{(100)(2)}{5+1} + 1 = \frac{200}{6} + 1 = 34 + \frac{1}{3} \cdot$$

De acordo com esse resultado, são necessárias 34 ações (desprezada a fração) para assegurar a eleição de dois candidatos.

Implícita na fórmula está a suposição de que os acionistas se dividem em duas partes concorrentes e que cada parte usará suas ações para eleger o maior número possível de candidatos. Se os acionistas se dividem em mais de duas partes concorrentes, para efeitos práticos uma das partes pode considerar os demais acionistas como uma só parte.

Voltando ao último exemplo, suponhamos que *A* possua 34 ações e que as 66 ações restantes pertençam a *B*. Como há cinco lugares a preencher, *A* tem 170 votos, e *B* 330 votos. Com esses dados, construímos a seguinte tabela, de acordo com o método d'Hondt:

	A	*B*
1	**170**	**330**
2	**85**	**165**
3	56 2/3	**110**
4	42 1/2	82 1/2
5	34	66

A pode eleger dois candidatos, atribuindo a cada um 85 votos (linha 2), e *B* três candidatos, atribuindo a cada um 110 votos, o que confirma o resultado da fórmula.

IV – Votos fracionários

Como se mencionou na introdução deste artigo, as frações de voto, que podem surgir na divisão dos votos de um acionista ou grupo de acionistas entre seus candidatos, são, na maioria dos casos, irrelevantes para o resultado da eleição. Mas, em certos casos, elas são decisivas, podendo a inadmissão de votos fracionários acarretar empate na eleição por voto múltiplo.

Suponhamos que estejam habilitadas, ao todo, 75 ações à eleição de um conselho de sete lugares. Os acionistas se dividem em duas partes concorrentes, *A*, com 47 ações, e *B*, com 28. Como há sete lugares a preencher, cada ação dá direito a sete votos. *A* tem, pois, 329 votos, e *B* 196.

Se admitidos votos fracionários, *A* pode eleger cinco candidatos, atribuindo a cada um 65 votos e 4/5, como esclarece a tabela abaixo:

	A	*B*
1	**329**	**196**
2	**164 1/2**	**98**
3	**109 2/3**	65 1/3
4	**82 1/4**	49
5	**65 4/5**	39 1/5
6	54 5/6	32 2/3
7	47	28

Como 65 4/5 (coluna *A*, linha 5) são mais que 65 1/3 (coluna *B*, linha 3), *A* pode eleger cinco candidatos.

Esse resultado está de acordo com a fórmula de Cole. Com efeito, estando habilitadas, ao todo, 75 ações à eleição de um conselho de sete lugares, e pretendendo *A* eleger cinco candidatos, a fórmula mostra que são necessárias e suficientes 47 ações para esse fim:

$$x = \frac{ac}{b+1} + 1 = \frac{(75)(5)}{7+1} + 1 = \frac{375}{8} + 1 = 47 + \frac{7}{8} \cdot$$

Segundo a fórmula de Cole, 47 ações, desprezada a fração, são suficientes, pois, para eleger cinco candidatos. Note-se, porém, que a fração desprezada (7/8) equivale a quase um inteiro.

Mas, se não admitidos votos fracionários, *A*, com 47 ações, que representam 329 votos, não pode assegurar a eleição de cinco candidatos, ao menos em primeira votação. Suponhamos que *A* vote em cinco nomes. Não podendo atribuir 66 votos a cada um de cinco candidatos, lança 66 votos a favor de cada um de quatro candidatos, e 65 votos a favor do quinto. *B* vota em três outros nomes, lançando 66 votos a favor de um candidato, e 65 votos a favor de cada um de outros dois. Neste caso estarão eleitos quatro candidatos de *A* e um de *B*, que receberam 66 votos cada um, ficando outros três candidatos, ou seja, um de *A* e dois de *B*, empatados com 65 votos cada um para as duas vagas restantes. O resultado da eleição dependerá da regra de desempate aplicável.[9]

Como visto nesse exemplo, a fórmula de Cole não é geralmente válida quando não admitidos votos fracionários.[10]

Se não admitidos votos fracionários, um procedimento seguro consiste em verificar o resultado da fórmula de Cole com o método d'Hondt, excluindo-se, porém, as frações de voto, para determinar o número de candidatos que cada parte pode eleger com certeza.[11]

Na tabela acima, nota-se que, excluídas as frações de voto, os quocientes da coluna *A*, linha 5, e da coluna *B*, linha 3, se igualam, indicando empate. Nessas condições, *A* pode eleger certamente quatro candidatos, mas não pode ter certeza de eleger cinco em um só turno de votação.

9. De acordo com a lei brasileira, na eleição dos conselheiros pelo processo de voto múltiplo haverá outra votação, pelo mesmo processo, para as vagas não preenchidas por motivo de empate (Lei das S/A, art. 141, § 2º). Como há duas vagas a preencher, cada ação dá direito a dois votos. *A*, com 47 ações, pode eleger mais um candidato, atribuindo-lhe 94 votos. *B*, com 28 ações, pode eleger também mais um candidato, atribuindo-lhe 56 votos. Ao final do processo, *A* terá elegido cinco candidatos, ou seja, o mesmo número de candidatos que poderia eleger se fossem admitidos votos fracionários. O resultado prático do segundo turno seria o mesmo, se a cada ação coubessem sete votos.

Com base nesse exemplo e em outros semelhantes, pode-se supor que, não sendo admitidos votos fracionários, a fórmula de Cole dê um número de ações suficientes para eleger, em dois turnos de votação, o mesmo número de candidatos que poderiam ser eleitos em um só turno, caso fossem admitidos votos fracionários, mas essa proposição precisa ser demonstrada.

10. Para demonstrar a inadequação da fórmula de Cole, Glazer, Glazer e Grofman imaginaram a hipótese, pouco realista, de uma companhia com um conselho de administração de 11 lugares e um capital social de cinco ações ordinárias, distribuídas entre dois blocos de acionistas, *A*, com três ações, e *B* com duas. Pretendendo o primeiro eleger sete candidatos, e não sendo admitidos votos fracionários, a eleição termina em empate entre dois candidatos e *A* e três de *B* para quatro vagas. Concluem os autores citados que a fórmula pode levar a empate, quando o número de ações for "muito pequeno" com relação ao número de lugares a preencher.

Na realidade, a limitação da fórmula de Cole é independente do fato de ser grande ou pequeno o número de ações com relação ao número de lugares. Como vimos no exemplo acima, a fórmula falhou com a (o número total de ações habilitadas a votar na eleição do conselho) igual a 75, b (o número de lugares a preencher) igual a 7, e c (o número de candidatos de uma das partes) igual a 5. Com $b = 7$, a fórmula conduzirá a empate quando o resto da divisão de a por 8 for igual a 3 (no exemplo do texto, $a/8 = 75/8 = 9\ 3/8$), e c for igual a 5; ou, vice-versa, quando o resto da divisão de a por 8 for igual a 5, e c igual a 3. Com $b = 11$, haverá empate quando o resto da divisão a por 12 for igual a 5, e c igual a 7. Tal ocorrerá, por exemplo, com $a = 5$, $a = 17$, $a = 125$ etc., sendo c igual a 7. A hipótese figurada por Glazer, Glazer e Grofman é precisamente a de $a = 5$, $b = 11$, e $c = 7$. Ainda com $b = 11$, haverá empate quando o resto da divisão de a por 12 for igual a 7, e c igual 5. Por semelhante processo, podem-se encontrar casos de empate com outros valores de b.

11. Segundo Glasser, citado por Glazer, Glazer e Grofman, esse tipo de problema não pode ser resolvido com uma só equação. O método de Glasser consiste em dividir o número de votos de cada parte sucessivamente por 1, 2, 3, etc., como na tabela d'Hondt, excluindo-se as frações de voto, para determinar o número de candidatos que cada parte pode eleger (Gerald J. Glasser, "Game Theory and cumulative voting", *Management Science*, 5, pp. 151-156, 1959).

Podemos ainda concluir dessa análise que a inadmissão de votos fracionários pode levar a empate na eleição por voto múltiplo.

V – Número de votos necessários para eleger um candidato

De acordo com a Lei das S/A, na eleição do conselho de administração por voto múltiplo, compete à mesa que estiver dirigindo os trabalhos da assembléia informar aos acionistas, antes da votação e à vista do livro de presença, "o número de votos necessários para a eleição de cada membro do conselho" (art. 141, § 1º).

Essa regra, como já mencionamos, não tem similar no direito norte-americano. Segundo a interpretação que nos parece mais razoável, ela não se refere a uma quota mínima de votos que um candidato deva obter *para ser considerado eleito*, mas ao número de votos necessários *para assegurar a eleição* de um candidato.[12]

Por certo os autores do projeto de lei das S/A tinham ciência de casos ocorridos nos Estados Unidos, como *Pierce v. Commonwealth*, já referido, em que um erro de avaliação causou a derrota de um grupo majoritário, na eleição do conselho de administração de uma companhia.

A informação da mesa tem por fim orientar os votantes sobre o número de votos necessários para assegurar a eleição de seus candidatos, mas a lei não estabeleceu um quociente eleitoral para acesso ao conselho de administração, pois é próprio do sistema de voto múltiplo que os candidatos sejam eleitos pela ordem de sua votação nominal, até completar o número de lugares.

Tanto assim que a Lei das S/A não previu a possibilidade de lugares não preenchidos pela votação dos candidatos, salvo em caso de empate (art. 141, § 2º).[13]

O quociente eleitoral é um dos critérios de distribuição dos lugares no sistema de representação proporcional. Uma vez determinado o quociente, que se obtém dividindo o número total de votos apurados pelo de lugares a preencher, há que resolver o problema das sobras, isto é, dos lugares que não cabem por inteiro na votação de cada grupo ou partido, problema para o qual existem teoricamente várias soluções.

No sistema de voto múltiplo ou cumulativo não existe um quociente eleitoral, no sentido de uma votação mínima de acesso aos cargos eletivos. Os candidatos são simplesmente eleitos pela ordem de sua votação nominal, independentemente do grupo ou partido a que se filiem, até completar o número de lugares a preencher. Conseqüentemente, também não existe, nesse processo, o problema das sobras.

O sistema de voto múltiplo proporciona a acionistas minoritários, com número suficiente de votos, a oportunidade de elegerem um ou mais representantes no conselho de administração.

O número de votos necessários para assegurar um lugar no conselho pode ser determinado, na prática, pela seguinte fórmula:

$$v = \frac{ab}{b+1} + 1 \qquad \text{(Equação 2)},$$

12. Esse é também o entendimento de Carlos Augusto da Silveira Lobo, "O voto múltiplo na eleição do conselho de administração das sociedades anônimas", *Revista Forense*, vol. 270, pp. 117-119, 1980.

13. Quanto ao direito comparado, a lei do Estado da Califórnia expressamente estabeleceu que, na eleição do conselho de administração por voto cumulativo, serão eleitos os candidatos mais votados, até completar o número de lugares: "Every shareholder ... may cumulate his votes and give one candidate a number of votes equal to the number of directors to be elected multiplied by the number of votes to which his shares are entitled, or distribute them on the same principle among as many candidates as he thinks fit. *The candidates receiving the highest number of votes up to the number of directors to be elected are elected*" (Cary, ob. cit., p. 276).

onde a representa o número total de ações habilitadas a votar na assembléia, segundo o livro de presença, b o número de lugares no conselho, e v o número de votos necessários para assegurar a eleição de um candidato, desprezada a fração.[14]

Por exemplo, devendo-se determinar o número de votos necessários para assegurar a eleição de um candidato a um conselho de cinco lugares, se estão habilitadas ao todo 100 ações, a aplicação da fórmula (Equação 2) dá como resultado:

$$v = \frac{ab}{b+1} + 1 = \frac{(100)(5)}{5+1} + 1 = \frac{500}{6} + 1 = 84 + \frac{1}{3}\cdot$$

De acordo com essa fórmula, são necessários, pois, 84 votos, desprezada a fração, para assegurar a eleição de um candidato.[15]

Os candidatos, como foi dito, são eleitos pela ordem de sua votação nominal. Se houver mais candidatos do que vagas, serão eleitos os mais votados, até completar o número de vagas. Assim, dependendo da distribuição dos votos entre os candidatos, um ou mais dentre eles podem ser eleitos com uma votação inferior à que resulta da fórmula, mas estará certamente eleito o que obtiver uma votação igual ou superior.[16]

A Equação 2 indica um número de votos suficientes para assegurar um lugar no conselho, ainda que o voto seja indivisível. Nessas condições, a Equação 2 pode ser aplicada a qualquer hipótese, seja o voto divisível ou não, mas não há interesse prático em atribuir fração de voto de um só candidato.[17]

Embora não esteja explícito na lei, a mesa da assembléia deve naturalmente informar aos acionistas, antes da votação, o número total de ações habilitadas a votar na eleição do conselho, segundo o livro de presença, o número de lugares a preencher e o número total de votos correspondentes. Esse dever pode considerar-se implícito no

14. Essa é basicamente a mesma fórmula apresentada por Silveira Lobo (loc. cit.).

15. Para mostrar que 84 votos, nesse caso, são suficientes para eleger um candidato, basta considerar que, se um candidato recebe 84 votos, sobram 416 dos 500 votos possíveis. Os 416 votos restantes, divididos por 5, representam 83 votos e 1/5, ou seja, menos de 84 votos para cada um de outros cinco possíveis candidatos. Desse modo, estará certamente eleito o candidato que receber 84 votos.

É interessante comparar o resultado da Equação 2, que se refere ao *número de votos*, com o da Equação 1 (fórmula de Cole), que se refere ao *número de ações*. Aplicando a Equação 1 ao exemplo acima (em que $a = 100$, $b = 5$, $c = 1$), tem-se o seguinte resultado, em número de ações:

$$x = \frac{ac}{b+1} + 1 = \frac{(100)(1)}{5+1} + 1 = 17 + \frac{2}{3}\cdot$$

De acordo com esse resultado, são necessárias 17 ações (desprezada a fração) para assegurar a eleição de um candidato. Mas 17 ações representam 85 votos, ou seja, um voto a mais que os necessários para obter um lugar no conselho, segundo a Equação 2. A divergência deve-se ao fato de não serem admitidas frações de ação.

16. No mesmo sentido, Silveira Lobo (loc. cit.).

17. Supondo-se que haja tantos candidatos quanto o número de lugares no conselho mais um, $q = (ab)/(b+1)$ é o quociente que iguala o número de votos de cada candidato. Consideremos a parte inteira de $q + 1$ (ou seja, $q + 1$ menos eventual fração), que representaremos por int $[q + 1]$. Como q não pode ser negativo, evidentemente int $[q + 1] > q$. Se um dos candidatos recebe um número de votos igual a int $[q + 1]$, que é outro modo de representar a Equação 2, um dos demais candidatos terá menos de q votos. Como também int $[q + 1] >$ int $[q]$, o primeiro terá mais votos que o segundo, seja o voto divisível ou não, e, conseqüentemente, estará eleito em qualquer das hipóteses.

Voltando ao exemplo da seção anterior, suponhamos que estejam habilitadas, ao todo, 75 ações à eleição de um conselho de sete lugares. De acordo com a Equação 2, são necessários 66 votos, desprezada a fração, para assegurar a eleição de um candidato:

$$v = \frac{(75)(7)}{7+1} + 1 = 66 + \frac{5}{8}\cdot$$

Como se verifica no exemplo hipotético que examinamos naquela seção, 66 votos asseguram a eleição de um candidato, ainda que não admitidos votos fracionários. De fato, estariam eleitos todos os candidatos que recebessem 66 votos.

de orientar os acionistas sobre o número de votos necessários para a eleição de cada candidato.

No livro de presença, obrigatoriamente assinado pelos acionistas antes de abrir-se a sessão, deve ser declarada a quantidade, espécie e classe de ações de cada um (art. 127).

Com esses elementos, os acionistas interessados também farão seus cálculos. Para esse fim poderá ser útil o método d'Hondt, anteriormente explicado.

Permanece como questão residual a divisibilidade do voto. As frações de voto, como visto, podem decidir a eleição de um ou mais candidatos. Como essas frações, em certos casos, são necessárias para evitar empate, justifica-se, a nosso ver, a atribuição de votos fracionários na eleição por voto múltiplo. Além de ser a lei omissa nesse ponto, parece não haver motivo de ordem pública que impeça tal solução.

VI – Conclusão

O número de votos necessários para assegurar um lugar no conselho de administração da companhia pode ser determinado, na prática, por meio de uma fórmula conhecida, de que resulta um número de votos suficientes para eleger um candidato, ainda que o voto seja indivisível.

Dependendo da distribuição dos votos entre os candidatos, um ou mais dentre eles podem ser eleitos com uma votação inferior à que resulta dessa fórmula, mas estará certamente eleito o que obtiver uma votação igual ou superior.

No sistema de voto múltiplo ou cumulativo, os candidatos são eleitos pela ordem de sua votação, independentemente de qualquer quociente eleitoral, sendo considerados, pois, eleitos os mais votados, até completar o número de lugares.

As frações de voto são, na maioria dos casos, irrelevantes para o resultado da eleição. Como, porém, as frações de voto são necessárias, em certos casos, para evitar empate, justifica-se, a nosso ver, a atribuição de votos fracionários na eleição do conselho de administração da companhia por voto múltiplo.

São Paulo, junho de 2008.

Atualidades

DIREITO DE RECESSO E AS ALTERAÇÕES INTRODUZIDAS PELAS LEIS NS. 9.457/1997 E 10.303/2001

MARCEL GOMES BRAGANÇA RETTO

1. DIREITOS INDIVIDUAIS: CONCEITO. 2. DIREITOS INDIVIDUAIS: EVOLUÇÃO LEGISLATIVA. 3. DIREITO DE RECESSO: DIREITO INDIVIDUAL DO ACIONISTA. 4. RECESSO: ORIGEM, CONCEITO E NATUREZA JURÍDICA: A) Origem; B) Conceito; C) Natureza jurídica. 5. RECESSO NO DIREITO BRASILEIRO E AS ALTERAÇÕES INTRODUZIDAS PELA LEI 9.457/1997: A) Evolução legal do recesso e controvérsias quanto ao seu exercício; B) Alterações introduzidas pela Lei 9.457/1997: B.1) Alterações do art. 136: B.1.1) Alteração do inciso I; B.1.2) Alteração do § 1º; B.2) Alterações do art. 137: B.2.1) Introdução do inciso I: "prejuízo" como requisito para o exercício do recesso; B.2.2) Introdução do inciso II: B.2.2.1) O recesso nos casos de fusão, incorporação e participação em grupo de sociedades; B.2.2.2) A supressão do direito de recesso nos casos de cisão, dissolução e cessação do estado de liquidação da sociedade; B.2.3) Alteração do § 1º; B.3) O novo fato que enseja direito de recesso. 6. ALTERAÇÕES REFERENTES AO DIREITO DE RECESSO PELA LEI 10.303/2001: A) Alterações dos arts. 136 e 137: A.1) Alteração do inciso I do art. 136; A.2) Alterações introduzidas nos casos de fusão, incorporação, participação em grupo de sociedades e cisão: A.2.1) Recesso nos casos de fusão, incorporação, participação em grupo de sociedades; A.2.2) Recesso no caso de cisão.

1. DIREITOS INDIVIDUAIS: CONCEITO

A sociedade por ações é movida pelo princípio majoritário, isto é, prevalece a vontade da maioria reunida em assembléia. Tal princípio responde à exigência prática da impossibilidade de se relegar todos os assuntos a serem tratados em assembléia à unanimidade das vontades. Como leciona Ferri, o princípio majoritário traz ínsito o conceito de que a *major pars* é a *melior pars*.[1]

A doutrina dos direitos individuais surgiu tendo em vista a tentativa de abrandamento do princípio majoritário nas assembléias. Diferenciam-se os direitos individuais dos direitos da minoria. Na linha defendida por Ferri, o acionista, enquanto componente da minoria, age em observância do interesse social, ainda que indiretamente pretenda salvaguardar direitos próprios. Atua a minoria como verdadeiro poder concorrente ao poder majoritário, funcionando como órgão subsidiário de controle, na doutrina de D. Schmidt.[2]

1. *La Tutela delle Minoranze nelle Società per Azioni*, p. 10. A regra de que, na sociedade anônima, por ser sociedade de capital, a direção social é conferida a quem detiver maior parcela do capital, é desmentida por diversos mecanismos utilizados na prática. Assim, o mecanismo piramidal (sociedade A, detém parcela do capital da sociedade B e, por meio dela, vem a controlar sociedade C) e as ações sem direito de voto, são alguns dos exemplos que contradizem aquela idéia principal. A respeito, P. Coppens, *L'Abus de Majorité dans les Sociétés Anonymes*, pp. 170-171.

2. *Les Droits de la Minorité dans la Société Anonyme*, p. 136.

De início, vale ressaltar, com Ferri, que a despeito da elaboração doutrinária, o conceito de direito individual não está fixado de forma definitiva e segura.[3] Para o autor italiano, os direitos individuais dão margem a três conceitos. Por primeiro, são direitos individuais aqueles concedidos não a todos os acionistas, mas apenas a alguns deles. Em segundo, são direitos individuais os conferidos ao acionista singular para a tutela do interesse social (direito de voto, de oposição). Por fim, são direitos individuais os atribuídos aos sócios no seu exclusivo interesse (direito de recesso). Apenas os segundos não poderiam ser objeto de renúncia, pois concedidos ao acionista no interesse da sociedade.[4]

Para Vivante, direitos individuais são aqueles que não podem ser suprimidos ou modificados pelos órgãos sociais.[5] Para Pontes de Miranda, os direitos dos acionistas são de natureza individual ou social. São exemplos dos primeiros o direito aos dividendos, direito de tomar parte na assembléia geral e de votar.[6] D. Schmidt elabora a mesma diferenciação, dividindo os direitos dos acionistas em próprios e sociais. Enquanto estes últimos consistem no poder de intervir na gestão coletiva dos bens sociais, os primeiros consistem no poder de exigir a contrapartida de seu investimento. Aqueles são ditos sociais, pois conferem ao acionista a possibilidade de intervir na vida social para assegurar a boa gestão dos interesses coletivos, dos quais seu interesse depende. Ambos são considerados direitos individuais: os direitos próprios, exercidos pelo acionista no seu interesse direto e exclusivo; direitos individuais, chamados sociais e exercidos no interesse da sociedade e da coletividade dos acionistas e, indiretamente, no interesse do próprio acionista.[7]

Carvalho de Mendonça alude aos direitos individuais dos acionistas como aqueles que não estão subordinados em sua existência ou função à vontade da maioria.[8] Já, segundo Waldemar Ferreira, os direitos próprios dos acionistas são direitos individuais decorrentes da sua qualidade social. São intangíveis e exercidos pelo acionista por meio de manifestação unilateral de vontade, sem que se lhe possa opor embaraços de qualquer maneira.[9]

Miranda Valverde, com espeque na doutrina alemã, defende que os direitos próprios (*Sonderrechte*) são direitos que pertencem a certos acionistas, a uma classe ou grupo deles, reservados que foram pela lei ou pelos estatutos (caso das vantagens conferidas às ações preferenciais). Os direitos conferidos à generalidade dos acionistas, que não podem ser suprimidos ou modificados pela vontade da maioria e são

3. Ob. cit., p. 22. V. tb. Miranda Valverde, *Sociedades por Ações*, vol. 1, p. 374. A respeito da evolução doutrinária sobre o conceito e classificação dos direitos individuais, v. Waldirio Bulgarelli, *Regime Jurídico da Proteção às Minorias nas S/A*, pp. 48-57.

4. Ob. cit., pp. 25-27.

5. *Trattato di Diritto Commerciale*, vol., II, p. 214.

6. *Tratado de Direito Privado*, t. L, p. 229.

7. Ob. cit., p. 38.

8. Para esse autor, são direitos individuais dos acionistas: conhecer do estado da sociedade (decorrem desse direito: o de exigir dos administradores a reunião da assembléia geral ordinária, caso haja retardamento, e o de convocar a assembléia, caso não haja atendimento por parte da administração); o direito de ser tratado de forma igualitária perante os demais acionistas; o direito de promover a anulação da sociedade constituída sem as condições e formalidades exigidas pela lei, bem como haver a respectiva indenização dos fundadores, pelos danos sofridos; o direito de promover a anulação das deliberações da assembléia geral que afrontem a lei ou os estatutos; haver dos administradores a indenização das perdas e danos resultantes da afronta a lei ou aos estatutos; requerer a dissolução da sociedade, quando esta não puder cumprir o seu fim; direito de pedir a exibição integral dos livros da sociedade nos termos da lei; o direito de dar queixa contra os fundadores, administradores e membros do conselho fiscal pelos crimes definidos em lei; requerer a falência da sociedade, no caso de perda de três quartos ou mais do capital social (*Tratado de Direito Commercial Brasileiro*, vol. III, pp. 457-459).

9. *Tratado de Direito Comercial*, 4º vol., p. 334.

irrenunciáveis, são os chamados direitos individuais.[10] Para Spencer Vampré, aos acionistas cabem direitos essenciais e estatutários. Os primeiros derivam da própria natureza da sociedade e seu exercício não pode ser restringido ou impedido, mas apenas regulamentado dentro de limites estabelecidos. Para Vampré, os direitos essenciais correspondem à noção de *Sonderrechte* tal qual concebida pela doutrina alemã. Os direitos estatutários, como o próprio nome indica, são aqueles atribuídos aos sócios por disposição dos estatutos.[11]

Cunha Peixoto, referindo-se expressamente aos direitos da minoria, entende os direitos contemplados no art. 78 do Decreto-lei 2.627/1940, com espeque em Eduardo de Carvalho, como os direitos intangíveis dos acionistas que a lei societária prescreveu, de forma expressa, sob inspiração dos princípios constitucionais que regem os direitos e garantias dos indivíduos. A matéria é de ordem pública e, portanto, irrevogável, ainda que por acordo das partes.[12]

Para Ripert e Roblot os direitos individuais são aqueles que pertencem aos acionistas em virtude de seu *status* e que não podem ser suprimidos pelo poder majoritário. Alguns desses direitos são conferidos pela lei, outros pela jurisprudência. Adotando uma visão institucional da companhia, os autores traçam um paralelo entre os direitos fundamentais do cidadão perante o Estado Democrático de Direito e os direitos individuais dos acionistas.[13]

10. Ob. cit., pp. 373-379.

11. *Tratado Elementar de Direito Commercial*, vol. II, p. 175 e nota 1.

12. *Sociedade por Ações*, 2º vol., p. 327.

13. Entre os direitos individuais estariam: o de fazer parte da sociedade; o de não ser obrigado a concorrer a um aumento de capital; o de poder votar em assembléia; de participar dos resultados sociais e das reservas; o de negociar os títulos e sair da sociedade. A esses, acrescem os autores: o direito de requerer a nulidade de certas deliberações e de pleitear a responsabilidade dos administradores (*Traité de Droit Commercial*, t. 1, pp. 173-175).

Modesto Carvalhosa classifica em cinco categorias os direitos dos acionistas. São elas: a) direitos individuais inerentes à própria essência do contrato de sociedade e intangíveis, exercitáveis individual e independentemente do número de ações possuído pelo acionista; b) direitos da minoria, os quais pressupõem a titularidade de um número mínimo de ações; c) direitos próprios de classes de acionistas; d) direitos gerais de dissidência entre os quais se incluem as hipóteses propiciadoras do recesso; e) direitos coletivos, prevalecendo a vontade dos controladores.[14]

Os direitos ditos individuais, como ressalta Waldirio Bulgarelli, são os que correspondem aos acionistas por sua própria condição e que são insusceptíveis de serem alterados, seja pela assembléia geral ou pela administração.[15] Surgiram de forma a salvaguardar os acionistas do poder majoritário exercido nas assembléias.

A despeito da divergência doutrinária quanto ao conceito e a classificação dos direitos individuais, bem como a confusão entre esse conceito e o de direitos próprios, pode-se encontrar denominador comum que espelha a concordância dos estudiosos sobre o tema. A doutrina dos direitos individuais procura salvaguardar determinadas prerrogativas, inerentes à qualidade de sócio, do poder majoritário.

2. *Direitos individuais: evolução legislativa*

O Decreto 434, de 1891, não arrolava expressamente os direitos individuais. O Decreto-lei 2.627/1940 dispunha sobre esses direitos no art. 78. Segundo o artigo, nem os estatutos nem a assembléia podiam privar o acionista dos direitos: de participar dos lucros sociais; de participar do acervo em caso de liquidação; de fiscalizar

14. *Comentários à Lei das Sociedades Anônimas*, 2º vol., pp. 290-291.

15. Ob. cit., p. 46.

a gestão dos negócios sociais, nos termos da lei; de preferência para a subscrição de ações, em caso de aumento do capital; e de retirar-se da sociedade, nos casos previstos em lei.

A Lei 6.404/1976 traz referidos direitos na Seção II, art. 109, denominando-os direitos essenciais dos acionistas. O rol dos direitos individuais manteve-se inalterado, com a ampliação do direito de preferência para subscrição de partes beneficiárias conversíveis em ações, debêntures conversíveis em ações e bônus de subscrição, observado o disposto nos arts. 171 e 172.

3. Direito de recesso: direito individual do acionista

Depreende-se que o direito de recesso é típico direito individual do acionista, na medida em que serve como limite a atuação do poder majoritário, assim, inclusive, considerado pela doutrina italiana. Pondera Viterbo que, com o recesso, o legislador italiano pretendeu resolver o problema do confronto entre os direitos individuais dos acionistas e o poder majoritário, deixando a este último a faculdade de modificar, ainda que radicalmente, a natureza da empresa, tal qual prevista no ato constitutivo.[16]

Por outro lado, conceituar o direito de recesso como direito individual do acionista, incluído pela Lei entre os direitos essenciais, contrasta com o fato de não ser o recesso previsto em todos os ordenamentos.[17] Tendo em vista esse fato, assevera Newton De Lucca que o conteúdo do direito de recesso não se confunde com a essência dos direitos individuais ou intangíveis do acionista. Talvez, resulte dessa constatação a melhor explicação para a assimetria das hipóteses do direito entre as mais diversas legislações e mesmo para a inexistência do direito em algumas delas.[18] Mais, considerando a tradição do direito comercial pátrio, que eleva a integridade do capital social como forma de garantia dos credores, a possibilidade de redução do capital social em decorrência do exercício do recesso (art. 45, § 6º), é, para dizer o mínimo, contraditório.[19]

4. Recesso: origem, conceito e natureza jurídica

A) Origem

O recesso encontra sua origem no Código Comercial italiano de 1882, sendo previsto no art. 158.[20] Surgiu, como sustentado, no intuito de limitar a ampla gama

16. "Il diritto di 'recesso' verso la sua fine", *Rivista del Diritto Commerciale*, vol. XXXI, parte 1ª, p. 290.

17. Carlos Augusto Vanasco, referindo-se ao direito de recesso, pondera: "No se trata, pues, de un derecho relativo a la esencia de la calidad o condición de socio, de un derecho que se vincule con aquellos requisitos fundamentales que no pueden faltar en toda relación societaria, como lo son, por ejemplo, el derecho a las utilidades y el derecho al remanente de la liquidación. No se afectaría el sistema societario ni dejaría una sociedad de ser tal si, por ejemplo, nuestra ley derogara la facultad de receder de los socios disconformes con todos o en algunos de los supuestos que actualmente lo autorizan" ("Derecho de receso y la calidad de socio del accionista recedente", *Temas de Derecho Comercial Moderno*, p. 304).

18. "O direito de recesso no Direito brasileiro e na legislação comparada", *RDM* 114/10.

19. A constatação não é nova e foi aventada pela autorizada pena de Carvalho de Mendonça: "Em caso algum se admitte a retirada do accionista dissidente, mediante o reembolso da sua acção pela sociedade. Se isso se désse, teriamos a violação do principio da integridade do capital, a presumpção fortuita de não estar onerado por compromissos este capital, ou de se achar elle sem applicação nos cofres da sociedade (...). Se os direitos dos socios são respeitaveis, não menos importa conservar a sociedade e preserval-a dos ataques de uma minoria turbulenta ou facciosa. Seria estabelecer a ruina da sociedade se se não garantisse á administração a tranquillidade tão necessaria no exercicio das suas funcções" (*Tratado...*, cit., vol. III, p. 460).

20. R. Sztajn, *Direito de Recesso*, Tese, p. 94; G. Frè, "Sul diritto di recesso", *Rivista del Diritto Commerciale*, vol. XXXI, parte I, p. 635; Ary Brandão de Oliveira, *O Direito de Recesso na Lei das Sociedades por Ações*, p. 9; Coppens, ob. cit., p. 29.

de poderes conferida à maioria pelo ordenamento italiano.[21]

No Brasil, o primeiro diploma legal a tratar do recesso foi o Decreto 3.708, de 1919, diploma esse de regência das então denominadas sociedades por quotas de responsabilidade limitada. Nos termos do art. 15, os sócios que divergissem da alteração do contrato social tinham a faculdade de se retirar da sociedade, obtendo o reembolso da quantia correspondente ao seu capital, de acordo com o último balanço aprovado (o novo Código Civil trata do direito de retirada no art. 1.077).

O Projeto de reforma da Lei das Sociedades Anônimas de Clodomir Cardoso tratava do recesso no art. 169, dispondo: "(...) se a Assembléia deliberar a concessão do voto privilegiado, nas condições a que alude o § 3º do artigo anterior, a mudança do objeto principal da sociedade, a continuação dela além do termo estatutário, a alteração da sua forma constitutiva, ou fusão em outra, aos sócios dissidentes assistirá o direito de deixá-la, caso em que serão reembolsados do valor de suas ações, na medida do ativo líquido, avaliado pelo último balanço".[22]

O Projeto de Clodomir Cardoso, a despeito de não lograr êxito, serviu de base para o Decreto 21.536, de 1932, que além de disciplinar o direito de recesso, previu a emissão de ações preferenciais. Dispunha o art. 9º que teriam direito de recesso os titulares de ações preferenciais prejudicadas e dissidentes da deliberação prevista no art. 8º, desde que o reclamassem à diretoria dentro de trinta dias da publicação da ata da assembléia geral. Dispunha o art. 8º sobre a modificação dos estatutos que visasse alteração nas preferências conferidas a uma ou mais classes de ações preferenciais, ou a criação de nova classe de ações com preferência mais favorável do que a das existentes, ou a alteração do seu valor nominal.[23]

Estes os fatos que denotam a origem do instituto perante o direito comparado e o brasileiro. Parte-se, agora, para sua conceituação.

B) Conceito

Vivante extrai duas interpretações do art. 158 do Código Comercial italiano de 1882: a) o direito de recesso é irredutível e não pode ser objeto de renúncia pelo acionista, nem quando do ato constitutivo, tampouco com a modificação do estatuto; b) o direito de recesso serve como defesa de um interesse privado, ao qual o acionista pode renunciar quando do ato constitutivo. O mestre italiano filia-se à primeira hipótese, conceituando o instituto como: "(...) un freno e un rimedio contro il potere illimitato delle assemblee di modificare il proprio statuto".[24]

No mesmo sentido é a doutrina de Fábio K. Comparato para quem o recesso é um remédio jurídico e não um direito material para a obtenção de lucro. É remédio reconhecido em lei para salvaguardar os interesses individuais do acionista, e não o interesse social. Deste, o intérprete primeiro continua sendo o controlador.[25]

21. Ascarelli, *Problemas das Sociedades Anônimas e Direito Comparado*, pp. 421-422. Ainda, Cunha Peixoto, *Sociedades...*, cit., 2º vol., p. 335.

22. Ernesto Leme, *Das Acções Preferenciais nas Sociedades Anonymas*, pp. 115-116; Ary Brandão de Oliveira, ob. cit., pp. 29-30.

23. Ary Brandão de Oliveira, ob. cit., p. 31; Pontes de Miranda, *Tratado...*, cit., t. L, p. 234.

24. *Trattato...*, cit., vol. II, pp. 249-250. Deve ser mencionado, entretanto, o entendimento de Giuseppe Donadio, que defendeu a teoria contratual do recesso, entendendo-o como direito derrogável, e também não taxativo, podendo ser reguladas nos estatutos outras hipóteses de recesso não previstas pelo legislador. A respeito, Ary Brandão de Oliveira, ob. cit., p. 81. Análise comparativa entre a "teoria do contrato" e a "teoria da lei" sobre o recesso, encontra-se em artigo de Mauro Rodrigues Penteado, "A Lei 7.958/1989 e a pretensa modificação do direito de retirada dos acionistas: uma discussão inócua", *Revista de Direito Mercantil, Industrial, Econômico e Financeiro* 77/41.

25. "Valor de reembolso no recesso acionário", *RT* 563/50.

Semelhante a definição trazida por Modesto Carvalhosa, para quem o recesso é um remédio à regra geral da decisão majoritária, no que concerne às modificações institucionais da companhia. Leciona Carvalhosa que o recesso consiste em negócio jurídico que acarreta uma resilição unilateral ou denúncia, sendo reminiscência da concepção contratual da sociedade anônima.[26]

Rachel Sztajn define recesso como o direito, exercido por meio de manifestação de vontade, que a lei garante ao acionista dissidente, em determinados casos, de retirar-se da sociedade obtendo o reembolso de suas ações.[27]

Para Lamy Filho e Bulhões Pedreira, recesso é o direito do acionista, de distratar sua participação na sociedade e dela retirar-se, direito esse vinculado a certas deliberações previstas em lei.[28]

Na mesma trilha a definição trazida por Carlos Augusto Vanasco segundo o qual o recesso é uma ferramenta legal dirigida a solucionar o problema surgido do choque entre o interesse corporativo e o pessoal, e não uma maneira de ressarcir totalmente o sócio que meramente dissente de alguma decisão da assembléia.[29]

Para Lacerda Teixeira e Tavares Guerreiro, o recesso serve para equilibrar as conveniências da minoria dissidente e o interesse geral da sociedade. Ao se admitir que o princípio majoritário traduza a vontade coletiva, deve-se reconhecer duas ordens de limitações. A primeira, que o princípio majoritário atue em benefício da sociedade. Quando não o faça, pode a minoria insurgir-se, mediante os procedimentos judiciais destinados a coartar o abuso de poder. A segunda, ainda que a maioria atue em benefício da sociedade, consiste na salvaguarda do interesse individual do acionista, com a possibilidade de se retirar da sociedade e receber o valor de suas ações.[30]

Lelio Barbiera sustenta que o princípio majoritário reduz, sensivelmente, o papel do contrato ao momento genético da sociedade, de modo que o recesso serve como corretivo ao poder da maioria.[31]

Como se denota, partindo da conceituação formulada por Vivante, não discrepa a doutrina em conceituar o recesso como um instrumento, uma ferramenta, um remédio conferido ao acionista, o qual, ao exercê-lo, desliga-se da sociedade sem se submeter ao poder da maioria. A princípio, funciona como um instrumento de conciliação entre o interesse majoritário (corporativo), que dita a vontade social, e o interesse particular do acionista (individual).

Fixado o conceito, dele é possível extrair diversas conclusões sobre pontos discutidos pela doutrina. Não é o recesso um instrumento à obtenção de lucro. Da mesma forma, não tem natureza de indenização, pois não deriva de ato ilícito, tanto

26. *Comentários...*, cit., 2º vol., pp. 310 e 741. Semelhante doutrina é defendida por Arnoldo Wald, para quem o direito de recesso constitui: "(...) um aspecto da resilição unilateral ou denúncia, entendida como forma de rescisão parcial do contrato de sociedade justificada pela modificação das cláusulas essenciais, que levaram o acionista a subscrever ou adquirir as suas ações. Pode ser concebida como uma consagração legal, no campo societário, da cláusula *rebus sic standibus* ou da teoria da pressuposição (...). É um modo de conciliar a preponderância da vontade da maioria e os legítimos interesses da minoria quando, discordando de uma modificação substancial da estrutura societária, contra ela se tenha manifestado no prazo legal. É um remédio excepcional de proteção aos não controladores contra o ato voluntário da maioria que pode ser considerado abusivo pelo fato de alterar as regras básicas que ensejaram a criação da empresa" ("Término de concessão e direito de recesso", *Revista de Direito Mercantil, Industrial, Econômico e Financeiro* 40/30-31).

27. Ob. cit., pp. 17-18.

28. *A Lei das S/A*, vol. I, p. 78.

29. "Derecho de receso y la calidad de socio del accionista recedente", *Temas...*, cit., p. 303.

30. *Das Sociedades Anônimas no Direito Brasileiro*, p. 427.

31. "Il *Corporate Governance* in Europa", p. 12.

que não se exige, *a priori*, a prova ou sequer a alegação da nocividade da deliberação.[32]

A princípio,[33] o recesso pressupõe modificações estatutárias decorrentes de deliberação decorrente de assembléia constituída de modo regular e de livres manifestações de vontade do corpo de acionistas.[34]

C) Natureza jurídica

Pontifica Leães que é aceita, a despeito das críticas doutrinárias, a distinção entre direito objetivo (*norma agendi*) e direito subjetivo (*facultas agendi*). O primeiro compreende o conjunto de normas de conduta emanado do poder público. O segundo, o poder que essas normas atribuem às pessoas, de agir ou não agir de certo modo.[35] Ihering definiu direito subjetivo como o interesse juridicamente protegido. Windscheid preferiu defini-lo como o poder ou domínio da vontade conferido pela ordem jurídica. Sobre tão arenoso tema, assevera Orlando Gomes, não há unidade de entendimento.[36]

Críticas não faltaram, como pondera a doutrina, à concepção do direito subjetivo como poder de vontade, pois, em assim sendo, restaria inexplicada a atribuição de direitos a pessoas destituídas de vontade ou vontade consciente (pessoas jurídicas, loucos e etc.). Igualmente, como pondera Leães, críticas não faltaram à concepção da teoria do interesse. Com efeito, inconcebível a teoria tendo como conteúdo o interesse protegido pela ordem jurídica, em qualquer de suas correntes subjetiva ou objetiva, posto que na primeira, esbarrar-se-ia no mesmo problema relacionado à concepção do direito subjetivo como poder de vontade, eis que não explicaria a atribuição de direitos subjetivos a pessoas sem condições mentais para o exercício de sua pretensão; na segunda, em que o interesse é assegurado por necessidade presumida do ordenamento, difícil responder em que consistiria essa proteção jurídica e como se distinguiriam os direitos subjetivos dos interesses que também são protegidos, ainda que reflexamente, embora não sejam caracterizados como direitos subjetivos. Entendendo provarem demais as críticas à tese voluntarista e a impossibilidade de aceitação inquestionável da teoria do interesse juridicamente protegido (Ihering), Leães define direito subjetivo como poder de querer, colocado à disposição de seu titular e que implica numa vontade dirigida a um fim determinado, consistente na realização de interesse tutelado pelo direito.[37]

Pontes de Miranda pondera: "O direito subjetivo não é a faculdade, ainda que seja ela *uma só*; o direito subjetivo é que *contém* a faculdade. Porque o direito subjetivo é o poder jurídico de ter a faculdade. A faculdade é fáctica, é meio fáctico para a satisfação de interêsses humanos; o direito subjetivo é jurídico, é meio jurídico para a satisfação dêsses interêsses. Na ilha deserta, sem ordenamento jurídico, o náufrago *dá* a outro náufrago o fruto que colheu; não *doa*. Doação é categoria jurídica. Se êsse náufrago diz a outro que encontrou caverna, em que poderiam, sem perigo, dormir, não fêz nenhuma declaração de vontade

32. Pontes de Miranda, *Tratado*..., cit., p. 234.

33. "A princípio", pois as Leis 6.404/1976 e 9.457/1997 prevêem hipóteses de recesso que não dependem de deliberação. V. parágrafo único do art. 236 da Lei de 1976, e § 4º do art. 223, acrescido pela Lei de 1997.

34. Rachel Sztajn, ob. cit., p. 43. Como pondera Sztajn: "Recesso não é instituto para tutela de acionistas, que se faz por diferentes maneiras no ordenamento jurídico, seja através da exigência de maiorias qualificadas para aprovação de determinadas matérias, seja possibilidade de impugnação das deliberações, por um sistema de informações mais rígido ou ainda por nulidade ou anulação das deliberações" (idem, p. 13).

35. *Do Direito do Acionista ao Dividendo*, p. 290.

36. *Introdução ao Direito Civil*, p. 107.

37. *Do Direito do Acionista*..., p. 292. Sobre as teorias que envolveram os direitos subjetivos, v. Leães, ob. cit., pp. 290 e ss.

que o obrigue a irem os dois dormir na caverna. Há, aí, faculdade, e não há direito subjetivo. Não há direito subjetivo sem regra jurídica (direito objetivo), que incida sôbre suporte fáctico tido por ela-mesma como suficiente".[38]

Na acepção de Pontes de Miranda, o conteúdo do direito subjetivo é poder, mas poder esse que não se confunde com o poder de vontade. Antes há interesses. Complementa Pontes de Miranda: "(...) o seu fim [fim do direito subjetivo] é proteção de interêsses (o fim, não o conteúdo; e assim se evita a confusão em que R. Von Jhering incorreu). Aquêle poder é apenas alusão ao estado de participação nos bens da vida. O direito objetivo, regrando distribuição de bens da vida, cria poderes. Mas poder, aí, não é mais do que faculdade, que se faz conteúdo do direito subjetivo. Se restringimos o sentido ao de faculdade, o conteúdo do direito subjetivo é poder. Não só poder de vontade; poder, também de não-querer".[39]

Orlando Gomes leciona que direito subjetivo não é somente poder de vontade, como também não é apenas interesse. É poder atribuído à vontade do sujeito para a satisfação dos seus próprios interesses protegidos legalmente.[40]

Fez escola a doutrina que explica a natureza jurídica do recesso, classificando-o como direito formador ou potestativo, conceito esse desenvolvido pelas doutrinas alemã e italiana, respectivamente. Natureza de direito subjetivo não lhe nega a doutrina majoritária,[41] embora o "poder", aí, decorra do exercício do direito independentemente da vontade de quem deve sofrer as conseqüências decorrentes desse exercício, e não da faculdade de exigir de outrem ação ou omissão, como é peculiar aos direitos subjetivos.

Antecipamo-nos ressaltando que não parece possível a mantença da teoria perante a Lei brasileira de 1976. No intento de explicar a natureza jurídica do direito de recesso, mister a análise de outro conceito muito bem explorado por Pontes de Miranda, referente aos direitos expectativos.

Ao diferenciar direito formativo gerador e direito expectativo, leciona Pontes de Miranda que, enquanto aquele depende apenas da vontade do titular, o direito expectativo depende de elemento estranho à referida vontade.[42] "Tanto os direitos formativos geradores (...)" – ressalta Pontes de Miranda – "(...) quanto os direitos expectativos aludem a direito que se vai adquirir; a diferença entre êles está em que, ali, o direito a formar-se depende do exercício do direito formativo gerador, e, aqui, o tempo ou acontecimento é que faz surgir o direito expectado". É o caso, conforme doutrina Leães, do direito ao dividendo, típico direito expectativo, dependendo o nascimento do direito expectado da existência de lucro e da deliberação de distribuição deste pela assembléia, caso não estipulado no estatuto.[43]

O direito formador depende única e exclusivamente da vontade de seu titular para produzir efeitos jurídicos. A relação jurídica estabelecida caracteriza-se pelo fato de a pessoa em relação a qual o direito é exercido permanecer em posição de absoluta sujeição. Para que efeitos sejam produzidos basta a vontade do titular independentemente da ação ou omissão da pessoa cuja esfera jurídica será afetada. Ao exercer seu direito formador, visa o titular seu próprio interesse.[44] "Certamente, (...)" –

38. *Tratado...*, t. V, pp. 232-233.

39. Idem, p. 237.

40. Ob. cit., p. 108.

41. Doutrina minoritária nega a qualidade de direito subjetivo aos direitos potestativos, pelo fato de que estes não se correlacionam a prestação de outrem. A respeito, Orlando Gomes, *Introdução ao Direito Civil*, p. 118.

42. *Tratado...*, t. V, p. 285. Sobre direito potestativo, v. ainda, Gasperoni, *Le Azioni di Società*, p. 26.

43. "Acordo de acionistas", *Estudos e Pareceres sobre Sociedades Anônimas*, pp. 113-115.

44. Chiovenda define direito potestativo como o poder do titular de influir na situação jurídica de

obtempera Pontes de Miranda – "(...) quem tem direito expectativo espera, expecta, e quem tem direito formativo também espera, expecta. Mas, além da situação de expectante, o titular do direito expectativo já tem 'direito', a tutela dêsse direito, a ação, quiçá exceções: a expectação é atitude que se enche, aí, de certeza, ou, pelo menos, de extrema probabilidade. Além da situação de expectante, o titular do direito formativo também já tem 'direito', a tutela dêsse direito, a ação, quiçá exceções, e o exercê-lo, para que o outro direito se crie, modifique, ou extinga, só depende da sua vontade, ou só dependerá, a dado momento, da sua vontade".[45]

Fincados os conceitos, como ponderado, a doutrina define o direito de recesso como típico direito potestativo ou formador, eis que não depende de nenhum ato da companhia para que produza efeitos.[46]

Não há que se confundir expectativa de direito com direito expectativo eis que, como leciona Pontes de Miranda, são coisas diversas.[47] Expectativa de direito é fato fora do mundo jurídico. No dizer de Pontes: "A expectativa não se desenrola no mundo jurídico, porém, tão-só, nos espíritos dos que estão em expectativa de adquirir (expectativas positivas), ou de perder para alguém (expectativas negativas), ou de assistir à aquisição ou perda por outrem (expectativa neutra ou contemplativa)", e, mais adiante, complementa: "As expectativas são, certamente, expectativas *de direitos*; não são *direitos*. Podem ser expectativas de *pretensões*, ou *de ações*, ou *de exceções*; não são *pretensões*, ou *ações* ou *exceções* (...)".[48]

O direito de recesso está previsto em lei como direito essencial do acionista, de forma que não se pode conceber seja mera expectativa de direito. Se o fosse (expectativa de direito – mundo dos fatos) poderiam o estatuto e/ou a assembléia geral privar o acionista do direito de recesso, o que, entretanto, é vedado pelo art. 109. Destarte, pode-se falar em direito expectativo, pois direito há, dependente da ocorrência de eventos futuros, inclusive, perante o diploma de 1976, da omissão da companhia. Com efeito, ocorridos os eventos futuros, entendidos como as deliberações que ensejam o exercício do direito de recesso, e desde que seja ele efetivamente exercido, por meio de reclamação formulada à companhia, no prazo legal, bem como se a companhia não exercer a faculdade que lhe confere o § 3º do art. 137 da Lei (convocar a assembléia para reconsiderar a deliberação, quando o reembolso dos acionistas puser em risco a estabilidade financeira da empresa),[49] há (nasce) *direito expectado* ao recesso.

Preferimos, assim, com base na doutrina de Pontes de Miranda, conceber o direito de recesso como direito expectativo do acionista, eis que o nascimento do direito expectado depende, *ao menos nos termos da legislação brasileira de 1976* (§ 3º do art. 137), de condições que extravasam

outrem, sem que este possa ou deva fazer algo, senão sujeitar-se. Por declaração unilateral de vontade, o titular do direito potestativo cria, modifica ou extingue situação jurídica em que outros são diretamente interessados (*apud* Orlando Gomes, ob. cit., p. 118).

45. *Tratado...*, t. V, pp. 289-290.

46. Fábio K. Comparato, "O novo direito de retirada do acionista nos casos de fusão e incorporação", *RDM* 116/11 e 12; no mesmo sentido, Ary Brandão, ob. cit., p. 343.

47. *Tratado...*, t. L, p. 439.

48. *Tratado...*, t. V, pp. 284-285.

49. Cumpre ressaltar, com base na doutrina de Tavares Guerreiro, que a companhia não tem direito subjetivo, ainda que potestativo, no caso do reembolso decorrente do recesso afetar a saúde financeira da empresa, de reconsiderar a deliberação que gerou o direito de retirada. Isso, pois, o direito, ainda que potestativo, deve ser diferenciado da *potestade*, já que, enquanto o direito é utilizado para a satisfação de interesses individuais daquele que o exerce, o poder busca a satisfação de interesse superior ou alheio ("Direito de retirada e poder de retratação", *Revista de Direito Mercantil, Industrial, Econômico e Financeiro* 44/25-26). Tal diferença entre direito e poder também é ressaltada por Ripert, v. Coppens, ob., cit., pp. 80-81.

a esfera de vontade do titular do direito. O direito abstrato do acionista (direito expectativo) decorre do *status* de sócio, e dá lugar ao direito concreto (direito expectado) de retirar-se da sociedade, ocorridos os elementos do mundo fático requeridos pela lei.[50]

5. *Recesso no direito brasileiro e as alterações introduzidas pela Lei 9.457/1997*

A) Evolução legal do recesso e controvérsias quanto ao seu exercício

O Decreto 434, de 1891, não previu o instituto. No âmbito das sociedades por ações, o recesso foi introduzido pelo Decreto 21.536/1932 e restringia-se aos titulares de ações preferenciais prejudicados e dissidentes da deliberação sobre a modificação dos estatutos afetando as preferências conferidas a uma ou mais classes de ações preferenciais, ou a criação de nova classe de ações com preferência mais favorável do que a das existentes, ou a alteração do seu valor nominal.

O Decreto-lei 2.627/1940 ampliou as hipóteses de incidência do recesso. Nos termos do art. 107, eram hipóteses do direito: a) criação de ações preferenciais ou alterações nas preferências ou vantagens conferidas a uma ou mais classes delas ou criação de nova classe de ações preferenciais mais favorecidas; b) mudança do objeto essencial da sociedade; c) incorporação da sociedade em outra ou sua fusão; d) cessação do estado de liquidação, mediante reposição da sociedade em sua vida normal. O art. 150 previa outra hipótese de recesso, referente à transformação da sociedade, que exigia consentimento unânime dos sócios ou acionistas, salvo se prevista nos atos constitutivos ou nos estatutos. O dissidente podia retirar-se da sociedade recebendo seus haveres de acordo com o último balanço ou na forma estabelecida nos atos constitutivos.

Para Miranda Valverde dois eram os requisitos para o exercício do recesso: a) que o acionista tivesse comparecido à assembléia geral e se manifestado contra a aprovação; b) que apresentasse reclamação à diretoria dentro de trinta dias, contados da publicação da ata da assembléia geral. Entendia o autor do anteprojeto, que culminaria no Decreto-lei de 1940, que os abstinentes e os ausentes não estavam protegidos pela lei.[51]

Waldemar Ferreira, com base em Giuseppe Donadio, entendeu de forma diferente. Dissidente não é apenas aquele que diverge da deliberação majoritária, mas é, também, o abstinente, o indiferente e o incerto. Dessa forma, o direito de recesso pertence aos não intervenientes, aos que, tendo comparecido à assembléia, dela se retiraram e aos que discordaram da maioria.[52]

Razão assistia a Waldemar Ferreira. O entendimento contrário baseava-se na presunção de que o silêncio do acionista implicava aceitação. Ocorre que o voto, como exaltou a doutrina, deve ser traduzido por um ato inequívoco e não omissivamente. Como bem pontifica Rachel Sztajn: "(...) quem cala não diz nada e, como tal, não integra a maioria, não concorre para a formação da vontade social. Pode, portanto, se o desejar, exercer o direito de recesso".[53]

A Lei 6.404/1976 pôs fim a qualquer dúvida a respeito. O § 1º do art. 137 dispunha que o dissidente de deliberação da assembléia, ainda que tivesse se abstido de votar ou não tivesse comparecido à reu-

50. Para análise do raciocínio relativamente ao direito de subscrição no caso de aumento do capital, v. Leães, *Estudos e Pareceres*..., cit., pp. 114-115.

51. *Sociedades*..., cit., vol. 1, p. 554.

52. *Tratado*..., cit., 4º vol., p. 266. No mesmo sentido, Lacerda Teixeira e Tavares Guerreiro, *Das Sociedades Anônimas no Direito Brasileiro*, p. 429, e Cunha Peixoto, *Sociedades*..., cit., 3º vol., p. 188.

53. Ob. cit., p. 47.

nião, poderia exercer o direito de recesso, desde que fosse titular das ações na data da assembléia. Ampliou, ainda, as hipóteses de retirada. E o fez de forma a contrabalançar a facilidade de domínio que foi conferida à maioria, eis que passou a exigir *quorum* menor para inúmeras deliberações.[54] Em sua redação original,[55] o art. 137 previa o recesso nas seguintes hipóteses: a) criação de ações preferenciais ou aumento de classe existente sem guardar proporção com as demais, salvo previsão estatutária; b) alterações nas preferências, vantagens e condições de resgate ou amortização de uma ou mais classes de ações preferenciais, ou criação de nova classe mais favorecida; c) alteração do dividendo obrigatório; d) mudança do objeto da companhia; e) incorporação, fusão ou cisão; f) dissolução da companhia ou cessação do estado de liquidação; g) participação em grupo de sociedades.

A par das hipóteses já previstas no Decreto-lei 2.627/1940, a Lei de 1976 aperfeiçoou as alterações introduzidas na sistemática das ações preferenciais; excluiu a palavra "essencial" referente à mudança do objeto da companhia; acresceu a cisão e a participação em grupo de sociedades às hipóteses de reorganização societária que ensejam recesso; acresceu a hipótese de dissolução da sociedade; e, tendo em vista a introdução do instituto do dividendo obrigatório, elencou entre as hipóteses que ensejam o recesso, a alteração deste.

O § 2º do art. 137 da Lei[56] introduziu sistemática estranha à natureza jurídica do recesso, tal qual concebida tradicionalmente. Dispõe o parágrafo que a administração tem a faculdade de convocar a assembléia geral para reconsiderar ou ratificar a deliberação que ensejou o recesso, desde que o faça nos 10 (dez) dias subseqüentes ao término do prazo de 30 (trinta) dias contados da publicação da ata da assembléia, se entender que o pagamento do preço de reembolso das ações aos acionistas dissidentes porá em risco a estabilidade financeira da empresa.

Rachel Sztajn,[57] a despeito de definir o recesso como direito potestativo que se traduz em declaração unilateral de vontade do dissidente e que se torna eficaz logo que chega ao conhecimento da administração da sociedade, reconhece que, na sistemática da Lei 6.404/1976, o recesso é direito sujeito à condição de ser ou não mantida a deliberação, posto que, nos termos do § 2º do art. 137, a assembléia pode reconsiderar a deliberação.

Tavares Guerreiro sustenta que o recesso, perante a Lei de 1976, não se trata de pretensão a ser atendida incondicionalmente, pois a companhia tem a faculdade de obstar o nascimento da obrigação de reembolso por meio de reconsideração posterior da deliberação. Manifestada a intenção da retirada no prazo legal, concretizada por meio de declaração unilateral de vontade de caráter receptício, está constituído o direito ao reembolso. Entretanto, o exercício desse direito encontra-se condicionado a não revogação da sua causa. Dessa forma, o recesso origina-se com a declaração receptícia e se aperfeiçoa com a ratificação da deliberação que possibilitou seu exercício, caso convocada a assembléia para esse fim. Com base no referido § 2º, Guerreiro entende necessária a comunicação completa e inequívoca dos motivos da dissidência, para que os órgãos da administração formem juízo de conveniência e oportunidade para a convocação da assembléia.[58]

54. Rachel Sztajn, "O direito de recesso nas sociedades comerciais", *Revista de Direito Mercantil, Industrial, Econômico e Financeiro* 71/51.

55. Esse artigo foi alterado pelas Leis 9.457/1997 e 10.303/2001.

56. Atualmente essa regra consta do § 3º do art. 137, em virtude das Leis 9.457/1997 e 10.303/2001.

57. Rachel Sztajn, "O direito...", cit., *Revista de Direito Mercantil, Industrial, Econômico e Financeiro* 71/53.

58. "Direito de retirada e poder de retratação", *Revista de Direito Mercantil, Industrial, Econômico e Financeiro* 44/22-25.

Modesto Carvalhosa, embora não fale expressamente em comunicação dos motivos da dissidência, entende que o recesso pressupõe direito atingido, não sendo possível presumir que todo acionista possa retirar-se da companhia apenas invocando modificações oriundas da assembléia geral em relação às quais tenha discordado, e que não atingem, desfavoravelmente, seus interesses patrimoniais.[59]

Embora forte a tese, entendemos não haver na Lei a imposição ao dissidente da comunicação dos motivos do exercício do recesso. O acionista, quando pleiteia o reembolso de suas ações, age visando interesse próprio que se presume atingido, *a priori*, pelo simples exercício do direito. A Lei elenca as hipóteses propiciadoras do recesso e delimita o que deve ser considerado como motivo para seu exercício. No mais, a companhia não precisa saber quais são as razões do dissidente, pois o marco norteador para a convocação da assembléia de reconsideração é tão-somente o risco patrimonial que o reembolso dos dissidentes pode vir a acarretar à companhia.

B) Alterações introduzidas pela Lei 9.457/1997

A Lei 9.457/1997 introduziu uma série de alterações na Lei de 1976, além de ter revogado a Lei 7.958/1989. Insere-se no plano de privatizações do governo, de modo que as alterações introduzidas no âmbito do direito de retirada deixam evidentes os traços da ideologia dessa política. Com efeito, o tratamento diferenciado conferido aos casos de reorganização societária (fusão e incorporação, de um lado, e cisão, do outro) evidencia o endereço certo da Lei 9.457/1997.

O exercício do direito de recesso nos casos de fusão e incorporação restou limitado por requisitos de liquidez e dispersão; no caso de cisão, simplesmente suprimiu-se o direito.

Dessa forma, as alterações introduzidas pela Lei de 1997 tiveram por alvo, principalmente, os arts. 136 e 137 da Lei de 1976 (artigos novamente alterados pela Lei 10.303/2001). O *caput*,[60] os incisos e os parágrafos do art. 136 foram alterados. Os incisos foram reorganizados para facilitar a remissão feita pelo art. 137. Nos termos da Lei de 1997, conferem direito de recesso as seguintes hipóteses previstas nos arts. 136 e 137: a) criação de ações preferenciais ou aumento de classes existentes, sem guardar proporção com as demais espécies e classes, salvo se já previstos ou autorizados pelo estatuto; b) alteração nas preferências, vantagens e condições de resgate ou amortização de uma ou mais classes de ações preferenciais, ou criação de nova classe mais favorecida; c) redução[61] do dividendo obrigatório; d) fusão e incorporação; e) participação em grupo de sociedades; e f) mudança de objeto da companhia. As hipóteses de cessação do estado de liquidação, cisão e dissolução da companhia foram excluídas do elenco

59. *Comentários...*, cit., 2º vol., pp. 746-747.

60. Em sua redação original, o *caput* do art. 136 referia-se ao *quorum* qualificado necessário para as deliberações previstas em seus incisos. Estipulava que o estatuto da companhia fechada poderia estabelecer maior *quorum* do que o previsto pela Lei (aprovação de metade, no mínimo, das ações com direito a voto). A Lei de 1997 alterou o dispositivo, substituindo a expressão "companhia fechada" por "companhia cujas ações não estejam admitidas à negociação em bolsa ou no mercado de balcão". Portanto, a alteração introduzida permitiu a previsão de maior *quorum* também para as companhias abertas, já que os valores mobiliários não se limitam às ações (art. 4º da Lei). Se a companhia emitir, *v.g.*, debêntures para captação de recursos no mercado de capitais, o estatuto poderá prever maior *quorum* para a aprovação das matérias de que trata o art. 136.

61. "Redução" e não mais "alteração" do dividendo obrigatório. Quanto à crítica a alteração, v. Carvalhosa, *Comentários...*, cit., 2º vol., p. 711. Antes mesmo da Lei de 1997 o entendimento prevalente era o de que apenas a diminuição do dividendo obrigatório daria ensejo ao recesso. V. Anna L. P. Paraiso, *O Direito de Retirada na Sociedade Anônima*, pp. 83 e ss.

de hipóteses que ensejam o recesso. O recesso, nas hipóteses de fusão, incorporação e participação em grupo de sociedades, foi limitado a requisitos de não dispersão e não liquidez das ações, conforme será analisado infra.

B.1) Alterações do art. 136

B.1.1) Alteração do inciso I

O dispositivo foi alterado com a inserção da expressão "espécies e classes". De acordo com as novas redações desse dispositivo e do inciso I do art. 137, direito de recesso é conferido aos titulares das espécies ou classes prejudicadas em decorrência da criação de ações preferenciais ou aumento de classes existentes, sem guardar proporção com as demais espécies e classes, salvo se já previstos ou autorizados pelo estatuto. De acordo com a redação original dos arts. 136, inciso I e 137, *caput*, dúvidas surgiam quanto à possibilidade de se conferir o direito aos titulares de ações ordinárias.[62] Ao falar em "titular de ações de espécie ou classe prejudicada", no inciso I do art. 137, deixa claro o legislador de 1997 que os titulares das demais espécies de ações e não só os titulares de preferenciais podem ter seus interesses patrimoniais atingidos pela criação de ações preferenciais ou aumento de classe existente, sem guardar proporção com as demais espécies e classes.

62. Mister ressaltar que, por meio do Parecer n. 72/1983, a CVM entendeu que a hipótese de criação de ações preferenciais, sem que haja previsão estatutária, abrange as hipóteses de criação de classe mais ou menos favorecida, bem como criação de ação preferencial quando nenhuma existir. Nessa última hipótese, se ainda não há ações preferenciais, parece óbvio que o recesso cabe, apenas, aos titulares de ações ordinárias. A segunda parte do inciso, aumento de classe existente sem guardar proporção com as demais, confere direito de recesso tanto aos titulares de ações ordinárias como aos titulares de ações preferenciais, desde que tenham sua esfera de interesses atingida. V. Anna Luiza Prisco Paraiso, ob. cit., pp. 68 e ss.

B.1.2) Alteração do § 1º

O § 1º do art. 136, que dispõe sobre a aprovação das alterações introduzidas na sistemática das ações preferenciais, por assembléia especial, sofreu as seguintes alterações: a) introdução do prazo improrrogável de um ano para a ratificação, pela assembléia especial dos titulares de ações preferenciais, da deliberação referente às matérias previstas nos incisos I e II do art. 136; b) necessidade de aprovação ou de ratificação da deliberação por titulares de mais da metade de *cada* classe de ações preferenciais atingida; c) substituição da palavra "interessadas" por "prejudicadas", no que tange à cada classe de ações preferenciais; d) explicitação de que a convocação da assembléia especial será realizada pelos administradores. Foi acrescido, ainda, o § 4º ao artigo, dispondo que da ata da assembléia geral que deliberar sobre as matérias dos incisos I e II (alterações na sistemática das ações preferenciais), se não houver prévia aprovação, deverá constar informação de que sua eficácia resta jungida à posterior ratificação da assembléia especial.

B.2) Alterações do art. 137

O art. 137 da Lei também sofreu alterações de modo a concatená-lo às modificações procedidas no art. 136. O *caput* do artigo foi desmembrado em diversos incisos que tratam topicamente das hipóteses de recesso. O inciso I refere-se aos incisos I e II do art. 136, que tratam das ações preferenciais.

B.2.1) Introdução do inciso I: "prejuízo" como requisito para o exercício do recesso

Pela nova sistemática, apenas terá direito de recesso o titular da espécie ou classe de ações prejudicadas. A utilização da expressão "prejudicadas", ao menos sob o enfoque terminológico, não se coaduna à estrutura jurídica do direito de retirada.[63] Como visto, o recesso é remédio que visa a equilibrar os interesses em conflito na sociedade e, assim sendo, não tem como fato gerador ato ilícito. Ao contrário, a licitude do ato que o enseja é pressuposto. A idéia de prejuízo implica a existência de dano que, por sua vez, liga-se ao conceito de ato ilícito (art. 186 do Código Civil de 2002), o que erroneamente aproxima o reembolso do instituto da indenização.[64-65] Ora, se o instituto do recesso tivesse como fato gerador o efetivo dano sofrido pelo dissidente, não seria concebível a limitação de suas hipóteses. Ensejariam recesso todas as deliberações que implicassem em prejuízo ao dissidente. Por fim, esse entendimento, como ponderado inúmeras vezes pela doutrina, implica na inviabilidade completa do recesso, posto que o prejuízo sofrido pelo dissidente deva ser provado e, caso tal prova não convença a companhia, caberia ao dissidente, apenas, valer-se do Judiciário.

Há, é bom que se frise, doutrina sustentando a necessidade de que haja prejuízo efetivo ou potencial ao dissidente para que exerça o direito de retirada, e até mesmo jurisprudência a respeito.[66]

Mauro Rodrigues Penteado, entretanto, entende que o requisito "prejuízo" está circunscrito às hipóteses referentes às ações preferenciais, sendo que nas demais hipóteses de recesso o prejuízo é legalmente presumido.[67]

Modesto Carvalhosa sustenta que as alterações institucionais ou estatutárias da companhia constituem atos lícitos e previstos expressamente em lei, e não violam direito do acionista, pelo que não se pode falar em dano. Assim, é inadmissível falar-se em prejuízo do acionista em decorrência de modificação estatutária ou estrutural da companhia. Portanto, tem direito de recesso o acionista quando seu interesse patrimonial for atingido pelas alterações ocorridas.[68]

Análise acurada das correntes expostas demonstra que, quanto à questão conceitual, não há substancial divergência doutrinária. Isso porquanto os fautores da necessidade de prejuízo para o exercício

63. Sylvio Marcondes socorre-se dos ensinamentos de Ariberto Mignoli para conceituar prejuízo, fazendo-o nos seguintes termos: "'Prejuízo – na elasticidade de sinônimo de *dano* – é substancialmente uma noção esfumada e incerta e por isso mesmo equívoca, mas que, no nosso caso, parece resolver-se na de modificação (no sentido de deterioração) dos direitos da categoria, em conseqüência de um ato alheio de disposição de tais direitos ou, de modo geral, de uma anormal ingerência na sua esfera jurídica'" ("Da assembléia especial de acionistas preferenciais", *Questões de Direito Mercantil*, p. 61).

64. Ainda que possa haver dano decorrente de ato lícito, que afasta a indenização (art. 188 do Código Civil de 2002).

65. V. Parecer CVM/PJU n. 008/2002: "O exercício do direito de retirada pelo acionista dissidente prescinde de qualquer análise de prejuízo associada ao dano, próprio da responsabilidade civil, devendo-se cogitar apenas do interesse eventualmente atingido. A aprovação assemblear de qualquer das matérias previstas nos incisos I a IV do art. 136 da Lei n. 6.404/1976, traz, em seu bojo, por presunção legal, a afetação do interesse do acionista minoritário, que pode dissentir da deliberação, exercendo o direito de retirada que lhe é assegurado, não cabendo, em contrapartida, à companhia exercer qualquer juízo de valor em relação ao cabimento ou fundamento dessa decisão" (Alfredo Sergio Lazzareschi Neto, *Lei das Sociedades por Ações Anotada*, p. 349).

66. Luiz G. P. de Barros Leães, *Comentários à Lei das Sociedades Anônimas*, 2º vol., p. 225; W. S. Campos Batalha e S. M. L. Batalha de Rodrigues Netto, *A Nova Lei das S/A*, p. 115; Paulo Afonso de Sampaio Amaral, *S/A – Como Era, Como Ficou Após a Lei n. 9.457/1997*, pp. 66-68, e acórdão proferido em virtude do REsp 31.515-SP, 4ª T., STJ, rel. Ministro Sálvio de Figueiredo Teixeira, v.u., j. 25.3.1996, *DJU* 22.4.1996, embora acórdão do STF prolatado aos 17.6.1986, em virtude do RE 104.895-6, rel. Ministro Carlos Madeira, tenha decidido em sentido oposto, ou seja, que o recesso não exige prova do prejuízo. Assim, também, o TJSP, em acórdão prolatado aos 2.4.1997 em virtude da Apelação 278.640-1/8, rel. Desembargador César Lacerda. A respeito, Paulo de Lourenzo Messina e Paula A. Forgioni, *Sociedades por Ações*, respectivamente, pp. 310 e 292.

67. "A Lei n. 9.457/1997 e a tutela dos direitos dos acionistas minoritários", in *Reforma da Lei das Sociedades por Ações*, Waldirio Bulgarelli (coord.), p. 57.

68. *Comentários*..., cit., 2º vol., p. 746.

do recesso em nenhum momento associam esse conceito com o de dano decorrente de ato ilícito passível de indenização. Em suma, não defendem o caráter indenizatório do reembolso. Por outro lado, a corrente que critica a utilização do conceito de prejuízo o faz exatamente pelo fato da expressão relacionar-se à idéia de dano, e dano, nos termos do Direito Civil, liga-se ao conceito de indenização. Sob o ângulo terminológico, melhor seria se o legislador houvesse utilizado a expressão "decréscimo patrimonial" ou afetação (no sentido de deterioração) dos direitos da categoria, como advoga Sylvio Marcondes.

Por outro lado, hipóteses há em que a exigência da prova do prejuízo mostra-se descabida, tamanha é a dificuldade que encerra, como ocorre, por exemplo, com a mudança do objeto social da sociedade. A Comissão de Valores Mobiliários, com efeito, exige apenas a concretização da hipótese, conforme Parecer 10/1983, entendendo despicienda a prova de que houve prejuízo ao dissidente.[69]

Exceção à regra é o caso das preferenciais. Isso por que, conforme será analisado mais detidamente abaixo, a criação e o aumento de classes de ações preferenciais existentes demandam a verificação da efetiva ou potencial afetação patrimonial daquele que pretende exercer o recesso, sendo, nesse ponto, acertada a doutrina de Mauro Rodrigues Penteado.

B.2.2) Introdução do inciso II

O inciso II do art. 137, introduzido pela Lei de 1997, refere-se aos casos de fusão, incorporação e participação em grupo de sociedades. A seguir, analisam-se as alterações tocantes ao recesso decorrente dessas operações de reorganização societária, eis que requerem exame mais detalhado.

69. V. Anna Luiza Prisco Paraiso, ob. cit., pp. 148-149.

B.2.2.1) *O recesso nos casos de fusão, incorporação e participação em grupo de sociedades* – Incorporação é a operação pela qual uma ou mais sociedades são absorvidas por outra, que lhes sucede em todos os direitos e obrigações. É a dicção do art. 227, *caput*, da Lei 6.404/1976. Permanece, assim, a sociedade incorporadora, com a mesma personalidade jurídica, desaparecendo a incorporada.

Em determinados ordenamentos a operação de incorporação é tratada como espécie de fusão, inclusive no que tange à denominação. Fala-se em fusão por absorção e fusão por combinação,[70] embora a essas denominações não se limitem as legislações.[71] Como elucida a doutrina, perante o ordenamento brasileiro as operações seguem sistemática diversa. Enquanto a fusão é tratada como procedimento semelhante à fundação de sociedade, a incorporação é tratada como aumento de capital por subscrição com bens.[72]

Consoante o art. 228 da Lei de 1976, fusão é a operação pela qual se unem duas ou mais sociedades para formar sociedade nova, que lhes sucederá em todos os direitos e obrigações. As sociedades envolvidas

70. Claude Champaud aduz: "Il existe deux sortes de fusions: celle qui réalise la *combinaison* de deux ou plusieurs sociétés et celle qui conduit à l'*annexion* d'une ou plusieurs sociétés par une autre" (*Le Pouvoir de Concentration de la Société par Actions*, p. 172); Ripert e Roblot pontificam: "La fusion est l'opération par laquelle deux ou plusieurs sociétés se réunissent pour n'en plus former qu'une seule. Elle peut résulter, soit de la création d'une société nouvelle, soit d'absorption d'une société par une autre" (*Traité de Droit Commercial*, t. 1, p. 1.436). V., ainda, Carvalho de Mendonça, *Tratado...*, cit., vol. IV, p. 198.

71. Waldirio Bulgarelli, *Fusões, Incorporações e Cisões de Sociedades*, p. 69, nota 94.

72. Nesse sentido, Comparato, "Incorporação de companhia aberta, subseqüente à aquisição de seu controle acionário por operação registrada em Bolsa de Valores – Exceção ao regime especial do art. 264 da Lei de Sociedades por Ações – Ilegitimidade dos acionistas da incorporada para pleitear judicialmente a anulação da assembléia da incorporadora", *Novos Ensaios e Pareceres de Direito Empresarial*, p. 206.

na operação desaparecem, para a formação de sociedade nova.

Os grupos de sociedades, por sua vez, podem ser conceituados como o conjunto de sociedades sujeitas ao mesmo controle, que concentram sob direção do grupo e por meio de convenção formal, a administração, a produção, o patrimônio e os lucros, embora cada sociedade participante mantenha sua personalidade jurídica formal.[73]

A doutrina pátria é unânime ao afirmar que o legislador de 1976 buscou incentivar a formação de grandes grupos, acreditando que a concentração empresarial propiciaria o revigoramento do setor privado nacional. O incentivo à reorganização societária fica mais evidente com a Lei 9.457/1997, por ter limitado, sobremaneira, a possibilidade de recesso nos casos de fusão, incorporação e participação em grupo de sociedades, além de ter excluído o direito no caso de cisão.

Tanto a fusão quanto a incorporação, antes da Lei de 1997, ensejavam direito de recesso, com a peculiaridade de, nos termos do *caput* do art. 230, apenas os acionistas da sociedade incorporada poder exercer referido direito. Mesmo perante o Decreto-lei 2.627/1940 concordava grande parte da doutrina a respeito do assunto, por entender que o efeito da incorporação na incorporadora limita-se a modificação estatutária que não justifica o exercício do recesso.[74] Não obstante, cumpre elucidar, com já o fez certa doutrina, que a Lei de 1976 prevê três operações que implicam em incorporação de companhia (a primeira e a segunda) e ações (a última): a) a incorporação de que trata o art. 227, já referida; b) a incorporação de sociedade controlada (art. 264); c) incorporação de ações de sociedade para transformá-la em subsidiária integral (art. 252). Em relação à última operação, confere o legislador a possibilidade de recesso aos acionistas de ambas as sociedades envolvidas (§§ 1º e 2º do artigo). A diferença marcante entre as operações reside na permanência da sociedade cujas ações foram incorporadas, e a extinção das sociedades incorporadas, nos casos dos arts. 227 e 264. Portanto, não há justificação para o tratamento diferenciado conferido às hipóteses aventadas, ou seja, não há razão para se conferir o direito de recesso aos acionistas da sociedade incorporadora das ações de outra, para a constituição de subsidiária, e excluí-lo dos acionistas da sociedade incorporadora de outra sociedade.[75]

O inciso II do art. 137, introduzido pela Lei de 1997, dispõe que os acionistas dissidentes das deliberações que aprovarem a fusão ou incorporação em outra sociedade, bem como a participação em grupo de sociedades, somente terão direito de retirada se forem titulares de ações: a) que não integram índices gerais representativos de carteira de ações admitidos à negociação em bolsa de futuros; e b) de companhias abertas das quais se encontram em circulação no mercado menos da metade do total das ações por ela emitidas, entendendo-se por ações em circulação no mercado, todas as ações da companhia menos as de propriedade do acionista controlador. A Lei, portanto, estabelece requisitos para o exercício do recesso, considerando que, sendo possível ao acionista se desfazer das ações perante o mercado, não deve onerar a companhia com a conseqüência do direito (reembolso).

O primeiro problema trazido pela Lei de 1997 implica em saber se os requisitos para o exercício do recesso, constantes das alíneas "a" e "b" do inciso II do art. 137, são cumulativos. Interpretação literal do dispositivo leva à conclusão afirmativa, já

73. Modesto Carvalhosa, *Comentários...*, cit., 4º vol., t. II, p. 266.

74. Carvalhosa, *Comentários...*, cit., 4º vol., t. I, p. 299.

75. Waldirio Bulgarelli, *Fusões, Incorporações...*, cit., p. 218, critica a diretriz tomada pelo legislador de 1976. No mesmo sentido, Rachel Sztajn, *Direito de Recesso*, Tese, p. 275.

que a Lei utiliza-se, expressamente, da conjunção aditiva "e".

Fábio Konder Comparato considera os requisitos alternativos, de forma que, caso não preenchido o primeiro, deve-se analisar o segundo. Elucida também que as restrições introduzidas ao direito de recesso tiveram por base o ordenamento norte-americano, mormente a legislação do Estado de Delaware, onde os requisitos são alternativos.[76] E, com efeito, esta é a interpretação legal mais coerente, posto que, como pondera Comparato, a liquidez é medida de dois modos: o primeiro, por meio da facilidade de negociação das ações perante o mercado secundário; o segundo, pela dispersão das ações no mercado. Nesses termos, importa o número de acionistas que detém mais de 50% (cinqüenta por cento) das ações emitidas.

Dois são os requisitos exigidos pela alínea "a" do inciso II do art. 137, para que a ação goze de liquidez: a) que integre índices gerais representativos de carteira de ações; b) que o índice seja admitido à negociação em bolsa de futuros.

Os índices de mercado, como ponderam Helio de Paula Leite e Antonio Zoratto Sanvicente, funcionam como: "(...) referência para a análise do comportamento de preços de determinada ação, pois já há muito se sabe que as cotações das ações obedecem a tendências gerais presentes ao mercado, as quais são fielmente retratadas pelos índices. Sobretudo, os índices prestam-se como fiéis termômetros das expectativas sentidas pelos investidores em relação ao futuro desempenho da economia. São eles verdadeiras réguas para a avaliação quantificada das alterações subjetivas do ânimo dos investidores, e a intensidade de suas flutuações funciona como parâmetro indispensável para a análise do risco (conceituado como variabilidade dos retornos dos investimentos). Finalmente, além de servirem como referência (*brench-mark*) para a avaliação do desempenho de ações e carteiras individuais, também constituem os índices de mercado acionário importante referência para a análise macroeconômica, porque em suas flutuações está retratado o desempenho geral médio da economia".[77]

Quando se diz que a ação integra índice geral, implica afirmar que ela faz parte de indicador que representa uma carteira de ações de sociedades atuantes em diversos setores econômicos. À Bolsa de São Paulo corresponde o IBOVESPA. As ações integrantes desse índice gozam de liquidez, nos termos da alínea "a" do inciso II do art. 137 da Lei.[78]

A alínea "b" exige interpretação cuidadosa, posto que a Lei refere-se às ações quando, em verdade, deveria ter se referido ao número de acionistas, como o faz a legislação de Delaware.[79] Diz o dispositivo que terá direito de retirada o titular de ações da companhia aberta da qual se encontra em circulação no mercado menos da metade do total das ações emitidas, entendendo-se por ações em circulação no mercado todas as ações da companhia menos as de propriedade do acionista controlador. O conceito de ações em circulação no mercado é formado por exceção, de forma que há dispersão quando o controlador possui menos da metade do total das ações emitidas.

Admita-se o exemplo de companhia aberta em que 1/3 (um terço) das ações ordinárias são possuídas pelos acionistas A, B, C, D e E, e o restante, 2/3 (dois terços) das preferenciais sem voto, são possuídas

76. "O novo direito de retirada do acionista nos casos de fusão e incorporação", *RDM* 116//14.

77. *Índice Bovespa: um Padrão para os Investimentos Brasileiros*, p. 11.

78. A respeito, Eizirik, *Reforma das S/A e o Direito de Recesso*, pp. 71 e ss.

79. Dispõe o *General Corporation Law* de Delaware: "Provided, however, that no appraisal rights under this section shall be available for the shares (...) either (i) listed on a national securities exchange or (ii) held of record by more than 2,000 stockholders (...)". A respeito, Comparato, ob. cit., mesma p.

pelo acionista F. Ora, no caso, os controladores possuem menos da metade das ações emitidas, mas não há efetiva dispersão das ações.

O dispositivo deve ser interpretado de forma a lhe conferir sentido. A eliminação do recesso, no caso, decorre da presunção de que o dissidente poderá encontrar comprador no mercado para se desfazer das ações. Outrossim, o grau de dispersão deve ser analisado de acordo com cada espécie ou classe de ações.[80]

De início, cabe a crítica quanto à redação do art. 137 da Lei, com a alteração introduzida pela Lei de 1997, voltada, expressamente, para as companhias abertas. Poderia o legislador de 1997 ter sido mais preciso, tratando especificamente das companhias fechadas. Não o tendo feito, cumpre encontrar a melhor interpretação da Lei.

Diz o art. 137, em seu *caput*, que a aprovação das matérias previstas nos incisos I a VI do art. 136, dá ao dissidente direito de retirar-se da companhia, mediante reembolso do valor das ações, observadas as normas estabelecidas em seus incisos e parágrafos. O *caput*, portanto, estabelece a norma geral sobre o recesso. Os incisos I e II são limitativos do direito. Dispõe o inciso I que apenas as ações de espécie ou classe prejudicadas é que poderão exercer o recesso. O inciso II dispõe sobre a limitação do recesso no caso de companhias abertas, posto que, havendo possibilidade de venda das ações do dissidente no mercado, não há motivo para onerar a companhia com o pagamento do reembolso. São, portanto, normas limitativas da norma geral constante do *caput*. A regra, destarte, é que gozam do recesso os acionistas dissidentes das deliberações previstas nos incisos I a VI do art. 136. As exceções estão previstas nos incisos referidos. Em sendo assim e considerando que não cabe ao intérprete excepcionar onde a lei não o faz, é razoável entender que o acionista de companhia fechada, dissidente das deliberações das matérias constantes dos incisos I a VI do art. 136, goza do direito de recesso. As limitações constam dos incisos. O inciso I, aplicável tanto às companhias fechadas, como às abertas. O inciso IIm aplicável somente às companhias abertas.[81]

B.2.2.2) *A supressão do direito de recesso nos casos de cisão, dissolução e cessação do estado de liquidação da sociedade* – Em decorrência do desmembramento do *caput* nos incisos I e II introduzidos pela Lei de 1997, o art. 137 deixou de contemplar, como hipóteses de recesso, a cisão, a dissolução e a cessação do estado de liquidação da sociedade. Nos termos do art. 229 da Lei de 1976, cisão é a operação pela qual a companhia transfere parcelas do seu patrimônio para uma ou mais sociedades, constituídas para esse fim ou já existentes, extinguindo-se a companhia cindida, se houver versão de todo o seu patrimônio, ou dividindo-se o seu capital, se parcial a versão.

A doutrina reconhece diversas formas de cisão, quais sejam: a) cisão pura, em que a sociedade divide seu patrimônio entre várias sociedades novas e se extingue; b) cisão-absorção, em que a sociedade divide o seu patrimônio entre sociedades existentes e desaparece; c) falsa cisão ou, na França, *apport partiel d'actif*, em que apenas parte do patrimônio é transferida e a sociedade permanece; d) cisão *holding*, em que a sociedade transfere o seu patri-

80. Nesse sentido, Mauro Rodrigues Penteado, *Reforma da Lei das Sociedades por Ações*, Waldirio Bulgarelli (coord.), p. 54. Carvalhosa e Eizirik entendem que o requisito "dispersão", perante a Lei de 1997, pauta-se pelo total das ações de emissão da companhia, eis que, caso fosse relacionado a cada espécie ou classe, acabaria impedindo a constatação desse requisito no caso das ações ordinárias, porquanto, no mercado brasileiro, o controlador possui, geralmente, mais da metade dessa espécie de ação (*A Nova Lei das S/A*, pp. 270-271).

81. À mesma conclusão chega Paulo Afonso de Sampaio Amaral, embasando-a em outras razões (ob. cit., pp. 87 e 88).

mônio para outras sociedades constituídas, permanecendo como *holding*.[82]

Cisão é operação que pode funcionar tanto como forma de concentração de empresas, como meio para desconcentrá-las. É exemplo da primeira operação a cisão para a constituição de grupo de sociedades. É exemplo da segunda operação, a cisão de companhia provocada pela oposição de dois grupos de acionistas, cuja discórdia acarreta a paralisação das atividades sociais.[83]

Ocorre a dissolução da sociedade pelos casos previstos no art. 206 da Lei. Pode a dissolução ocorrer de pleno direito, por decisão judicial ou por decisão da autoridade administrativa competente.

Perante o Decreto-lei 2.627/1940, diversas foram as discussões a respeito da pertinência do conceito, tanto que Miranda Valverde expressamente alude à impropriedade do termo "dissolução".[84] Perante o diploma de 1940, a dissolução foi repelida e transportada para a parte penal do Decreto-lei (art. 167). Ao conceito de dissolução impôs-se o de liquidação.

A celeuma ganhou novos contornos pela crença de que a dissolução acarretava a extinção da sociedade. Ora, estando a sociedade alicerçada em um contrato, a dissolução não poderia levar a outro resultado que não a extinção da sociedade, já que afetava, indubitavelmente, o próprio pacto. O vetusto Código Comercial repeliu essa orientação no art. 335, seguido pelo art. 85 do Decreto 434, de 1891.

Perante o Decreto-lei de 1940, a liquidação precedia a dissolução, entendida como extinção da sociedade. O intento do legislador foi deixar patente que a sociedade conserva sua personalidade, até a extinção.

A Lei de 1976 restabeleceu o conceito de dissolução, dispondo, no art. 207, que a companhia dissolvida conserva a personalidade jurídica, até a extinção, com o fim de proceder à liquidação. Três são os conceitos perante a Lei de 1976: dissolução, liquidação e extinção. A dissolução não implica na perda da personalidade jurídica da sociedade. Ao contrário, a personalidade jurídica permanece para a regularização da situação da sociedade perante os sócios e terceiros. Portanto, a dissolução não afeta a sociedade em si, tampouco o objeto social, mas sim seu objetivo. Até a dissolução, o intento da sociedade é o de realizar lucros para reinvestimento ou distribuição. A partir da dissolução, vive a sociedade para findar os compromissos assumidos, resolver o seu passivo e pagar os credores. O objetivo é afetado ao passo que a sociedade permanece.[85] Como pondera a doutrina que se debruçou sobre o tema, a dissolução modifica o *status* da companhia, fazendo surgir o "estado de liquidação", afetando os direitos e deveres dos acionistas, administradores e membros do conselho fiscal. Com a dissolução, a sociedade, entendida como organização dinâmica do exercício da atividade econômica, transforma-se em organização de liquidação.[86]

Não menos controversa foi a questão que envolve a cessação do estado de liqui-

82. Champaud, *Le Pouvoir*..., cit., p. 186; Waldirio Bulgarelli, *Fusões, Incorporações e Cisões de Sociedades*, p. 215.

83. Champaud, ob. cit., pp. 188-189.

84. Pondera Valverde, invocando Carvalho de Mendonça: "(...) Vê-se, assim, como incorre em censura o sistema legal, declarando dissolvida a sociedade antes da liquidação. A verdadeira dissolução somente se acentua depois da liquidação. Nesse sentido, mais lógica é a lei inglesa, adiantando a liquidação à dissolução" (*Sociedades*..., cit., vol. 2, p. 122). A dissolução da sociedade e seus efeitos suscitam discussões até hoje, sendo que alguns sustentam que a dissolução implica na extinção da sociedade. Outros defendem que a dissolução equivale à cessação da atividade negocial da companhia. A respeito, Carvalhosa, *Comentários*..., cit., vol. 4, t. I, pp. 16 e ss.

85. A respeito, Carvalho de Mendonça, *Tratado*..., cit., vol. IV, p. 189; Spencer Vampré, *Tratado*..., cit., vol. II, p. 369; Cunha Peixoto, ob. cit., 4º vol., p. 240.

86. V. Mauro Rodrigues Penteado, *Dissolução e Liquidação de Sociedades*, pp. 66, 76, 80 e 152.

dação da companhia, repondo a sociedade em sua vida normal. Em decorrência da crença de que as sociedades em liquidação vivem de modo fictício, parte da doutrina estrangeira defendeu que o estado de liquidação é irrevogável, importando a deliberação da assembléia em constituição de nova sociedade. A matéria foi tratada pelo Decreto-lei de 1940 que, como visto, suprimiu o conceito de dissolução no intuito de evidenciar a conservação da personalidade jurídica da sociedade até a extinção. Dessa forma, pretendeu o autor do anteprojeto afastar os eventuais argumentos que sustentavam a irrevogabilidade da liquidação, tornando possível a deliberação da assembléia para a reposição da sociedade em sua vida normal, cessando aquele estado.

A Lei de 1976, como ressaltado, introduziu novamente o conceito de dissolução e manteve a possibilidade de cessação do estado de liquidação da sociedade. Ademais, para os casos de cisão, dissolução[87] e cessação do estado de liquidação, previu a possibilidade de recesso.

A Lei de 1997 excluiu o direito de recesso nas hipóteses de cisão, dissolução e cessação do estado de liquidação da sociedade. Em relação a cisão e a cessação do estado de liquidação, a supressão do recesso afeta, consideravelmente, o sistema de "freios e contrapesos" criado pela Lei de 1976. Com efeito, da cisão podem surgir efeitos nefastos aos minoritários, tal qual da fusão e da incorporação.

A cessação do estado de liquidação da sociedade implica evidente afetação do direito do acionista. Não parece correto afirmar que a dissolução da sociedade implica em rompimento do vínculo social, de forma que apenas nova manifestação de vontade dos sócios pode reconstituir o pacto. De acordo com esse entendimento seria inadmissível obrigar o acionista de sociedade que se dissolveu a participar de sociedade que se constitui, daí a razão do direito de recesso. Preferimos, entretanto, entender que a dissolução não afeta a sociedade em si, mas apenas seu objetivo, de forma que da assembléia que decide pela cessação do estado de liquidação não decorre a constituição de nova sociedade. O art. 207 da Lei corrobora o exposto.

O direito de recesso justifica-se, no caso, pois, com a dissolução da sociedade tem o acionista o direito expectativo de receber sua quota no acervo da sociedade. A dissolução da companhia funciona como um marco a partir do qual amadurece o direito expectativo do acionista para dar lugar ao direito expectado, já que a companhia deve pôr fim à exploração normal de sua atividade. Se a assembléia frustra o direito do acionista, deve ser-lhe conferido o direito de recesso.[88]

Doutrina majoritária vê com bons olhos a supressão do recesso quando da dissolução da sociedade. Leciona Rubens Requião a respeito da alteração procedida pela Lei 9.457/1997: "(...) a exclusão da deliberação sobre a dissolução da companhia como causa do pedido de recesso corrigiu um cochilo do legislador (...): de nada valia o sócio pedir o recesso de sociedade cuja dissolução fora resolvida, pois todos, no final, receberiam seus haveres na liquidação".[89]

87. A dissolução não era hipótese que ensejava recesso perante o Decreto-lei 2.627/1940.

88. Mauro Rodrigues Penteado chega à mesma conclusão, embora não se utilize da noção de direito expectativo. Pondera o autor: "Não parece exato afirmar que o direito de recesso foi aqui reconhecido porque 'haverá certamente mudança de objeto', visto que esta pressupõe reforma estatutária específica, causa autônoma de recesso. Afigura-se mais plausível explicar a solução legal pelo fato de que, com o ingresso da sociedade no estado de liquidação, *materializou-se o direito essencial* de o acionista participar do acervo da companhia (art. 109, inc. II); a reversão daquele estado justifica que se lhe atribua um sucedâneo àquele direito, representado pela faculdade de retirar-se da sociedade, recebendo os seus haveres" (grifo nosso – *Dissolução...*, cit., p. 223).

89. *Curso de Direito Comercial*, 2º vol., p. 142. No mesmo sentido, Ary Brandão de Oliveira, ob. cit., p. 215.

Mauro Rodrigues Penteado entende que a afirmação deve ser entendida com reservas e pondera: "Na liquidação, que se segue à dissolução, não é improvável que o saldo a partilhar entre os acionistas alcance valor inferior a que fazem jus, ao exercerem o direito de recesso, uma vez que a venda dos bens do ativo, mormente imóveis e máquinas, poderá ser feita em conjuntura desfavorável, sobretudo se se levar em conta a tendência jurisprudencial de atribuir ao *quantum* do reembolso valor o mais próximo possível à alíquota parte que representa no patrimônio real da empresa.

"De outra parte, como observa Ghidini, na liquidação são destruídos muitos valores significativos da organização empresarial, a começar por ela mesma, com reflexos diretos no saldo a partilhar entre os acionistas, sem falar que o próprio modo de liquidação, definido por maioria na assembléia geral, também poderá levar a um valor residual inferior ao que o sócio receberia a título de reembolso, ao exercer o direito de recesso".[90]

Não se pode olvidar, realmente, que a esfera de interesses do acionista pode ser afetada com a dissolução da sociedade. O valor a ser recebido pelo dissidente por meio do recesso pode ser superior àquele que receberá quando da liquidação. Com a Lei 9.457/1997 o reembolso, desde que previsto no estatuto, pode ser pago pelo valor econômico da companhia, o qual considera as perspectivas de rentabilidade tendo em vista a excelência organizacional da empresa (aviamento). Ora, a dissolução afeta, justamente, a organização da empresa – como pondera a doutrina, a organização dinâmica dá lugar à organização de liquidação –, de modo que não será difícil ocorrer a hipótese em que o recesso propicia ao dissidente o recebimento de valor superior àquele partilhado com a liquidação.

90. *Dissolução...*, cit., pp. 164-165.

B.2.3) Alteração do § 1º

Importante alteração foi introduzida no § 1º do art. 137. Segundo o parágrafo somente poderá exercer o direito de retirada o dissidente de deliberação da assembléia, inclusive o titular de ações preferenciais sem voto, que era titular das referidas ações na data da primeira publicação do edital de convocação, ou na data da comunicação do fato relevante objeto da deliberação, caso anterior. Esse dispositivo procura eliminar a chamada "indústria do recesso", ou seja, a negociação de ações com o intento de divergir da deliberação social e exercer o recesso. A redação anterior tomava como marco norteador a data da assembléia. Some-se a essa alteração, a possibilidade de pagamento das ações pelo valor econômico da companhia (art. 45, § 1º), que depende de avaliação, o que gera incerteza ao dissidente quanto ao valor a ser recebido pelas ações, e que, como apontado pela doutrina, em última análise, serve também como freio à utilização desregrada do recesso.

Essa alteração, desde que bem interpretada, de muito contribui para a eliminação da utilização do recesso como forma de obtenção de lucro.[91] Abranda a razão

91. O STJ, por meio de sua 3ª T., quando do julgamento do REsp 197.329-SP, rel. Ministro Eduardo Ribeiro, teve a oportunidade de decidir questão referente à compra de ações com o único intento de exercer o direito de recesso, mesmo antes da Lei de 1997. Do referido provimento, destaca-se a ementa: "*Sociedade anônima. Direito de recesso. Lei 6.404/1976, art. 137.* O direito de recesso visa a garantir a posição do sócio minoritário, quando ocorram modificações substanciais no estatuto da sociedade, ou que possam afetar o significado econômico das ações de que seja titular. Não merece essa proteção o simples propósito de auferir lucros injustificados como se verifica com a aquisição das ações após a convocação da assembléia que objetiva introduzir modificações estatutárias de que pode resultar o direito de retirada. Entendimento que se justifica antes mesmo da modificação introduzida pela Lei 9.457/1997, tendo em vista a norma de interpretação constante do art. 5º da Lei de Introdução ao Código Civil" (acórdão transcrito por Anna Luiza Prisco Paraiso, ob. cit., p. 247).

dos fautores de sua extinção. Com efeito, o recesso serve como contrapeso à estrutura societária criada pela Lei de 1976 e, se efeitos negativos existem, deve-se procurar aperfeiçoar o instituto, cediço por todos que, ao menos perante a realidade brasileira, o direito de retirada é importante ferramenta a serviço do acionista não controlador.

B.3) O novo fato que enseja direito de recesso

A Lei 9.457/1997 introduziu nova modalidade de recesso, estranha à estrutura jurídica do instituto. Decorre ela não da dissidência do acionista em assembléia, mas de fatores outros, conforme disposto no art. 223, § 4º, da Lei.

Diz o *caput* que a incorporação, fusão e cisão podem ser operadas entre sociedades de tipos iguais ou diferentes e deverão ser deliberadas na forma prevista para a alteração dos respectivos estatutos ou contratos sociais. O § 3º dispõe que, se a incorporação, fusão ou cisão envolver companhia aberta, as sociedades que a sucederem serão também abertas, devendo obter o respectivo registro e, se for o caso, promover a admissão de negociação das novas ações no mercado secundário, no prazo máximo de cento e vinte dias, contados da data da assembléia geral que aprovou a operação, observadas as normas expedidas pela Comissão de Valores Mobiliários.

O § 4º diz que o descumprimento do previsto no § 3º confere ao acionista o direito de retirar-se da companhia, mediante o reembolso do valor das ações, nos trinta dias seguintes ao término do prazo de cento e vinte dias, observados os §§ 1º e 4º do art. 137.

O intento da Lei é assegurar aos acionistas das sociedades resultantes de fusão, incorporação e cisão a liquidez que o mercado secundário lhes confere. Pondere-se, ademais, que esse suposto "direito à liquidez" que os parágrafos 3º e 4º do dispositivo em análise asseguram, como obtempera Carvalhosa, consiste, apenas, em acesso ao mercado secundário e não a garantia do mesmo nível de liquidez que possuíam as ações anteriormente à operação.[92]

Caso a companhia não obtenha o registro perante a Comissão de Valores Mobiliários e não promova a admissão à negociação das suas ações perante o mercado secundário, no prazo de cento e vinte dias, terá o dissidente o direito de recesso eis que a Lei fala em "obter" o registro e "promover" a admissão de negociação das ações no mercado secundário, no prazo máximo de cento e vinte dias contados da data da assembléia que aprovar a operação. Não acrescenta nenhum outro elemento que postergue o direito do acionista ao reembolso, caso não preenchidos os requisitos que elenca. Expirado o prazo, podem exercer o direito de recesso, cabendo à companhia arcar com o reembolso. Em última análise, a norma deve ter por escopo conferir ao acionista a segurança de que a sociedade resultante da incorporação, fusão ou cisão que envolva companhia aberta, será, também, aberta, o que de forma alguma será atingido caso o prazo de cento e vinte dias seja passível de prorrogação, qualquer que seja o motivo.[93]

6. Alterações referentes ao direito de recesso pela Lei 10.303/2001

O direito de recesso, tido ainda como resquício da vetusta concepção contratual da companhia, tem sido alvo de duras críticas por parte da doutrina. Ao mesmo tempo, concebido como remédio jurídico que propicia válvula de escape ao acionista que não quer se submeter à deliberação da assembléia, sempre dominada pelo controlador, encontra vozes respeitáveis que defendem sua mantença. As visões sempre argu-

92. *Comentários...*, cit., 4º vol., t. I, p. 219.

93. Sobre o tema, v. as observações de Mauro Rodrigues Penteado, *Reforma...*, cit., Waldirio Bulgarelli (coord.), pp. 49 e ss.

tas de Carvalhosa e Eizirik demonstram a utilização instrumental do direito de recesso: "As modificações constantes verificadas no direito de recesso a partir de 1989 constituem um reflexo da sua indevida utilização como instrumento de política governamental: ora é enfraquecido, para viabilizar ou reduzir os custos da privatização, ora é fortalecido, como ocorre com a Lei n. 10.303/2001, para aumentar o valor de posições acionárias minoritárias do governo federal".[94]

A) Alterações dos arts. 136 e 137

A Lei de 2001 altera os arts. 136 e 137. Mantém, com pequenas alterações de mera adaptação, as redações apresentadas à Comissão de Finanças e Tributação da Câmara. Introduz as seguintes alterações na Lei: acrescenta ao inciso I do art. 136 as expressões: "(...) ações preferenciais existentes (...)" e "(...) classes de ações preferenciais (...)". O intento do legislador é especificar que a necessidade de *quorum* qualificado para aprovar o aumento de classe de ações preferenciais existentes, sem guardar proporção com as demais, cinge-se à hipótese em que o aumento desproporcional refere-se, exclusivamente, às ações preferenciais, salvo se já estiver previsto ou autorizado no estatuto.

Outrossim, altera o § 3º do art. 136 apenas para subtrair a palavra "não", de forma a evidenciar a plena aplicação do § 2º às assembléias especiais dos titulares de ações preferenciais.

A.1) Alteração do inciso I do art. 136

Em relação propriamente ao direito de recesso, a alteração do inciso I do art. 136 (ao qual remete o art. 137, inciso I, não alterado), merece especial atenção. Nos termos do inciso I do art. 137, nos casos dos incisos I e II do art. 136, somente terá direito de retirada o titular de ações da espécie ou classe prejudicadas. Consoante a redação do inciso I do art. 136, conferem direito de recesso: criação de ações preferenciais ou aumento de classes de ações preferenciais sem guardar proporção com as demais classes de preferenciais. A redação do dispositivo, após a Lei de 1997, referia-se ao aumento de classes existentes, sem guardar proporção com as demais *espécies* e classes, do que resultava a possibilidade do exercício do direito de recesso não apenas pelos titulares de ações preferenciais atingidos, mas também pelos titulares de ações ordinárias.[95]

Com a nova redação dada pela Lei de 2001 ao inciso I do art. 136, cabe diferenciar duas situações. A primeira, em que há criação de ações preferenciais, salvo se houver previsão ou autorização estatutária. Admita-se que a companhia A possua apenas ações ordinárias. A criação de ações preferenciais afeta a esfera de interesses daquelas, de forma que, quanto a elas (ações ordinárias), continua sendo possível o exercício do direito de retirada, tal qual ocorria com a redação do dispositivo, após a alteração de 1997. A segunda situação é aquela em que houve aumento de classe de ações preferenciais existentes, sem guardar proporção com as demais classes de ações preferenciais. Nessa hipótese, parece indubitável que aos titulares de ações preferenciais pertencentes à classe aumentada cabe o direito de recesso, pois, em virtude do aumento, podem não receber o di-

94. *A Nova Lei...*, cit., p. 272.

95. V. Parecer CVM/SJU n. 040/1984: "Embora a lei descreva a hipótese com objetividade, sem referir-se a prejuízo econômico, a sua interpretação deve fazer-se em função dos motivos e finalidades que informaram a adoção da regra, isto é, da proteção ao interesse patrimonial do acionista interessado. A criação de ações preferenciais, quaisquer que sejam os direitos a elas conferidos, desde que importe em quebra de proporção relativamente aos acionistas ordinários, abre uma possibilidade de prejuízo para estes últimos e lhes dá a faculdade de se retirarem da companhia, se dissentirem da deliberação assemblear" (Alfredo Sergio Lazzareschi Neto, *Lei das Sociedades por Ações Anotada*, p. 349).

reito assegurado pela titularidade da ação – recebimento de dividendos (nas hipóteses, é evidente, que gozem dessa vantagem, eis que, com a Lei de 2001, inúmeras são as vantagens possíveis). No que concerne aos titulares de ações preferenciais pertencentes às demais classes, mister seja analisado cada caso concreto. Admita-se a hipótese em que uma companhia possua duas classes de ações preferenciais A e B. A classe A, composta por ações não negociadas no mercado de valores mobiliários, goza de prioridade na distribuição de dividendo fixo e não participa dos lucros remanescentes. À classe B, composta de ações negociadas no mercado de valores mobiliários, é conferido dividendo obrigatório majorado de 10% (dez por cento) em relação às ações ordinárias. Admita-se, agora, que a classe B é aumentada de forma desproporcional à classe A. Ora, a classe A, no caso, não sofrerá qualquer afetação patrimonial já que continuará recebendo dividendo fixo prioritário. Afetados serão os acionistas da própria classe B.[96]

Admita-se, agora, seja aumentada a classe A, sem guardar proporção com a classe B. No caso, tanto os acionistas pertencentes às classes A e B serão obviamente afetados.

Embora seja patente a afetação dos interesses patrimoniais dos titulares de ações ordinárias na hipótese aventada e mesmo considerando que o inciso I do art. 137 refere-se às ações de *espécie* ou classe prejudicadas, a redação que a Lei de 2001 confere ao inciso I do art. 136 é de clareza ímpar ao dispor que o aumento desproporcional de classe de ações preferenciais existentes refere-se às demais classes de ações preferenciais. A hipótese de aumento de classe de ações preferenciais que não guarde proporção com as ações ordinárias passa a não ensejar o direito de recesso aos titulares destas ações.[97]

A.2) Alterações introduzidas nos casos de fusão, incorporação, participação em grupo de sociedades e cisão

A.2.1) Recesso nos casos de fusão, incorporação e participação em grupo de sociedades

Nos casos de fusão, incorporação ou participação em grupo de sociedades, não

96. Para a análise do dispositivo antes da reforma introduzida pela Lei de 2001, Anna Luiza Prisco Paraíso, *O Direito de Retirada...*, cit., pp. 68 e ss.

97. A doutrina que se debruçou sobre o assunto não é uniforme. Carvalhosa e Eizirik ponderam: "Assunto diretamente relacionado ao inciso I do art. 136 é o *direito de recesso* previsto no inciso I do art. 137. Nesse passo, cumpre salientar que a nova redação do inciso I do art. 136, trazida pela Lei n. 10.303/2001, refletida na necessidade de aprovação, por *quorum* qualificado, de criação de ações preferenciais ou aumento de classe de ações preferenciais existentes sem guardar proporção com as demais classes de ações preferenciais, *não exclui o direito de retirada dos acionistas detentores de ações ordinárias prejudicadas* por essa deliberação. Isto por que o art. 137, I, garante o direito de retirada aos acionistas dissidentes da deliberação da assembléia geral ou da assembléia especial no caso do inciso I do art. 136, contanto que esses acionistas sejam titulares de ações da *espécie prejudicada* – incluindo-se aqui, de acordo com o art. 15 da Lei n. 6.404/1976, as *ações ordinárias*. Ainda que a nova redação do inciso I do art. 136 constante da Lei n. 10.303/2001 tenha *restringido* a exigência do *quorum* qualificado em determinadas situações, o inciso I do art. 137 manteve *o direito de retirada* do titular de *ações ordinárias prejudicadas* com a criação ou aumento de *classe* de ações preferenciais que não guardem proporções com as demais classes de ações preferenciais. Assim, possuem direito de retirada tanto os titulares de *ações preferenciais* como os titulares de *ações ordinárias*, desde que seu *prejuízo*, em virtude da deliberação de que trata o inciso I do art. 136, possa ser evidenciado. Aqui, deve-se entender em sentido amplo e pouco ortodoxo o termo *prejuízo*, constante do inciso I do *caput* do art. 137, ou seja, qualquer diminuição de direitos patrimoniais que determinada espécie ou classe de ações venha a sofrer em decorrência da deliberação de assembléia geral" (*A Nova Lei...*, cit., p. 261). Francisco Maciel Müssnich interpreta a Lei de forma mais assemelhada à que adotamos: "(...) a Lei n. 10.303/2001 retoma fundamentalmente a redação originária dada pela Lei n. 6.404/1976 antes da alteração imposta pela

terá direito de retirada o titular de ação que goze de liquidez e dispersão no mercado. Quanto ao primeiro critério, considera-se que a ação goza de liquidez quando integra índice geral representativo de carteira de valores mobiliários admitido à negociação no mercado de valores mobiliários, no Brasil e no exterior, definido pela Comissão de Valores Mobiliários. A Lei, portanto, ampliou os casos em que a liquidez é presumida. Para haver liquidez não há mais necessidade de a ação integrar índice admitido à negociação na bolsa de futuros, bastando seja admitido à negociação no mercado de valores mobiliários. Significa dizer que ações integrantes de outros índices admitidos à negociação, e não mais apenas do IBOVESPA, gozarão de liquidez.

O segundo requisito – dispersão – ocorre quando o controlador possuir menos da metade da espécie ou classe da ação.

Ao contrário da Lei 9.457/1997, a Lei 10.303/2001 inicia o inciso II do art. 137, utilizando-se de oração negativa para, nas alíneas "a" e "b", discorrer o que se deve entender por liquidez e dispersão utilizando-se de oração afirmativa. Neste ponto, bem andou a Lei de 2001 por tornar o dispositivo mais inteligível.

Tal qual a redação anterior desse dispositivo, a redação que lhe empresta a Lei de 2001 parece exigir que os requisitos liquidez e dispersão sejam cumulativos para privar o acionista do recesso. A doutrina não é uniforme. Carvalhosa e Eizirik entendem que os requisitos são cumulativos: "No regime da Lei n. 9.457/1997, os critérios de liquidez e dispersão, aplicáveis para o efeito de negar o direito de recesso na fusão, incorporação ou participação em grupo de sociedades, eram inequivocamente alternativos. Agora, com a reforma da Lei n. 10.303/2001, tais critérios passam a ser cumulativos. O novo texto legal (novo inciso II do art. 137) é explícito ao mencionar a liquidez e dispersão de espécie ou classe de ações, ao contrário da redação anterior, que mencionava somente ações".[98]

Francisco Müssnich entende de forma diversa: "Outra questão, de igual relevo, se encontra abordada pelo inciso II do art. 137, alterado pela Lei n. 10.303/2001 que dispõe que, na fusão da companhia ou sua incorporação em outra ou, ainda, na participação pela companhia em grupo de sociedades, o direito de recesso não poderá ser exercido se forem preenchidos, *pelo menos, um dos requisitos essenciais*, a saber: primeiro, que se trata de espécie ou classe de ações – ou certificado que a represente – de uma companhia (obviamente aberta) que integre índice geral representativo de carteira de ações admitido à negociação no mercado de valores mobiliários, no Brasil ou no exterior, definido pela CVM; e, em segundo lugar, também apenas aplicável ás companhias abertas, que seja classe ou espécie de ações das quais se encontram em circulação no mercado mais da metade do total dessa classe ou espécie (...)" (grifo nosso).[99]

Parece-nos, conforme defendido quando da análise da redação do art. 137, com a alteração de 1997, que os requisitos de dispersão e liquidez devem ser entendidos de forma alternativa. Em linha condizente com o intento da norma e da doutrina moderna quanto ao recesso – não oneração da companhia quando o acionista pode alienar suas ações junto ao mercado – temos que ambos os requisitos, liquidez e

Lei n. 9.457/1997. Dessa forma, a partir da Lei n. 10.303/01, fica claro que os acionistas ordinários não terão direito de recesso no caso de criação de classes de ações preferenciais ou aumento de classe de ações preferenciais existentes sem guardar proporção com as ações ordinárias" (*Reforma da Lei das S/A*, Jorge Lobo (coord.), p. 292).

98. *A Nova Lei...*, cit., p. 273. Assim também parece a Cantidiano, *Reforma da Lei das S/A*, p. 165.

99. *Reforma da Lei das Sociedades Anônimas*, Jorge Lobo (coord.), p. 299.

dispersão, devem ser entendidos alternativamente.

Não bastasse, esclarece a Lei 10.303/2001, quanto ao critério liquidez, que o mercado de capitais referido não se cinge ao mercado nacional. No que tange ao segundo requisito (dispersão), ao contrário do que dispõe a Lei de 1997, a Lei de 2001 ressalta que a dispersão refere-se à detenção, pelo controlador, sociedade controladora ou outras sociedades sob seu controle, de menos da metade da espécie ou classe da ação cogitada e não do total das ações emitidas pela companhia. Alberga, assim, entendimento já esposado pela doutrina.

A.2.2) Recesso no caso de cisão

A cisão volta a ensejar o direito de recesso desde que dela resulte: mudança de objeto social, salvo quando o patrimônio cindido for vertido para sociedade cuja atividade preponderante coincida com a decorrente do objeto social da sociedade cindida;[100] redução do dividendo obrigatório ou participação em grupo de sociedades. Nesse ponto, a Lei 10.303/2001 merece crítica, eis que interpretação açodada poderia levar à ilogicidade do dispositivo. É que o inciso II, do art. 137, restringe o direito de recesso nos casos de fusão, incorporação e participação em grupo de sociedades às hipóteses em que as ações não gozam de liquidez ou dispersão. Entretanto, no inciso III, "c", diz a Lei que a cisão que acarrete participação em grupo de sociedades dá ensejo ao recesso. Não restou claro se nesse caso deveriam ser respeitados os requisitos de não liquidez e não dispersão ou se a simples cisão de que resulte participação em grupo de sociedades, por si só, já ensejaria tal direito. Entendemos, embora a alínea "c" do inciso III não faça remissão ao inciso II, do art. 137, que os requisitos ali exigidos (falta de liquidez ou dispersão) devem ser observados para que o dissidente possa exercer o recesso.

Por fim, parece questionável dizer que foi novamente introduzido o recesso no caso de cisão. Ora, a simples cisão, sem que ocorra uma das hipóteses das alíneas "a", "b" e "c", do inciso II, do art. 137, não enseja tal direito. Neste ponto, em nada inova a Lei 10.303/2001, pois a doutrina que analisou a questão havia asseverado que, se da cisão resultasse qualquer das hipóteses legais que ensejam o direito, poderia o dissidente exercer o recesso.[101]

100. V. os seguintes Pareceres CVM/SJU: 1) n. 017/1985: "Não constitui mudança a simples inclusão no objeto social de mais algumas modalidades de bens comerciáveis em enumeração de itens. A inclusão em nada afeta o objeto cuja característica é a diversidade"; 2) n. 010/1983: "Configura alteração do objeto social para todos os fins de direito a expansão das atividades sociais, quando não importar em desenvolvimento de atividades complementares às anteriormente definidas nos estatutos sociais ou a elas integradas"; 3) n. 086/1979: "Em se tratando de companhia cujo objeto seja a siderurgia propriamente dita, a alienação do ativo operacional, permanecendo na empresa apenas os ativos financeiros, implica esvaziamento do objeto social. O objeto social da controladora não se confunde com a da subsidiária, mesmo quando integral. Ainda que os ativos operacionais sejam vertidos em uma subsidiária integral, altera-se o programa de ação da empresa, pelo que se conclui ter o acionista dissidente direito de recesso"; 4) n. 059/1981: "Parâmetros meramente quantitativos, como alienação de parte substancial de ativos, de *per si*, não constituem critério valorativo suficientemente idôneo para avaliar a alteração, de fato, do objeto social, por restrição de atividade econômica da companhia não formalmente caracterizada em termos de modificação de estatuto social. Para tanto, há que se identificar elementos de caráter qualitativo que, acrescidos aos de caráter quantitativo, denotem de forma incontestável a afetação, parcial ou total, da atividade econômica principal da companhia (...)"; 5) n. 011/1994: "Toda e qualquer mudança de objeto social, com conseqüente alteração estatutária, confere ao acionista dissidente o direito de recesso. A lei não exige comprovação de prejuízo para que o acionista exerça o direito de recesso, quando é alterado o objeto social da companhia. O direito de recesso quando da alteração do objeto social requer, para seu exercício, apenas: a referida alteração, a discordância por parte do acionista e o protesto tempestivo" (Alfredo Sergio Lazzareschi Neto, *Lei das Sociedades por Ações Anotada*, pp. 336-337/346).

101. V. Mauro Rodrigues Penteado, *Reforma da Lei...*, cit., Waldirio Bulgarelli (coord.), pp. 50-51.

Referências bibliográficas

AMARAL, Paulo Afonso de Sampaio. *S/A – Como Era, Como Ficou Após a Lei n. 9.457/1997*. São Paulo, Ed. Oliveira Mendes, 1998.

ASCARELLI, Tullio. *Problemas das Sociedades Anônimas e Direito Comparado*. São Paulo, Saraiva, 1945.

BARBIERA, Lelio. "Il *Corporate Governance* in Europa", *Studi di Diritto Privato Italiano e Straniero*. vol. XXXVIII, Nuova Serie. Milão, Giuffrè, 2000.

BATALHA, Wilson de Souza Campos, e RODRIGUES NETTO, Sílvia Marina L. Batalha de. *A Nova Lei das S/A*. São Paulo, LTr, 1998.

BULGARELLI, Waldirio. "Aspectos relevantes da reforma da Lei 6.404/1976, pela recente Lei 9.457/1997", *RDM* 108/69-72. Nova Série. São Paulo, Malheiros Editores.

______ (coord.). *Reforma da Lei das Sociedades por Ações*. São Paulo, Pioneira, 1998.

______. *Fusões, Incorporações e Cisões de Sociedades*. 3ª ed. atual. com a Lei n. 9.457/1997. São Paulo, Atlas, 1998.

______. *Regime Jurídico da Proteção às Minorias nas S/A*. Rio de Janeiro, Renovar, 1998.

CANTIDIANO, Luiz Leonardo. *Reforma da Lei das S/A*. Rio de Janeiro, Renovar, 2002.

CARVALHO DE MENDONÇA, José Xavier. *Tratado de Direito Commercial Brasileiro*. vol. III, 3ª ed., São Paulo/Rio de Janeiro, Freitas Bastos, 1938; vol. IV, 6ª ed., São Paulo/Rio de Janeiro, Freitas Bastos, 1959.

CARVALHOSA, Modesto. *Comentários à Lei das Sociedades Anônimas*. 2º e 4º vols., ts. I e II. São Paulo, Saraiva, 1998.

______, e EIZIRIK, Nelson L. *A Nova Lei das S/A*. São Paulo, Saraiva, 2002.

CHAMPAUD, Claude. *Le Pouvoir de Concentration de la Société par Actions*. Paris, Sirey, 1962.

COMPARATO, Fábio Konder. *Novos Ensaios e Pareceres de Direito Empresarial*. 1ª ed., Rio de Janeiro, Forense, 1981.

______. "O novo direito de retirada do acionista nos casos de fusão e incorporação", *RDM* 116/11-16. Nova Série. São Paulo, Malheiros Editores.

______. "Valor de reembolso no recesso acionário", *RT* 563/48-56, set./1982.

COPPENS, Pierre. *L'Abus de Majorité dans les Sociétés Anonymes*. Paris, Librairie René Fonteyn, 1955.

DE LUCCA, Newton. "O direito de recesso no Direito brasileiro e na legislação comparada", *RDM* 114/7-33. Nova Série. São Paulo, Malheiros Editores.

EIZIRIK, Nelson Laks. "Reforma das S/A e direito de recesso", *RDM* 111/74-81. Nova Série. São Paulo, Malheiros Editores.

______. *Reforma das S/A & do Mercado de Capitais*. Rio de Janeiro, Renovar, 1997.

FERREIRA, Waldemar Martins. *Tratado de Direito Comercial*. vol. 4, São Paulo, Saraiva, 1961.

FERRI, Giuseppe. *La Tutela delle Minoranze nelle Società per Azioni*. Pádua, Cedam, 1932.

FRÈ, Gian Carlo. "Sul diritto di recesso", *Rivista del Diritto Commerciale* vol. XXXI, parte I: 635-644/762-811. Milão, Casa Editrice Dottor Francesco Vallardi, 1933.

GASPERONI, Nicola. *Le Azioni di Società*. Pádua, CEDAM, 1942.

GOMES, Orlando. *Introdução ao Direito Civil*. 15ª ed., Rio de Janeiro, Forense, 2000.

GUERREIRO, José Alexandre Tavares. "Direito de retirada e poder de retratação", *Revista de Direito Mercantil, Industrial, Econômico e Financeiro* 44/22-27. São Paulo, Ed. RT.

LAMY FILHO, Alfredo, e PEDREIRA, José Luiz Bulhões. *A Lei das S/A*. vol. I, 3ª ed. atual., Rio de Janeiro, Renovar.

LAZZARESCHI NETO, Alfredo Sérgio. *Lei das Sociedades por Ações Anotada*. 2ª ed., São Paulo, Saraiva.

LEÃES, Luiz Gastão Paes de Barros. *Comentários à Lei das Sociedades Anônimas*. 2º vol., São Paulo, Saraiva, 1980.

______. *Estudos e Pareceres sobre Sociedades Anônimas*. São Paulo, Ed. RT, 1989.

______. *Do Direito do Acionista ao Dividendo*. São Paulo, Ed. Obelisco, 1969.

LEITE, Helio de Paula, e SANVICENTE, Antonio Zoratto. *Índice Bovespa: um Pa-*

drão para os Investimentos Brasileiros. São Paulo, Atlas, 1995.

LEME, Ernesto. *Das Acções Preferenciais nas Sociedades Anonymas*. São Paulo, Saraiva, 1933.

LOBO, Jorge (coord.). *A Reforma da Lei das S/A*. São Paulo, Atlas, 1998.

_____. "Direito de retirada nos casos de fusão, incorporação, cisão e participação em grupos de sociedades", *RT* 664/43-49, fev./1991.

_____ (coord.). *Reforma da Lei das Sociedades Anônimas*. Rio de Janeiro, Forense, 2002.

MARCONDES, Sylvio. "Da assembléia especial de acionistas preferenciais", *Questões de Direito Mercantil*. São Paulo, Saraiva, 1977.

MESSINA, Paulo de Lorenzo, e FORGIONI, Paula A. *Sociedades por Ações*. São Paulo, Ed. RT, 1999.

OLIVEIRA, Ary Brandão de. *O Direito de Recesso na Lei das Sociedades por Ações*. Dissertação de Mestrado, Faculdade de Direito da Universidade de São Paulo, 1983.

PARAISO, Anna Luiza Prisco. *O Direito de Retirada na Sociedade Anônima*. 2ª ed., Rio de Janeiro, Lumen Juris, 2000.

PEIXOTO, Carlos Fulgêncio da Cunha. *Sociedades por Ações*. vols. 2 a 4, São Paulo, Saraiva, 1972.

PENTEADO, Mauro Rodrigues. "A Lei 7.958/1989 e a pretensa modificação do direito de retirada dos acionistas: uma discussão inócua", *Revista de Direito Mercantil, Industrial, Econômico e Financeiro* 77/29-49. São Paulo, Ed. RT.

_____. *Dissolução e Liquidação de Sociedades*. Brasília, Brasília Jurídica, 1995.

PONTES DE MIRANDA, Francisco Cavalcanti. *Tratado de Direito Privado*. ts. V e L. 3ª ed., Rio de Janeiro, Borsói, 1972.

REQUIÃO, Rubens. *Curso de Direito Comercial*. vol. 2, 20ª ed., São Paulo, Saraiva.

RIPERT, G., e ROBLOT, R. *Traité de Droit Commercial*. t. 1, 17ª ed., Paris, LGDJ.

SCHMIDT, Dominique. *Les Droits de la Minorité dans la Société Anonyme*. Paris, Sirey, 1970.

SRAFFA, Angelo. "Una nuova questione sul recesso dei soci dalle società anonime", *Rivista di Diritto Commerciale*, vol. III, parte 2ª, pp. 253-257. Milão, Francesco Vallardi, 1905.

SZTAJN, Rachel. *Direito de Recesso*. Tese de Doutorado, USP, 1983.

_____. "O direito de recesso nas sociedades comerciais", *Revista de Direito Mercantil, Industrial, Econômico e Financeiro* 71/50-54. São Paulo, Ed. RT.

TEIXEIRA, Egberto Lacerda, e GUERREIRO, José Alexandre Tavares. *Das Sociedades Anônimas no Direito Brasileiro*. 2 vols., São Paulo, Bushatsky, 1979.

VALVERDE, Trajano de Miranda. *Sociedades por Ações*. vols. 1 e 2, Rio de Janeiro, Forense, 1959.

VAMPRÉ, Spencer. *Tratado Elementar de Direito Commercial*. vol. II, Rio de Janeiro, F. Briguiet & Cia. Editores, 1922.

VANASCO, Carlos Augusto. "Derecho de receso y la calidad de socio del accionista recedente", *Temas de Derecho Comercial Moderno, en Homenaje a Fernando A. Legón*. Buenos Aires, Depalma, 1998.

VITERBO, Camillo. "Il diritto di 'recesso' verso la sua fine", *Rivista del Diritto Commerciale*, vol. XXXI, parte 1ª, pp. 289-294. Milão, F. Vallardi, 1933.

VIVANTE, C. *Trattato di Diritto Commerciale*. vol. II, 3ª ed., Milão, F. Vallardi.

WALD, Arnoldo. "Término de concessão e direito de recesso", *Revista de Direito Mercantil, Industrial, Econômico e Financeiro* 40/29-35. São Paulo, Ed. RT.

Atualidades

JUROS SOBRE O CAPITAL PRÓPRIO. NATUREZA JURÍDICA

Fábio Ferreira Lanzana Pereira

1. Introdução. 2. Referência legislativa. 3. Aspectos tributários. 4. Aspectos societários. 5. Juros versus *dividendos. 6. Natureza jurídica dos juros sobre o capital. 7. Conclusão.*

1. Introdução

O tema do juros sobre o capital, ou juros sobre o capital próprio, está intimamente ligado à questão relativa às formas de financiamento de determinada atividade empresarial, mais especificamente quando essa atividade é desenvolvida por uma pessoa jurídica. Neste artigo, embora alguma referência se faça a outros tipos de pessoas jurídicas, focaremos a análise do tema no âmbito das *sociedades empresárias*.

Ao decidir que praticará determinada atividade lucrativa, o homem pode optar por desenvolvê-la de maneira isolada ou por meio da conjunção de esforços com outros indivíduos. Decidindo por essa segunda via, dentre outras opções, poderá ele constituir uma sociedade, que é a entidade dotada de personalidade jurídica por meio da qual seus sócios[1] fundadores, ou mesmo sócios posteriormente a ela admitidos, objetivam desenvolver alguma empresa, com o objetivo de obter lucro.

Ultrapassada essa primeira etapa, e definido o modo pelo qual a empresa será desenvolvida, surge de imediato a questão relativa os recursos materiais, além dos imateriais – idéias, *know-how*, tecnologia – que serão dedicados ao seu desenvolvimento. Em outras palavras, para que a empresa possa ser realizada, determinada soma de recursos materiais – na maior parte das vezes *dinheiro* – deverá ser colocada à disposição da sociedade que a desenvolverá, para a prática de suas atividades.

Ainda que haja extenso detalhamento dentro desses dois conceitos maiores, notadamente o primeiro, aqui faremos uma rápida menção às duas grandes formas de financiamento – quais sejam, aquela realizada por meio de capital de terceiro e outra realizada por meio de capital próprio. E há traços intensos que distinguem uma da outra.

O financiamento obtido por meio de capital de terceiro, ao qual aqui faremos apenas uma breve referência, consiste basicamente na obtenção de recursos por meio de empréstimos, financiamentos, valores mobiliários outros que não a ação, tais como debêntures e partes beneficiárias, ou mesmo outros mecanismos por

1. Utilizaremos no presente artigo as expressões "sócios" e "acionistas" indistintamente. Não que não haja diferenças entre elas, obviamente. Adotaremos tal procedimento exclusivamente em razão do fato de que, quanto ao tema aqui tratado, não há diferenciação dada pela legislação às sociedades limitadas, e seus sócios, e às sociedades por ações, e seus acionistas.

meio dos quais terceiros (assim entendidos, para os efeitos do quanto aqui se propõe, como todas as pessoas que não ocupam o lugar de sócios) transferem recursos à sociedade, temporariamente, recebendo, em contrapartida, determinada quantia a título de remuneração desse capital, além de, ao final do prazo avençado, o próprio valor transferido.

O financiamento obtido por meio de capital próprio, por outro lado, parte do pressuposto de que a sociedade deve desenvolver suas atividades lastreada em recursos próprios, que podem ser a ela transferidos, definitivamente, por seus sócios, especialmente no início de suas atividades, ou por ela gerados no desenvolvimento de tais atividades, ou seja, no desenvolvimento da empresa.

E é justamente na questão relacionada à transferência definitiva de recursos pelos sócios à sociedade, por meio da integralização de seu capital social, que se posta o assunto relativo aos juros sobre o capital.

Assim, o pagamento de juros sobre o capital seria a forma de a sociedade remunerar seus sócios ou acionistas pelo capital por eles nela aportado, observando procedimento semelhante ao que seria adotado no caso em que ela obtivesse financiamento por terceiros.

Argumenta-se, inclusive, que a prática eventualmente adotada por sócios ou administradores no sentido de manter uma política de maior austeridade financeira na condução dos negócios sociais, viabilizando que a sociedade se financie com um custo menor, por meio dos sócios ou acionistas – haja vista que os empréstimos e financiamentos obtidos com terceiros prevêem, em geral, juros em montantes substanciais –, não deveria penalizar esses mesmos sócios ou acionistas, o que ocorreria caso o capital aportado na sociedade não fosse remunerado.

Edmar Oliveira Andrade Filho aborda esse aspecto, nos seguintes termos: "O sucesso da empresa não constitui fator que possa interferir no abono de juros sobre o capital. Com efeito, o abono de juros sobre o capital independe do êxito econômico da empresa; *ele tem como causa o uso do capital pela sociedade, à maneira de um capital obtido perante terceiros sob a forma de empréstimos ou financiamentos*"[2] (grifos nossos).

Essa correlação, portanto, entre a utilização pela sociedade de capital próprio fornecido por seus sócios ou acionistas, ou mesmo por ela gerados, e a obtenção de empréstimo com terceiros justificaria, sob o aspecto societário, e até econômico, o pagamento dos juros aos sócios ou acionistas e explicaria a natureza jurídica do instituto, qual seja, a de despesa de juros remuneratórios, pagos em razão da indisponibilidade do capital social pelos titulares de participação societária.

Entretanto, observaremos que, não obstante essa seja, de fato, uma verdade decorrente de um primeiro enfoque dado ao tema pela legislação nacional e mesmo estrangeira, talvez possamos contribuir com algum aprofundamento, ao menos quando analisamos o instituto no Brasil, em razão da edição da Lei 9.249/1995 – o que procuremos fazer a seguir.

2. *Referência legislativa*

A primeira referência na legislação brasileira que se encontra a respeito do tema é a constante do Decreto-lei 2.627/1940, antiga Lei das Sociedades Anônimas. No art. 129, parágrafo único, "e", da referida legislação a seguinte disposição tratava do assunto:

"Art. 129. No fim de cada ano ou exercício social, proceder-se-á a balanço geral, para a verificação dos lucros ou prejuízos.

2. Edmar Oliveira Andrade Filho, *Perfil Jurídico do Juro sobre o Capital Próprio*, São Paulo, MP Editora, 2006, p. 23.

"Parágrafo único. Feito o inventário do ativo e passivo, a estimação do ativo obedecerá às seguintes regras: (...) e) nas despesas de instalação deverão ser incluídos *os juros pagos aos acionistas durante o período que anteceder o início das operações sociais*. Os estatutos fixarão a taxa, que não poderá exceder de 6% (seis por cento) ao ano, e o prazo para a amortização" (grifos nossos).

Percebe-se, de sua redação, que o dispositivo legal tratava, de fato, de juros sobre o capital social, na medida em que previa seu pagamento antes do início das atividades sociais, período em que a sociedade, via de regra, não detém qualquer outra espécie de recursos. Nesse sentido, eram despesas da sociedade, pagas em favor de seus sócios, a título de uma verdadeira remuneração pela "imobilização" dos recursos por eles nela aportados.

A sociedade, portanto, dentre todas as despesas de instalação, poderia pagar aos seus acionistas determinada remuneração, já que durante aquele período estaria inviabilizado o recebimento dos frutos decorrentes do desenvolvimento da empresa – ou seja, dos dividendos, estes o verdadeiro interesse dos sócios ou acionistas.

O doutrinador Trajano de Miranda Valverde, comentando referido dispositivo, e inclusive traçando um paralelo com outras legislações estrangeiras que trataram com similitude do assunto, explicitou bem essa característica, fazendo-o nos seguintes termos:

"O decreto-lei, a exemplo de outras legislações, permite que os estatutos abonem um certo juro sôbre o capital, *pagável aos acionistas durante o tempo necessário ao aparelhamento da emprêsa*. Algumas leis, como a italiana, não só particularizam as sociedades, que podem usar dessa faculdade, como também limitam o prazo do pagamento do juro e sua taxa, ordenando, ainda, que a importância dos juros seja incluída entre as despesas gerais de instalação da sociedade, a serem repartidas pelos sucessivos exercícios. Êsses juros são, na terminologia germânica, chamados *Bauzinse*, juros de construção.

"(...).

"*O dispositivo tem por finalidade atrair os pequenos capitais para as emprêsas, principalmente industriais, que precisam de certo tempo para a produção normal de lucros*. No nosso país, mais que nos países de grande desenvolvimento econômico, havia necessidade de se consagrar em texto expresso de lei essa faculdade. Pois que *a necessidade de um rendimento constante e regular é o motivo que afasta a grande massa dos pequenos detentores de capitais da colaboração nas emprêsas, que precisam de uma certa folga para a obtenção de lucros*"[3] (grifos nossos).

Mais à frente veremos que as modificações trazidas por legislações mais recentes procuraram não apenas disciplinar de maneira diferenciada o tratamento tributário dado aos juros pagos a sócios ou acionistas, mas também realizar uma verdadeira atualização do instituto aos tempos atuais, modificando em parte sua natureza.

Note-se, ainda, das ricas palavras de Miranda Valverde, a preocupação existente à época em se incentivar a atividade empresarial, sendo o estímulo ao financiamento com capital próprio, descrito no item 1 deste artigo, elemento importante nesse contexto.

Valem aqui também, nesse mesmo sentido, os comentários de Carvalho de Mendonça: "Há legislações que abrem exceções para as grandes companhias (estradas de ferro etc.), que, *precisando de razoável período para começar a produzir, lutariam com imensa dificuldade em obter subscritores, se êstes não colhessem desde*

3. Trajano de Miranda Valverde, *Sociedade por Ações*, 2ª ed., vol. II, Rio de Janeiro, Revista Forense, 1953, p. 364.

logo a renda para seus capitais"[4] (grifos nossos).

A segunda referência que encontramos na legislação é o art. 24, § 3º, da Lei 5.764/1971. Esse dispositivo – que, ao contrário do primeiro, está ainda vigente –, tratando da remuneração dos associados no âmbito das cooperativas, estabelece: "É vedado às cooperativas distribuírem qualquer espécie de benefício às quotas-partes do capital social ou estabelecer outras vantagens ou privilégios, financeiros ou não, em favor de quaisquer associados ou terceiros, *excetuando-se os juros até o máximo de 12% (doze por cento) ao ano que incidirão sobre a parte integralizada*" (grifos nossos).

A terceira disposição legal relativa ao tema é aquela constante do art. 179, V, da Lei das S/A, em sua redação anterior à atual redação dada pela Lei 11.638/2008. Tal dispositivo trazia regra que, ainda que não redigida da mesma forma que o dispositivo da legislação anterior, disciplinava também o tratamento contábil a ser dado à remuneração do acionista ocorrida anteriormente ao início das atividades sociais. Se não, vejamos: "Art. 179. As contas serão classificadas do seguinte modo: (...) V – no ativo diferido: as aplicações de recursos em despesas que contribuirão para a formação do resultado de mais de um exercício social, *inclusive os juros pagos ou creditados aos acionistas durante o período que anteceder o início das operações sociais*" (grifos nossos).

Wilson de Souza Campos Batalha, comentando o dispositivo, sustenta que a autorização existia em razão do não-início das atividades sociais, e destaca também a característica de elemento gerador de lucros futuros dada ao aporte inicial de capital realizado pelos sócios. Confira-se: "O ativo diferido é o conjunto das aplicações em despesas que contribuirão para a formação de resultados de mais de um exercício social. Incluem-se no ativo diferido os juros pagos ou creditados aos acionistas no período anterior ao início das operações (Decreto 76.186/1975, art. 171). Como já assinalado, as despesas que caracterizam o ativo diferido são despesas a que correspondem serviços efetivamente prestados ou *aplicações já efetivadas e que irão gerar lucros em exercícios subseqüentes*; distinguem-se das despesas incluídas no ativo corrente, que correspondem a serviços não prestados, caracterizando exigibilidade da empresa"[5] (grifos nossos).

Ora, do excerto percebe-se, novamente, que o propósito de remunerar o capital dos sócios sempre foi o de antecipar algum "retorno" aos sócios do capital investido, antes da geração de resultados sociais.

A seguir, veremos se tal preocupação permanece existente e o modo como evoluiu na legislação mais recente.

Observamos, também, que outras disposições existiram no Brasil, estas mais preocupadas com os aspectos tributários do pagamento de juros sobre o capital próprio, com as quais não nos preocupamos neste item, sendo certo que faremos referência a algumas delas a seguir, quando analisarmos tais aspectos.

3. Aspectos tributários

No que tange aos aspectos tributários dos juros sobre o capital próprio, de início cabe observar que a legislação fiscal não admitiu, historicamente, a dedução das despesas com pagamentos realizados a este título pela sociedade, a seus sócios ou acionistas, da base de cálculo do imposto de renda da pessoa jurídica/IRPJ e da contribuição social sobre o lucro líquido/CSLL.

4. José Xavier Carvalho de Mendonça, *Tratado de Direito Comercial Brasileiro*, vol. 3, Rio de Janeiro, Freitas Bastos, 1954, p 50.

5. Wilson de Souza Campos Batalha, *Comentários à Lei das Sociedade Anônimas*, 1ª ed., vol. II, Rio de Janeiro, Forense, 1977, pp. 901-902.

A título de exemplo, indicamos abaixo a redação do art. 171 do Decreto 76.186/1975 (antigo Regulamento do Imposto de Renda/RIR), cuja matriz legal era o art. 49 da Lei 4.506/1964, que, tratando do assunto, expressamente excluía a possibilidade de dedução, nos seguintes termos:

"Art. 171. Não serão admitidas, como custo ou despesa operacional, as importâncias creditadas ao titular ou aos sócios da empresa, a título de juros sobre o capital social (Lei n. 4.506/1964, art. 49).

"Parágrafo único. Não são alcançados pelo impedimento a que se refere este artigo os juros de até 12% (doze por cento) ao ano sobre o capital integralizado, pagos pelas cooperativas a seus associados (Lei n. 4.506/1964, art. 49, parágrafo único, e Lei n. 5.764/1971, art. 24, § 3º)."

O RIR anterior ao vigente, da mesma forma, vedava, em seu art. 287, a dedução de pagamentos realizados a título de juros sobre o capital da base de cálculo do IRPJ.

Pedro Anan Jr., comentado o referido dispositivo, teceu os seguintes comentários: "Os juros pagos ou creditados a titular, sócios ou acionistas a título de remuneração do capital próprio não poderiam ser deduzidos como custo ou despesa operacional, para efeitos da determinação do lucro real, nos termos do art. 287 do Regulamento do Imposto de Renda – RIR/1994, aprovado pelo Decreto 1.041, de 11.1.1994".[6]

Em face desse tratamento dado pela legislação fiscal às despesas pagas pelas sociedades, estas preferiam, sob a ótica estritamente tributária – que, claro, deveria ser adequada às demais questões de natureza especialmente financeira –, capitalizar-se por meio de recursos de terceiros, na medida em que as despesas de juros relativas a este tipo de empréstimo eram aceitas, desde que observadas determinadas características, como dedutíveis da base de cálculo do imposto de renda e da CSLL das empresas.

Em 1995 é que se observou uma modificação da legislação tributária em relação ao assunto, complementada por outra advinda no ano seguinte.

A Lei 9.249/1995 passou a aceitar como dedutível a despesa paga a sócios ou acionistas a título de remuneração do capital próprio, inicialmente apenas para os efeitos do cálculo do IRPJ, e posteriormente, com a edição da Lei 9.430/1996, também para o cálculo da CSLL.

Analisada detidamente a Lei 9.249/1995, verifica-se que ela, considerada sua redação atual, contém, basicamente, oito dispositivos sobre o tema aqui analisado, consistentes no art. 9º, *caput*, adicionado de sete parágrafos.

Desses dispositivos, dois seriam, segundo entendemos, de natureza híbrida – ou seja, tratam de questões tanto societárias quanto tributárias –, quais sejam: o *caput* do dispositivo e o § 8º. Outros quatro dispositivos (os §§ 2º, 3º, 5º e 6º) tratam eminentemente de questões de natureza tributária. E, por fim, os §§ 1º e 7º preocuparam-se com questões societárias relativas ao assunto.

Já por essa análise estrutural das prescrições contidas na legislação percebemos que ela trouxe nova normatização completa do instituto, e não apenas procurou conceder um benefício legal de natureza tributária. Mas abordaremos esse aspecto de maneira mais detalhada nos itens seguintes.

Passemos, então, a uma análise dos aspectos tributários constantes dos quatro dispositivos que se propuseram a regulamentar essas questões, bem como dos dois que dela trataram juntamente com assuntos societários. Primeiramente aqueles; e, após, estes.

6. Pedro Anan Jr., "Remuneração dos sócios e acionistas e o planejamento fiscal", *Planejamento Fiscal – Aspectos Teóricos e Práticos*, São Paulo, 2005, p. 316.

O § 2º aborda dois aspectos. O primeiro é a alíquota de incidência de imposto de renda sobre o valor pago ou creditado aos sócios a título de juros sobre o capital. Ele estabelece que tal alíquota é de 15%. O segundo é a definição da sistemática de recolhimento deste imposto, qual seja, a de retenção.

Assim, de acordo com o § 2º do art. 9º da Lei 9.249/1995, a sociedade que paga ou credita a seus sócios ou acionistas juros sobre o capital deve reter 15% de tal pagamento e recolher aos cofres da Fazenda Nacional a título de imposto de renda sobre tal pagamento.

O próximo dispositivo, o § 3º, estabelece qual o tratamento tributário que deve ser dado ao imposto retido pela pessoa jurídica que recebe os juros, o qual varia de acordo com a sistemática de tributação por ela adotada.

Deste modo, se a pessoa jurídica beneficiária dos juros houver optado por apurar seus tributos, especialmente o IRPJ e a CSLL, pela sistemática do lucro real, o imposto dela retido – pela pessoa jurídica que houver pago ou creditado os juros – será considerado antecipação do imposto devido pela beneficiária ao final de seu período de apuração, seja mensal, seja trimestral, seja anual.

Por outro lado, caso ela tenha optado por outra sistemática de apuração, entre as quais se destaca a do lucro presumido, ou, ainda, seja isenta de tributação, e também nos casos em que o beneficiário dos juros for pessoa física, tal retenção será considerada tributação definitiva.

Os §§ 5º e 6º, por fim, tratam de hipóteses de compensação do imposto pago por parte de determinados beneficiários, dentre os quais se destaca a pessoa jurídica tributada com base no lucro real, que, da mesma forma que aquela na qual detinha participação, delibera pagar ou creditar juros sobre o capital a seus sócios ou acionistas.

Ainda tratando dos aspectos puramente tributários dos dispositivos que aqui classificamos como híbridos, podemos destacar que o *caput* do art. 9º limitou a dedutibilidade da despesa de pagamento dos juros sobre o capital próprio à taxa de juros de longo prazo/TJLP; e o § 8º estabeleceu que determinada conta contábil então existente (a de reserva de reavaliação) não poderia ser considerada para o cálculo dos juros (que, conforme será visto mais à frente, atualmente são calculados sobre o patrimônio líquido), a menos que tal reserva fosse ou tivesse sido oferecida à tributação pela pessoa jurídica.

Podemos afirmar, então, que se trata esse último dispositivo de verdadeiro limite à apropriação de despesas a título de pagamento de juros sobre o capital, para fins fiscais, acima de determinado limite do "patrimônio não-tributado" da sociedade.

Analisados esses principais aspectos tributários trazidos pela legislação de 1995, percebemos que, afora as questões de cunho puramente fiscal, não houve modificação quanto ao tratamento societário dado ao instituto.

Em outras palavras, a natureza jurídica que historicamente foi atribuída aos juros pela legislação societária, inclusive a vigente – de despesa paga pela sociedade a capital tornado indisponível pelos sócios –, foi mantida pela nova lei quando tratou dos aspectos tributários do instituto.

Em análise feita das opiniões de alguns autores nacionais percebemos que, se não todos, muitos vão de encontro à afirmação acima.

Essa questão – da natureza dos juros sobre o capital (se juros remuneratórios ou dividendos) –, entretanto, analisaremos com mais vagar nos dois últimos itens deste artigo.

Queremos, a esta altura, apenas destacar que, segundo nosso entendimento – e ainda que isso traga condições tributárias desfavoráveis às sócias pessoas jurídicas beneficiárias dos juros sobre o capital –, temos que uma análise exclusivamente do conteúdo tributário da Lei 9.249/1995 nos leva à convicção de que tal lei permaneceu tratando os juros sobre o capital, sob a ótica da pessoa jurídica que os paga ou credita, como juros remuneratórios.

4. Aspectos societários

Conforme já comentado acima, dos oito dispositivos constantes da Lei 9.249/1995 podemos considerar que ao menos dois não estipularam regras de natureza tributária ao instituto dos juros sobre o capital. Os §§ 1º e 7º do art. 9º da referida lei, o primeiro analisado em conjunto com o *caput* do dispositivo, ao contrário, dispuseram sobre aspectos de natureza eminentemente societária, e merecem uma análise de nossa parte, sob esse enfoque.

Além dessas disposições legais, abordaremos em breves linhas a Deliberação CVM-207/1996, que, da mesma forma, trouxe regras, ainda que de mera contabilização e/ou apresentação das demonstrações financeiras da sociedade, e ainda que aplicáveis somente às companhias abertas, que disciplinam o assunto.

Percebe-se que os dispositivos acima transcritos (desconsiderada a primeira parte do *caput*), longe de trazerem disposições a respeito do tratamento fiscal a ser dado aos valores envolvidos, trouxeram mudança societária substancial ao instituto dos juros sobre o capital.

Isso porque o tema foi tratado tradicionalmente como remuneração paga ao sócio ou acionista pelos valores *por eles aportados na sociedade em integralização do capital social*, enquanto os dispositivos acima referidos afirmam expressamente que o cálculo dos juros, após a Lei 9.249/1995, não mais se dá com base em qualquer valor de capital social, mas sim com base no patrimônio líquido da sociedade.

Além disso, a legislação expressamente passou a vedar que o pagamento se dê por sociedade que tenha menos que o dobro do valor que pretende pagar ou creditar a seus sócios ou acionistas como lucros, sejam acumulados, sejam correntes ou em forma de reservas, registrado em sua contabilidade.

Ora, esses dispositivos – que, repita-se, nada têm de conteúdo normativo tributário – mudaram de maneira radical o instituto dos juros sobre o capital no Brasil, na medida em que passaram a exigir requisitos que até então não existiam para o pagamento dos juros, e o fizeram tendo como referencial não valores aportados pelos sócios ou acionistas ao capital social da sociedade, mas a quantidade de patrimônio próprio por ela detido e a quantidade de resultados por ela gerados até o momento do pagamento ou do creditamento. Mais à frente aprofundaremos esse aspecto.

O outro dispositivo de conteúdo eminentemente societário é o § 7º, que talvez pudéssemos afirmar que foi em parte regulamentado pela deliberação da CVM acima citada e abaixo comentada. Seu texto é: "§ 7º. O valor dos juros pagos ou creditados pela pessoa jurídica, a título de remuneração do capital próprio, poderá ser imputado ao valor dos dividendos de que trata o art. 202 da Lei n. 6.404, de 15 de dezembro de 1976, sem prejuízo do disposto no § 2º".

O § 7º estabelece, portanto, que, não obstante o tratamento normal dado pela sociedade ao pagamento ou crédito de juros sobre o capital próprio, especialmente o calculado de acordo com a nova sistemática legal – ou seja, sobre patrimônio líquido e condicionado a resultados –, deve-se atentar para a questão relativa à distribuição de resultados da sociedade. Explicamos.

Sabe-se que o objetivo primordial do sócio ou acionista é o recebimento do fruto de seu investimento realizado na sociedade. Em outras palavras, pretende o sócio ou acionista receber lucros ou dividendos após o decorrer de determinado período de desenvolvimento da empresa.

Tendo em vista essa condição, preocupou-se a legislação societária em instituir, por meio de determinados dispositivos, uma obrigatoriedade na distribuição de dividendos no caso de geração de lucros pela sociedade. Valem como referência ao aspecto aqui citado os arts. 202, 197, § 2º, 198 e 199, todos da Lei 6.404/1976.

Por outro lado, a sociedade muitas vezes – e, inclusive, no mais das vezes – não reúne condições de realizar o pagamento de todo ou de parcela muito substancial de seu resultado social. Assim, em face de suas obrigações, a sociedade se compromete, em seu contrato ou estatuto social, a pagar a seus sócios ou acionistas uma parte de seu lucro apurado, e o remanescente é nela mantido para a continuidade da empresa.

Ora, na medida em que a nova legislação estabeleceu que o cálculo dos juros sobre o capital deve ser realizado com base no patrimônio líquido da sociedade, aplicando-se sobre ele determinado percentual, e está ele ainda condicionado à existência de lucros, resta claro que os juros sobre o capital terminam por ser pagos tendo como lastro referido saldo de lucros, sem ofensa ao capital social.

Nesse sentido, caso não houvesse na legislação uma autorização para que o valor pago a título de juros sobre o capital próprio pudesse ser considerado como lucros ou dividendos, apenas para efeito de cumprimento, pela sociedade, daquele valor mínimo que ela se comprometeu a pagar a seus sócios ou acionistas, estar-se-ia criando um verdadeiro aumento em tal compromisso da entidade.

Dito de outro modo, a sociedade, não houvesse tal disposição legal, poderia pagar juros sobre o capital tendo como lastro seus lucros, mas, nesse caso, deveria, da mesma forma, pagar, suponhamos, mais 25% de seu lucro a seus sócios ou acionistas, a título de dividendo mínimo obrigatório.

Enfim, está a legislação apenas permitindo que a sociedade considere como dividendos ou lucros os juros pagos, para que ela não tenha obrigação adicional quanto ao pagamento de tais resultados sociais, que acabariam por dificultar o aproveitamento do benefício fiscal trazido pela lei.

A CVM, procurando regulamentar a forma de contabilização, pelas companhias abertas, dos valores por elas pagos a título de remuneração do capital próprio, e ainda com a forma de apresentação de tal procedimento por elas em suas demonstrações financeiras, editou a Deliberação CVM-207/1996.

Tal deliberação, entre outros aspectos de menor relevância, estabeleceu que quando da apresentação do resultado do exercício em suas demonstrações financeiras (especialmente no Demonstrativo do Resultado do Exercício – arts. 187 e ss. da Lei 6.404/1976) as companhias abertas que houverem realizado o pagamento de juros sobre o capital no exercício financeiro representado por tais demonstrações devem, para fins de publicação de tais informativos, excluir a despesa paga a esse título, voltando a considerá-la, repita-se, apenas para fins de apresentação, como lucro do exercício.

Claro está que a CVM, enquanto autarquia fiscalizadora do mercado de valores mobiliários nacional, preocupou-se com a qualidade das informações tornadas disponíveis pelas companhias abertas a seus investidores. Nesse sentido, pretendeu ela facilitar a leitura das demonstrações financeiras, determinando que procedimentos contábeis não conhecidos pelo público em geral sejam, na medida do possível, delas eliminados quando de sua apresentação, de modo a evitar equívocos em sua interpretação.

5. *Juros* versus *dividendos*

Nesse ponto de nosso artigo ingressamos na questão que entendemos ser a mais polêmica em toda a discussão a respeito do pagamento de juros sobre o capital próprio – qual seja, a de se tais juros têm, de fato, o caráter de juros remuneratórios, pagos sobre uma indisponibilidade de capital, ou se, ao contrário, trata-se de dividendos, pagos pela sociedade com outra denominação.

Talvez uma crítica que possa ser tecida a essa polêmica toda seja seu caráter maniqueísta. A existência de dois caminhos, pelos quais os autores optaram – com honrosas exceções – de maneira, no mais das vezes, bastante veemente, pode ter dificultado a busca por uma terceira via, ou ao menos uma alternativa que reconheça que o instituto, ainda que possa ter sua natureza jurídica definida como de juros remuneratórios ou de dividendos, traz características diferentes da forma clássica de tais institutos, as quais mereçam análise mais detida.

Essa análise é o que tentaremos fazer no item 6, a seguir.

Por ora, reproduziremos algumas das manifestações relativas a cada um dos entendimentos, para que possamos melhor nos situar no tema. Primeiramente apresentaremos aquelas que sustentam que os juros têm a natureza de dividendos; e, após, uma única em sentido contrário.

"Os juros calculados sobre o capital próprio pagos ou creditados ao acionista constituem inequivocamente distribuição de resultado, integrando o valor total pago como dividendos. Com efeito, o § 1º do art. 9º da Lei n. 9.249/1995 dispõe expressamente que o efetivo pagamento ou crédito dos juros fica condicionado à existência de lucros, computados antes da dedução dos juros, ou de lucros acumulados de exercícios anteriores. Sem a existência de lucros não se pode cogitar da distribuição de dividendos; como o valor dos juros calculados sobre o capital próprio da companhia integra o valor dos dividendos devidos aos acionistas, evidentemente só podem ser pagos ou creditados tais juros quando, havendo lucros, ocorrer distribuição de dividendos."[7]

"O 'juro sobre o capital' outra coisa não é que um resultado distribuível da companhia sujeito a regime fiscal especial, resultado, este, suscetível de duas destinações alternativas: distribuição efetiva aos sócios ou capitalização (imediata, por via de aumento de capital, ou futura, por via de manutenção). No primeiro caso ocorre a figura do dividendo, regulada nos arts. 201 e ss. da Lei das S/A; no segundo ocorre a figura do aumento de capital por capitalização de lucros ou reservas prevista no art. 169 da mesma lei."[8]

"Os juros computados sobre o capital social e creditados aos sócios são lucros distribuídos, pois os sócios não são credores da sociedade, mas titulares de direito de participar no lucro."[9]

"Incorre em censura jurídica a estipulação do pagamento de certo juro sôbre as quotas ou as ações para o caso de a sociedade não dar lucros? As quotas ou ações constituem o capital e êste não é dos sócios, mas da sociedade. Esta, conseguintemente, não pode pagar juros pelo que é seu."[10-11]

7. Modesto Carvalhosa, *Comentários à Lei das Sociedades Anônimas*, 3ª ed., vol. 1, São Paulo, Saraiva, 2000, p. 139.

8. Alberto Xavier, *Direito Tributário Internacional do Brasil*, 6ª ed., Rio de Janeiro, 2004, pp. 585-586.

9. José Luiz Bulhões Pedreira, *Imposto sobre a Renda: Pessoas Jurídicas*, vol. 1, Rio de Janeiro, Justec, 1979, p. 476.

10. José Xavier Carvalho de Mendonça, *Tratado de Direito Comercial Brasileiro*, cit., vol. 3, pp. 49-50.

11. O autor (José Xavier Carvalho de Mendonça), em conclusão um pouco diferenciada dos demais aqui citados, inclusive em razão da época em que foi escrito seu texto, sugere que o pagamen-

"Ocorre, entretanto, que os JCPs têm uma natureza bastante peculiar e, apesar da nomenclatura adotada pela lei, configuram uma forma de distribuição do resultado da empresa, alternativa aos dividendos ou à mera distribuição de lucros. Os juros computados sobre o capital social e creditados aos sócios são lucros distribuídos, pois os sócios não são credores da sociedade, mas titulares de direito de participar no lucro."[12]

"Em face destas considerações iniciais, fica claro que a operação de pagamento dos juros sobre o patrimônio representa uma parcela da distribuição do resultado – quantia integrante do valor total pago a título de lucros ou dividendos –, a qual de 'juros' tem apenas a denominação, já que a sua natureza – decorrente de lucros – não se reveste de características remuneratórias."[13]

"(...) b) que, no conceito de lucro da lei societária, remuneração do capital próprio, paga/creditada aos acionistas, configura distribuição de resultado e não despesa; (...)."[14]

"A autorização legal para imputação do juro sobre o capital para fins de pagamento do dividendo mínimo obrigatório não permite aduzir que há uma equiparação de uma coisa a outra. A restrição feita pela lei, ao admitir unicamente a imputação a uma espécie de lucro distribuído – aquele que o é sob a forma de dividendo obrigatório –, serviria, quando muito, para supor que a equiparação ocorreria apenas nos casos previstos na própria lei. Em outras palavras, a própria lei estabeleceria limites para a eventual equiparação."[15]

A seguir tentaremos, então, dar alguma contribuição ao assunto.

6. *Natureza jurídica dos juros sobre o capital*

A natureza jurídica de determinado instituto é obtida pelo tratamento normativo que a ele é dado pela legislação vigente.

De modo a melhor sistematizar as disposições normativas, o legislador, até certo ponto, procura dividir as diversas normas de conduta em leis segregadas por matéria. Assim, com alguma freqüência se observa no próprio texto de lei menção no sentido de que determinada norma "altera a legislação tributária federal" ou "dispõe sobre as sociedades por ações".

O pesquisador do Direito, por sua vez, também procura analisar seu objeto de estudo por determinada ótica e segregar suas considerações daquelas realizadas por outro pesquisador que eventualmente analisa o mesmo objeto, porém por ótica diferenciada.

Não obstante essa segregação – tanto por parte do legislador quanto por parte do pesquisador –, a natureza jurídica de determinado instituto deve ser obtida por meio da análise do tratamento que a ele é dado pela legislação vigente, e por toda a legislação vigente, independentemente de sua "natureza", tributária, societária, regulatória, ambiental ou qualquer outra.

Ainda que sem abordar expressamente essa questão por esse enfoque, a doutrina reconhece esse método como legítimo.

Observe-se, a título de exemplo, consideração feita por Fábio Ulhoa Coelho, em seu *Curso de Direito Comercial*, inclusive relacionada ao tema aqui tratado:

to dos juros sobre o capital seria, então, forma de devolução do capital social.

12. Roberto Salles, "Não-incidência das contribuições sociais do PIS e da COFINS sobre valores recebidos a título de juros sobre o capital próprio", *RDDT* 111/111-112, São Paulo, Dialética, dezembro/2004.

13. Fábio Canazaro, "Os juros sobre o capital próprio e a (não) incidência das contribuições PIS e COFINS", *RDDT* 117/34, São Paulo, Dialética, junho/2005.

14. Presidência da CVM, através dos *consideranda* à edição da Deliberação CVM-207/1996.

15. Edmar Oliveira Andrade Filho, *Perfil Jurídico do Juro sobre o Capital Próprio*, p. 15.

"Parte da doutrina tem afirmado que os juros sobre o capital devem ser considerados uma espécie de dividendo *(Carvalhosa 1977:1:139)*. Entretanto, duas razões demonstram o contrário.

"Em primeiro lugar, a existência da norma legal autorizativa do seu cômputo no montante correspondente aos dividendos obrigatórios (o art. 9º, § 7º, da Lei 9.249/1995), a indicar que o legislador atribui aos juros natureza diversa da de dividendos. Claro, pois, se os juros sobre o capital fossem espécie de dividendos, não haveria necessidade do dispositivo em questão; eles já estariam, por definição, incluídos entre os obrigatórios. Aliás, somente se pode imputar a determinada categoria contábil o que é estranho a ela. Pois bem, como a lei não possui termos inúteis, deve-se concluir que os juros sobre o capital próprio correspondem a uma categoria de 'pagamentos em favor dos acionistas' distinta da dos dividendos, a uma forma *sui generis* de remuneração do investimento na empresa.

"Em segundo, deve-se levar em conta o regime tributário diferenciado e o princípio constitucional da isonomia. Na mesma lei em que disciplinou os juros sobre o capital próprio o legislador isentou de imposto de renda o pagamento de dividendos (art. 10). Ora, como os juros são tributados à base de 15%, na fonte (art. 9º, § 2º), conclui-se que os dois pagamentos possuem necessariamente natureza distinta. Não se pode tratar de modo diferente, sob o ponto de vista da tributação, duas situações idênticas (CF, art. 150, II). Ora, se os tratamentos tributários são díspares (isento um recebimento; tributado o outro), as situações correspondentes não podem ser juridicamente iguais. Tomar a remuneração dos acionistas representada pelos juros como parte dos dividendos é pôr em questão a constitucionalidade da diferenciação no tratamento tributário."[16]

Ora, quando o autor se vale das disposições atinentes à normatização contábil e ao direito tributário, e até mesmo constitucional, para defender seu ponto de vista no sentido de que os juros sobre o capital não são dividendos, está ele se valendo do mecanismo por nós proposto – ou seja, o de se realizar uma análise de todo o tratamento dado pela legislação vigente ao tema, com o objetivo de se encontrar sua natureza jurídica.

No mesmo sentido caminha Edmar Oliveira Andrade Filho quando, valendo-se de conceitos de direito civil, procura identificar a natureza do instituto, nos seguintes termos:

"Juro é conceito genérico que abrange diversas espécies: juro de mora, juro compensatório, juro legal etc.

"(...).

"Em regra, os juros compensatórios são exigíveis em decorrência do uso autorizado de capital alheio. Juros dessa natureza representam a recompensa ou paga pelo uso de capital de outrem, têm a finalidade de compensar o credor e são devidos em face do uso do capital de terceiros, de acordo com os critérios da lei de ordem pública ou do contrato. A função de tais juros não é reparar um dano, de modo que eles podem ser exigidos independentemente da mora ou do inadimplemento da obrigação contraída.

"(...).

"Os juros sobre o capital não têm a finalidade de compensar o sócio ou acionista por uso indevido do capital; ao contrário, eles só são exigíveis em razão do uso do capital pela pessoa jurídica. Ostentam, por esta razão, o caráter de juros compensatórios."[17]

Trilhando por esse caminho, de caracterização do instituto com base em todos os diplomas legais que o disciplinam, visua-

16. Fábio Ulhoa Coelho, *Curso de Direito Comercial*, 6ª ed., São Paulo, Saraiva, 2003, p. 343.

17. Edmar Oliveira Andrade Filho, *Perfil Jurídico do Juro sobre o Capital Próprio*, p. 8.

lizamos uma substancial modificação na natureza jurídica dos juros sobre o capital após a edição da Lei 9.249/1995, conforme já comentado em linhas gerais, acima.

De fato, observamos nos itens anteriores deste artigo que o tema dos juros sobre o capital ligou-se tradicionalmente à questão relativa às formas de capitalização da sociedade. A sociedade – ou, pelo menos, ela tal como se a conhece – afirmava-se, era um incipiente ser carente de recursos para desenvolvimento de suas atividades.

Esses recursos deveriam provir de seus sócios ou acionistas, sob pena de ela, sociedade, cair nas garras de instituições financeiras ou, para melhor adequar o vocabulário à situação da época, de instituições creditícias que a extorquiriam com juros aberrantes incidentes sobre os recursos que seriam a ela emprestados.

De modo a se fugir desse "mal maior", as sociedades procuravam incentivar que os próprios sócios financiassem sua construção, instalação ou aparelhamento, de modo que elas pudessem iniciar de maneira saudável suas atividades.

Esse incentivo – completavam a legislação e a doutrina da época – vinha por meio do pagamento de juros, verdadeiro custo de oportunidade decorrente da imobilização do dinheiro por período que ele nem poderia gerar frutos, vez que atrelado a negócio ainda não iniciado.

Com esse cenário em mente, a doutrina e a legislação – tanto de natureza comercial quanto de natureza tributária – uníssonas tratavam do tema.

Ocorre que em 1995 o legislador passou a tratá-lo de maneira substancialmente diversa.

O primeiro traço distintivo de fundamental importância é o abandono, por parte do legislador, de expressões constantes tanto de legislações comerciais quanto tributárias anteriores, que caracterizavam que o pagamento dos juros se dava em razão do (i) não-início das atividades sociais e/ou (ii) da imobilização de recursos por parte dos sócios ou acionistas, aportados ao capital da sociedade.

O segundo, que em certa medida complementa o primeiro, é justamente a utilização pelo legislador de expressões que aproximam o instituto das figuras de resultados sociais (lucros).

Não que aqui se defenda que os juros sobre o capital são, de fato, dividendos, ou mesmo que seu pagamento representa distribuição de lucros. Ao contrário disso, entendemos, na linha do raciocínio acima já apresentado – inclusive sustentado por doutrinadores nacionais de peso –, que os juros sobre o capital têm a natureza de juros remuneratórios, pagos em razão da indisponibilidade de recursos.

Conquanto se afirme, efusivamente (conforme visto pelas manifestações transcritas no item anterior), que a sociedade não pode, de modo algum, pagar juros a terceiros (sócios) sobre o que é seu (o capital social aportado), não há como negar que o tratamento de despesa dado ao instituto pela legislação vigente, assim como pela anterior, o caracteriza como juros.

Entretanto, entendemos que, de acordo com a normatização trazida pela Lei 9.249/1995, tais juros não guardam mais qualquer relação com o capital social aportado pelos sócios no início das atividades sociais ou mesmo durante o desenvolvimento da empresa pela sociedade. Diferente disto, cremos que está relacionado – isto, sim – com os resultados gerados pela sociedade, de tempos em tempos.

Para prosseguirmos em nosso raciocínio iremos nos valer de um exemplo. Imaginemos uma sociedade a cujo capital os sócios ou acionistas tenham aportado apenas R$ 50.000,00. Sabe-se que as sociedades prestadoras de serviços costumam deter montante bastante reduzido de capital social, em face do tipo de atividade que desenvolvem.

Em outras palavras, considerando que o principal ativo de tal tipo de sociedade, no mais das vezes, é sua tecnologia em seu ramo de atuação, a qual é explorada associada a determinado serviço, tal espécie de sociedade não necessita de grande soma de capital para desenvolvimento de seus negócios.

Pois bem, essa mesma sociedade que tomamos de exemplo pode desenvolver suas atividades de maneira árdua e, como fruto do desenvolvimento competente dessas atividades, gerar um lucro, um resultado positivo, de R$ 2.000.000,00.

Imagine-se – prosseguindo na mesma situação fictícia proposta – que essa condição se repita durante alguns exercícios sociais, de modo que tal sociedade registre, ao final desse período, lucros de mais de R$ 10.000.000,00.

Observe-se que esse resultado não foi em momento algum investido pelos sócios ou acionistas na sociedade ou a ela por qualquer modo aportado (o valor aportado pelos sócios, relembre-se, foi de apenas R$ 50.000,00). Ao contrário, tal montante representa fruto daquele capital inicialmente aportado – fruto, esse, que poderia, observadas determinadas condições legalmente previstas, ser transferido, pago, aos sócios dessa sociedade por meio de dividendos ou distribuição de lucros.

Observada a sistematização prevista pela Lei 9.249/1995 e utilizando-se como exemplo uma TJLP de 10%, e ainda considerando que essa sociedade não teria outras contas em seu patrimônio líquido, além dos lucros acima referidos e de seu capital social, poderíamos afirmar que essa sociedade poderia pagar a seus sócios, ao final de determinado exercício social, mais de R$ 1.000.000,00 a título de juros sobre o capital.

Ora, nessa hipótese, e considerando que os juros remuneratórios pagos o são pela indisponibilidade de recursos por "terceiros", temos que não se justificaria a sustentação de que a sociedade estaria pagando R$ 1.000.000,00, como fruto, e, portanto acessório, a título de remuneração de um valor principal 20 vezes menor.

Dito de outro modo, entendemos que a remuneração pela utilização de determinados recursos por determinado tempo – se extrapolarmos o exemplo poderíamos chegar a um período bastante curto de um ano – não poderia, em condições normais, atingir montantes que superam dezenas de vezes o próprio valor principal tornado indisponível.

A distorção que se nota no exemplo acima pode ser explicada pelo fato de que a legislação recente (Lei 9.249/1995) modificou a natureza jurídica dos juros sobre o capital, que deixaram, então, de ser tratados como remuneração do capital social investido pelos sócios na sociedade, e, portanto, tornado indisponível para outras finalidades, e passaram a representar remuneração dos sócios por um resultado já gerado pela sociedade, mas que eles não pretendem, ou pelo menos ainda não pretendem, dela retirar.

Observe-se, ainda, que a legislação estabeleceu limite percentual para o cálculo dos juros, ou seja, a TJLP, divulgada periodicamente pelo Governo Federal, aproximando o instituto dos juros remuneratórios.

Ou seja, não se trata de se obter, por qualquer cálculo, somas que em muitos casos superam em muitas vezes o capital social. Trata-se – isto, sim – de aplicar determinado percentual (correspondente a uma taxa de juros fixada pelo Governo Federal) sobre o valor do patrimônio líquido da sociedade (excluídas determinadas contas), estando o pagamento condicionado à existência do dobro de seu valor em lucros. Trata-se, portanto, de remuneração – a taxas ao menos próximas às praticadas pelo mercado a empréstimos – dos resultados apurados pela sociedade, e não de remuneração do capital social.

É nesse mesmo sentido que – entendemos – a nomenclatura do instituto foi corretamente modificada pela mesma lei acima citada, deixando ela de fazer qualquer referência a "juros sobre o capital social" e passando a tratar do tema como "juros sobre o capital próprio".

Maior precisão não poderia haver, na medida em que, conforme visto, antes de referida legislação o pagamento dos juros se dava com base em premissas absolutamente diversas daquelas adotadas pela legislação mais recente. Anteriormente tratava-se do pagamento de remuneração sobre o capital, antes mesmo do início das atividades, enquanto agora se trata do pagamento de juros sobre resultados sociais gerados pela sociedade, que nela são mantidos.

Essa questão de nomenclatura, em princípio simples, ajuda-nos a solucionar, ainda que parcialmente, outra questão sobre a qual grandes debates se fizeram presentes na doutrina – qual seja, a da inconsistência de a sociedade realizar o pagamento de juros sobre bem próprio.

Na medida em que a legislação expressamente faz referência à expressão "próprio", reconhece haver criado situação que, juridicamente, representa verdadeira ficção, ou seja, o pagamento de remuneração sobre bem próprio. Ou seja, o legislador reconheceu que, em condições normais, não se paga remuneração sobre capital próprio, mas que isso poderia ocorrer, a partir de então, por uma ficção criada pela lei.

E aqui resgatamos nosso entendimento de que a natureza jurídica de determinado instituto deve ser obtida através do tratamento a ele dado pela legislação vigente.

Outro modo de se interpretar a concessão, pela lei, da possibilidade de pagamento de juros sobre bem próprio é interpretar tal autorização como uma autorização para que a sociedade pague juros sobre um dividendo cujo pagamento ao acionista ou sócio ainda não foi declarado. Explicamos.

No momento em que a sociedade registra determinado resultado social e recolhe os tributos devidos sobre tal resultado, os lucros remanescentes que o representam, excetuadas as destinações obrigatórias – como a reserva legal nas sociedades anônimas –, passam a ficar à disposição dos acionistas.

Pois bem. Caso os acionistas ou sócios, ou mesmo os administradores em determinadas hipóteses – estes últimos sujeitos à ratificação pelos sócios ou acionistas –, deliberem pagar dividendos ou distribuir referidos lucros, mas não os paguem de imediato, os lucros apurados pela sociedade, no exato momento da deliberação, deixam de ser patrimônio da sociedade e passam a ser patrimônio de seus sócios ou acionistas.

Nessa condição, o montante correspondente a tais lucros declarados passa a constituir um crédito do acionista e um débito da sociedade. Isso equivaleria a dizer que a sociedade colocou à disposição de seus sócios ou acionistas determinada soma de dinheiro que, no momento imediatamente subseqüente, foi a ela mutuado por tais sócios ou acionistas.

Nessa hipótese, caso a sociedade, após decorrido determinado lapso de tempo, pretendesse remunerar o sócio por esses recursos que ela manteve consigo, teríamos o pagamento de juros sobre o capital de terceiro, ou seja, juros sobre o capital de titularidade do sócio, que permaneceu, por determinado período de tempo, mutuado à sociedade.

Por essa ótica, temos que, de fato, a autorização legal de pagamento de juros sobre o capital representa autorização para pagamento de juros remuneratórios sobre recursos que, embora ainda não sejam dos sócios, poderão (e na maioria dos casos poderíamos até dizer "deverão") sê-lo em curto espaço de tempo, e que, caso mantidos na sociedade, gerariam, em condições normais, remuneração ao seu titular.

Observe-se, ainda, que o § 8º do art. 9º da Lei 9.249/1995 reforça todo o entendimento aqui exposto, no sentido de que a remuneração que se faz ao sócio ou acionista é, de fato, relativa ao dividendo por ele mantido na sociedade. O dispositivo tem a seguinte redação: "§ 8º. Para os fins de cálculo da remuneração prevista neste artigo, não será considerado o valor de reserva de reavaliação de bens ou direitos da pessoa jurídica, exceto se esta for adicionada na determinação da base de cálculo do imposto de renda e da contribuição social sobre o lucro líquido".

A reserva de reavaliação de bens e direitos da pessoa jurídica, hoje, inclusive, já extinta pela Lei 11.638/2007, nada mais era que uma conta situada no patrimônio líquido da sociedade, constituída por ocasião da realização de uma reavaliação de determinados ativos da sociedade, conforme permissão expressa anteriormente contida na legislação – art. 182, § 3º, da Lei 6.404/1976 – como contrapartida do aumento dos referidos bens.

Em outras palavras, a sociedade pretendia refletir em sua contabilidade o real valor, por exemplo, de determinado imóvel. Assim, tal imóvel, registrado contabilmente por – suponhamos – R$ 500.000,00, sofria um processo de reavaliação – que deveria observar os requisitos legais – e passava a ser registrado contabilmente por R$ 1.000.000,00, lançando-se na contabilidade, em contrapartida aos R$ 500.000,00 de aumento no valor do bem, um aumento do mesmo montante no patrimônio líquido da sociedade, por meio da constituição de uma reserva de reavaliação.

Percebe-se, portanto, no exemplo, que parte do valor que era indicado no patrimônio líquido da sociedade – no caso, R$ 500.000,00 – não correspondia de fato a resultados positivos por ela apurados, mas tão-somente ao montante ali registrado, em observância aos princípios contábeis geralmente aceitos no Brasil, em razão de nova avaliação de um bem.

Nesse sentido, quis o legislador deixar clara sua pretensão de que a sociedade não deve realizar pagamentos de juros sobre o capital próprio sem lastro em conta de lucros, de lucros acumulados ou de reserva de lucros, reforçando, portanto, o entendimento de que a natureza jurídica que o instituto passou a ter após a edição da Lei 9.249/1995 é de verdadeira remuneração não sobre qualquer capital ou montante registrado pela sociedade, mas apenas sobre resultados apurados pela sociedade, não retirados dela por seus sócios.

7. Conclusão

Parece-nos, após considerados todos os elementos aqui expostos, que, conquanto os juros sobre o capital próprio tenham sido criados e tratados pela legislação editada até 1995 com a característica de remuneração paga aos titulares de quotas ou ações pela indisponibilidade dos recursos por eles aportados ao capital social, transferido-os à sociedade para o desenvolvimento de suas atividades, após 1995 tal cenário se modificou.

Com a edição da Lei 9.249/1995 e, após ela, da Deliberação CVM-207/1996 houve uma modificação substancial do instituto no Direito Brasileiro, fazendo com que ele contenha atualmente elementos que o caracterizam efetivamente como remuneração paga pela não-retirada pelo sócio ou acionista do fruto do sucesso da empresa na qual eles investiram, e o afastam de uma remuneração paga pela indisponibilidade do próprio capital investido.

Portanto, entendemos que os juros sobre o capital próprio têm a natureza, atualmente, no Direito Brasileiro, de juros remuneratórios, os quais são aplicados sobre o "bem principal" identificado acima.

Bibliografia

ANAN JR., Pedro. "Remuneração dos sócios e acionistas e o planejamento fiscal". *Planejamento Fiscal – Aspectos Teóricos e Práticos*. São Paulo, 2005.

ANDRADE FILHO, Edmar Oliveira. *Perfil Jurídico do Juro sobre o Capital Próprio*. São Paulo, MP Editora, 2006.

BATALHA, Wilson de Souza Campos. *Comentários à Lei das Sociedades Anônimas*. 1ª ed., vol. II. Rio de Janeiro, Forense, 1977.

CANAZARO, Fábio. "Os juros sobre o capital próprio e a (não) incidência das contribuições PIS e COFINS". *RDDT* 117. São Paulo, Dialética, junho/2005.

CARVALHO DE MENDONÇA, José Xavier. *Tratado de Direito Comercial Brasileiro*. vol. 3. Rio de Janeiro, Freitas Bastos, 1954.

CARVALHOSA, Modesto. *Comentário à Lei das Sociedades Anônimas*. 3ª ed., vol. 1. São Paulo, Saraiva, 2000.

COELHO, Fábio Ulhoa. *Curso de Direito Comercial*. 6ª ed. São Paulo, Saraiva, 2003.

PEDREIRA, José Luiz Bulhões. *Imposto sobre a Renda: Pessoas Jurídicas*. vol. 1. Rio de Janeiro, Justec, 1979.

SALLES, Roberto. "Não-incidência das contribuições sociais do PIS e da COFINS sobre valores recebidos a título de juros sobre o capital próprio". *RDDT* 111. São Paulo, Dialética, dezembro/2004.

VALVERDE, Trajano de Miranda. *Sociedade por Ações*. 2ª ed., vol. II. Rio de Janeiro, Revista Forense, 1953.

XAVIER, Alberto. *Direito Tributário Internacional do Brasil*. 6ª ed. Rio de Janeiro, 2004.

Atualidades

DO UNIVERSO CAMBIÁRIO PARA O UNIVERSO OBRIGACIONAL: VIABILIDADE E REQUISITOS DO PROTESTO DE DOCUMENTOS DE DÍVIDA

Simone Eberle

1. Da vinculação do instituto do protesto ao direito cambiário. 2. O art. 1º da Lei 9.492/1997 sob o crivo dos métodos de interpretação. 3. Delineando o conceito jurídico de "documento". 4. Elementos estruturais dos documentos de dívida. 5. Conclusão.

1. Da vinculação do instituto do protesto ao direito cambiário

Quando se compulsa a origem histórica da expressão "protesto", percebe-se que este ato, ao menos originariamente, vinculava-se ao direito marítimo, constituindo declaração que o comandante do navio lavrava em alto-mar e que devia ser apresentada no primeiro porto em que o navio atracasse. Conforme atestam os estudiosos, por meio deste ato o comandante externava intenção de prevenir sua responsabilidade pessoal contra terceiros, anunciando, perante todos, as causas que haviam levado a eventos danosos durante a navegação. Dentro dessa ordem de idéias, não era incomum que se encontrassem protestos contra os mais diversos elementos e fatos naturais, como as borrascas, as águas e os ventos.[1]

Não há dúvidas de que a associação que o protesto marítimo promoveu entre protesto e prevenção de certos efeitos que se estima venham a ocorrer continua a ser prestigiada pelo sistema legal hodierno – como, de resto, redunda evidente na finalidade tripartite do protesto judicial, o qual se destina, como pontua o art. 867 do CPC, a *prevenir responsabilidades* ou prover a *conservação* ou a *ressalva de direitos*.

O protesto hoje dito extrajudicial, todavia, embora igualmente relacionado ao mundo mercantil, desde cedo revelou sua vinculação à seara dos títulos de crédito.[2] É certo que estudiosos da gênese deste instituto divergem quanto à datação do primeiro desses atos registrado historicamente, a maioria conferindo primazia a um protesto

1. Cf. J. M. Othon Sidou, "Protesto cambiário", in R. Limongi França (coord.), *Enciclopédia Saraiva do Direito*, vol. 62, São Paulo, Saraiva, 1977, pp. 287-297 (pp. 287-288). O interessante é notar que essa formulação inicial do protesto, também designada como protesto "marítimo", "formado a bordo" ou "testemunhável" (arts. 360-369 do Regulamento 737, de 25.11.1850) – um tanto excêntrica e até mesmo jocosa aos dias atuais –, ainda vigora no Direito Brasileiro, por força dos arts. 504, 505 e 545, 7, do CComercial, os quais, integrando a Parte Segunda daquela codificação mercantil, tiveram sua vigência inatacada com a edição do Código Civil de 2002.

2. Cf. Vicente de Abreu Amadei, "Princípios de protesto de títulos", in Ricardo Dip (coord.), *Introdução ao Direito Notarial e Registral*, Porto Alegre, SAFE, 2004, pp. 69-113 (p. 73).

lavrado na cidade de Gênova, em 1384, pelo notário Theramo de Magiolo, e outros retrotraindo a marcação algumas décadas há mais, indicando um protesto realizado em Pisa em 5.10.1339 pelo notário Andrea.[3] Todavia, um e outro ato, conquanto distanciados no tempo, versavam sobre títulos representativos de crédito, em particular letras de câmbio – documentos, estes, maciçamente utilizados no comércio daqueles importantes pólos mercantis medievais.

A vinculação do protesto aos títulos de crédito não se fez notar, porém, apenas na sua origem, sendo verdade que o próprio desenvolvimento do instituto deu-se justamente no sentido de reafirmar essa associação. Em nossas terras, coube ao Alvará de 16.10.1789 regulamentar por primeira vez o termo de denúncia de protestos, sendo que o Código Comercial de 1850 conferiu regulamentação específica ao protesto em seu Título XVI, concernente às letras, notas promissórias e créditos mercantis. Entre as inúmeras hipóteses de protesto arroladas ao longo de diversos dos dispositivos encerrados no Título XVI (arts. 373-376, 411, 412, 390 e 395 do CComercial de 1850) percebia-se, como pano-de-fundo comum, a vinculação entre o ato de protesto e a representação documental do crédito sob a forma de uma letra de câmbio, título estrutural por excelência. A partir do Código Comercial tal associação foi-se propagando para outras leis de caráter especial, disciplinadoras não tanto do procedimento do protesto, mas, sim, de categorias específicas de títulos de crédito. Nessa linha, o Decreto 2.044, de 31.12.1908, que revogou os dispositivos do Código Comercial antes citados, naturalmente disciplinava, nos seus arts. 28 a 33, o protesto de letra de câmbio. Tal sistemática foi-se repetindo seqüencialmente em outros textos legais, como bem evidenciam o art. 44 do Decreto 57.663, 24.1.1966, os arts. 13 e 14 da Lei 5.474, de 18.7.1968, e os arts. 47 e 48 da Lei 7.357, de 2.9.1985 – para ficar apenas entre os títulos de crédito mais tradicionais; sendo que o mesmo sucede no regramento legal de tantos outros títulos cuja existência jurídica foi suscitada pela moderna praxe empresarial.

A vinculação entre protesto e as diversas espécies de títulos de crédito repetida, assim, sucessivamente e amparada na própria gênese histórica do instituto fez emergir a convicção de que o protesto era instituto estritamente atrelado ao domínio cambiário, não tendo qualquer funcionalidade em outros setores do direito obrigacional. Essa era a concepção reinante até o advento da Lei 9.492, de 10.9.1997, que, em seu artigo inaugural, fez consignar: "Protesto é o ato formal e solene pelo qual se prova a inadimplência e o descumprimento de obrigação originada em títulos e outros documentos de dívida". Embora essa redação de pronto tenha suscitado críticas acerca da imperfeição do conceito de "protesto" que estampava, este haveria de ser o menor dos problemas hermenêuticos suscitados pelo teor do art. 1º.[4] Com efeito,

3. Pela primeira hipótese, cf. João Eunápio Borges, *Títulos de Crédito*, 2ª ed., Rio de Janeiro, Forense, 1976, p. 114; Luiz Emygdio F. da Rosa Jr., *Títulos de Crédito*, 2ª ed., Rio de Janeiro/São Paulo, Renovar, 2002, p. 379. Apontando a data de 1339, cf. José A. Saraiva, *A Cambial*, vol. 2, Rio de Janeiro, José Konfino Editor, 1947, p. 135; Sidou, "Protesto cambiário", cit., in R. Limongi França (coord.), *Enciclopédia Saraiva do Direito*, vol. 62, p. 288. José A. Saraiva também asseverava conhecer protestos do ano de 1335, sem especificar detalhes sobre tais registros (cf. *A Cambial*, cit., vol. 2, p. 135).

4. Entre as críticas mais contundentes ao conceito de "protesto" apresentado no art. 1º da Lei 9.492/1997, cf. João Baptista Villela, "Inadimplência e descumprimento? A propósito do art. 1º da Lei 9.492/1997", *Repertório IOB de Jurisprudência* 3/68-69, São Paulo, IOB, 1ª quinzena de fevereiro/1998 (p. 68). Segundo aduz João Baptista Villela, a definição legal peca por dizer que o protesto faz prova de dois fatos que, a rigor, não necessariamente estarão associados à recusa do aceite ou do pagamento. Com efeito, esclarece o professor mineiro que "pela Lei 9.492/1997 quem não paga descumpriu, o que é uma ilação gravíssima *(visto que)* aquele que deixa de pagar pode bem estar acobertado

digladiou-se e ainda se digladia a doutrina acerca da possibilidade de a Lei 9.492/1997 haver rompido, por meio daquele dispositivo, a estreita vinculação do protesto como ato probatório da prática ou da recusa da prática de atos relacionados tão-somente ao universo dos títulos cambiais e cambiariformes. Ao se referir não apenas às obrigações originadas em títulos de crédito, mas também àquelas apresentadas em "outros documentos de dívida", teria, então, o protesto redimensionado seu âmbito de atuação, saltando do direito cambiário para todo o amplo espectro do direito obrigacional?

Não seria correto dizer que na atualidade tal questão já se encontra devidamente apaziguada na doutrina e na jurisprudência. Contrariamente, a dissensão havida quando da edição da Lei de Protestos demonstra agora todo seu viço. Completado o décimo aniversário da Lei 9.492/97 e já tendo se sucedido teses e antíteses a respeito do tema, cremos que na atualidade já podem ser colacionados inúmeros elementos que, reunidos e sendo devidamente articulados, começam a delinear o deslinde da controvérsia. E esse deslinde, conforme se verá, traduzirá apenas o ponto de partida para os trabalhos daqueles que operam diariamente no domínio do direito empresarial.

Passemos, pois, ao tópico seguinte, que versará precisamente sobre os argumentos jurídicos que, amalgamados, podem conferir uma adequada interpretação ao art. 1º da Lei 9.492/1997.

2. *O art. 1º da Lei 9.492/1997 sob o crivo dos métodos de interpretação*

Conforme se deixou entrever no item anterior, desde a edição da Lei 9.492/1997 instaurou-se intenso debate em torno da interpretação a ser conferida ao art. 1º daquele diploma legal. Entre as exegeses passíveis de serem emprestadas ao referido artigo podem ser assinaladas três vertentes predominantes de pensamento, as quais passamos a analisar.

A primeira, mais extremada, negava que se devesse atribuir alguma significação específica à expressão "outros documentos de dívida", dado que o instituto do protesto, em vista de sua vinculação histórica aos títulos de crédito, jamais poderia afeiçoar-se a outras formas de documentação do crédito. Inicialmente, se considerada a exposição efetuada ao longo do primeiro tópico, tal posicionamento poderia soar razoável. Entretanto, analisando com mais vagar tal entendimento, percebe-se que, de pronto, dois argumentos soerguem-se para contestá-lo.

De início, se o que se busca é interpretar o art. 1º da Lei 9.492/1997, não se pode descurar de um aforismo corriqueiramente invocado na análise gramatical dos textos legais, que ensina que *verba cum effectu, sunt accipienda*. Ora, se na lei não se podem presumir palavras inúteis, não é razoável que o intérprete simplesmente negligencie que paralelamente à expressão "títulos" se situa o termo "documentos de dívida". Termo, este, que, aliás, vem antecedido por duas palavras – "e outros" –

por fundadas razões" (artigo cit., p. 68). Segundo o ilustre professor mineiro, seria também incorreta a inclusão da palavra "inadimplência" na definição, já que esta denota antes um estado, e não um comportamento – este, sim, ao que parece, mirado pelo legislador. João Baptista Villela ressalta, porém, que, ainda que o legislador houvesse empregado o verbete que efetivamente indica o comportamento de inadimplir – qual seja, "inadimplemento" –, recairia nas mesmas críticas tecidas à inclusão da expressão "descumprimento", à qual, assim como sucede com "inadimplemento", falta a neutralidade necessária para indicar a recusa ao aceite ou ao pagamento, visto que tais condutas podem ser plenamente justificáveis quando amparadas em fundadas razões (artigo cit., p. 68).

Fábio Ulhoa Coelho também se opõe às expressões "inadimplência" e "descumprimento", empregadas no texto legal, pelo fato de as mesmas serem francamente incompatíveis com a lavratura do protesto fundada na falta de aceite (cf. *Curso de Direito Comercial*, 6ª ed., vol. 1, São Paulo, Saraiva, 2002, p. 422).

cuja morfologia lingüística claramente tem por função criar acréscimos, evocando distintas categorias documentais a par dos títulos de crédito já mencionados.

Analisando, ainda, esta primeira vertente de pensamento, cumpre assinalar, adicionalmente, que, se a trajetória jurídica do protesto assinala sua associação à dinâmica dos títulos cambiários e dos cambiariformes, o fato é que esta mesma trajetória começou a ser pontuada, aqui e acolá, por rupturas nessa correlação.

No Direito Brasileiro o rompimento inicial deu-se com o advento do Decreto-lei 7.661, de 21.6.1945, que em seu art. 10, *caput*, preceituava que "os títulos não sujeitos a protesto obrigatório devem ser protestados, para o fim da presente Lei, nos cartórios de protesto de letras e títulos, onde haverá um livro especial para o seu registro". Como desde cedo assinalou a doutrina, o termo "obrigatório" encontrava-se mal-posto no texto, visto que, a rigor, o ato de levar um título a protesto traduz sempre uma faculdade do credor, a ser exercida segundo seu juízo particular de conveniência, ainda que de sua inércia venham a lhe resultar conseqüências negativas. Assim, compreendendo-se que onde mencionava protesto "obrigatório" a lei tencionava, em verdade, fazer referência ao protesto "necessário", percebe-se que o Decreto-lei 7.661/1945 abriu a possibilidade de que todos os documentos que encerrassem obrigação líquida, vencida e que legitimassem a ação executiva (art. 1º do Decreto-lei 7.661/1945) fossem levados a protesto, o qual seria lavrado especialmente para fins falimentares. Destarte, a Lei de Falências revogada não admitiu o protesto desses documentos para que deste ato surtissem todos os efeitos usuais derivativos do protesto cambial: antes, o documento que encerrasse obrigação líquida, vencida e que embasasse ação executiva poderia ser protestado *exclusivamente para fins falimentares*, como forma de comprovar a impontualidade do devedor comerciante. Dentro dessa ordem de idéias, o protesto não mais seria um instituto exclusivamente atrelado ao domínio dos títulos de crédito, mas continuaria sendo-lhe afeito, visto que apenas excepcionalmente restaria admitido em relação a outros documentos de dívida.

Seguindo a trilha antes firmada por sua antecessora, a atual Lei de Falências consigna que pode ser decretada a falência de devedor que não pague, no vencimento e sem relevante razão de direito, "obrigação líquida materializada *em título ou títulos executivos* protestados" (art. 94, I, da Lei 11.101, de 9.2.2005) – demonstrando que também na sistemática vigente pode ocorrer o protesto, para fim falimentar (art. 94, § 3º, da Lei 11.101/2005), de documento que, conquanto dotado de executividade, não constitua título de crédito.

Após a inovação trazida pelo Decreto-lei 7.661/1945, também o Código de Processo Civil veio a autorizar, em seu art. 882, o protesto de *contas judicialmente verificadas*, cujo procedimento deveria obedecer ao disposto na lei especial. Desprezando, porém, o dispositivo contido na lei processual, muitos compreenderam que, como a abertura do instituto do protesto situou-se, num primeiro momento, no âmbito do direito falimentar, na articulação entre a sistemática inaugurada com o Decreto-lei 7.661/1945 e a proposta pela Lei 9.492/1997, os documentos de dívida a que atualmente faz referência o art. 1º desta última lei apenas poderiam ser protestados quando o apresentante postulasse seu apontamento para fins falimentares. Esse foi o entendimento outrora esposado pela Corregedoria-Geral de Justiça do Estado de São Paulo em diversos processos em que foi incitada a se pronunciar sobre o tema: "Tranqüila a posição da Corregedoria-Geral de Justiça no sentido de que o protesto é instituto típico de direito cambiário e falimentar, e somente para fins falimentares é que se admite protesto de documentos que preencham os requisitos de liquidez, certeza e exigibilidade, incluídos entre estes os previstos no inciso II do art. 585 do CPC, ou seja, os títulos executivos extrajudiciais, não se admitindo protesto para outro fim".[5]

A mesma idéia ecoa, ainda, em decisão proferida por aquele órgão em processo posterior em que se discutia a possibilidade de se levar a protesto contrato de locação: "(...) o protesto é instituto típico de direito cambiário e falimentar, sendo que quanto aos documentos para os quais não exista previsão legal específica do protesto apenas para fins falimentares ele pode ser efetuado".[6]

Se esse posicionamento teve o mérito de haver buscado junto ao método sistemático uma resposta à indagação proposta pelo art. 1º da Lei 9.492/1997, não se pode negar que sua falha reside justamente em fazer uma abordagem apenas parcial da abertura do protesto extrajudicial. De fato, uma abordagem sistêmica que cingisse sua análise à inter-relação entre a antiga Lei de Falências e a atual Lei de Protestos facilmente passaria ao largo do fato de que, de um lado, o protesto de documentos que não representassem títulos de crédito já havia sido autorizado para além do âmbito falimentar e, de outro, que nesses casos a comprovação da impontualidade do devedor não era finalidade exclusiva daquele ato.

Com efeito, o fenômeno da abertura do instituto do protesto também já havia se manifestado em relação ao contrato de câmbio, que, segundo o art. 75 da Lei 4.728, de 14.7.1965, pode ser protestado, para, assim, ganhar executividade no âmbito processual, a despeito de ser, ou não, o devedor insolvente. Percebe-se, ainda, que o protesto nessa hipótese fora adotado como um meio que, comprovando de modo solene a impontualidade do devedor, adicionalmente fazia elevar mero documento obrigacional à categoria de título executivo. O protesto nesse caso tornava-se a via de acesso de um documento obrigacional comum ao plano da executividade.

O curioso é ressaltar que, de certa forma, o mesmo já sucedera no plano das duplicatas, as quais ensejavam a deflagração do procedimento de protesto mesmo quando não estivessem em poder do sacador. Nessa hipótese as meras indicações da duplicata repassadas pelo credor ao tabelionato de protesto ensejavam o protesto, o qual, somado à ausência das circunstâncias arroladas no art. 8º da Lei 5.474, de 18.7.1968, reestruturava o título executivo cuja formação – na dicção textual da Lei de Duplicatas – havia sido antes obstada pela retenção física do título praticada pelo sacado. Ou seja, vale dizer que, no caso em exame, o protesto não era feito, a rigor, sobre um título de crédito, mas sobre documentos e declarações pertinentes à relação obrigacional subjacente ao título, isto é, ao vínculo causal que permitira o próprio saque da duplicata.

Logo, justapondo-se a análise sobre o contrato de câmbio e sobre o protesto por indicações de duplicatas à abertura do instituto operada no âmbito falimentar, percebe-se que, numa abordagem sistêmica, o protesto, apesar de sua associação histórica com os títulos de crédito, veio, gradativamente, dando passos para mostrar sua valia para além daquele domínio inicial.

A par dessa conclusão, pode-se asseverar, que, da articulação entre esses diplomas legais, percebe-se, adicionalmente, uma paulatina modificação da própria tônica e finalidade do instituto do protesto. Com efeito, analisando-se todas as normas legais antes citadas e a própria praxe negocial relativa aos títulos de crédito, percebe-

5. São Paulo, TJSP, Processo CG-1.500/2002, de São Paulo, 6.5.2002, *INR*, (S.l.), pp. 1-4, (200-), p. 2. Também exigindo previsão legal expressa, cf. Amadei, "Princípios de protesto de títulos", cit., in Ricardo Dip (coord.), *Introdução ao Direito Notarial e Registral*, p. 85.

6. São Paulo, TJSP, Processo CG-1.286/2003, interessado: Cabbage do Brasil S/C Ltda, São Paulo, 30.1.2004, *INR*, (S.l.), pp. 1-2, (200-), p. 1.

se que algumas funções classicamente atribuídas ao protesto – como a comprovação de apresentação do título ao sacado (art. 44, 1, da Lei Uniforme de Genebra/LUG), a autorização do exercício do direito de regresso contra os coobrigados cambiários (art. 32 do Decreto 2.044/1908) ou do exercício da ação cambial contra coobrigados antes do vencimento na hipótese de recusa do aceite (art. 43 da LUG) – foram gradativamente perdendo sua utilidade. Pouco há que se falar do limitado papel atualmente desempenhado pelo protesto no que concerne a esses efeitos, visto que a dinâmica empresarial impôs a derrocada não apenas dos títulos ditos de apresentação – inviabilizando, portanto, a primeira função mencionada –, como também da própria acepção tradicional do princípio da cartularidade, o que, por via reflexa, dificultou a própria existência da figura dos coobrigados cambiários. De fato, com a queda da concepção tradicional da cartularidade, institutos cambiários como endossos e avais, que, em sua formatação originária, dependiam da cártula para sua existência, passaram a figurar mais nos manuais de direito cambiário que propriamente nas cártulas. Por fim, construções legais e jurisprudenciais também permitiram que o direito de regresso pudesse ser exercitado à revelia do ato de protesto.[7]

Logo, enquanto todas as funções do protesto exclusivamente relacionadas aos títulos de crédito foram perdendo importância, quer pelo desuso de certos institutos cambiários, quer pela dispensa do ato de protesto imposta pela lei ou pela jurisprudência para obtenção de certos efeitos úteis, percebe-se que outras finalidades não apenas restaram resguardadas como, também, receberam certo incremento. É o que facilmente se percebe do papel do protesto como meio solene de comprovação da impontualidade do devedor, que, por meio do Decreto-lei 7.661/1945, foi estendido para além do direito cambiário. E, em relação a esse efeito, o protesto – como argutamente intuiu, de modo restrito, o legislador de 1945 – pode servir não apenas às dívidas documentadas estritamente sob a forma de títulos de créditos, mas a todo e qualquer conteúdo obrigacional. E justamente por ser um meio solene de comprovação desta impontualidade é que talvez depois o legislador tenha igualmente elegido o protesto para conferir executividade a documentos que, por si sós, apenas enredariam o credor num penoso labirinto processual.

Destarte, parece que foi justamente a observação de que alguns efeitos típicos do protesto não eram afeitos exclusivamente ao domínio cambiário o fator determinante da progressiva expansão do instituto para além de seus lindes originários, até que, com o art. 1º da Lei 9.492/1997, fosse operada, por fim, a ampla abertura do protesto para o direito obrigacional. Tal conclusão encontra respaldo, conforme se viu, não apenas numa leitura sistêmica de todos os diplomas legais antes citados, mas

7. Diplomas legais que expressamente dispensam o ato de protesto como requisito para o exercício do direito de regresso contra coobrigados cambiários: art. 60 do Decreto-lei 167, de 14.2.1967; art. 52 do Decreto-lei 413, de 9.1.1969; art. 5º da Lei 6.840, de 3.11.1980; art. 3º da Lei 6.313, de 16.12.1975; art. 47, II, da Lei 7.357, de 2.9.1985; art. 10, III, da Lei 8.929, de 22.8.1994; e art. 44 da Lei 10.931, de 2.8.2004. Quanto ao desenvolvimento jurisprudencial a respeito do tema, há que se consignar que os tribunais já assentaram posicionamento no sentido de que o direito de regresso pode ser resguardado pela própria sentença que reconhece a inexistência da relação obrigacional, a despeito da efetivação do protesto – prevenindo, assim, danos materiais e morais ao obrigado direto indicado no título. A esse respeito, cf. os seguintes julgados: Brasil, STJ, 4ª Turma, REsp 195.842-SP, recte.: Banco do Estado de São Paulo S/A (BANESPA), recda.: Kofan Indústria e Comércio de Confecções Ltda., rel. Min. Ruy Rosado de Aguiar, Brasília, j. 11.2.1999, v.u.; Brasil, STJ, 4ª Turma, REsp 318.992-MG, recte.: Banco Bradesco S/A; recda.: Juvercina Heringer Chamno Junqueira, rel. Min. César Asfor Rocha, Brasília, j. 18.4.2002, v.u.; Brasil, STJ, 4ª Turma, REsp 481.929-MG, recte.: Condomínio do Ponteio Lar Shopping; recdo.: José Vicente Fonseca, rel. Min. Aldir Passarinho Jr., Brasília, j. 25.11.2003, v.u.

também no fato de que atribuições recentemente imputadas por lei ao protesto – tais como a marcação temporal do *dies a quo* para a fluência de juros (art. 40 da Lei 9.492/1997) e a interrupção do prazo prescricional (art. 202, III, do CC) – igualmente se afeiçoam, e podem prestar justo serviço, a todo o direito obrigacional, e não apenas aos títulos de crédito.[8]

Isto posto, percebe-se que todos os argumentos trazidos à colação são aptos a combater a primeira vertente de interpretação do art. 1º da Lei 9.492/1997, que não prestava qualquer valor autônomo à expressão "outros documentos de dívida" ou que, quando muito, concebia que esses documentos podiam ser protestados apenas para fins falimentares. No entanto, conforme se deixou entrever no início do presente tópico, a par desse entendimento, dois outros firmaram-se, reconhecendo a autonomia da expressão "outros documentos de dívida" frente à categoria dos títulos de crédito, mas divergindo mutuamente no que concerne à amplitude a ser conferida àquela expressão.

8. É certo que o art. 202, III, do CC faz referência a protesto "cambial" – o que poderia fazer cogitar que dita interrupção do prazo prescricional apenas ocorreria quando se tratasse de protesto de título de crédito. No entanto, cremos que a manutenção do termo "cambial" deu-se muito mais em respeito à nomenclatura historicamente concedida ao protesto extrajudicial. Com efeito, quando se confrontam os incisos II e III do art. 202 percebe-se nitidamente que o termo "cambial" é tomado não como uma vinculação estrita aos títulos de crédito, mas, sim, como um contraponto ao protesto judicial interposto no prazo e na forma da lei processual (art. 202, II, c/c o inciso I, do CC). É o que assevera Humberto Theodoro Jr.: "Pode-se interromper pelo protesto extrajudicial, na sistemática vigente, *não apenas a prescrição das pretensões derivadas dos títulos cambiários, mas também os que provêm de todos os negócios instrumentalizados em documentos passíveis de protesto, nos termos da Lei 9.492, de 10.9.1997*" (sem grifos no original – in Sálvio de Figueiredo Teixeira (coord.), *Comentários ao Novo Código Civil. Dos Atos Jurídicos Lícitos, dos Atos Ilícitos. Da Prescrição e da Decadência. Da Prova*, 2ª ed., vol. III, t. II, Rio de Janeiro, Forense, 2003, p. 267).

Uma corrente advogava que os "documentos de dívida" passíveis de protesto eram apenas e tão-somente aqueles que igualmente fossem reputados títulos executivos judiciais ou extrajudiciais por lei.[9] Essa, aliás, representa a orientação atual da Corregedoria-Geral de Justiça do Estado de Minas Gerais, que, abandonando posicionamento outrora firmado, que autorizava o protesto extrajudicial de documentos de dívida apenas mediante autorização expressa da lei, passou a estender o raio de ação do referido instituto sobre todos os documentos dotados de executividade.[10] Contudo, com a devida vênia, é difícil ver como pode prosperar tal entendimento se devidamente submetido ao crivo dos métodos de interpretação.

Em primeiro lugar, é sobejamente conhecido o brocardo hermenêutico que diz *ubi lex non distinguit nec nos distinguere debemus*. Não há, pois, como restringir a ampla expressão "documentos de dívida" para nela apenas vislumbrar a restrita categoria dos títulos executivos, que, mesmo que detenham certas características comuns aos títulos de crédito – certeza, liquidez e exigibilidade –, só por lei recebem aquele apanágio. Não se pode, pois, distinguir onde a lei não distinguiu, sob pena de o intérprete arrogar a si o posto de legislador, limitando *ab initio* as variantes hermenêuticas que do texto podem resultar.

Adicionalmente, através de certa investigação histórica podem ser coletados

9. Cf.: Theodoro Jr., in Sálvio de Figueiredo Teixeira (coord.), *Comentários ao Novo Código Civil. Dos Atos Jurídicos Lícitos, dos Atos Ilícitos. Da Prescrição e da Decadência. Da Prova*, cit., 2ª ed., vol. III, t. II, pp. 266-267; Miriam Comassetto Wolffenbütel, *O Protesto Cambiário como Atividade Notarial*, São Paulo, Labor Juris, 2000, pp. 29-30.

10. A orientação inicial adotada pela Corregedoria-Geral de Justiça, que postulava a expressa previsão legal autorizadora de protesto para os demais documentos de dívida, pode ser consultada no Processo CG-2.374/1997. O posicionamento vigente na atualidade, adotado em caráter normativo, foi emitido no seio do Processo CG-864/2004, julgado em 4.4.2005.

indícios que corroboram a tese de que a expressão "documentos de dívida" há de ser lida de maneira ampla, e não restritamente, como pleiteia o posicionamento ora analisado. É o que resulta claro da Mensagem de Veto 461 oposta à Lei 10.931, de 2.8.2004, que, em seu art. 62, tencionava incluir parágrafo único no art. 1º da Lei 9.492/1997 nos seguintes termos: "Para os efeitos desta Lei, serão admitidos, além dos títulos ou documentos de dívida cujo protesto esteja previsto em lei, os títulos executivos extrajudiciais, os títulos ou documentos cuja dívida esteja sujeita a cobrança pelo procedimento sumário, inclusive quando emitidos sob forma de documento eletrônico ou decorrentes de processo de conversão eletrônica, efetuada pelo credor mediante autorização expressa do devedor". Nas razões de veto apresentadas ao dispositivo proposto pode-se encontrar o seguinte excerto – que, a nosso ver, traduz a própria essência da *mens legis* operante na edição do art. 1º Lei 9.492/1997:

"A inclusão do dispositivo certamente se deu com a nobre intenção de facilitar o protesto de títulos, simplificando as transações comerciais. Contudo, a redação adotada apresenta deficiências que geram resultados opostos ao pretendido.

"Com efeito, o *caput (do art. 1º da Lei 9.492/1997)* fala genericamente em 'obrigação originada em títulos e outros documentos de dívida', *o que permite levar a protesto todo tipo de 'documento de dívida'*. Contudo, a proposta inclui parágrafo único contendo rol de documentos sujeitos a protesto que poderá ser interpretado como exaustivo. A questão é que diversos tipos de documentos estão excluídos do novo parágrafo, o que trará insegurança jurídica"[11] (sem grifos no original).

Percebe-se, pois, que toda a exposição feita ao longo deste tópico desautoriza as duas primeiras vertentes de pensamento explanadas sobre o tema, as quais ou negavam valor autônomo à expressão "documentos de dívida" ou restringiam-na exclusivamente ao âmbito dos títulos executivos. Afastadas, portanto, tais concepções, há que se concluir que não cabe outro entendimento acerca do art. 1º da Lei 9.492/1997 que não uma leitura ampla e aberta da expressão "documentos de dívida", que ali resta consignada.[12] Trata-se da única via interpretativa que prestigia o desenvolvimento histórico do instituto do protesto – desenvolvimento, este, que, como visto, evidenciou tanto um desapego progressivo do exclusivo âmbito dos títulos de crédito quanto uma valorização cada vez mais acentuada de efeitos que o protesto pode desempenhar para além daquela seara. Ademais, como instrumento de interpretação adicional do teor do art. 1º da Lei 9.492/1997, percebe-se que tentativas legislativas de restrição dos termos com que vigora o texto legal foram prontamente rechaçadas por uma *mens legis* vigilante, que, se à época da edição da Lei de Protestos apenas se insinuou, depois veio a se manifestar de modo resoluto na mensagem de veto analisada.

A conclusão delineada no parágrafo anterior não faz, porém, com que as indagações em torno do protesto de outros documentos de dívida estejam plenamente dissipadas. Se já sabemos que a expressão "documentos de dívida", consignada no art. 1º da Lei 9.492/1997, não pode ser simplesmente ignorada – devendo, antes, ser lida em termos amplos e genéricos –, dessa conclusão emerge um questionamento adicional: o que há, então, que se entender por "documentos de dívida"? Que requisitos um documento deve reunir para

11. Brasil, *DOU*, Brasília, n. 148, Seção 1, Ano CXLI, 3.8.2004, p. 24.

12. Também optando pela interpretação em termos amplos e genéricos, cf.: Rosa Jr., *Títulos de Crédito*, cit., 2ª ed., p. 380; Theóphilo de Azevedo Santos, "Documentos de dívida", *Edital* 14/3-4, Ano 9, Rio de Janeiro, 1998 (p. 3); Luiz Ricardo da Silva, *O Protesto de Documentos de Dívida*, Porto Alegre, Norton Livreiro, 2004, *passim*.

que receba tal qualificação? E quanto à dívida? Documentos que retratem qualquer espécie de dívida podem ser levados a protesto?

Cremos que nesses pontos, e não na mera indagação em torno da possibilidade de protesto de outros documentos de dívida, residam as dificuldades mais expressivas na instrumentalização prática da novidade encerrada no art. 1º da Lei 9.492/1997. Entretanto, conquanto sejam inúmeras as dificuldades no oferecimento de pronta resposta a esses questionamentos, elas devem ser enfrentadas, para que o desenlace final da proposta encerrada na atual Lei de Protestos seja, enfim, conhecido. Somente por meio do atendimento dessas perquirições é que a expressão "documentos de dívida" descerá do plano meramente conceitual para se submeter ao manejo prático dos tabeliães e dos demais usuários dos serviços notariais e registrários.

O primeiro passo, pois, para o conhecimento do universo de documentos acatável nos tabelionatos de protesto passa pela investigação do próprio conceito de "documentos de dívida", arrolando-se não as figuras que concretamente se enfeixam sob esse epíteto, mas colocando-se em destaque os elementos estruturais que, reunidos, franqueiam ingresso de determinada forma documental junto aos tabelionatos de protesto. É o que se analisará a seguir.

3. Delineando o conceito jurídico de "documento"

Se o que se intenta é conceituar e conhecer a estrutura do que seja "documento de dívida", não há dúvidas de que o ponto de partida para tal empreitada passa, em primeiro lugar, pela própria definição de "documento". Embora pareça simples – sendo, para muitos, até mesmo derivativa do senso comum –, é forçoso reconhecer que tal noção, principalmente quando examinada no âmbito do Direito, apresenta algumas particularidades que não devem ser menosprezadas.

De início, cumpre ressaltar que muitas vezes a noção de "documento" turva-se por ver-se confundida com outras figuras de uso quotidiano dos juristas – fator, este, que dificulta o trabalho doutrinário de precisa depuração do conceito de "documento". Esta, aliás, trata-se de tarefa primordial para a investigação aqui proposta, pois representa justamente o ponto em que se aproximam o "documento de dívida" mencionado pelo art. 1º da Lei de Protestos e o conceito de "título de crédito". Com efeito, este último, na clássica lição de Cesare Vivante, nada mais é que um documento; não, porém, um documento qualquer, mas aquele que é "necessário para o exercício do direito literal e autônomo nele contido".[13] Também a categoria dos títulos de crédito atípicos, forjada pelo Código Civil para um improvável uso prático, recorre à noção de documento, dispondo o art. 887 daquele diploma que "o título de crédito, *documento* necessário ao exercício do direito literal e autônomo nele contido, somente produz efeito quando preencha os requisitos da lei". Assim, documentos de dívida e títulos de crédito, sejam eles típicos ou atípicos, remetem todos a uma base estrutural mínima, representada pela própria noção de "documento".

Diferenciar o "documento de dívida puro" dessas duas outras espécies de títulos não representa missão das mais difíceis. Isso porque, no caso dos títulos de crédito típicos, tal diferenciação é imposta pela própria tipicidade dessas figuras, expressa e minuciosamente recortada em lei. Alguma dificuldade, todavia, pode emergir na separação entre "documentos de dívida simples" e os "títulos de crédito atípicos", visto que, em virtude da disciplina codificada, estes últimos podem assumir uma formatação extremamente fluida. Entretanto, se um dia os títulos atípicos ultrapassarem a fronteira da mera especulação le-

13. Cesare Vivante, *Trattato di Diritto Commerciale*, 3ª ed., vol. 3, Milão, Casa Editrice Dott. Francesco Vallardi, 1906, p. 154.

giferante e vierem a existir, alguns sinais poderão apresentar-se denunciando que se trata dessa figura, e não de um simples documento de dívida. Eventualmente, por exemplo, poderá tal documento evocar quaisquer dos artigos pertencentes ao Título VIII do Livro I da Parte Especial, relativo à disciplina codificada dos títulos atípicos. Ou, ainda que o referido documento nada mencione acerca de seu regramento legal, poderá, talvez, lançar mão de algum instituto cambiário, como endosso ou aval, que, não estando associado à estrutura específica dos títulos de crédito disciplinados em lei, gerará a convicção de que ao intérprete se apresenta um título atípico, engendrado segundo as regras do Código Civil. Ou, quiçá, não tendo uma cláusula cambiária específica a recorrer, poderá o autor do documento facilitar a tarefa do intérprete asseverando, de modo simples e direto, que aquele documento é, em verdade, um título atípico – o que, por si só, enredará a lei civil como sua disciplina. E se, ao final da análise de tal documento, o intérprete não puder encontrar quaisquer desses sinais, apenas poderá deduzir que está diante de um documento de dívida comum, sem maiores especificidades.

Vale observar, porém, que, no apartamento entre tais categorias conceituais, é essencial ter em mente que nem sempre as palavras efetivamente empregadas quando da redação do documento serão os guias mais fiéis do intérprete. Mesmo o legislador, talvez eclipsado pela íntima conexão que guardam as formas documentais de crédito, tem usado de modo promíscuo a expressão "documento", gerando, com isso, questões hermenêuticas adicionais para o intérprete. É o que se infere, por exemplo, do contraste entre o art. 11, I, da Lei 8.935, de 18.11.1994, e o art. 1º da Lei 9.492/1997. Enquanto o primeiro dispositivo estipula ser competência do tabelião de protestos "protocolar de imediato *os documentos de dívida*, para prova do descumprimento da obrigação" (grifos nossos), o segundo, como amplamente repetido ao longo deste trabalho, preceitua que o "protesto é o ato formal e solene pelo qual se prova a inadimplência e o descumprimento de obrigação originada em *títulos e outros documentos de dívida*" (grifos nossos). Do simples cotejo entre um texto legal e outro percebe-se que o legislador salta do gênero à espécie, ora englobando os títulos de crédito no gênero ao qual pertencem (documentos), ora tomando-os como categoria distinta dos documentos do dívida – nomenclatura, esta, que, portanto, é assumida na Lei de Protestos de modo mais estrito do que o é na Lei de Notários e de Registradores.

Ora, se, como visto, nem mesmo o legislador se atém a uma nomenclatura precisa entre "título" e "documento de dívida", mesclando essas duas categorias justamente em razão da estrutura documental comum que lhes é subjacente, não é de se estranhar que na perquirição do conceito jurídico de "documento" outros termos turvem a compreensão do intérprete.

Assim, não raro a noção de "documento" é confundida com a de "instrumento". Contudo, segundo esclarece Moacyr Amaral Santos, os instrumentos "são documentos pré-constituídos, isto é, feitos para eventualmente serem empregados como prova judiciária".[14] Logo, enquanto os instrumentos são confeccionados precisamente para servirem de prova não só da existência de determinado fato, como também de seu conteúdo, os documentos nascem de modo casual, a despeito de qualquer pretensão direta de que sejam utilizados como meio de prova.[15] Daí não segue, porém, que estes últimos sejam despidos de valor probatório, visto que, como bem pontua Moacyr Amaral Santos, eles podem "exercer grande influência na demonstração dos fatos litigiosos, máxime em face do sistema de livre convicção adotado pelo

14. Moacyr Amaral Santos, *Prova Judiciária no Cível e no Comercial*, 2ª ed., vol. IV, São Paulo, Max Limonad, 1954, p. 43 (pp. 50-51).

15. Idem, p. 44.

Código de Processo".[16] Mas, conforme relembra Luigi Carraro, o conceito de "documento" é mais estrito que o de "instrumento", pois a destinação sucessiva à prova não representa elemento que atribua à coisa representativa a qualidade de documento. É o que se depreende da seguinte lição: "De fato, a capacidade da coisa para cumprir uma função jurídica subsiste independentemente da vontade daquele que tem o poder de destiná-la à prova: é, portanto, a atitude da coisa representativa, e não sua destinação à prova, que lhe confere a qualidade de documento".[17]

Também não é raro que se encontre alguma confusão entre "documento" e "ato". Entretanto, conforme se verá, considerando-se que o documento tem por função justamente representar outros eventos ou coisas, percebe-se que a entidade representativa não pode ser tomada pelo ato, fato ou coisa representados. A esse respeito, Paolo Guidi esclarece que "o ato é o conteúdo, enquanto o documento se apresenta como o continente; em outras palavras, o documento é o meio por meio do qual um determinado fato (ato) vem representado".[18]

A partir dessa distinção basilar, Paolo Guidi acrescenta que não podem jamais essas duas figuras confundir-se, visto que, ao menos minimamente, sempre estarão distanciadas no tempo: "As duas palavras 'ato' e 'documento' exprimem *dois momentos* diferentes: o agir e a recordação de uma ação passada. O ato é necessariamente precedente ao documento, este é subseqüente àquele".[19]

Dentro dessa ordem de idéias, percebe-se que a distinção ora realizada conduz a relevantes efeitos práticos, visto que, se não se igualam *ato* (fato) e *documento*, a destruição deste último ou a falsidade daquilo que nele esteja consignado não afetam a realidade do acontecido, ainda que, obviamente, dessas circunstâncias possa resultar alguma obstrução ou dificuldade probatória do ato (fato) realmente verificado.[20]

Ocasiões há, ainda, em que a noção de "documento" é tomada como sinônima de "escrito". Sem dúvida, a origem de tal confusão pode encontrar-se no próprio desenvolvimento da arte da documentação, impulsionada sobretudo pelo avanço da escrita como método de registro dos fatos.[21] Se a escrita definitivamente operou um salto quantitativo e qualitativo na conservação de eventos e fatos, não se pode negar que, na atualidade, firmaram-se novas formas de registro de dados que, igualmente, têm o condão de representar e comunicar outras realidades que nelas se encontram estampadas.

Encampando essas outras formas de consolidação dos fatos, o art. 383 do CPC, para além da representação escrita, compreende como prova documental qualquer reprodução mecânica, fotográfica, cinematográfica, fonográfica ou de outra espécie. Seguindo essa vertente, o Código Civil de 2002 reconhece força probatória às reproduções fotográficas ou cinematográficas, aos registros fonográficos e a quaisquer outras reproduções mecânicas ou eletrônicas. Tais meios, como relembra Moacyr Amaral Santos, conquanto não possam ser nomeados provas *literais* – visto que *litera* ("letra") indica a prova resultante de escritos –, efetivamente representam provas *documentais*, no sentido amplo do termo.[22]

16. Idem, ibidem.

17. Luigi Carraro, *Il Diritto sul Documento*, Pádua, CEDAM, 1941, p. 10.

18. Paolo Guidi, *Teoria Giuridica del Documento*, Milão, Dott. A. Giuffrè Editore, 1950, p. 11.

19. Idem, p. 12.

20. Sobre a autonomia entre o fato representativo e o fato representado, cf. Francesco Carnelutti, *La Prova Civile*, 2ª ed., Roma, Edizioni dell'Ateneo, 1947, pp. 126-129.

21. Para um breve e interessante relato acerca da história da prova literal, cf. Moacyr Amaral Santos, *Prova Judiciária no Cível e no Comercial*, cit., 2ª ed., vol. IV, pp. 7-28.

22. Idem, pp. 30-31.

Isto posto, não pode o documento confundir-se com o escrito, visto que este último representa apenas uma das múltiplas formas de materialização daquele primeiro, que, como visto, pode assumir até mesmo formas sumamente etéreas de representação, como sucede com os registros fonográficos. De todo modo, a associação entre um conceito e outro, conquanto não seja tecnicamente correta, justifica-se pela ampla utilização da escrita como meio de documentação, fato que persiste mesmo nos dias de hoje, em que já se apresentam modalidades documentais mais modernas e diversificadas.

Espantada, pois, a imprecisão terminológica que ronda a noção de "documento", resta indagar qual, então, seria o conceito rigorosamente correto a ser conferido a tal figura. A esse respeito, torna-se curioso observar que, mesmo que realizadas as distinções iniciais que acabamos de estudar, dissente, ainda, a doutrina em torno da precisa conceituação de "documento".

De acordo com Paolo Guidi, tal desacordo de opiniões deve-se sobretudo ao fato de que a noção de "documento" foi primariamente estudada no terreno do direito processual, onde o conceito não é tomado em sua forma pura, mas como um meio de acertamento da verdade.[23] Dessa circunstância resultou que o conceito de "documento" foi corriqueiramente examinado sob um enfoque finalístico que prestigiava não a função representativa daquele bem, mas a possibilidade de o mesmo carrear dados úteis à solução dos litígios. Assim é, por exemplo, que juristas como Hernando Devís Echandía conceituaram "documento" como sendo "um objeto suscetível de percepção visual, que representa um fato e possui, por isso mesmo, significação probatória".[24]

Também impondo uma leitura instrumental sobre o tema, Luigi Carraro sustentou que o documento distinguia-se das demais coisas representativas porque, inarredavelmente, deveria estar relacionado a algum fato relevante para o Direito: "Segundo nosso entendimento, a qualidade que coisa representativa há de possuir para ser documento deve ser buscada na função que a coisa deve cumprir para poder ser considerada um documento. Do ponto de vista jurídico – o único que interessa –, essa função não pode ser outra que não uma função jurídica: logo, a capacidade de a representação projetar influência sobre o mundo jurídico é o elemento que diferencia o documento das demais coisas representativas. A representação não tem influência no mundo jurídico de per si, mas apenas enquanto representa qualquer coisa que, por sua vez, possua relevância para o Direito. (...). A partir do exposto, parece que se pode assumir a seguinte definição de documento (em sentido jurídico): *uma coisa representativa de um fato juridicamente relevante*".[25]

Destarte, percebe-se que os processualistas apoderaram-se do conceito de "documento" para dele fazerem um uso que lhes resultasse útil dentro da seara de que se ocupam profissionalmente. É natural, portanto, que demandassem que determinado registro não se prestasse a mera documentação, mas a uma documentação que aportasse alguma contribuição na busca da determinação da verdade processual. Se a contribuição deles tornou-se majoritária a ponto de incitar a crença de que tal elemento integrava a estrutura do conceito de "documento", isso se deve, como se viu, à precedência com que os processualistas se

23. Paolo Guidi, *Teoria Giuridica del Documento*, cit., p. 17 (pp. 20-21).

24. Hernando D. Echandía, *Teoría General de la Prueba Judicial*, 3ª ed., vol. 2, Buenos Aires, Victor P. de Zavalía, 1974, p. 491. Ressalte-se que o conceito de Echandía também é falho, por exigir que o documento seja suscetível de percepção visual – o que, obviamente, excluiria os registros fonográficos, que, como vimos, também constituem documentos.

25. Luigi Carraro, *Il Diritto sul Documento*, cit., pp. 7-8. O caráter instrumental dos documentos é ainda reafirmado por Luigi Carraro à p. 35 dessa mesma obra.

dedicaram ao tema – motivo que, obviamente, não obsta a que se levem a cabo investigações adicionais em outros domínios do Direito.

Ora, se o que se deseja é conhecer a gênese, a estrutura mais basilar de um conceito, talvez a investigação do étimo que deu origem ao nome represente uma primeira via de acesso a esses dados. Investigando-se a etimologia de "documento", encontra-se o verbo latino *docere*, que significa "ensinar", "mostrar", "indicar".[26] Tomando essa noção basilar, Francesco Carnelutti forjou um conceito de "documento" que, depois, viria a se tornar célebre em meio à doutrina: *documento é a coisa representativa de um fato*.[27]

É certo que essa definição não ficou a salvo de críticas, principalmente em vista de sua generalidade e amplitude, que não a tornavam – nos dizeres de Luigi Carraro – "suficientemente específica".[28] Também partilhando esse entendimento, Moacyr Amaral Santos assevera que a definição de Carnelutti peca por compreender coisas que, em verdade, não podem ser qualificadas como documentos, tal como sucede, por exemplo, com "uma cruz à beira da estrada, um monumento comemorativo de uma batalha".[29]

Em que pese à pertinência das críticas apresentadas por esses juristas à posição de Carnelutti, parece-nos que a proposta do eminente jurista italiano merece guarida não só pelo fato de constituir uma formulação simples e sintética da definição de "documento", como também por haver conseguido expurgar desta definição elementos que, relacionados ao domínio da prova, eram-lhe intrinsecamente alheios. Em verdade, talvez o grande mérito de Carnelutti diante das definições cunhadas no âmbito do direito processual civil tenha sido justamente a percepção de que o conceito de "documento" não é forjado pelo Direito, mas, antes, apreendido a partir da própria cultura humana. Logo, o documento é uma realidade que existe no mundo físico e da qual se apropriam as Artes, a História e a Literatura para os fins específicos a cada um desses setores do conhecimento humano. O mesmo faz o Direito. Todavia, se o fato representado é juridicamente relevante ou não, esta não é uma circunstância que afete a qualificação do registro como documento ou não, mas sim sua aceitação como meio de prova. Em suma, documento será, pois, a coisa que detiver capacidade representativa.[30] E, obviamente, dentre as muitas coisas que, na sociedade humana, detêm esse poder de representação, algumas – como os monumentos citados por Moacyr Amaral Santos – não receberão tal qualificativo, não porque o Direito lhes negue tal enquadramento, mas porque, prévia e culturalmente, não são reconhecidas como tais.

Mas aceitar a definição proposta por Carnelutti importa, correlatamente, reconhecer que ela é forjada pela conjunção de três elementos estruturais: primeiro, para se ter um documento há que existir uma *coisa*; em segundo lugar, esta coisa dever ser *representativa*; e, por fim, representativa de um *fato*. Cada um desses pressupostos estruturais deve, pois, ser analisado separadamente, para que o conceito seja bem apreendido como um todo.

Inicialmente, asseverar que o documento é uma *coisa* significa reconhecê-lo dotado ao menos de duas características: *materialização* e *permanência*.[31] A materialização, que, segundo a história da do-

26. Cf. Rogério Lauria Tucci, "Documento", in R. Limongi França (coord.), *Enciclopédia Saraiva do Direito*, vol. 29, São Paulo, Saraiva, 1977, pp. 195-215 (p. 196).

27. Francesco Carnelutti, *La Prova Civile*, cit., 2ª ed., p. 183.

28. Luigi Carraro, *Il Diritto sul Documento*, cit., p. 8.

29. Moacyr Amaral Santos, *Prova Judiciária no Cível e no Comercial*, cit., 2ª ed., vol. IV, p. 46.

30. Idem, ibidem; Paolo Guidi, *Teoria Giuridica del Documento*, cit., p. 45.

31. Cf. Luigi Carraro, *Il Diritto sul Documento*, cit., p. 6.

cumentação, vem sendo efetuada por meio de múltiplas formas, indica a possibilidade de apreensão através de algum dos sentidos, como a visão, nos registros escritos e visuais, ou a audição, nos documentos fonográficos. Aquilo que existe materialmente distingue-se, portanto, de tudo que esteja encerrado apenas no âmbito do psiquismo, das reflexões pessoais ou daquilo que, conquanto exteriorizado, não tenha sido submetido a um registro materialmente apreensível. A materialização, uma vez existente, permite a emergência de um segundo atributo: a *permanência*. Segundo esclarece Paolo Guidi, essa característica, que decorre diretamente do caráter *real* do documento, ao mesmo tempo revela-se o contraponto deste perante a prova testemunhal. A respeito, confira-se este interessante excerto de sua obra:

"O testemunho é uma *vox viva*; o documento é uma *vox mortua*.

"Do caráter real do documento deriva sua capacidade de fornecer uma representação *permanente*, enquanto do caráter *pessoal* do testemunho deriva a capacidade de fornecer apenas uma representação *transeunte* do fato."[32]

Percebe-se, portanto, que *materialidade* e *permanência* constituem justamente as características que conferem aos documentos um importante papel na dinâmica processual em contraste com os testemunhos oralmente produzidos. Como destaca Luigi Carraro, o grande préstimo dos documentos resulta justamente do fato de eles traduzirem representações permanentes, que, como tais, podem ser transportadas no tempo e no espaço.[33]

Continuando a análise do conceito de Carnelutti, não basta que uma coisa exista – material e permanentemente – para que seja considerada um documento: apenas o será se, adicionalmente, exercer alguma função *representativa*. Por essa característica, de início o documento já se distingue das demais coisas que existem em estado natural, sem que derivem de qualquer atividade humana.[34] Mas trata-se, ainda, de uma coisa que é dotada da capacidade de representar, isto é, de fazer lembrança de um outro fato – este, sim, objeto de documentação. Divergem, assim, o *fato representado* e o *fato representativo*, visto que este último não fornece a quem o maneja a percepção direta daquele primeiro, mas apenas uma representação do mesmo, que, obviamente, é aquilo que se coloca à percepção do intérprete.

Por fim, como ensina Carnelutti, o documento, enquanto coisa dotada de poder de representatividade, deve remeter a um *fato*. Felizmente a leitura desse requisito não impõe maiores dificuldades aos juristas, já acostumados a subentender nessa categoria não apenas *eventos ocasionados pela Natureza ou pela ação material humana*, como também *atos* cuja existência e, ocasionalmente, cujo delineamento decorrem em maior ou menor medida da vontade humana.

O curioso é notar que o conceito elaborado por Carnelutti, mesmo que analisado em todos os seus termos, coloca, de pronto, dificuldades para sua boa instrumentalização – o que sucede, provavelmente, em vista da inevitável amplitude com que foi engendrado. De outra parte, no âmbito da Lei 9.492/1997 a questão da instrumentalização do conceito de "documento de dívida" é de fulcral importância, pois o exame da regularidade formal (art. 9º da Lei 9.492/1997) constitui justamente a chancela que permite, ou não, o ingresso do título ou documento de dívida no tabelionato. Assim sendo, para o estudo do tema aqui proposto não resulta suficiente

32. Paolo Guidi, *Teoria Giuridica del Documento*, cit., p. 43.

33. Luigi Carraro, *Il Diritto sul Documento*, cit., p. 23; Francesco Carnelutti, *La Prova Civile*, cit., 2ª ed., pp. 140-143.

34. Cf. Luigi Carraro, *Il Diritto sul Documento*, cit., p. 7.

delinear o conceito de "documento"; adicionalmente, importa conhecer os requisitos que, perante o Direito, emprestam corpo a certo registro para que este receba a qualificação de "documento". Esses requisitos devem ser devidamente analisados, visto que sua presença ou sua deficiência influenciarão diretamente no acatamento ou na rejeição do documento para fins de protesto. O estudo dos requisitos dos documentos em geral representa o objeto de análise do item subseqüente, que investigará, outrossim, se a lei, ao se referir especificamente a "documentos *de dívida*", impõe a observância de particularidades adicionais.

4. Elementos estruturais dos documentos de dívida

Em sua obra clássica *Prova Judiciária no Cível e no Comercial*, Moacyr Amaral Santos pondera que, ao se analisar a estrutura de um documento, invariavelmente se chegará às seguintes conclusões: (1º) o documento é obra de uma pessoa; (2º) é feito deste ou daquele material; (3º) representa e reproduz fatos ou idéias.[35] Daí que, segundo o ilustre professor paulista, o documento deve ser examinado sob três ângulos distintos, que envolvem sua *autoria*, a *maneira ou meio de exteriorização* e seu *conteúdo*.[36] Embora Moacyr Amaral Santos assim não os categorize textualmente, é forçoso reconhecer que esses elementos compõem a própria estrutura do documento, de modo que a presença dos mesmos se torna a própria garantia da hígida configuração de certo bem como documento. Destarte, parece-nos que os elementos indicados por Moacyr Amaral Santos, acrescidos de outras particularidades impostas pela própria dinâmica da Lei 9.492/1997, podem e devem servir como guia para a verificação de regularidade formal dos documentos de dívida apresentados perante os tabelionatos de protesto. Vejamos, portanto, como se configuram e quais exigências cada um daqueles elementos coloca para a correta qualificação de um dado registro como documento no âmbito do Direito.

Conforme visto, inicialmente o documento deve ter um *autor*, pois, como bem relembra Paolo Guidi, o documento é um *opus*, isto é, uma obra humana que traduz o resultado de um trabalho destinado justamente a criá-lo.[37] Logo, se o documento não constitui mero evento da Natureza, mas, antes, resulta da atividade humana, segue daí que invariavelmente terá um autor. Para que a noção de "autoria" reste bem analisada, primeiramente é essencial que se compreenda que nem sempre o *autor do documento* será também o *autor do fato documentado* ou, mesmo, o *elaborador do documento*. Com efeito, *autor do documento* é não apenas "quem materialmente o forma, mas o é, especialmente, a pessoa por ordem, ou interesse, de quem é formado".[38] Por outro lado, *autor do fato documentado* "é a quem se atribui a autoria do fato declarado no documento".[39] E, por fim, *elaborador do documento* "é quem materialmente o forma".[40] Assim, pode ocorrer que esses três papéis estejam reunidos numa só pessoa, como sucede, por exemplo, num testamento hológrafo escrito pelo próprio testador. Mas pode também suceder que aquelas três funções se separem, repousando cada qual em uma pessoa distinta, como se verifica, *v.g.*, na escritura pública de compra e venda lavrada por escrevente. Conquanto o *elaborador* deste documento seja o escrevente, seu *autor*, em verdade, é o tabelião de notas, por tocar a este último, com exclusividade, a competência para a lavratura desta sorte de atos.

35. Moacyr Amaral Santos, *Prova Judiciária no Cível e no Comercial*, cit., 2ª ed., vol. IV, p. 34.
36. Idem, ibidem.

37. Paolo Guidi, *Teoria Giuridica del Documento*, cit., p. 36.
38. Moacyr Amaral Santos, *Prova Judiciária no Cível e no Comercial*, cit., 2ª ed., vol. IV, p. 34.
39. Idem, ibidem.
40. Idem, p. 35.

Por outro lado, *autores do fato documentado* serão os compradores e vendedores, os quais efetivamente atuam como partes do negócio jurídico entabulado.

Não é necessário ressaltar que, para os fins investigados no presente artigo, interessa-nos a autoria que revela *paternidade do documento* – isto é, a autoria como meio de indicação da pessoa *para quem* ou *por ordem de quem* o documento foi confeccionado. E o requisito da autoria, posto nestes termos, mostra-se importante justamente por ser um elemento que denota a *efetiva vinculação entre o autor do documento e o conteúdo declarado*. De fato, como pondera Hernando Devís Echandía, um dos requisitos essenciais para que a eficácia probatória do documento ganhe atuação efetiva é que esteja estabelecida ou reste presumida a vinculação do autor ao próprio documento.[41] Para que tal suceda, o documento há de apresentar sinais materiais que demonstrem tal vinculação, pouco importando, para esse aspecto, que, no caso de registros particulares, haja criteriosa qualificação das partes, embora, obviamente, tais dados sejam sobremaneira úteis.[42]

Da presença desses sinais materiais deriva a noção de "autenticidade", que representa "a certeza de que o documento provém do autor nele indicado".[43] Flui do senso comum que a forma ordinária de aferição da autenticidade é a presença da assinatura do autor no corpo do documento.[44] Assim, de acordo com Moacyr de Amaral Santos, a assinatura desempenha, a um só tempo, a função de *provar a paternidade do documento* e a de *tornar presumível que a declaração nele representada foi querida por seu autor*.[45]

No entanto, debate a doutrina sobre se a firma representa o único meio de comprovação da autoria. Hernando Devís Echandía responde negativamente a tal questionamento, asseverando que a firma, a bem da verdade, apenas se mostra como um indicador indeclinável de autoria nos documentos em que for exigida *ad substantiam actus*, isto é, em documentos em que a lei demanda *apresentação expressa de autoria* – circunstância que resta bem exemplificada, na seara analisada por este trabalho, na hipótese dos títulos de crédito (arts. 1º, V, e 54, IV, do Decreto 2.044/1908; art. 1º, VI, da Lei 7.357/1985 – exemplificativamente).[46] Por outro lado, nos documentos para os quais a lei não prescreva tal requisito a firma cumprirá, portanto, sua função usual, constituindo tão-somente um *elemento indutor de autenticidade*, liberando de modo mais pronto e acessível a eficácia probatória do documento.[47] Essa, aliás, é a conclusão que deflui dos arts. 219 do CC e 368 do CPC, que, de modo assemelhado, prescrevem que a firma lançada em documentos parti-

41. Hernando D. Echandía, *Teoría General de la Prueba Judicial*, cit., 3ª ed., vol. 2, p. 535.

42. Cf. Moacyr Amaral Santos, *Prova Judiciária no Cível e no Comercial*, cit., 2ª ed., vol. IV, p. 148.

43. Idem, p. 44. Vale ressaltar que existe certa dissensão em torno do conceito de "autenticidade", sendo que alguns autores sustentam que apenas dos documentos públicos emana a certeza quanto à autoria, de modo que apenas eles, tecnicamente, seriam *autênticos* (cf. Maria Helena Diniz, "Documento autêntico", *Dicionário Jurídico*, vol. 2, São Paulo, Saraiva, 1998, p. 224). Moacyr Amaral Santos, julgando tal posicionamento excessivamente rigoroso, ensina que a autenticidade pode provir não só do próprio documento, como também de suas condições específicas ou de outras razões convincentes; de modo que, não havendo dúvida sobre sua autoria ou não se questionando sobre a mesma, estará provada a autenticidade do documento particular (*Prova Judiciária no Cível e no Comercial*, cit., 2ª ed., vol. IV, p. 158).

44. Cf.: Rogério Lauria Tucci, "Documento", cit., in R. Limongi França (coord.), *Enciclopédia Saraiva do Direito*, vol. 29, p. 199; Moacyr Amaral Santos, *Prova Judiciária no Cível e no Comercial*, cit., 2ª ed., vol. IV, p. 45.

45. Cf. Moacyr Amaral Santos, *Prova Judiciária no Cível e no Comercial*, cit., 2ª ed., vol. IV, p. 45.

46. Cf. Hernando D. Echandía, *Teoría General de la Prueba Judicial*, cit., 3ª ed., vol. 2, p. 530.

47. Idem, p. 532.

culares faz presumir a veracidade das declarações ali depositadas perante o signatário. A aposição da assinatura gera, portanto, *autenticidade*.

Dentro dessa ordem de idéias, à exceção dos documentos em que a subscrição se impõe como requisito *ad substantiam actus*, a ausência de firma não representa um óbice insuperável na determinação da autoria do documento. Nessas hipóteses, segundo ensina Hernando D. Echandía, a autoria poderá defluir de outras circunstâncias, como a confissão do autor, testemunhos daqueles que intervieram na confecção do documento ou que hajam presenciado tal ato ou, ainda, indícios de variadas espécies, dentre os quais se destaca, obviamente, o exame grafológico, quando passível de realização.[48]

Todavia, como bem pontua Hernando D. Echandía, no caso de documentos para os quais não se prescreva a obrigatoriedade da firma, há que se distinguir entre, de um lado, documentos que contenham *declarações de ciência* e, de outro, documentos que contenham *declarações de vontade* ou *dispositivas*. Enquanto nos primeiros basta provar a autenticidade para que, do conteúdo dos documentos, seja possível deduzir uma confissão extrajudicial do autor, nos segundos há que se provar, adicionalmente, que "o ato jurídico de aperfeiçoou e que esse escrito representa uma constância histórica, conquanto não tenha sido firmado".[49] Isso se faz necessário, segundo o ilustre professor colombiano, justamente para evitar que projetos, minutas, manuscritos, sejam tomados por ato jurídico que, conquanto esboçado, tenha sido descartado pelo autor do projeto.[50] Trata-se, pois, de demonstrar que aquele registro não representa apenas apontamentos ou notas para uma declaração de vontade ainda em vias de se perfectibilizar ou da qual o autor haja desistido.[51]

Se nos dedicamos brevemente a essa digressão acerca dos *documentos sem firma* foi para que, uma vez voltados os olhos para o tema aqui debatido – requisitos de regularidade formal dos documentos de dívida –, pudéssemos concluir que os documentos assim configurados não podem ser admitidos perante os tabelionatos para fins de protesto. Assim sucede não porque a autoria dos mesmos não possa efetivamente ser conhecida, pois usualmente haverá meios suplementares de apuração da autoria, conforme consignado anteriormente. O problema é que nos documentos sem firma a autoria é automaticamente convertida numa questão de alta indagação, que, como tal, refoge ao limitado exame de características formais a que, por força do art. 9º da Lei 9.492/1997, está adstrito o tabelião. Destarte, não se nega que a autoria de um documento obrigacional sem firma possa eventualmente ser reconhecida; o que sucede é que a sede para tais perquirições será, então, não o serviço extrajudicial, e sim o Poder Judiciário. E – acrescente-se – nem mesmo o estreito conhecimento jurisdicional proporcionado pelo processo de suscitação de dúvida (art. 18 da Lei 9.292/1997) poderá fazer as vezes da dilação probatória requerida para o deslinde desse gênero de questão. Portanto, a autoria de documento sem firma demanda a produção de um conjunto probatório que nem o exíguo processo de dúvida nem o expedito procedimento de protesto podem comportar adequadamente.

Isto posto, como regra geral para incursão perante os tabelionatos de protesto hão de se admitir apenas e tão-somente os documentos de dívida que apresentem a assinatura das partes, em especial do deve-

48. Idem, p. 530. Carnelutti entende, porém, que, nesse caso, o documento não funcionará verdadeiramente como meio de prova (fato representativo), mas como mero meio de presunção (indício) (*La Prova Civile*, cit., 2ª ed., p. 197 – pp. 202-203).

49. Hernando D. Echandía, *Teoría General de la Prueba Judicial*, cit., 3ª ed., vol. 2, p. 557.

50. Idem, ibidem.

51. Idem, p. 581.

dor, visto que é a ele que se atribui "a inadimplência *(sic)* e o descumprimento da obrigação" registrada naquele documento (art. 1º da Lei 9.492/1997). Frisamos que a observância de tal requisito faz-se extremamente necessária como meio de evitar que o apontamento de certo documento de dívida a protesto venha a se converter, ao final, em mera imputação unilateral de dívida. É certo que em certas circunstâncias, especialmente autorizadas, a lei permite que essa imputação unilateral seja feita perante os tabelionatos de protesto, tal como sucede, por exemplo, no protesto de duplicata fundado nas indicações do portador (art. 13, § 1º, *in fine*, da Lei 5.474/1968) ou no protesto por indicações da cédula de crédito bancário (art. 41 da Lei 10.931/2004). Atente-se, porém, em primeiro lugar, a que essas hipóteses situam-se no âmbito dos títulos de crédito típicos e, como não representam sequer a forma rotineira de documentação do crédito nessa categoria, são *especificamente autorizadas por lei*. E o são não para estimular o niilismo do portador ou do credor, mas porque estes, subjacentemente, devem possuir documentos que remetam àquela autenticidade pretendida perante o devedor. É o que resta plenamente evidenciado pela exigência legal de que o portador esteja em poder de comprovante de entrega e de recebimento da mercadoria (art. 15, II, da Lei 5.474/1968).[52] É também o que igualmente deflui da determinação legal de que o credor da cédula de crédito bancário possua – e expressamente declare que possui – a via negociável do título, em que originariamente foi lançada a assinatura do emitente (art. 29, VI, da Lei 10.931/2004).

Talvez a freqüência com que principalmente as duplicatas por indicações são recepcionadas pelos tabelionatos possa gerar a falsa impressão de que a imputação unilateral seja suficiente à configuração de certa dívida. Todavia, as situações antes explicitadas acerca das duplicatas e das cédulas de crédito bancário constituem exceções – e, como tais, apenas reafirmam a regra geral, que continua a demandar a assinatura do devedor como meio comprobatório de sua vinculação à dívida exigida no plano extrajudicial. No âmbito judicial, conforme antes visto, outros recursos probatórios poderão ser trazidos à colação; no extrajudicial, por razões já explicitadas, mantém-se a exigência da assinatura como elemento indicador da autenticidade.

Esclarecida a questão em torno da autoria e das formas de comprovação da autenticidade, cumpre analisar o segundo elemento indicado por Moacyr Amaral Santos como componente da estrutura do documento, qual seja, o *meio de exteriorização* em que deve expressar-se. Conforme esclarece Hernando D. Echandía, "pode ser matéria do documento qualquer elemento ou coisa que sirva para fins representativos".[53] A amplitude de tal afirmação é comprovada pelas clássicas lições de direito cambiário, que desafiavam o imaginário dos alunos, ensinando que uma categoria particular de documentos – os títulos de crédito – poderia ser lançada sobre as mais extravagantes superfícies, desde uma pedra até mesmo uma frágil casca de ovo.[54]

52. Nesse caso, vale considerar que a assinatura lançada nesse documento poderá não ser da lavra daquele que validamente pode obrigar a pessoa jurídica ou o empresário individual, visto que a dinâmica do meio negocial exige o temperamento desse requisito com duas importantes criações doutrinárias: a *teoria da aparência* (na entrega regularmente efetuada no endereço do sacado e recepcionada por alguém de seu quadro laboral) e a *teoria dos atos próprios* (na vedação a comportamentos contraditórios e que atentem contra a boa-fé objetiva e as expectativas legitimamente suscitadas perante o parceiro contratual).

53. Hernando D. Echandía, *Teoría General de la Prueba Judicial*, cit., 3ª ed., vol. 2, p. 518.

54. A propósito da plasticidade do meio em que se pode lançar a cambial, Pontes de Miranda relembrava que, a par do papel, podiam ser utilizados outros materiais, como o pano, a madeira, o metal, o pergaminho, o marfim e o celulóide. Num exercí-

Como ao longo da história humana foram sendo feitos implementos sucessivos nas formas de registro dos fatos, os meios de exteriorização dos documentos de que atualmente dispõe a sociedade são os mais diversos, destacando-se, nos dias de hoje, a documentação eletrônica, expressamente encampada tanto pela Lei de Notários e de Registradores, em seu art. 41, quanto pela Lei de Protestos, art. 8º, parágrafo único, e art. 41. Num elo com o primeiro requisito do documento apontado por Moacyr Amaral Santos – qual seja, a autoria –, o interessante é notar que a transformação dos meios de documentação impõe, paralelamente, a necessidade de criação de novos meios de aferição da autenticidade. E é precisamente o que vem buscando a autenticação digital, mediante o emprego da criptografia e do acesso ao teor de certos registros por meio de chaves públicas e privadas.[55] Destarte, não raro haverá que se conjugar os dois primeiros requisitos – autoria e meio de exteriorização – para que se definam com maior precisão os elementos declinadores de autenticidade do documento.

O *conteúdo* – último requisito selecionado por Moacyr Amaral Santos na estrutura do documento – talvez seja o elemento que mais particularidades apresenta quando o conceito de "documento" é trasladado para o seio da Lei 9.492/1997. Da definição de Carnelutti, antes explicitada, restou claro que o documento deve ser representativo de *um fato*, e este, enquanto categoria jurídica, há de ser lido em termos amplos. Todavia, à Lei de Protestos não interessam quaisquer fatos, mas, em meio a esse amplo grupo, interessam apenas os *atos*, especificamente *aqueles que documentem uma dívida*. "Dívida", por outro lado, é conceito basilar ao direito obrigacional, que remete a três comportamentos básicos a que – por força de lei, declaração unilateral de vontade ou de contrato – esteja adstrito o devedor: *dar* (arts. 233-246 do CC, incluindo-se nessa espécie a obrigação de *restituir*), *fazer* (arts. 247-249 do CC) e *não fazer* (arts. 250 e 251 do CC).

A primeira dúvida que emerge da amplitude do conceito de "dívida" dentro do direito obrigacional é se todo esse espectro de condutas obrigacionais estaria sob a incidência da Lei de Protestos. Em verdade, se analisada a forma peremptória com que foi redigido o art. 1º da Lei 9.492/1997, tem-se a primeira impressão de que qualquer espécie de dívida pode ter curso perante os tabelionatos de protesto. As lições dos poucos autores que se ocupam do tema, talvez um tanto eclipsadas pela generalidade do art. 1º da Lei 9.492/1997, não delineiam maiores detalhes sobre a questão – o que torna difícil precisar o correto alcance da expressão "documentos de dívida", presente naquele dispositivo. Confira-se, exemplificativamente, o seguinte ensinamento de Theóphilo de Azevedo Santos: "É evidente que documentos de dívida *são todos aqueles em que há, inequivocamente, a indicação de relação de débito e crédito* entre a instituição financeira e as empresas comerciais (individuais ou coletivas) e seus clientes, pessoas físicas, mutuários ou usuários, *sem qualquer restrição, pois esta só teria legitimidade se estivesse prevista em lei*"[56] (grifos nossos).

Outros juristas, porém, refutam esta sorte de entendimento, relembrando que,

cio de prefiguração, o brilhante tratadista brasileiro chega a afirmar que a cambial poderia ser lançada até mesmo em disco fonográfico, "desde que, nos lugares devidos, estivessem as palavras que devem ser de próprio punho" (*Tratado de Direito Cambiário: Letra de Câmbio*, 2ª ed., vol. 1, São Paulo, Max Limonad, 1954, p. 84 – p. 86). Cf., sobre a mutabilidade dos instrumentos de documentação, em especial a partir do advento dos meios eletrônicos de arquivamento de dados: Newton de Lucca, *A Cambial-Extrato*, São Paulo, Ed. RT, 1985, p. 145.

55. Cf. João Agnaldo Donizeti Gandini, Diana Paola da Silva Salomão e Cristiane Jacob, "A validade jurídica dos documentos digitais", *RT* 805/83-98, São Paulo, Ed. RT, novembro/2002 (pp. 87-91).

56. Theóphilo de Azevedo Santos, "Documentos de dívida", cit., *Edital* 14/2-3.

na tripartição de justificativas para a lavratura do protesto (art. 21, *caput*), a falta de pagamento encontra-se irremediavelmente referenciada ao universo das obrigações pecuniárias. É o que sustenta Luiz Ricardo da Silva: "Uma obrigação de fazer ou de dar (coisa diversa de dinheiro) não se paga, se faz ou se dá. Se a intenção do legislador fosse permitir o protesto de outro tipo de obrigação que não a de cunho pecuniário, deveria ter criado um novo motivo ensejador do protesto, ou seja, *protesto por falta de cumprimento de obrigação*".[57]

Em uma primeira análise poderiam parecer factíveis os argumentos trazidos à baila neste último posicionamento, o qual, de certo modo, encontra-se até mesmo amparado nas abalizadas lições do nobre tratadista obrigacional Manuel Ignácio Carvalho de Mendonça, o qual asseverava ser o vocábulo "pagamento" correlacionado mais propriamente às obrigações de dar, e mais particularmente às de dinheiro.[58]

Cremos, porém, que a razão invocada por Luiz Ricardo da Silva não se mostra suficiente para afastar a possibilidade de protesto de outras modalidades obrigacionais, além das dívidas pecuniárias. E isso se deve ao fato de que, no âmbito do Direito, o vocábulo "pagamento" comporta outras significações a par daquela assinalada pelo autor sul-rio-grandense – circunstância, esta, aliás, também ressaltada pelo eminente M. I. Carvalho de Mendonça. Com efeito, resta patente que, genericamente, o Capítulo I do Título III da Parte Especial do Código Civil empresta sentido diverso à noção de "pagamento", compreendendo-o como o comportamento que denota o cumprimento voluntário da obrigação. É o que esclarece Clóvis Beviláqua: "A palavra 'pagamento', na linguagem comum, aplica-se, mais particularmente, à prestação em dinheiro; mas na linguagem técnica do Direito tem maior amplitude, *é a execução voluntária da obrigação*"[59] (grifos nossos).

Seguindo essa linha, Caio Mário da Silva Pereira pontua que no âmbito do direito civil "pagamento" "será a tradição da coisa, na *obligatio dandi*; pagamento a prestação do fato, na *obligatio faciendi*; (...) pagamento ainda a abstenção, na *obligatio non faciendi*".[60] Logo, não pode assistir razão a Luiz Ricardo da Silva, visto que o termo "pagamento" pode ser perfeitamente tomado em sentido amplo, como denotador do cumprimento de obrigação de qualquer gênero – o que permitiria que se falasse com propriedade em protesto por falta de pagamento de obrigações de fazer ou de não fazer que não hajam sido voluntariamente adimplidas.

Todavia, mesmo elegendo um argumento falho para fundar seu posicionamento, o fato é que Luiz Ricardo da Silva acabou por enunciar a proposição que efetivamente se ajusta à Lei 9.492/1997: apenas as dívidas de natureza pecuniária são suscetíveis de acatamento e processamento perante os tabelionatos. Com efeito, conquanto a expressão "documentos de dívida" deva ser lida em termos amplos – e não de modo estrito, como propugnaram as outras vertentes de interpretação afastadas no primeiro tópico deste trabalho –, daí não segue que essa leitura gramatical não deva ser conjugada com os demais dispositivos integrantes da Lei de Protestos. Com efeito, embora o art. 1º se refira tão-somente a "documentos de dívida", sem detalhar de modo mais preciso que espécie de dívida há de se ver subentendida, o fato é que diversos outros dispositivos da Lei 9.492/1997 relacionam-se a uma específi-

57. Luiz Ricardo da Silva, *O Protesto de Documentos de Dívida*, cit., p. 77.

58. Carvalho de Mendonça, *Doutrina e Prática das Obrigações*, 4ª ed., vol. 1, Rio de Janeiro, Forense, 1956, pp. 419-420.

59. Clóvis Beviláqua, *Código Civil dos Estados Unidos do Brasil*, 11ª ed., vol. 4, Rio de Janeiro, Livraria Francisco Alves, 1958, p. 64.

60. Caio Mário da Silva Pereira, *Instituições de Direito Civil*, 17ª ed., vol. 2, Rio de Janeiro, Forense, 1999, p. 114.

ca categoria de dívida, representada pelas *dívidas pecuniárias*. É o que se depreende, por exemplo, do art. 10, § 2º, que preceitua que, "em caso de pagamento, este será efetuado em *moeda corrente nacional*"; ou do art. 19, que determina que "o pagamento do título ou do documento de dívida apresentado para protesto será feito diretamente no tabelionato competente, no *valor* igual ao declarado pelo apresentante, acrescido dos emolumentos e demais despesas" (grifos nossos). Referências às dívidas pecuniárias podem ser encontradas ainda em diversos outros dispositivos, como resta evidente nos arts. 10, 11, 14, § 2º, *in fine*, e 19, §§ 2º-4º. Também corrobora o entendimento ora propugnado a reiterada correlação que a Lei 9.492/1997 faz da noção de *pagamento* (arts. 3º, 19, 21 e 35, VI) e das *dívidas pecuniárias*.

Todos esses dispositivos demonstram, pois, que a estrutura presente na Lei de Protestos foi concebida para o processamento, liquidação e protesto de dívidas pecuniárias ou de comportamentos – como a devolução e o aceite – que estejam associados a esse gênero de dívidas.

Adicionalmente, conquanto silencie a lei a esse respeito, entendemos que os documentos de dívida pecuniária levados a protesto devem apresentar certo limiar de *certeza*, *liquidez* e *exigibilidade*.[61] E isso se deve sobretudo ao fato de que, sendo o protesto um procedimento que se desenvolve de maneira célere no plano extrajudicial, não pode ele comportar o processamento de documentos que suscitem maiores indagações quanto à existência, à extensão e à exigibilidade da dívida.

Dentro dessa ordem de idéias, em primeiro lugar é necessário que o documento de dívida seja *certo*, isto é, não devem pairar controvérsias sobre a existência do débito. E tal certeza, segundo esclarece Luiz Ricardo da Silva, redundaria da própria aferição da autenticidade e da regularidade formal dos documentos de dívida, nos lindes antes examinados.[62]

Em segundo lugar, a dívida representada no documento deve ser *líquida*, ou seja, seu montante há de estar devidamente apurado. Sobre esse aspecto, convém ressaltar que a *liquidez* exigida dos documentos de dívida apresentados a protesto não traduz cautela meramente protocolar, mas representa, conforme se verá, verdadeira condição de procedibilidade perante os tabelionatos. Com efeito, o próprio recebimento da dívida, como medida obstativa do protesto (art. 20 da Lei 9.492/1997), tornar-se-ia inviável, pois o tabelionato de protesto, diante da falta de liquidez do débito, não teria meios de aferir o valor efetivamente devido ao credor. A liquidação do débito, por sua complexidade, sendo naturalmente incompatível com a celeridade do procedimento extrajudicial, deve, pois, ser confiada às vias que lhe sejam mais adequadas ao acertamento, para que, a partir de então, seja viabilizado o processamento do documento perante o tabelionato de protesto. Justamente em vista dessa razão, a Corregedoria-Geral de Justiça do Estado de São Paulo, nos Autos 1.286/2003, entendeu inviável o protesto de determinado contrato de locação que envolvia "obrigações de naturezas diversas e *(que, por isso, estava)* sujeito a interpretação e prova".[63] Isto posto, no referido *decisum* a falta de liquidez foi precisamente o elemento que inviabilizou o protesto, visto que, no âmbito extrajudicial, resultaria impossível ao tabelião determinar a extensão da obrigação exigida.

61. Cf.: Luiz Ricardo da Silva, *O Protesto de Documentos de Dívida*, cit., p. 66; Luiz Emygdio F. da Rosa Jr., "Reflexões sobre protesto", *Boletim Informativo do Instituto de Estudos de Protesto de Títulos do Brasil – Seção Rio de Janeiro* 3/3, Rio de Janeiro, julho/2002.

62. Luiz Ricardo da Silva, *O Protesto de Documentos de Dívida*, cit., p. 67.

63. São Paulo, TJSP, Processo CG-1.286/2003, interessada: Cabbage do Brasil S/C Ltda, São Paulo, 30.1.2004, *INR*, (S.l.), pp. 1-2, (200-), p. 1.

De todo modo, importa advertir que a aferição da liquidez deve admitir certo temperamento no âmbito extrajudicial, pelo fato de a competência do tabelião cingir-se ao exame de regularidade formal de títulos e outros documentos de dívida. Questões, portanto, relacionadas ao mérito do documento, à legalidade ou ao abuso de certas cláusulas contratuais ou aos parâmetros de cálculo utilizados pelo apresentante para a formulação do valor final para protesto refogem naturalmente ao recorte de competência a que está adstrito o tabelião. Por essa razão, cabe ao devedor invocar em juízo tais circunstâncias como fundamentos para a concessão de ordem de sustação do protesto. Ora, se nem mesmo ao juiz é dado proceder de ofício na defesa de interesses privados (*ne procedat iudex ex officio*), seria minimamente estranho que tal argüição coubesse ao tabelião, cuja competência se exerce no plano extrajudicial. Com essa assertiva não se nega a possibilidade de o cálculo apresentado pelo credor ao tabelionato ser abusivo ou eivado de erro; apenas se afirma que não cabe ao tabelião averiguar a correição ou justeza do montante cobrado, pois esta é tarefa que, *ab initio*, cabe ao devedor, justamente pelo fato de ele, como obrigado que é, conhecer ou ter meios de conhecer a estrutura e a extensão da obrigação a cumprir. É o que se extrai da brilhante lição de Fábio Konder Comparato, que se transcreve: "Pode o protesto, conforme as circunstâncias, ser tido como abusivo e, em conseqüência, acarretar a responsabilidade do protestante? Sem dúvida. Mas essa possibilidade, escusa dizê-lo, não justifica a supressão *de lege ferenda* do instituto nem autoriza uma eventual recusa do oficial em processar o pedido de protesto. Sustentar-se o contrário seria o mesmo que advogar a conveniência da supressão do direito de ação judicial, porque o seu exercício pode conduzir a abusos".[64]

Justamente em virtude de todas as considerações acima assinaladas é que não se deve estranhar que a certos documentos falte liquidez para que os mesmos sirvam de amparo à ação executiva mas que esta característica se tenha por preenchida ao menos para satisfazer o exame da regularidade formal do documento perante o tabelionato de protesto, num patamar que sugeriríamos nomear de "liquidez instrumental". Isso sucede porque perante o tabelionato de protesto a liquidez é aferida apenas como *condição de procedibilidade* da pretensão de recebimento esboçada pelo apresentante. Logo, o *quantum* deve ser ao menos *formalmente* determinado para que, de um lado, o serviço extrajudicial saiba o valor a receber em caso de liquidação do título em tabelionato e, de outro, o devedor, como partícipe da relação obrigacional antes travada, possa avaliar a correição e a adequação do valor postulado pelo apresentante. Sob esse aspecto convém ressaltar, ainda, que não perdem o atributo da liquidez dívidas cujo valor possa ser conhecido através de simples cálculo aritmético ou mera atualização monetária, como deixa entrever o art. 11 da Lei 9.492/1997, que, nesses casos, apenas impõe que o apresentante anexe ao título planilha de cálculos com o valor a ser exigido do devedor.

Por fim, cremos que a dívida deve ser dotada de *exigibilidade* – característica, esta, que representa um corolário lógico do próprio vencimento do débito.[65] Logo, "crédito *exigível*" é aquele cuja pretensão ao recebimento não encontra mais óbice em qualquer elemento acidental do negócio, como condições ou termos convencionalmente ajustados. Também a noção de

64. Fábio Konder Comparato, "A regulamentação judiciário-administrativa do protesto cambial", *RDM* 83/79-83, São Paulo, Ed. RT, julho-setembro/1991 (p. 82).

65. Cf. Judith Martins-Costa, in Sálvio de Figueiredo Teixeira (coord.), *Comentários ao Novo Código Civil. Do Direito das Obrigações. Do Adimplemento e da Extinção das Obrigações*, vol. V, t. I, Rio de Janeiro, Forense, 2003, pp. 583-584.

"exigibilidade" foi abarcada pela Lei de Protestos, visto que esta, em seu art. 21, § 2º, apenas permite o protesto por falta de pagamento se a dívida estiver regularmente vencida. Antes do advento desse termo apenas se admitem os protestos lavrados por falta de aceite e por falta de devolução – comportamentos, estes, que, associados que estão à rígida estrutura dos títulos de crédito, revelam-se inaplicáveis aos demais documentos de dívida. Portanto, para estes últimos resta apenas o protesto por falta de pagamento, o qual, por força do art. 21, § 2º, da Lei 9.492/1997, pode ser lavrado apenas após o vencimento da obrigação, a qual se torna, precisamente com esse fato, *exigível*.

A posição aqui esboçada – de que o documento de dívida, para ser processado perante o tabelionato de protesto, deve ser, a um só tempo, *certo*, *líquido* e *exigível* – de início poderia fazer crer que estaríamos volvendo ao ponto inicial de discussão, sustentando, portanto, que apenas documentos de dívida que fossem igualmente títulos executivos poderiam ser protestados. Sem dúvida, à primeira vista esse raciocínio parece correto, principalmente se considerarmos que os títulos executivos, justamente por pertencerem a essa categoria, obviamente apresentam aqueles três atributos mencionados. Aliás, talvez essa coincidência represente justamente a origem do posicionamento que sustentava que a expressão "documentos de dívida", do art. 1º da Lei 9.492/1997, deveria ser interpretada como referindo-se apenas aos títulos executivos judiciais e extrajudiciais. Com efeito, não raro os partidários desse posicionamento vinculam *protesto* e *executividade* apenas pelo fato de que os títulos executivos são documentos dotados de certeza, liquidez e exigibilidade. Confira-se, a propósito, o seguinte excerto: "A posição que se delineia é no sentido de que o legislador, ao se referir a outros documentos de dívida, *fez alusão a qualquer documento passível de execução, ou seja, que o documento seja líquido, certo e exigível*"[66] (grifos nossos).

O mesmo padrão de raciocínio repete-se, ainda, na lição que a seguir se transcreve: "Uma vez, porém, que o protesto visa a comprovar a mora do devedor e como esta pressupõe 'dívida líquida e exigível' (CC, art. 397), não será qualquer documento de dívida que se apresentará como protestável, *mas apenas o que retratar obrigação líquida, certa e exigível. Em outros termos, no regime da Lei 9.492 a expressão 'outros documentos de dívida' corresponde aos papéis a que se atribui a qualidade de título executivo judicial ou extrajudicial, para fins de execução por quantia certa*"[67] (grifos nossos).

A questão a saber é: não estariam esses autores promovendo uma associação às avessas? Não serão os documentos passíveis de protesto por serem antes *certos*, *líquidos* e *exigíveis*, e não por serem dotados de executividade? É certo que os títulos executivos agregam aquelas três características, mas daí não segue que as mesmas não possam apresentar-se para além daquela categoria. Antes, parece mais apropriado sustentar que o atributo da executividade constitui um apanágio que a lei posteriormente acrescenta justamente a obrigações que, pela maneira pela qual se aperfeiçoaram, de antemão apresentavam indicadores sólidos de sua existência, extensão e exigibilidade. Destarte, a executividade nada mais representa que uma qualidade adicional que a lei expressamente faz agregar a obrigações que, estruturalmente, sejam certas, líquidas e exigíveis.

A veracidade do raciocínio que ora se expõe é atestada pela modificação imposta

66. Miriam Comassetto Wolffenbüttel, *O Protesto Cambiário como Atividade Notarial*, cit., pp. 29-30.

67. Humberto Theodoro Jr., in Sálvio de Figueiredo Teixeira (coord.), *Comentários ao Novo Código Civil. Dos Atos Jurídicos Lícitos, dos Atos Ilícitos. Da Prescrição e da Decadência. Da Prova*, cit., 2ª ed., vol. III, t. II, pp. 266-267.

pela Lei 11.382, de 6.12.2006, à letra do art. 580 do CPC, o qual atualmente vigora nos seguintes termos: "A execução pode ser instaurada caso o devedor não satisfaça a obrigação certa, líquida e exigível, consubstanciada em título executivo". Não há dúvidas de que a nova redação deixa claro que *certeza*, *liquidez* e *exigibilidade* são atributos não dos títulos executivos, mas da obrigação em si, que apenas franqueará acesso ao processo de execução se, adicionalmente, for "consubstanciada em título executivo" – adendo que, no artigo, obviamente remete ao rol exaustivo que a lei faz dessa categoria privilegiada de documentos.[68]

A partir dessa diferenciação, Luiz Ricardo da Silva pondera: "Podem existir documentos de dívida passíveis de serem *(sic)* protestados que possuem certeza, liquidez e exigibilidade, mas não são títulos executivos (...). De outra forma, também existem títulos executivos que, obviamente, estão munidos da mesma certeza, liquidez e exigibilidade, contudo não estão sujeitos ao protesto".[69]

Alguns exemplos podem ser úteis para aclarar a distinção promovida pelo autor sul-rio-grandense. Ora, *obrigações de fazer ou de não fazer, ainda que determinadas em sentença judicial*, são, como se viu, estruturalmente incompatíveis com o processamento que os tabelionatos de protesto podem legalmente conferir aos títulos e documentos que lhes são confiados. Tais documentos de dívida não podem, portanto, ser acatados para protesto mesmo que, por sua categorização, constituam títulos executivos judiciais (art. 475-N do CPC) e franqueiem imediato acesso ao expedito procedimento de cumprimento de sentença (art. 475-P do CPC). Por outro lado, um documento particular em que não haja ocorrido a intervenção de duas testemunhas mas que verse sobre obrigação líquida e vencida e que haja sido assinado pelo devedor não poderá ser considerado título executivo extrajudicial, dada a inadequação dessa hipótese ao tipo legal firmado no art. 585, II, do CPC. Mas ninguém negará, no caso, que a *certeza* (autenticidade), a *liquidez* e a *exigibilidade* continuam a se apresentar, viabilizando, pois, o protesto de dito documento de dívida, a despeito da impossibilidade de sua configuração como título executivo.

A partir de toda a exposição efetuada ao longo do presente tópico, percebe-se que apenas a análise detalhada de todos os aspectos essenciais dos elementos estruturais dos documentos de dívida permite que o conceito proposto por Carnelutti seja, enfim, passível de instrumentalização prática pelos tabeliães e demais usuários dos serviços notariais. A averiguação de cada um desses elementos – autoria, meio de exteriorização e conteúdo –, com as particularidades que a Lei de Protestos impõe a cada um desses itens, pode, portanto, servir de guia útil à análise de regularidade formal a que cada um dos títulos e documentos está inexoravelmente sujeito quando de sua protocolização perante os tabelionatos de protesto.[70]

68. Em sua obra *A Reforma da Execução do Título Extrajudicial* (Rio de Janeiro, Forense, 2007, pp. 15-17), Humberto Theodoro Jr. assinala que a mudança operada pela Lei 11.382/2006 no art. 580 do CPC revelou-se útil e pertinente justamente por evidenciar que *certeza*, *liquidez* e *exigibilidade* são atributos da obrigação, e não do título executivo. A nosso ver, a conjugação dessa última ponderação ao posicionamento acerca dos documentos de dívida passíveis de protesto indicado pela nota anterior só pode fazer sugerir que para o brilhante processualista mineiro o essencial não é a executividade do documento, mas suas *certeza*, *liquidez* e *exigibilidade*.

69. Luiz Ricardo da Silva, *O Protesto de Documentos de Dívida*, cit., pp. 66-67.

70. Desde a edição da Lei 9.492/1997 paulatinamente vêm emergindo diversas decisões e atos normativos que referendam a amplitude da expressão "documentos de dívida". Exemplificativamente, Antônio Carlos Leite Penteado comenta decisão, de 28.10.2003, exarada pela 1ª Câmara Cível do TJPR em que se entendeu pela licitude do protesto de sentença judicial, visto que a Lei 9.492/1997 permite, "de forma abrangente, o protesto de documentos de

5. *Conclusão*

Diante do exposto, percebe-se que o art. 1º da Lei 9.492/1997 coroou a marcha que já se vinha operando no Direito Brasileiro para desvincular a utilização exclusiva do protesto do âmbito dos títulos de crédito. Conforme se viu, não que tal iniciativa tenha sido inédita no Direito Brasileiro, visto que antes já havia sido autorizada pela Lei de Falências, pela Lei do Mercado de Capitais e pelo próprio Código de Processo Civil. Dentro dessa ótica, a inovação operada pela Lei de Protestos consiste, portanto, não tanto na ruptura da correlação entre protesto e universo cambiário, mas na ampla abertura com que tal dissociação foi proclamada.

Afastadas vertentes interpretativas que procuraram reduzir indevida e arbitrariamente a orientação contida no art. 1º da Lei 9.492/1997, percebe-se que a expressão "documentos de dívida", ali consignada, há de ser compreendida em termos amplos – desde que estes, obviamente, sejam compatíveis com a própria estrutura do protesto, finalmente disciplinado, por aquela lei, não como um ato isolado, mas como um complexo procedimento.

É importante ressaltar que a abertura do protesto ao amplo domínio do direito obrigacional veio apenas referendar as transformações por que vem passando esse instituto, o qual, por circunstâncias decorrentes da prática negocial hodierna, tem funções muito tímidas a desempenhar em relação a efeitos exclusivamente cambiais. Todavia, conforme visto, se esses efeitos perderam importância em virtude da desintegração da feição tradicional da cartularidade e por força de construções jurisprudenciais que fizeram as vezes do próprio protesto para a segurança de certos efeitos cambiários (direito de regresso), o fato é que, paralelamente, a função do protesto como ato solene de comprovação da impontualidade apenas ganhou em vulto, conforme demonstra a recente admissão deste ato como causa de interrupção do lapso prescricional (art. 202, III, do CC). E este efeito – sabemo-lo bem – serve não apenas ao estrito domínio dos títulos de crédito, como tem um importante papel a cumprir também em relação a outras formas de documentação de débito, que atendam aos requisitos mencionados no tópico anterior.

Por fim, cumpre ressaltar que a expansão do protesto para além das muradas dos títulos de crédito não há de ser acatada apenas porque se funda na análise histórica e sistêmica do Direito Brasileiro. Antes,

dívida, sejam título cambiais, cambiariformes ou qualquer outro" (cf. "Protesto de título executivo judicial", *Boletim Informativo do Instituto de Estudos de Protesto de Títulos do Brasil – Seção Rio de Janeiro* 24/3-5, Ano 2, Rio de Janeiro, abril/2004 – p. 5). Mais recentemente, a Procuradoria-Geral da Fazenda Nacional editou a Portaria 321/2006 para autorizar o protesto de Certidões de Dívida Ativa da União antes do ajuizamento da ação de execução fiscal. A Corregedoria-Geral de Justiça do Estado do Mato Grosso entendeu pela legalidade do protesto de contratos de locação e respectivas despesas acessórias (telefone, água, energia elétrica), contrato de seguro de vida e cotas condominiais por meio do Provimento 22/2007. A discriminação de documentos passíveis de protesto operada no Provimento 22 poderia ser reputada tímida se tomado apenas o art. 2º desse ato normativo, o qual se ocupa apenas de espécies documentais que já haviam sido integradas ao rol de títulos executivos extrajudiciais do art. 585 com o advento da Lei 11.382, de 6.12.2006. Todavia, este ato normativo não deixa de insinuar que a executividade não é a característica central quando se debate a possibilidade de o título ser levado a protesto extrajudicial. É o que se infere do art. 1º do Provimento 22/2007, que estatui que "qualquer documento representativo de dívida, desde que dotado dos atributos de certeza e liquidez, pode ser levado a protesto". Segundo se depreende de dito artigo, nesses casos o protesto justificar-se-ia para prova do inadimplemento do devedor (inciso I); para fixação do termo inicial da mora, quando se tratar de obrigação sem prazo de vencimento estipulado (inciso II); e para interromper o curso do prazo prescricional (inciso III). Não há como se negar que as finalidades arroladas pela Corregedoria-Geral de Justiça de Mato Grosso podem servir não apenas aos documentos de dívida dotados de executividade, como também a todos aqueles que apresentarem *certeza*, *liquidez* e *exigibilidade* – como defendido ao longo deste trabalho.

deve ser acolhida como uma reorientação dos rumos de tal instituto, a qual pode efetivamente ser útil não só para o meio negocial, como também para as próprias atividades inerentes ao Poder Judiciário.

No que concerne ao Poder Judiciário, deve-se recordar que hoje, mais que nunca, destaca-se o papel da atividade extrajudicial não só na prevenção de litígios, como também na composição de interesses, como bem exemplifica a edição da Lei 11.441, de 4.1.2007, que dispõe sobre inventário, partilha, separação e divórcio consensuais por via administrativa. Basta pensar que, dado o volume negocial da atualidade, não seria descabido temer um colapso no gerenciamento da atividade jurisdicional se apenas uma pequena parte de todo o contingente de títulos e de documentos de dívida que ingressa diariamente nos tabelionatos de protesto do país viesse a ser subitamente canalizada para o Poder Judiciário, já tão premido por incontáveis demandas. Considerando-se, adicionalmente, que a lei processual assinala aos documentos de dívida um rito procedimental menos favorecido que aquele prescrito aos títulos de crédito, apenas a viabilidade de que aqueles primeiros venham a encontrar solução no âmbito extrajudicial já assinala um efeito promissor para diminuir a sobrecarga da atividade jurisdicional.

Acrescente-se, outrossim, que o alargamento do instituto do protesto favorece, ainda, o bom funcionamento do meio negocial. Com efeito, se desde há muito se cogita haver o protesto se projetado para além de seus efeitos estritamente probatórios para, adicionalmente, se tornar elemento de constrição do crédito, hoje se tem por certo que este último papel, quando legitimamente manejado, cumpre importante função no âmbito empresarial, fomentando maior responsabilidade na obtenção e no manejo do crédito.[71] Não se pode negar que a possibilidade de que um título ou documento de dívida regularmente assumido pelo devedor, mas não cumprido, venha ser levado a protesto representa elemento adicional de reflexão na solicitação de abertura de crédito. É certo que muitas vezes a hipossuficiência e práticas negociais manifestamente ilegais turvam a visão do devedor quanto aos lindes da obrigação que estima assumir. Todavia, não será, por certo, a contenção do instituto do protesto no âmbito cambiário que conterá tais abusos, mas sim uma postura francamente repressiva de tais condutas por parte do Poder Legislativo e, sobretudo, do Poder Judiciário. Vale lembrar que, no âmbito do procedimento de protesto, caso sucedam tais desvirtuamentos, sempre será possível ao devedor bramir a sustação judicial do protesto (art. 798 do CPC; art. 17 da Lei 9.492/1997) ou aduzir razões do não-pagamento perante o tabelionato (art. 22, IV, *in fine*, da Lei 9.492/1997), infirmando, assim, o próprio conteúdo da obrigação representada no título ou documento levado a protesto.

A obrigação, porém, que esteja devidamente ajustada à vontade das partes, que preste devida obediência aos limites da boa-fé objetiva (art. 422 do CC) e que não prive o devedor daquilo que lhe é necessá-

71. Sobre a mudança de função do protesto, João Eunápio Borges asseverava, um tanto jocosamente, que o apontamento a protesto parecia estar se convertendo num expediente "tão violentamente executivo, como é o bacamarte e a cara feia do cobrador" ("Ligeiras observações sobre o protesto cambial", in João Eunápio Borges, *Do Aval*, 2ª ed., Rio de Janeiro, Forense, 1955, p. 160 e, adicionalmente, p.163). Pedro Vieira Mota, a seu turno, também se acercou da transformação funcional ocorrida sobre o protesto, limitando-se a assumi-la como inevitável, de modo que ao Judiciário cabia a apresentação de novas soluções (sustação judicial do protesto) para obstar a concretização do dano (*Sucedâneos da Sustação do Protesto*, Piracicaba, Franciscana, 1971, p. 36). De outra parte, observando o panorama atual, Luiz Ricardo Silva analisa favoravelmente a mudança da natureza do ato de protesto e colaciona motivos práticos e jurídicos para sua recepção (Luiz Ricardo da Silva, *O Protesto de Documentos de Dívida*, cit., pp. 99-117).

rio à subsistência e à manutenção de sua dignidade (art. 1º, III, da CF de 1988; art. 1º da Lei 8.009, de 29.3.1990) há de ser cumprida. Meios judiciais e extrajudiciais que estimulem o regular cumprimento das obrigações deste modo assumidas apenas favorecem a emergência de um ambiente negocial que, ao final, será certamente menos austero na concessão do crédito àqueles que, pelas mais variadas razões, dele venham a necessitar.

Esperamos que o presente trabalho tenha reunido argumentos ponderáveis para que, conferida a devida envergadura ao art. 1º da Lei 9.492/1997, também o instituto protesto, no que concerne aos documentos de dívida, venha a oferecer sua contribuição à edificação desta nova realidade.

Atualidades

SINAIS DISTINTIVOS DA EMPRESA*

NEWTON SILVEIRA

1. Empresa. 2. Marca. 3. Nome empresarial. 4. Concorrência.

1. Empresa

A empresa apareceu timidamente no nosso Direito através da Lei de Abuso de Poder Econômico de 1962 e da Consolidação das Leis do Trabalho, para objetivos específicos de punir o monopolista e responsabilizar o empregador.

Surgiu, também, na doutrina pátria, inspirada pelo *Códice Civile* italiano de 1942. Essa figura foi longamente maturada no Direito Italiano, gerou teses no Brasil, como a de Waldírio Bulgarelli, e, finalmente, exsurgiu no nosso Código Civil de 2002, no art. 966, que abre o Livro "Do Direito de Empresa".

Deve-se a Asquini a formulação dos quatro perfis da empresa: o subjetivo (o empresário), o objetivo (o estabelecimento – *azienda*), o funcional (a atividade econômica organizada de produção e distribuição de bens e serviços – conforme o art. 966) e o institucional. Como já dizia Jorge Americano em sua tese sobre as fundações, a palavra "instituição" serve para tudo e nada explica.

Assim, em minhas aulas de Graduação optei por explicar o quarto *profilo* como o conjunto dos outros três – o subjetivo, o objetivo e o funcional, uma trindade que também poderia ser vista como unidade.

Daí o título deste ensaio.

Em vista do art. 52 do CC de 2002, hoje a doutrina aceita que o nome empresarial, por se referir ao empresário ou sociedade empresária, deva enquadrar-se entre os direitos de personalidade. É verdade que muitos comercialistas no passado já haviam assim considerado o nome comercial, mas na sua vertente de firma, e os direitos de personalidade competiam aos sócios nominados na firma, e não à sociedade. Por isso, a ousadia não albergava as denominações.

Já as marcas registradas, por seu enfoque patrimonial de *rei imateriali*, tratadas na Constituição e na Lei da Propriedade Industrial como *propriedade*, enquadram-se, sem dúvida, entre os bens componentes do estabelecimento *aziendal*, no perfil objetivo da empresa.

Resta uma infinidade de outros sinais não enquadráveis nem do lado subjetivo da empresa, nem do lado objetivo.

Lembra Bulgarelli, em sua tese sobre a teoria da empresa (que hoje já é Direito Posto, e não mera teoria), que, modernamente, o elemento caracterizador da empresarialidade é a atividade econômica organizada (perfil funcional). Destacou ele em seu estudo que a noção econômica de empresa como *organização* da atividade econômica não encontrava lugar no Direito. Mas atividade sim, não só por represen-

* Palestra proferida no Instituto dos Advogados de São Paulo/ IASP aos 30.10.2008.

tar um feixe de atos jurídicos (a atividade negocial), mas por essa mesma atividade ser tutelada pelas normas da concorrência, seja a privada (concorrência desleal), seja a pública (antitruste).

É nesse perfil que o art. 195 da Lei da Propriedade Industrial de 1996 vai enquadrar os demais sinais distintivos da empresa: o título do estabelecimento, a insígnia, os sinais de propaganda, a marca de fato (não registrada), o dito *tradedress* e mesmo o *nome comercial*, que, diferentemente do nome empresarial dos arts. 1.155 e ss. do CC, ganha aqui perfil concorrencial, o que altera a camisa-de-força do território do Estado que o novo Código lhe vestiu, para o âmbito geográfico da concorrência.

Se pensarmos, agora, na clássica divisão dos direitos subjetivos, recepcionada por Edmond Picard no seu *Droit Pure*, o nome empresarial se enquadrará entre os direitos de personalidade (*jus in persona ipsa*), as marcas registradas entre os direitos reais (*jus in rei materiali*) e os demais sinais referidos entre os direitos de crédito ou das obrigações (*jus in persona aliena*), estes relativos, os demais absolutos, ou *erga omnes*.

Assim, é hora de repristinar o que escrevi em minha tese de Doutorado: "A proteção aos sinais distintivos utilizados pelo empresário no exercício da empresa decorre de seu direito a individualizar-se em uma situação de concorrência: '(...) *la forma non è oggetto del Diritto, non sussiste una prestazione o risultado intellettuale in sè protetto. Ciò che è protetto è un interesse di individuazione dell'imprenditore che viene tutelato con la attribuizione dell'uso in esclusiva di una forma distintiva*".

Assim sendo, como elementos identificadores da atividade *aziendal*, todos os sinais usados pelo empresário devem receber a mesma tutela contra a concorrência desleal, independentemente de sua especialização em signos do empresário, do estabelecimento ou do produto ou serviço. Nesse sentido, tais sinais não constituem bens imateriais (embora sejam imateriais), mas acessórios de bens imateriais (estes, no significado de obras do espírito, acrescidas ao patrimônio intelectual da Humanidade pela atividade criativa de um agente – o autor, em relação às obras intelectuais; o inventor, em relação à invenção; o empresário, em relação ao aviamento).

É o ordenamento jurídico que, reconhecendo o fato inconteste da especialização de tais signos, obra da vontade ou destinação do empresário, os erige, por sua vez, em bens imateriais. Assim, atribui uma tutela específica ao nome comercial, outra ao título e à insígnia, outra diferente às marcas, ou aos sinais e expressões de propaganda.

Pode-se dizer, portanto, que, enquanto a lei reconhece a existência dos bens imateriais – obras do espírito –, cria, por sua vez, novos bens imateriais – obra da lei –, nestes buscando reprimir a concorrência desleal, utilizando a mesma técnica que pareceu apropriada à tutela das obras intelectuais. Nesse nível, então, se reúnem numa só categoria de bens imateriais tanto as criações intelectuais quanto os signos exteriores que as identificam.

Mas a constituição desses novos bens imateriais não substitui completamente nem supre a necessidade de ser mantida a tutela contra a concorrência desleal que se exerce por meio dos atos confusórios. Ao lado do direito especial, que cria e tutela os institutos jurídicos do nome comercial, da marca e dos sinais e expressões de propaganda, permanecem atuantes as normas repressoras da concorrência desleal, que tutelam alguns aspectos do nome comercial objetivo (não registrado), o título e a insígnia (para os quais falta, de momento, um registro próprio), a marca não registrada e mesmo marcas não registráveis, desde que, de fato, estejam estas últimas atuando perante os consumidores como sinais distintivos das mercadorias, produtos e serviços oriundos da *azienda*.[1]

1. Newton Silveira, *Licença de Uso de Marca e Outros Sinais Distintivos*, 1ª ed., São Paulo, Saraiva, 1984, pp. 15-16.

2. *Marca*

O professor peruano Carlos Alejandro Cornejo Guerrero, em precioso texto sobre a "Historia del derecho de marcas",[2] relata que o direito de marcas é fruto do sistema de direito mercantil surgido no mundo ocidental nos séculos XI e XII. Que no passado anterior se usou o termo "marca" com diversos significados, sem qualquer relação com o nascimento de uma sociedade de livre mercado "a la qual la marca y el derecho de marca modernos están indisolublemente ligados". Antes da Revolução Comercial dos séculos XI-XII a instituição jurídica da marca ainda não havia nascido.

Dessa forma, as marcas de fogo do gado, utilizadas no Egito há 2.000 anos antes de Cristo, tinham por função tão-somente estabelecer a propriedade desses bens.

Da mesma forma, as marcas em pedras destinadas às edificações e pirâmides do Egito de 6.000 anos atrás tinham a função de identificar as pedreiras de origem desses materiais. Assim também os artífices apunham suas marcas às pedras para certificar o cumprimento de suas quotas de produção. Tais marcas de pedras também foram encontradas no Peru, nas culturas pré-incas e incas.

Também na China, há cerca de 5.000 anos, se encontram exemplos de utilização de marcas em cerâmica. Na Roma antiga já se encontravam algumas marcas ligadas ao comércio e à indústria, como a marca FORTIS que se aplicava a lâmpadas de óleo para a exportação, a qual fora, até, objeto de contrafação na época.

Na Idade Média começa a surgir o direito mercantil, o que o autor chama de "revolução comercial", quando surge uma nova classe de pessoas – os comerciantes profissionais –, que se agrupam em corporações de ofícios ou *guildas*. "Se crea un derecho mercantil, la *Lex Mercatoria*, y dentro de ella también nace la marca." O uso das marcas nas mercadorias torna-se uma prática generalizada, recolhida nas compilações e nos estatutos.

Cada corporação tinha sua marca particular, em geral em forma de signos figurativos. Mas as marcas corporativas constituíam uma ferramenta para controlar a concorrência, dentro de um sistema de concorrência limitada, cujos preços eram uniformes e prefixados. Tratava-se de verdadeiras marcas coletivas, com função de garantia de qualidade. À marca corporativa se acrescia a marca do mestre, "pues em última instancia sólo se podía realizar un efectivo control de calidad y proteger al consumidor si se identificaba con facilidad al responsable del producto defectuoso".

Era o caso dos mestres cervejeiros na França, que deviam aplicar a marca em cada tonel e seguir uma série de prescrições na fabricação da cerveja. A função principal da marca do mestre era a indicação de origem ou procedência da mercadoria.

No início da Era Moderna, tomando como ponto de referência a Revolução Francesa, surge a concorrência em uma sociedade de mercado, devido à liberdade de indústria e comércio instaurada.

Nasce um novo direito, e a marca passa a ser considerada como objeto de propriedade com o fim de identificar o produto em si.

Surge a Lei de Marcas francesa de 1857 e a nossa de 1875. "Lo que es una marca, es decir la unión entre signo, mercancía y consumidor. A ello deberá agregarse que esta unión se produce en el mercado."

Na época atual – destaca o autor – "se va más allá del principio de territorialidad", "se va más allá del principio de especialidad", "se vincula más estrechamente el contenido del derecho de marcas con no-

2. Carlos Alejandro Cornejo Guerrero, "Historia del derecho de marcas", in Patrícia Luciane de Carvalho (coord.), *Propriedade Intelectual. Estudos em Homenagem à Professora Maristela Basso*, 1ª ed., vol. 2, Curitiba, Juruá, 2008, pp. 103-123.

ciones como la de competencia desleal y protección al consumidor".

Retornando, agora, ao meu *Licença de Uso de Marcas e Outros Sinais Distintivos*,[3] posso acrescentar:

"Um desses elementos, o produto, recebeu especial atenção do legislador, devido à sua qualidade de poder desligar-se do estabelecimento e circular como mercadoria. As técnicas modernas de prestação de serviços tornaram possível também a desvinculação dos serviços do local de negócios. O nome ou símbolo com os quais o produtor marcava seus produtos, como signo indicador do próprio produtor ou do local de produção, passaram a constituir nome ou sinal do produto (mercadoria ou serviço). Esse o significado atual da marca de indústria e/ou comércio e de serviços.

"As marcas, como lembra Ascarelli, indicam uma subespécie de produtos. Entre produtos similares, conhecidos por um nome do vocabulário, encontram-se alguns com características próprias, que foram *designados* por um nome ou símbolo pelo titular da marca. Isso torna possível aos consumidores reconhecerem, de imediato, os produtos que pretendem adquirir (ou os serviços que desejam utilizar) e ao empresário referi-los em sua publicidade.

"Pela importância econômica da marca, sua utilidade para os consumidores e pelo estímulo que representa à livre concorrência, o legislador, a par de manter as normas que reprimem a concorrência desleal e punem os atos confusórios, conferiu à marca o *status* de bem imaterial exclusivo (objeto de uma 'propriedade' idêntica à outorgada às obras de espírito), *status*, esse, que decorre do registro criado pela lei.

"Essa autonomia do sinal, criada pela lei, torna-o passível de propriedade e de circulação como objeto de negócios jurídicos, mas não se trata de uma propriedade sobre o próprio sinal (como ocorre com os outros bens imateriais, obras intelectuais), mas sobre a aplicação do sinal a determinado produto, mercadoria ou serviço, ou seja, corresponde ao uso exclusivo do sinal quanto a determinada categoria de bens materiais ou imateriais – *serviços* (como o título de obra, que distingue uma coisa incorpórea). Ao menos quanto aos sinais distintivos registrados pode-se concordar com Franceschelli que se trata de monopólios privados instituídos por lei.

"Como em nosso sistema o registro pode anteceder ou substituir o uso do sinal (embora ocorra a desconstituição desse direito se o uso não se inicia em certo prazo), o direito sobre o sinal, decorrente do registro, corresponde à aplicação, com exclusividade, sobre determinada categoria de produtos ou artigos abstratamente considerados. Mas tanto a lei leva em conta o uso, como substrato do direito, que extingue o monopólio (propriedade) se, em certo tempo, o titular do registro não consolida o direito pelo uso. Mais uma vez lembrando Ascarelli, há uma aquisição gradual do direito, que só se completa, no caso da marca registrada, pelo registro mais o uso (no caso da marca não registrada, o uso garante outro tipo de direito que decorre unicamente do uso – assimilado à posse do direito civil).

"Temos, assim, duas categorias de direitos, com faculdades diversas, mas ambos decorrentes do uso (do simples uso ou do uso qualificado pelo registro). Uma caracterizada pelo direito exclusivo, oponível *erga omnes*, outra caracterizada pelo direito de excluir apenas aqueles que concorram sobre determinado mercado utilizando signos ensejadores do desvio de clientela pela confusão entre produtos. O registro sem uso corresponde a mero monopólio, garantido pelo Estado em consideração a uma expectativa de uso futuro próximo.

3. Newton Silveira, *Licença de Uso de Marca e Outros Sinais Distintivos*, cit., 1ª ed., pp. 25-28.

"Em qualquer das três hipóteses, cada um dos direitos se exerce em relação a uma série determinada de produtos, mercadorias ou serviços.

"Representando uma nova nomenclatura da realidade em relação a uma subespécie determinada de produtos, mercadorias ou serviços, o sinal adotado deve preencher uma série de requisitos para conformar-se à sua destinação: (a) pode consistir num desenho ou palavra anteriormente inexistentes, quando será plenamente hábil a preencher a sua finalidade; (b) pode consistir num sinal já existente que designe uma realidade diversa, desde que não correlacione indevidamente o produto ou serviço com o significado original do sinal, sugerindo natureza, qualidade ou origem que não corresponda à verdadeira. Diz-se, nesta hipótese, que o sinal deve ser *verídico*, no sentido de que não deva indicar ou sugerir qualificação que o produto ou serviço não possuam. Enquanto na primeira hipótese teríamos um sinal absolutamente novo, no presente caso se trataria de novidade relativa, requisito suficiente, inclusive, quanto a marcas já existentes destinadas a assinalar produtos ou serviços diversos. Quando sobre o sinal incidam direitos de terceiros, sua adoção como marca depende da competente autorização do titular do direito. Quanto a este requisito se diz que o sinal adotado deve ser *lícito* (a ilicitude do sinal adotado se refere também a proibições de ordem pública ou especificamente impostas por lei); (c) pode, finalmente, o sinal adotado indicar qualidades genéricas reais do produto ou serviço, quando a novidade relativa consistirá na forma característica (nova ou relativamente nova, no sentido dos itens anteriores) conferida ou acrescida ao sinal. Nesta categoria se incluem as cores, letras ou algarismos isolados, em face da sua limitada possibilidade de variação. Nesta hipótese a exclusividade incidirá somente sobre a forma característica, e não sobre a parte genérica do sinal."

3. Nome empresarial

Os signos inicialmente utilizados sob o termo "marca" designavam propriamente os proprietários, os artesãos ou lugar de origem; e, após a Revolução Comercial, as corporações, os mestres e os grandes mercadores.

Após a Revolução Industrial passaram a representar os produtos e mercadorias e, modernamente, os serviços. Migraram de uma indicação subjetiva para objetiva, de forma que a marca registrada (bem imaterial) pudesse estar entre os bens materiais e imateriais componentes do conjunto de bens organizados pelo empresário ou sociedade empresária para o exercício da empresa – o estabelecimento empresarial definido no art. 1.142 do CC. Observe-se que se trata do único artigo do Código Civil que menciona a trindade do direito empresarial: empresa, empresário e estabelecimento.

O nome empresarial, por sua vez, está nos art. 1.155 a 1.168 do Código. Por aplicação do art. 52, é direito de personalidade, seja do empresário individual, seja do coletivo, pessoa jurídica. Por isso, não pode ser objeto de alienação (art. 1.164) e se trata de direito imprescritível, por força do discutível art. 1.167, que declara caber *a qualquer tempo* ação para anular a inscrição do nome empresarial feita com violação da lei. É a velha concepção de nome comercial subjetivo (v. Gama Cerqueira[4]) ou sinal de identidade (v. Karin Grau-Kuntz[5]), de *caráter registral*, e por isso sua proteção é restrita ao território do Estado – art. 1.166 – onde se encontrar a Junta Comercial ou o Registro Civil das Pessoas Jurídicas da sede – art. 1.150.

4. João da Gama Cerqueira, *Tratado da Propriedade Industrial*, 1ª ed., vol. I, Rio de Janeiro, Revista Forense, 1946, Parte I, pp. 449 e ss.

5. Karin Grau-Kuntz, *Do Nome das Pessoas Jurídicas*, 1ª ed., São Paulo, Malheiros Editores, 1998.

Ao lado desse *nome empresarial*, de caráter subjetivo, pessoal e registral – e, portanto, não sujeito ao princípio da especialidade, mas sujeito ao da territorialidade –, subsiste o velho nome comercial *objetivo* (cf. Gama Cerqueira e Mario Rotondi), sinal de trabalho (cf. Karin Grau-Kuntz), de natureza concorrencial, sem limitação territorial, tutelado através do art. 8º da Convenção de Paris e do art. 195, V, da Lei 9.279/1996, a Lei da Propriedade Industrial.

No meu agora vetusto *Licença de Uso de Marca e Outros Sinais Distintivos*[6] escrevi, a respeito:

"O nome comercial distingue o próprio empresário, firma individual ou pessoa jurídica, no exercício do comércio.

"Da mesma forma que o nome civil do cidadão constitui a um só tempo um direito e uma obrigação, não podendo uma pessoa alterá-lo ou substituí-lo, senão nos casos em que a lei autoriza, mas estando preservado, como elemento da personalidade, na mesma medida deste, o nome que o comerciante tenha adotado no comércio (que, no caso do comerciante individual, deve, necessariamente, coincidir com o nome civil) é preservado, pela lei, da usurpação e da imitação.

"Mesmo o nome do autor de obra literária, científica ou artística é preservado em sentido positivo (proibindo-se sua supressão ou substituição) e negativo (proibindo-se sua usurpação), aplicando-se tal garantia tanto ao nome civil do autor quanto ao pseudônimo ou sinal que utilize para sua identificação na obra artística.

"Não há que confundir, pois, a obrigação de utilizar o nome verdadeiro nos negócios jurídicos de que participem o cidadão e o comerciante (dever de veracidade) com o direito que assiste ao autor e ao empresário (individual ou sociedade) de impedir a utilização indevida de seu nome, seja, neste caso, aquele que conste dos registros públicos ou aquele pelo qual seja conhecido do público.

"No caso do empresário, o nome ou sinal pelo qual é conhecido no comércio (não só pela clientela, mas pela generalidade dos agentes que atuam no comércio, como fornecedores, instituições de crédito, distribuidores etc.) integra seu aviamento subjetivo, diretamente ligado à pessoa (natural ou jurídica), ao qual se agrega o conceito público de que desfrute esta.

"Na primeira hipótese temos o nome comercial subjetivo, *(que foi)* definido no art. 2º do Decreto 916/1890 (firma ou razão comercial é o nome sob o qual o comerciante ou sociedade exerce o comércio e assina-se nos atos a ele referentes), a que se devem acrescentar as denominações das sociedades por quotas e por ações, tais como constam do contrato ou do estatuto e no Registro do Comércio. Sob este aspecto, o nome comercial constitui obrigação do empresário e seu uso em forma incorreta pode ocasionar a responsabilidade solidária dos sócios a que, normalmente, não estariam obrigados.

"De fato, via de regra o emprego ostensivo do nome civil do comerciante nos atos de comércio implica sua responsabilidade pessoal. Assim é que o art. 3º do Decreto 916 estipula*(va)* que o comerciante individual (ou o que tenha sócio não-ostensivo ou sem contrato devidamente arquivado) não poderá tomar para firma senão o seu nome, completo ou abreviado, aditando, se quiser, designação mais precisa de sua pessoa ou gênero de negócio. E é sabido que o comerciante individual responde com todo o seu patrimônio às obrigações mercantis assumidas. O mesmo ocorrerá quando tenha sócio oculto ou com contrato não arquivado, visto que, ostensivamente, os atos de comércio foram por ele praticados.

"Igualmente, na sociedade em nome coletivo respondem os sócios solidaria-

6. Newton Silveira, *Licença de Uso de Marca e Outros Sinais Distintivos*, cit., 1ª ed., pp. 9-12.

mente, em especial aqueles cujos nomes aparecem na firma. Na sociedade em comandita a firma não deve ostentar o nome ou nomes dos sócios comanditários (caso contrário poderão ser solidariamente responsáveis pelos compromissos sociais). E é por esse mesmo motivo que se proíbe o uso de firma ou a inclusão do nome de acionista nas denominações das sociedades por ações (embora o hábito tenha contornado a proibição, incluindo-se nome de acionista a título de 'homenagem', em função de *denominação de fantasia*).[7] Embora se admita o uso de firma nas sociedades por quotas, a omissão da palavra 'limitada' torna os sócios-gerentes e os que fizerem uso da firma social solidária e ilimitadamente responsáveis (Decreto 3.708/1919, art. 3º, § 2º). O simples empréstimo do nome torna a pessoa solidariamente responsável pelas dívidas da sociedade mesmo que não seja sócio (Decreto 916, art. 8º, parágrafo único).

"No sentido de nome comercial subjetivo, a firma (e a denominação social) constitui dever do empresário (embora lhe seja lícito alterá-la desde que inscreva a alteração no Registro do Comércio), devendo distinguir-se de outra inscrita no registro do lugar (Decreto 916, art. 6º), não sendo alienável a não ser conjuntamente com o estabelecimento (devendo nesse caso ser usada antecedida da declaração '*sucessor* de' – cf. art. 7º)

"Trata-se, no caso, de preceitos de ordem pública, não derrogáveis por vontade das partes.

"Diferentemente, o nome comercial objetivo constitui direito subjetivo exclusivo de seu titular, podendo ser formado não só pelo nome comercial subjetivo (firma ou denominação social), como por outros nomes ou sinais pelos quais o público identifique o comerciante, independentemente de registro, tal como preceitua o art. 8º da Convenção de Paris.[8] Nesse sentido, equiparam-se ao nome comercial as denominações das sociedades civis e fundações."

4. *Concorrência*

Permito-me, agora, "remasterizar" alguns trechos de meu "Propriedade imaterial e concorrência":[9]

"O conceito desse tipo especial de propriedade não se pode desvincular da noção de concorrência sem risco de grave desvirtuamento. No 'Prefácio' de seu *Tratado*, Gama Cerqueira chamava a atenção para o fato de que 'todo o edifício da propriedade industrial, como, aliás, o da propriedade literária, científica e artística, repousa no princípio ético da repressão à concorrência desleal, que constitui o fundamento e a razão de suas leis; podendo, mesmo, dizer-se que em nenhum outro ramo da Ciência Jurídica se manifesta de modo mais eloqüente o fundamento moral do Direito'.

"Assim, podemos dizer que a repressão à concorrência desleal é, de um lado, fundamento do direito industrial e, de outro, elemento desse direito, ao lado do direito de autor e da propriedade industrial, que compreende a proteção às criações

7. Decreto 916/1890, art. 4º – regra, essa, já atenuada no Decreto-lei 2.627/1940, art. 3º, § 1º.

8. Alguns autores, como Rotondi, entendem que o nome comercial objetivo se referiria não ao empresário, mas à própria organização *aziendal*; outros, ainda, o ligam à empresa (atividade) – tendência, essa, que se refletiu em nosso Código de 1967, no qual se adotou a expressão "nome de empresa" em substituição a "nome comercial", embora o art. 90 o defina como "nome do comerciante". O próprio Decreto 916/1890 estabelecia, no art. 15, distinção entre as firmas ou razões comerciais e os nomes comerciais ou industriais. A respeito do conceito de "nome comercial objetivo", v. Gama Cerqueira, *Tratado da Propriedade Industrial*, cit., 1ª ed., vol. I, pp. 472 e ss., onde o autor inclui no conceito o pseudônimo do comerciante, as alcunhas dadas pelo público, as corruptelas do nome comercial, desenhos, emblemas, siglas, iniciais e outros elementos pelos quais o público conheça o comerciante.

9. Newton Silveira, "Propriedade imaterial e concorrência", *RT* 604/264-272, São Paulo, Ed. RT, fevereiro/1986.

técnicas e sinais distintivos do empresário.

"Entende Carnelutti que as normas reguladoras da concorrência tutelam diretamente o aviamento do estabelecimento comercial, considerado como a idéia organizadora através da qual o empresário dá unidade ao estabelecimento e o torna apto à atividade empresarial. Haveria, assim, um direito sobre o conteúdo imaterial da *azienda* – o aviamento –, verdadeira obra da inteligência. Escreveu ele: 'É aqui que a noção do direito, que às vezes se chama direito de autor, às vezes direito de patente, e outras direito sobre as obras da inteligência, não se esgota quando nela se compreendem somente os direitos sobre a obra artística e sobre a invenção industrial; o certo é que, ao lado destas figuras, há uma terceira pertencente ao mesmo *genus*, que tem por objeto o aviamento, e se percebe quando o direito se considera pelo lado do conteúdo mais que pelo lado do objeto, em particular sob aquela espécie do direito à marca, o qual, precisamente, não é outra coisa que um aspecto do direito sobre o aviamento da *azienda*'.

"Quanto à concorrência desleal, há que discriminar as normas de direito privado (concorrência desleal ou ilícita) e de direito público (abuso de poder econômico). As normas de concorrência de direito privado tutelam diretamente o aviamento e têm aplicação subsidiária nas infrações aos demais direitos de propriedade industrial e de autor. As de abuso do poder econômico tutelam a liberdade de concorrência dentro da ordem econômica e social.

"Ascarelli, em sua *Teoria da Concorrência*, ao se referir às diversas instituições que podem ser abarcadas pelo direito industrial, coordenadas pela disciplina da concorrência e da empresa, coloca o acento da disciplina 'sobre o interesse geral do progresso cultural e técnico e sobre o interesse do consumidor, identificando em uma probabilidade de ganho o interesse tutelado na disciplina privada da concorrência e portanto também na dos bens imateriais'.

"Adota Ascarelli o esquema do direito de propriedade, 'entendido como referência do direito absoluto patrimonial a um bem externo ao sujeito', como apropriado à disciplina das invenções, modelos, obras do engenho e sinais distintivos.

"Segundo Ascarelli, o denominado direito patrimonial do autor tem como fato constitutivo a criação da obra e como ponto de referência a própria obra, considerada como externa ao sujeito, o qual conta com um direito absoluto sobre sua utilização. Por esse motivo, Ascarelli utiliza o esquema da propriedade, considerando o direito absoluto do autor como um direito de propriedade sobre sua obra, bem imaterial.

"O objeto do direito de autor é, em conseqüência, uma obra, entendida como produto da elaboração do intelecto, enquanto o invento consiste em uma idéia no campo da técnica industrial. As demais criações de forma, como os modelos e desenhos, bem como os sinais distintivos, constituem também bens imateriais, sendo certo que, no entanto, a exclusividade conferida pela lei se refere a uma determinada atividade, correlacionada a esses bens imateriais.

"Enquanto os chamados bens imateriais tutelados diretamente por normas específicas (como as patentes, marcas e direitos de autor) gozam de exclusividade absoluta, podendo se incluir entre os direitos reais, outros bens imateriais não chegaram a merecer do legislador essa tutela específica. Assim, os sinais distintivos não registrados, os segredos de fábrica e de comércio, a cópia servil de produtos não patenteados, recebem do legislador um tratamento genérico, através das normas de repressão à concorrência desleal, incluindo-se entre os direitos de crédito, de exclusividade relativa. A incidência da norma vai depender de uma situação de concorrência entre os agentes.

"Mas, consideradas as normas de repressão à concorrência desleal como fundamento geral do direito industrial, muitas vezes o direito absoluto deve ceder lugar quando em conflito com as normas que regulam a concorrência. É o caso, por exemplo, da marca registrada em confronto com a marca de fato, utilizada notoriamente por seu titular, hipótese em que a marca registrada deve ser anulada, por aplicação do art. 6º-*bis* da Convenção de Paris, incorporada ao nosso Direito interno."

E – acrescentaria hoje – o direito absoluto sobre o *nome empresarial*, registral, pessoal e territorial, deve ceder lugar ao *nome comercial*, tutelado pelas normas de repressão à concorrência desleal, não limitado territorialmente.

A RECUPERAÇÃO JUDICIAL: DISPOSIÇÕES GERAIS, PEDIDO E PROCESSAMENTO

DANIEL ADENSOHN DE SOUZA

1. Introdução. 2. Legislação estrangeira: 2.1 Direito concursal estadunidense; 2.2 Direito concursal francês; 2.3 Direito concursal português; 2.4 Direito concursal italiano; 2.5 Direito concursal argentino; 2.6 Direito concursal espanhol; 2.7 Direito concursal alemão. 3. Os princípios e diretrizes do Banco Mundial. 4. A introdução da recuperação judicial na Lei n. 11.101/2005. 5. Conceito e o objetivo da recuperação judicial. 6. Natureza jurídica. 7. As finalidades da recuperação judicial. 8. Sujeito ativo da recuperação judicial: 8.1 Legitimação extraordinária; 8.2 Exclusões legais; 8.3 Pressuposto objetivo; 8.4 Requisitos para requerer a recuperação judicial. 9. Sujeitos passivos da recuperação judicial: 9.1 Exclusões legais. 10. Meios de recuperação judicial. 11. Do pedido da recuperação judicial. 12. Do processamento da recuperação judicial. 13. Considerações finais.

1. Introdução

Miguel Reale ensinou-nos que o Direito é um fenômeno histórico-social, sempre sujeito a variações e intercorrências, fluxos e refluxos no espaço e no tempo.[1]

Logo, o sistema jurídico, embora operacionalmente fechado, sofre influências de outros sistemas (*v.g.*, econômico e político), ou seja, do ambiente em que se encontra. Há, pois, como explicita Niklas Luhmann em sua teoria dos sistemas operacionalmente fechados e autopoiéticos, uma abertura cognitiva ao ambiente (embora operacionalmente fechados), de modo a haver um acoplamento necessário entre tais sistemas.[2]

Assim, as transformações que ocorrem na sociedade têm relevância fundamental para o sistema jurídico. É a partir delas que se pode compreender a forma de variação das estruturas jurídicas.[3]

Temos por ilação que o sistema jurídico é sensível ao ambiente do sistema econômico, especialmente no tocante ao direito comercial, visto que se deve atentar para a evolução das relações comerciais e promover as alterações necessárias no arcabouço jurídico.

O direito comercial, através de um método indutivo, parte da observação da realidade, especificamente dos fatos econômicos,[4] para tutelar a atividade dos empresários e os atos considerados comerciais.[5] Esta característica, que o distingue

1. Miguel Reale, *Lições Preliminares de Direito*, 23ª ed., p. 14.

2. Sobre a obra de Niklas Luhmann v. Celso Fernandes Campilongo, *Política, Sistema Jurídico e Decisão Judicial*, 2002.

3. Celso Fernandes Campilongo, *Política, Sistema Jurídico e Decisão Judicial*, cit., p. 89.

4. Waldirio Bulgarelli, *Direito Comercial*, 15ª ed., p. 16.

5. Fran Martins, *Curso de Direito Comercial: Empresa Comercial, Empresários Individuais, Microempresas, Sociedades Comerciais, Fundo de Comércio*, 27ª ed., p. 3.

do direito civil, faz com que o direito comercial seja dinâmico e, por conseguinte, sujeito a maior interferência do cotidiano histórico-social. Deve, pois, o direito comercial atender as necessidades da vida econômica.

Na lição de Fran Martins, há, em suma, uma interação dialética entre o econômico e o jurídico, não sendo possível reduzir essa relação a nexos causais, nem tampouco a uma relação entre forma e conteúdo.[6]

Esta instrumentalidade do direito comercial, operacionalizada por um plexo de mecanismos, permite o desenvolvimento da economia, impulsionada por uma sociedade internacionalizada cada vez mais capitalista.

Muitos são os instrumentos previstos na legislação comercial para tutelar a atividade empresarial, especialmente a relação entre devedor e credor, permitindo o progresso da atividade econômica. Dentre eles, como salientou Tullio Ascarelli, as normas sobre a insolvência do empresário comercial constituem um dos capítulos mais importantes do direito comercial.[7]

Estas normas sobre a insolvência do empresário surgiram, com feição patrimonial, na Idade Média, com o direito estatutário medieval, notadamente nos estatutos de algumas cidades do norte da Itália (*v.g.*, de Verona de 1228, de Siena de 1262). Começa assim o despertar do interesse público pelos casos de insolvência.[8]

Seu objetivo, em síntese, era permitir a satisfação do crédito dos credores, com a liquidação do patrimônio do devedor. Como informou Trajano de Miranda Valverde, a idéia era de que os bens do devedor constituíam a garantia comum dos credores.[9]

Este finalidade permeou os diplomas legais sobre direito concursal até o advento do *Chandler Act*, em 1938. O *Chandler Act* trouxe inovações substanciais ao direito concursal, que influenciaram diversos países, os quais passaram a "oferecer às empresas em crise solução jurídica da *corporate reorganization*, pela qual eram afastados os dirigentes da devedora, sempre que o passivo fosse superior a US$ 250.000, e se apresentava um plano, que deveria ser aprovado pelos credores e confirmado pelo juiz".[10]

A principal inovação trazida com o *Chandler Act* foi a mudança de paradigma, qual seja: a oportunidade de saneamento da crise econômica das empresas, ao invés da liquidação imediata dos ativos devedor.

Esse novo pensamento, embora moderno e focado na importância econômico-social da empresa, demorou a influenciar o direito concursal continental europeu. Mas, com o passar dos anos, acabou por permear legislações de todo o mundo, inclusive a do Brasil, adequando-as à realidade econômica.

Ora, "a existência de uma legislação falimentar eficiente é fundamental para o ambiente econômico (...) essa importância surge a partir da constatação teórica de que um sistema de resolução de insolvências que cria um mecanismo ordenado de resolução de conflitos e coordenação de interesses para empresas com problemas financeiros ou até mesmo falidas gera resultados eficientes do ponto de vista econômico".[11] Igualmente, a manutenção no mercado de empresas inviáveis economicamente acarreta um indesejável custo social.

6. Miguel Reale, ob. cit., p. 21.
7. Tullio Ascarelli, *Corso di Diritto Commerciale*, p. 308.
8. Nelson Abrão, *Curso de Direito Falimentar*, 2ª ed., p. 4.
9. Trajano de Miranda Valverde, *Comentários à Lei de Falências*, vol. I, 2ª ed., p. 7.
10. Paulo F. Campos Salles de Toledo, "Recuperação judicial: a principal inovação da Lei de Recuperação de Empresas – LRE", *Revista do Advogado* 83/98-99.
11. Marcos de Barros Lisboa *et al.*, in Luiz Fernando Valente de Paiva (coord.), *Direito Falimentar e a Nova Lei de Falências e Recuperação de Empresas*, p. 31.

Finalmente, com a promulgação da Lei 11.101, de 9 de fevereiro de 2005, o direito concursal brasileiro, antes anacrônico e ineficaz, passou a prever instrumentos modernos e atentos à realidade socioeconômica, que permitem, ao menos é o que se espera, a recuperação das empresas economicamente viáveis e a retirada do mercado daquelas irrecuperáveis, com uma potencializada realização do ativo.

O novo diploma concursal eliminou a tão criticada concordata (preventiva e suspensiva), instituindo a recuperação judicial e extrajudicial do devedor (empresário ou sociedade empresária), com vistas a permitir o soerguimento da empresa, com o saneamento da crise econômico-financeira em que se encontra.

Adiante, analisaremos os principais contornos do novel instrumento de recuperação judicial, quiçá a mais relevante modificação introduzida em nosso direito concursal.

2. *Legislação estrangeira*

A Lei n. 11.101/2005 alterou radicalmente o direito concursal brasileiro, incorporando princípios e mecanismos propalados pelo Banco Mundial, e constantes na legislação de países reconhecidamente mais avançados em se tratando de direito falimentar.

Assim, para melhor intelecção destas mudanças, é importante, ainda que superficialmente, referência a algumas destas legislações, que prevêem, cada qual com suas peculiaridades, um procedimento com vistas à reestruturação das empresas em crise.

2.1 Direito concursal estadunidense

Nos Estados Unidos da América existem leis sobre falência desde o início do século XVIII[12] e sempre foram atreladas a épocas de dificuldades econômicas. Nesse sentido, com a depressão econômica que assolou a economia norte-americana na década de 1930, houve necessidade de rever substancialmente a legislação concursal, reforma esta iniciada com o *Bankruptcy Act* de 1933, modificada em 1934 e, finalmente, substituída pelo *Chandler Act*, promulgado em 1938.

O *Chandler Act* trouxe inovações substanciais ao direito concursal, que influenciaram diversos países, especialmente a mudança de paradigma, passando-se a oferecer às empresas em crise solução jurídica da *corporate reorganization*, pela qual eram afastados os dirigentes da devedora, e se apresentava um plano, que deveria ser aprovado pelos credores e confirmado pelo juiz. Até então o direito concursal tinha por atividade escopo precípuo a satisfação dos interesses dos credores, com a liquidação dos bens do devedor.

Quatro décadas após o *Chandler Act*, foi promulgado o *Bankrupcy Act*, o qual entrou em vigor em 1º de outubro de 1979. O *Bankrupcy Act* enfatizou a reestruturação das empresas em crise, notadamente em seu *Chapter 11*.

De acordo com o *Chapter 11*, que trata da *reorganization*, abre-se possibilidade de o devedor poder prosseguir no exercício da atividade empresarial, com vistas à sua recuperação. O devedor, ou em seu lugar o *trustee*,[13] apresenta um plano de reorganização, prevendo a forma de pagamento das dívidas, o qual deverá ser discutido com os credores e por eles aprovado,[14] cujos interesses são representados por um ou mais comitês e homologado pelo juiz.

Caso o plano não seja aprovado pelos credores, o juiz pode, mesmo assim, homologá-lo, se tal recusa não tiver sido ra-

12. A primeira lei sobre o tema foi promulgada em 1800, seguida das leis de 1841, 1867, 1898.

13. O U.S. *Trustee* é uma espécie de síndico, vinculado ao Departamento de Justiça, que fiscaliza as atividades do devedor, incluindo o envio dos relatórios e os pagamentos.

14. *Banckruptcy Code*, *Chapter* 11, § 1.103, (c), (3).

zoável.[15] Este mecanismo é chamado de *cram-down*. Após a homologação do plano, o devedor deve cumprir pontualmente as obrigações nele assumidas, sob pena de ver declarada sua falência.[16]

O *Bankruptcy Code* dá ao devedor liberdade para negociar com os credores, prevendo, entretanto, algumas sugestões para a possível execução do plano de reorganização. São elas:

> I – retenção pelo devedor da propriedade de todo o acervo de bens ou de parte dele;
>
> II – transferência desses bens, integral ou parcialmente, para uma ou mais entidades, organizadas antes ou após a confirmação de tal plano;
>
> III – utilização do mecanismo da fusão ou incorporação do devedor a outras empresas;
>
> IV – venda integral ou parcial dos bens, gravados ou não, sob qualquer vínculo, ou distribuição desses mesmos bens ou de parte deles, com direito real sobre eles;
>
> V – satisfação ou alteração de algum gravame;
>
> VI – cancelamento ou alteração de escritura ou de documento semelhante;
>
> VII – supressão ou desistência de inadimplemento;
>
> VIII – prorrogação da data do vencimento ou modificação da taxa de juros dos títulos e valores mobiliários em circulação;
>
> IX – alteração dos estatutos;
>
> X – lançamento de valores mobiliários do devedor para a venda no mercado ou para o fim de troca das obrigações já existentes.

Por fim, note-se que, neste sistema, os credores têm um papel fundamental, pois, como visto, deverão aprovar o plano e fiscalizar seu escorreito cumprimento pelo devedor, assim como se verifica uma evidente separação empresa e empresário.

Estes princípios, dentre outros, influenciaram as legislações posteriores de diversos países, como se poderá, brevemente, verificar.

2.2 Direito concursal francês

A França foi o primeiro país a introduzir em seu direito concursal os novos dogmas[17] trazidos pelo *Chandler Act* estadunidense, ainda que quase cinco décadas após, através da Lei n. 85-98, de 25 de janeiro de 1985.[18]

Atualmente, vige em França o Código de Comércio de 2001, o qual, objetivando a preservação das empresas em crise, prevê ao lado da liquidação judicial da empresa o *redressement judiciaire*.

O Código Comercial francês prevê, em suma, três institutos: o *sauveguarde*, o *redressement* e a *liquidation judiciaires*. Cita-se, por oportuno a sucinta diferenciação de *sauveguarde* do *redressement*, contida na Exposição de Motivos do projeto de lei:

15. Paulo F. Campos Salles de Toledo, "Recuperação judicial:...", cit., *Revista do Advogado* 83/99.

16. *Banckruptcy Code*, *Chapter* 11, § 1.112, (b).

17. Fábio Konder Comparado salienta que: "Foi somente na França que o legislador percebeu o fato óbvio de que a insolvabilidade de uma empresa de interesse social pode afetar não apenas a massa dos credores, mas também e sobretudo o equilíbrio econômico e social da região, ou mesmo do país. A ordenação Francesa n. 67-820, de 23.9.1967, instituiu um processo extraordinário de reerguimento econômico e financeiro para as empresas insolváveis 'cujo desaparecimento poderia causar grave perturbação à economia nacional ou regional e ser evitado em condições compatíveis com o interesse dos credores'. Já se reconheceu que essa medida excepcional não se aplica unicamente às macro-empresas em situação crítica: uma unidade empresarial de dimensões reduzidas pode representar um elo insubstituível numa cadeia de produção, de tal sorte que a sua falência perturbaria gravemente o funcionamento de outras empresas, com reflexos na economia regional ou nacional" (Fábio Konder Comparato, *Direito Empresarial: Ensaios e Pareceres*, p. 15).

18. Paulo F. Campos Salles de Toledo, art. cit., p. 99.

[a] la différence de la procédure de sauvegarde, la procédure de redressement judiciaire peut être orientée vers la préparation d'un plan de cession de l'entreprise. Même si ce dernier est réalisé par une procédure liquidative, il est nécessaire qu'il puisse être préparé antérieurement au prononcé de la liquidation. Le projet de plan de redressement peut ainsi intégrer des offres d'acquisition, que le tribunal examinera à l'issue de la période d'observation, s'il estime l'une d'elles préférable à la solution de continuation le cas échéant proposée par le débiteur.

Como ensina Paulo F. C. Salles de Toledo, o *redressement* destina-se, por expressa disposição legal (art. L. 620-1 do Código de Comércio), a permitir a preservação da empresa, a manutenção de sua atividade e do emprego, além do pagamento do passivo.[19]

Há, pois, um período de observação das atividades da empresa, findo o qual é elaborado um *bilan* sobre a situação econômica e social da empresa e um projeto de um plano de reestruturação (*plan de redressement de l'entreprise*).[20] Este plano versará sobre a continuação ou cessão da empresa.[21] Caso nenhum destes objetivos seja atingível, a empresa terá sua liquidação decretada.

Embora o diploma legal francês vise à preservação da empresa e haja um discrímen entre empresa e empresário, diferentemente do direito concursal estadunidense, os credores não têm papel relevante, pois atuam indiretamente, por meio de um representante, no processo de reestruturação da empresa.

2.3 Direito concursal português

O direito concursal português foi recentemente alterado, através do Decreto-lei n. 53, de 18 de março de 2004, que entrou em vigor em 15 de setembro do mesmo ano, nos termos de seu art. 3º.

Neste diploma é previsto o denominado "processo de insolvência", consistente em um processo de execução universal que tem como finalidade a liquidação do património de um devedor insolvente e a repartição do produto obtido pelos credores, ou a satisfação destes pela forma prevista num "plano de insolvência", que nomeadamente se baseie na recuperação da empresa compreendida na massa insolvente.[22] Portanto, a satisfação dos créditos, da forma mais eficiente possível, é o objetivo do processo de insolvência.

Paulo F. C. Salles de Toledo destaca a opção do legislador português por um processo uno, que pode ensejar a recuperação da empresa ou sua liquidação.[23] Em qualquer das hipóteses, pressupõe-se uma situação de insolvência, na qual o devedor que se encontre impossibilitado de cumprir as suas obrigações vencidas.[24]

Na esteira da legislação estadunidense, os credores têm papel relevante, atuando efetivamente no processo através da Comissão de Credores[25] e da Assembléia de Credores,[26] ressalvando que esta última é presidida pelo juiz.[27] Cabe a eles decidir se o pagamento de seus créditos dar-se-á com a total liquidação do patrimônio do devedor ou através da aprovação de um plano de insolvência, com o fito de manter a empresa em atividade, sob a administração do próprio devedor ou de terceiros.

Houve em Portugal uma redução da intervenção do juiz no processo, o que, como veremos adiante, também ocorre no

19. Ibidem.
20. *Chapitre* I*er*, *Section* 1, *Articles* L. 621-1 à L. 621-61.
21. *Chapitre* I*er*, *Section* 2, *Articles* L. 621-62 à L. 621-101.

22. Código da Insolvência e da Recuperação de Empresas, art. 1º.
23. Paulo F. Campos Salles de Toledo, art. cit., p. 100.
24. Código da Insolvência e da Recuperação de Empresas, art. 3º.
25. Idem, art. 66º.
26. Idem, art. 72º.
27. Idem, art. 74º.

Brasil, sendo, entretanto, reservada ao juiz a decretação da insolvência do devedor.

Nos termos do art. 192 do Código, o pagamento dos créditos sobre a insolvência, a liquidação da massa insolvente e a sua repartição pelos titulares daqueles créditos e pelo devedor, bem como a responsabilidade do devedor depois de findo o processo de insolvência, podem ser regulados num plano de insolvência. Este plano de insolvência obedece, via de regra, ao princípio da igualdade dos credores, assim como deve, em seu conteúdo, indicar claramente as alterações dele decorrentes para as posições jurídicas dos credores da insolvência; explicitar a sua finalidade; descrever as medidas necessárias à sua execução, já realizadas ou ainda a executar; e conter todos os elementos relevantes para efeitos da sua aprovação pelos credores e homologação pelo juiz.

Evidentemente, o plano deve ser exeqüível e prever as taxativas providências para satisfação dos credores, previstas no art. 196:

> a) O perdão ou redução do valor dos créditos sobre a insolvência, quer quanto ao capital, quer quanto aos juros, com ou sem cláusula "salvo regresso de melhor fortuna";
>
> b) O condicionamento do reembolso de todos os créditos ou de parte deles às disponibilidades do devedor;
>
> c) A modificação dos prazos de vencimento ou das taxas de juro dos créditos;
>
> d) A constituição de garantias;
>
> e) A cessão de bens aos credores.

O plano pode ser rejeitado de ofício pelo juiz, e também caso o administrador da insolvência se opuser a sua admissão, com a concordância da comissão de credores. Por outro lado, se o plano for verossímil, o juiz convocará a assembléia de credores, que poderá aprovar o plano, inclusive com alterações.

A proposta de plano de insolvência considera-se aprovada se, estando presentes ou representados na reunião, credores cujos créditos constituam, pelo menos, um terço do total dos créditos com direito de voto, recolher mais de dois terços da totalidade dos votos emitidos e mais de metade dos votos emitidos correspondentes a créditos não subordinados, não se considerando como tal as abstenções.[28]

Ademais, afora o plano de insolvência supra comentado, o devedor tem a faculdade de apresentar, conjuntamente com a petição inicial do processo de insolvência, um plano de pagamentos aos credores.[29] É, outrossim, permitido a terceiros (*e.g.*, credores e Ministério Público) apresentar pedido de insolvência do devedor, facultando a este, ao invés de contestar, apresentar um plano de pagamento.

Neste plano, o devedor, além de confessar a situação de insolvência, ao menos iminente, deve apresentar uma proposta de satisfação dos direitos dos credores que acautele devidamente os interesses destes, de forma a obter a respectiva aprovação.

Ao contrário do plano de insolvência, o plano de pagamento pode designadamente prever moratórias, perdões, constituições de garantias, extinções, totais ou parciais, de garantias reais ou privilégios creditórios existentes, um cronograma de pagamentos ou o pagamento numa só prestação e a adoção pelo devedor de medidas concretas de qualquer natureza susceptíveis de melhorar a sua situação patrimonial.[30] Pode o devedor, ainda, incluir no plano de pagamentos créditos cuja existência ou montante não reconheça, com a previsão de que os montantes destinados à sua liquidação serão objeto de depósito junto de intermediário financeiro.

Se o plano tiver sido aceito por credores cujos créditos representem mais de dois terços do valor total dos créditos, e haja objeções, pode tribunal suprir a aprovação

28. Idem, art. 212º.
29. Idem, art. 251º.
30. Idem, art. 252º.

dos demais[31] (*cram down*), de modo que plano será homologado pelo juiz.

Caso o plano de pagamento venha a ser rejeitado, será proferida sentença de declaração de insolvência.[32]

2.4 Direito concursal italiano

O novel Decreto legislativo n. 5, de 9 de janeiro de 2006, levou a cabo a segunda parte da reforma do direito concursal italiano, iniciada com o Decreto-lei 35, de 14 de março de 2005, que gerou uma nova disciplina de concordata preventiva e da revocatória concursal, além de instituir, pela primeira vez no direito positivo italiano, os acordos de reestruturação das dívidas.

Esta segunda fase, intitulada "Reforma orgânica da disciplina dos procedimentos concursais", que entrou em vigor em 9 de julho de 2006, deixou o direito concursal italiano *pari passu* com o restante da Europa, adequando a disciplina italiana às novas exigências do mercado.

Segundo Stefania Pacchi, não houve subversão da estrutura concursal, permanecendo caracterizada por um procedimento satisfativo (a quebra); por um procedimento concordatório sob o controle da autoridade judicial (a concordata preventiva); por dois procedimentos administrativos (a liquidação satisfativa e a administração extraordinária das grandes empresas insolventes que, alternativamente, pode ter finalidade liquidatória-satisfativa mediante a cessão do complexo empresarial, ou conservatória mediante a reestruturação da empresa).[33]

Foi revogada a administração controlada (procedimento conservatório, mas não satisfativo) e foram introduzidos os acordos de reestruturação das dívidas sujeitos à homologação do tribunal.

Seguindo a tendência das mais modernas legislações em matéria concursal, o fio condutor da reforma é a gestão privada da crise, ou seja, as partes (devedor e credores) melhor que o juiz podem vislumbrar a solução da crise.[34]

Esta alteração de paradigma ensejou a modernização da lei, com a disposição de instrumentos adequados, como os acordos para reestruturação das dívidas e com a isenção da revocatória dos planos extrajudiciais de composição das crises.

Percebendo que a crise não é só uma controvérsia entre devedor e credores, afetando o complexo empresarial e a coletividade, asseverou o legislador italiano "que empresário e credor são livres para assumir e modelar segundo seus próprios interesses as soluções da crise e o juiz desenvolve sua tarefa natural de resolver as controvérsias e de controlar a regularidade dos atos".

Assim, com a privatização da gestão da crise, foi reestruturada a atuação dos órgãos da falência. A nova lei confirmou a transferência da gestão da crise das mãos da autoridade judicial para as partes (devedor e credores), como já havia ocorrido na reforma da concordata preventiva.

Estas alterações levaram à redefinição dos órgãos da falência (tribunal, juiz, curador e comitê de credores). A autoridade judicial perdeu, desta forma, a centrali-

31. Cf. art. 258º e desde que: "a) para nenhum dos oponentes decorra do plano uma desvantagem económica superior à que, mantendo-se idênticas as circunstâncias do devedor, resultaria do prosseguimento do processo de insolvência, com liquidação da massa insolvente e exoneração do passivo restante, caso esta tenha sido solicitada pelo devedor em condições de ser concedida; b) os oponentes não sejam objecto de um tratamento discriminatório injustificado; c) os oponentes não suscitem dúvidas legítimas quanto à veracidade ou completude da relação de créditos apresentada pelo devedor, com reflexos na adequação do tratamento que lhes é dispensado".

32. Código da Insolvência e da Recuperação de Empresas, art. 255º.2.

33. Stefania Pacchi, "La reforma del derecho concursal italiano", in *Derecho de los Negocios* 187/8.

34. Idem, ibidem.

dade, sendo que o eixo do processo é, agora, o curador, que terá ao seu lado um comitê de credores renovado e potencializado. Em síntese, o comitê de credores se converteu em órgão de direção do procedimento, substituindo muitas das competências que outrora ficavam a cargo do juiz.

Com o objetivo de permitir uma intervenção antecipada sobre a empresa em crise, visando à recuperação do negócio, foi ampliada a possibilidade de utilização da concordata preventiva, com a supressão dos requisitos subjetivos.

Os credores, diante de uma proposta de concordata preventiva, avaliarão sua conveniência, tomando ou não em consideração a administração anterior e, por conseguinte, as irregularidades administrativas e as eventuais condenações penais. O juiz não pode intervir nestas avaliações, que são totalmente privadas.

Destarte, a nova concordata já não se apóia no estado de insolvência, mas sim sobre o estado de crise. O "coração" da petição vem a ser plano com o qual o empresário propõe-se a superar a crise e pode prever objetivo de satisfação e/ou de utilização do potencial da empresa.[35]

A lei não prevê que a solicitação de concordata deva conter uma oferta de pagamento mínimo, tampouco impõe a apresentação de garantias idôneas. A forma de satisfação dos credores pode ser diversificada e pode fazer-se com pagamento em dinheiro, cessão de bens, assunção de obrigações etc., inclusive com a entrada do credor como acionista (disposição esta inspirada no recente caso Parmalat).

O tribunal apenas verifica se a documentação está completa e regular, avaliando se estão corretos ou não os critérios de formação das classes dos credores, mas não entra no mérito do plano.

A concordata será aprovada se houver voto favorável dos credores que representem a maioria dos créditos admitidos a voto. Os credores privilegiados, que na nova disciplina devem receber satisfação imediata e integral, estão excluídos do voto, a menos que decidam renunciar a garantia.

Havendo classes de credores, é necessário que se obtenha a maioria dos votos em cada classe. Todavia, a exemplo do *cram down* estadunidense, pode-se prescindir, se o tribunal verificar que em todo o caso se obteve a maioria dos votos dos credores e a proposta tenha sido aprovada pela maioria das classes.

A despeito das alterações no instituto da concordata, a recente lei concursal italiana introduziu no ordenamento jurídico os acordos de reestruturação[36] (*accordi di ristrutturazione di debiti*), que se aproximam sobremaneira da recuperação extrajudicial de nossa Lei de Recuperação de Empresas.

Em suma, o devedor pode apresentar um acordo de reestruturação das dívidas estipulado com os credores responsáveis por pelo menos 60% dos créditos quirografários, juntando uma relação, redigida por um experto, sobre a efetividade do acordo, com referência particular a idoneidade para assegurar o pagamento regular aos credores estranhos.

O início do procedimento é similar à concordata preventiva, mas com ela não se confunde. O devedor, empresário comercial não pequeno[37] de natureza privada, prescindindo do estado no qual se encontre (dificuldade transitória, pré-crise, crise ou insolvência), poderá promover, antes de recorrer à autoridade judicial, um acordo com seus credores, para alcançar o ajuste do passivo.

35. Stefania Pacchi, ob. cit., *passim*.

36. Cf. art. 146 do Decreto legislativo n. 5, de 9.1.2006, que alterou o art. 182-*ter* do Decreto Real n. 267, de 16.3.1942.

37. A definição de pequeno empresário será determinada de acordo com vários parâmetros, incluindo o número dos empregados, o valor dos investimentos e faturamento.

Se a proposta for aprovada pelos credores que representem pelo menos 60% dos créditos, poderá requer ao juiz a homologação do acordo.

A lei não dispõe como se deve alcançar o acordo e nem impõe outros requisitos. Como o devedor negocia diretamente com os credores, admite-se toda a forma legal de transação, inclusive em relação aos créditos privilegiados. O objetivo do acordo pode, assim, ser a satisfação dos credores e/ou a conservação da empresa, promovendo novos investimentos, ou cedendo em arrendamento ou liquidando a empresa.

2.5 Direito concursal argentino

Na Argentina vige a Lei 24.522 (*Ley de Concursos y Quiebras*), publicada em 9 de agosto de 1995, posteriormente alterada pela Lei 25.589, de 16 de maio de 2002. Destaca-se na moderna legislação Argentina os *acuerdos preventivos*, que permitem ao devedor apresentar proposta de acordo a cada classe de credores, com o fito de viabilizar a mantença da empresa. Via de regra, o devedor permanecerá na administração dos negócios, sob a supervisão do síndico e do comitê de credores.

A proposta de acordo preventivo poderá consistir em "quita, espera o ambas; entrega de bienes a los acreedores; constitución de sociedad con los acreedores quirografarios, en la que éstos tengan calidad de socios; reorganización de la sociedad deudora; administración de todos o parte de los bienes en interés de los acreedores; emisión de obligaciones negociables o debentures; emisión de bonos convertibles en acciones; constitución de garantías sobre bienes de terceros; cesión de acciones de otras sociedades; capitalización de créditos, inclusive de acreedores laborales, en acciones o en un programa de propiedad participada", ou em qualquer outro acordo que se obtenha dentro de cada classe de créditos, desde que aprovado por todos os credores abrangidos pela proposta.[38]

Nesse diapasão, deve-se observar o princípio da *par conditio creditorum*, de modo que as propostas devem conter condições iguais para os credores de uma mesma classe. Caso a proposta preveja o pagamento, ainda que em forma diversa da originariamente estabelecida, o devedor deve oferecer, pelo menos, 40% dos créditos quirografários anteriores à apresentação da proposta.

Nos termos do art. 45 da Lei, para obter a aprovação da proposta de *acuerdo preventivo*, o devedor deverá apresentar ao tribunal, até o fim do prazo previsto em lei, a proposta com o aceite, por instrumento público, da maioria absoluta dos credores dentro de todas e em cada uma das classes, que representem dois terços do valor dos créditos dentro de cada classe.

A proposta deverá, também, ser instruída com um plano prevendo o regime de administração e de limitações dos atos de gestão aplicável a cada etapa de cumprimento, e a constituição de um comitê de credores, formado por credores que representem a maioria dos créditos, que acompanhará e fiscalizará a execução do plano.

Se o devedor não apresentar o plano de acordo no prazo legal, ou caso não obtenha a aceitação da maioria dos credores, observado o disposto no art. 45, será decretada sua falência.[39]

Quando se tratar o devedor de sociedade limitada, sociedade por ações, cooperativas ou sociedade de economia mista, é previsto, também, alguns casos em que os credores ou terceiros interessados na aquisição da empresa poderão formular propostas ao juiz, que fixará o valor patrimonial da empresa. Nesta hipótese, os interessados deverão apresentar propostas de acordo, e obter a aceitação dos credores nos percentuais previstos no art. 45. Lograda a aceita-

38. *Ley de Concursos y Quiebras*, art. 43.
39. Idem, art. 46.

ção dos credores, e apresentada ao tribunal a documentação exigida, concomitantemente com o depósito judicial de quantia equivalente a 25% do valor da oferta, o acordo é homologado, transferindo-lhe a totalidade da participação dos sócios ou acionistas na sociedade devedora.

Destaca-se, outrossim, que é permitido aos credores apresentar impugnações ao acordo, fundamentadas exclusivamente nas seguintes hipóteses: erro no cômputo da maioria necessária; falta de representação dos credores que concorram para formar a maioria nas classes; aumento fraudulento do passivo; ocultação ou aumento fraudulento do ativo; ou, finalmente, inobservância das formalidades legais para celebração do acordo.[40] Julgando procedente a impugnação, será decretada a quebra; caso contrário, o acordo será homologado.

Por derradeiro, mister mencionar que a lei Argentina prevê também o *acuerdo preventivo extrajudicial*, que guarda semelhança com a recuperação extrajudicial de nossa Lei de Recuperação de Empresas e Falência. Em síntese, trata-se de uma negociação extrajudicial levada a cabo pelo devedor com os credores, de conteúdo flexível, submetida à homologação do juiz. O acordo deve ter a aceitação da maioria absoluta dos credores que representem dois terços do passivo total, quirografário e privilegiado, sendo possível aos credores excluídos do acordo apresentar oposição.

Como se pode observar, a legislação concursal Argentina, seguindo a tendência de privatização das soluções de controvérsias, outorga aos credores papel relevante na reestruturação do devedor.

2.6 Direito concursal espanhol

Em 1º de setembro de 2004,[41] entrou em vigor na Espanha a Lei 22, de 9 de julho de 2003. A reforma introduzida por esta lei "no supone una ruptura con la larga tradición concursal española, pero sí una profunda modificación del derecho vigente, en la que se han tenido en cuenta las aportaciones doctrinales y prelegislativas realizadas en el ámbito nacional y las más recientes concreciones producidas en la legislación comparada, así como los instrumentos supranacionales elaborados para la unificación y la armonización del derecho en esta materia".[42] Com a novel lei, o direito concursal espanhol assimilou os princípios e mecanismos mundialmente propalados de proteção ao direito dos credores através da possibilidade de reestruturação das empresas economicamente viáveis e da retirada do mercado daquelas inviáveis.

Como reportou Paulo F. C. Salles de Toledo, "[a] finalidade essencial do diploma, conforme expressa sua Exposição de Motivos, é a satisfação dos credores".[43]

A lei prevê um procedimento único, denominado concurso, que poderá ser requerido pelo devedor, pessoa física ou jurídica,[44] em estado de insolvência,[45] ou por qualquer credor.

O processo é permeado por um claro interesse na manutenção da empresa, com sua conservação do modo mais conveniente para o concurso,[46] ressaltando que a decretação do concurso não interrompe a continuação da atividade profissional ou empresarial que vinha exercendo o devedor.[47] No caso de concurso voluntário (autofalência) o devedor permanecerá na administração dos negócios, ao passo em que no *concurso necesario*, o devedor será afastado, passando-se a administração e

40. Idem, art. 50.

41. O prazo de *vacatio legis* foi previsto na disposição final trigésima quinta da lei.

42. Cf. Exposição de Motivos.

43. Paulo F. Campos Salles de Toledo, "Recuperação judicial:...", cit., *Revista do Advogado* 83/100.

44. Lei Concursal, art. 1.1.

45. Lei Concursal, art. 2, que "*se concibe como el estado patrimonial del deudor que no puede cumplir* regularmente sus obligaciones".

46. Idem, art. 43.1.

47. Idem, art. 44.

disposição do patrimônio do devedor ao administrador concursal.[48]

O procedimento consiste em uma fase inicial comum, que culminará no denominado convênio ou na liquidação. Interessa-nos, aqui, o convênio, que se inicia com o final da fase comum, após, portanto, eventuais impugnações sobre o inventário e a lista de credores apresentados.[49]

Consiste o convênio, em regra, na formulação de proposta pelo devedor, ou pelos credores, para o pagamento (que não poderá exceder a metade do valor de cada um dos credores) ou moratória (que não poderá ultrapassar cinco anos contados do deferimento do convênio pelo juiz) das dívidas, podendo-se cumular ambas. O convênio, a rigor, não poderá incluir os créditos privilegiados, que, nos termos da lei espanhola (art. 90), referem-se aos créditos com garantia real.[50] Os credores privilegiados, entretanto, poderão votar a favor ou aderir ao convênio, casos em que estarão sujeitos a seus efeitos.

As propostas deverão ser acompanhadas de um plano de viabilidade, com a descrição detalhada dos pagamentos, e poderão conter oferta de conversão do crédito em ações, participações ou cotas sociais, assim como de venda em conjunto de bens ou direitos ou de unidades produtivas a terceiros.

Interessante notar que os credores poderão aderir a qualquer proposta de convênio. Esta adesão, que independe de deliberação em assembléia, será pura e simples, sem introduzir modificações ou condições.[51]

O convênio será homologado pelo juiz, se aprovado pelos credores constituídos em assembléia (*Junta de Acreedores*). Para aprovação do convênio, é necessário o voto de pelo menos a metade do passivo ordinário do concurso. Todavia, quando a proposta consista no pagamento integral dos créditos ordinários, em prazo não superior a três anos, ou em pagamento imediato dos créditos ordinários vencidos em até vinte por cento, será suficiente que vote em seu favor uma porção do passivo ordinário superior à que vote contra.[52]

Como salientou Paulo F. C. Salles de Toledo, "[o] papel atribuído aos credores não é tão saliente quanto o conferido por outras legislações. Tanto assim que a assembléia de credores apenas atua nos convênios e, mesmo assim, caso não tiver o devedor apresentado proposta antecipada".[53]

2.7 Direito concursal alemão

No tocante ao direito concursal alemão, informa Paulo F. C. Salles de Toledo que "na Alemanha, a velha Lei de Falências, editada em 1877, foi substituída pela moderna Lei de Insovência (*Insolvenzordnung*, ou, abreviadamente, *InsO*), de 5 de outubro de 1994".[54]

Esta moderna lei concursal, que atribui aos credores relevante papel, prevê, em suma, três modalidades de plano de insolvência, notadamente: de saneamento, de liquidação, ou de transferência total ou parcial do patrimônio da empresa.[55]

O plano de saneamento é o instrumento que visa, com atuação importante dos credores, através de assembléia geral ou comissão de credores, a manutenção da empresa. O plano prevê uma parte descritiva das medidas adotadas pelo devedor e os dados básicos necessários ao seu exame, e uma parte organizatória, que dispõe quanto

48. Idem, art. 40.
49. Idem, art. 98.
50. Idem, art. 134.2.
51. Idem, art. 103.
52. Lei Concursal, art. 124.
53. Paulo F. Campos Salles de Toledo, art. cit., p. 101.
54. Idem, art. cit., p. 99.
55. Cf. Dora Berger, *A Insolvência no Brasil e na Alemanha*, *apud* Paulo F. Campos Salles de Toledo, "Recuperação judicial:...", cit., *Revista do Advogado* 83/100.

às modificações na posição jurídica dos participantes.

3. *Os princípios e diretrizes do Banco Mundial*

É importante, outrossim, antes de adentrar à nova lei de recuperação de empresas, aludir aos *Principles and Guidelines* do Banco Mundial. Tais princípios e diretrizes foram engendrados após estudos sobre as melhores práticas (*best practices*) internacionais para solução do problema de insolvência das empresas,[56] e têm por objetivo guiar o aprimoramento do direito concursal dos países em desenvolvimento.

Tratam-se de 35 princípios, divididos em 5 grupos. Os cinco primeiros referem-se à estrutura legal para os direitos dos credores. Os sistemas de execução e insolvência estabilizam as relações comerciais e estimulam um comportamento empresarial responsável, de modo que deve haver um equilíbrio entre as políticas de crédito e de reorganização das empresas. Igualmente, devem ser previstos eficazes procedimentos de execução.

Os *principles* de número 6 a 16 aludem ao arcabouço legal relativo à insolvência da empresa. São realçados no princípio 6 os seguintes objetivos:

- integrar-se com os mais amplos sistemas legais e comerciais do país;
- maximizar o valor dos ativos da empresa, possibilitando sua reorganização;
- estabelecer o equilíbrio entre a liquidação e a reorganização da empresa;
- permitir o trato igualitário dos credores de uma mesma classe, incluídos os credores locais e estrangeiros;
- evitar o desmembramento prematuro do ativo do devedor por credores individuais que buscam sentenças rápidas;
- facilitar a resolução oportuna, eficiente e imparcial das insolvências;
- dispor um procedimento transparente que contemple incentivos à reunião e compilação de informação;
- reconhecer os direitos existentes dos credores e respeitar as prioridades;
- dispor sobre as insolvências estrangeiras, com o reconhecimento dos procedimentos alienígenas.

Ainda, prevê-se a responsabilização dos diretores e administradores pelas decisões prejudiciais aos credores tomadas quando a empresa é insolvente (*principle* 7), assim como se determina a sujeição de todas as empresas aos processos de insolvência, excetuando-se as instituições financeiras e as empresas de seguro (*principle* 9). Nos processos de insolvência no que concerne à *governance*, pode-se entregar a administração da empresa para um administrador nomeado pelo juiz, ou manter o devedor à frente dos negócios, com a supervisão de um administrador e dos credores (*principle* 11). Os interesses dos credores serão salvaguardados mediante a constituição de comitês, que fiscalizarão o processo. Para a deliberação de assuntos de grande importância, deve-se prever a convocação de assembléia geral de credores (*principle* 12).

Os princípios de número 17 a 24 tratam das características relativas à reorganização da empresa. Frisa-se que, para ser comercial e economicamente eficaz, a legislação deve estabelecer procedimentos de reorganização flexíveis, céleres e de fácil acesso, e que, ao mesmo tempo, possibilitem a negociação de um plano de reorganização que permita à maioria dos credores a favor do plano, através de votação, obrigar todos os demais credores.

Os acordos e reestruturações informais das empresas são tratados nos princípios 25 e 26, sendo recomendada a elaboração de um código de conduta pelo Banco Central ou Ministério da Fazenda.

Os demais princípios concernem à implementação de sistemas de insolvência,

56. Cf. *Principles and Guidelines for Effective Insolvency and Creditor Rights Systems*, obtido no sítio do Banco Mundial na internet, *www.worldbank.org/gild*.

prevendo-se a existência de tribunais especializados e normas que possibilitem processos de insolvência transparentes e responsáveis, evitando-se as fraudes e demais atividades ilegais.

4. A introdução da recuperação judicial na Lei n. 11.101/2005

Criticando a hoje revogada Lei de Falências (Decreto-lei 7.661, de 21 de junho de 1945), Fábio Konder Comparato, nos idos de 1970, destacava que "o mínimo que se pode dizer nessa matéria é que o dualismo no qual se encerrou o nosso Direito Falimentar – proteger o interesse pessoal do devedor ou o interesse dos credores – não é de molde a propiciar soluções harmoniosas no plano geral da economia. O legislador parece desconhecer totalmente a realidade da empresa, como centro de múltiplos interesses – do empresário, dos empregados, dos sócios capitalistas, dos credores, do fisco, da região, do mercado em geral – desvinculando-se da pessoa do empresário. De nossa parte, consideramos que uma legislação moderna da falência deveria dar lugar à necessidade econômica da permanência da empresa. A vida econômica tem imperativos e dependências que o Direito não pode, nem deve, desconhecer. A continuidade e a permanência das empresas são um desses imperativos, por motivos de interesse tanto social, quanto econômico".[57]

Igualmente, Nelson Abrão, alertava que o Direito Comparado, a doutrina e a vida forense nos ensinavam que o velho Decreto-lei de 1945 não atendia mais à nossa realidade socioeconômica.[58] "A inadequação da Lei de 1945 à nossa realidade socioeconômica tem sido proclamada por todos aqueles que, dotados de espírito público, se preocupam em promover o bem da coletividade, contrastando com aqueles que silenciam sob o influxo das acomodações pessoais".[59]

Era, assim, evidente a necessidade de uma nova legislação concursal. Verificando a real inadequação do Decreto-lei 7.661/1945, que não mais atendia às exigências da realidade socioeconômica, foi elaborado o Projeto de Lei n. 4.376/1993, que, inicialmente cuidava de três institutos: a falência (denominado de liquidação judicial), a concordata preventiva e a recuperação da empresa. Este projeto adotou os seguintes princípios:

1) *Preservação da empresa*: em razão de sua função social, a empresa deve ser preservada sempre que possível, pois gera riqueza econômica e cria emprego e renda, contribuindo para o crescimento e o desenvolvimento social do País. Além disso, a extinção da empresa provoca a perda do agregado econômico representado pelos chamados "intangíveis", como nome, ponto comercial, reputação, marcas, clientela, rede de fornecedores, *know-how*, treinamento, perspectiva de lucro futuro, entre outros.

2) *Separação dos conceitos de empresa e de empresário*: a empresa é o conjunto organizado de capital e trabalho para a produção ou circulação de bens ou serviços. Não se deve confundir a empresa com a pessoa natural ou jurídica que a controla. Assim, é possível preservar uma empresa, ainda que haja a falência, desde que se logre aliená-la a outro empresário ou sociedade que continue sua atividade em bases eficientes.

3) *Recuperação das sociedades e empresários recuperáveis*: sempre que for possível a manutenção da estrutura organizacional ou societária, ainda que com modificações, o Estado deve dar instrumentos e condições para que a empresa se recupere, estimulando, assim, a atividade empresarial.

57. Fábio Konder Comparato, *Aspectos Jurídicos da Macro-Empresa*, p. 102.

58. Nelson Abrão, *Da Caracterização da Falência*, p. 90.

59. Nelson Abrão, *Curso de Direito Falimentar*, 2ª ed., p. 14. Este também era o entendimento de Rubens Requião (v. *Curso de Direito Falimentar*, v. 2, p. 258).

4) *Retirada do mercado de sociedades ou empresários não recuperáveis*: caso haja problemas crônicos na atividade ou na administração da empresa, de modo a inviabilizar sua recuperação, o Estado deve promover de forma rápida e eficiente sua retirada do mercado, a fim de evitar a potencialização dos problemas e o agravamento da situação dos que negociam com pessoas ou sociedades com dificuldades insanáveis na condução do negócio.

5) *Proteção aos trabalhadores*: os trabalhadores, por terem como único ou principal bem sua força de trabalho, devem ser protegidos, não só com precedência no recebimento de seus créditos na falência e na recuperação judicial, mas com instrumentos que, por preservarem a empresa, preservem também seus empregos e criem novas oportunidades para a grande massa de desempregados.

6) *Redução do custo do crédito no Brasil*: é necessário conferir segurança jurídica aos detentores de capital, com preservação das garantias e normas precisas sobre a ordem de classificação de créditos na falência, a fim de que se incentive a aplicação de recursos financeiros a custo menor nas atividades produtivas, com o objetivo de estimular o crescimento econômico.

7) *Celeridade e eficiência dos processos judiciais*: é preciso que as normas procedimentais na falência e na recuperação de empresas sejam, na medida do possível, simples, conferindo-se celeridade e eficiência ao processo e reduzindo-se a burocracia que atravanca seu curso.

8) *Segurança jurídica*: deve-se conferir às normas relativas à falência, à recuperação judicial e à recuperação extrajudicial tanta clareza e precisão quanto possível, para evitar que múltiplas possibilidades de interpretação tragam insegurança jurídica aos institutos e, assim, fique prejudicado o planejamento das atividades das empresas e de suas contrapartes.

9) *Participação ativa dos credores*: é desejável que os credores participem ativamente dos processos de falência e de recuperação, a fim de que, diligenciando para a defesa de seus interesses, em especial o recebimento de seu crédito, otimizem os resultados obtidos com o processo, com redução da possibilidade de fraude ou malversação dos recursos da empresa ou da massa falida.

10) *Maximização do valor dos ativos do falido*: a lei deve estabelecer normas e mecanismos que assegurem a obtenção do máximo valor possível pelos ativos do falido, evitando a deterioração provocada pela demora excessiva do processo e priorizando a venda da empresa em bloco, para evitar a perda dos intangíveis. Desse modo, não só se protegem os interesses dos credores de sociedades e empresários insolventes, que têm por isso sua garantia aumentada, mas também se diminui o risco das transações econômicas, o que gera eficiência e aumento da riqueza geral.

11) *Desburocratização da recuperação de microempresas e empresas de pequeno porte*: a recuperação das micro e pequenas empresas não pode ser inviabilizada pela excessiva onerosidade do procedimento. Portanto, a lei deve prever, em paralelo às regras gerais, mecanismos mais simples e menos onerosos para ampliar o acesso dessas empresas à recuperação.

12) *Rigor na punição de crimes relacionados à falência e à recuperação judicial*: é preciso punir com severidade os crimes falimentares, com o objetivo de coibir as falências fraudulentas, em função do prejuízo social e econômico que causam. No que tange à recuperação judicial, a maior liberdade conferida ao devedor para apresentar proposta a seus credores precisa necessariamente ser contrabalançada com punição rigorosa aos atos fraudulentos praticados para induzir os credores ou o juízo a erro. Naturalmente nem sempre é possível a perfeita satisfação de cada um desses enunciados, principalmente quando há conflito entre dois ou mais deles. Nesses casos, é necessário sopesar as possíveis conseqüências sociais e econômicas e buscar o ponto de

conciliação, a configuração mais justa e que represente o máximo benefício possível à sociedade.

Posteriormente, foi suprimida a concordata preventiva, com o Substitutivo apresentado pelo relator, Deputado Osvaldo Biolchi, passando, em conseqüência, o Projeto a regular apenas a recuperação e a liquidação judicial.

Após mais de uma década de tramitação no Congresso Nacional, 484 emendas e 5 substitutivos, e somente após o Poder Executivo Federal haver assumido compromisso perante o Fundo Monetário Internacional para aprovar uma nova lei de falências,[60] foi finalmente promulgada a Lei n. 11.101, de 9 de fevereiro de 2005, alterando substancialmente a antiga Lei de Falências.

A nova lei incorporou os *Principles and Guidelines* do Banco Mundial e mecanismos das mais modernas legislações sobre o tema, abandonando-se o procedimento liquidatório, substituindo-o por um meio solutório de recuperação de empresas. Assim, destaca-se a supressão da concordata e a introdução da recuperação judicial e extrajudicial.

A recuperação judicial e a extrajudicial são, como se depreende da própria lei, sucedâneos da antiga concordata,[61] a qual se mostrou ineficaz ao soerguimento das empresas em crise. Poucas empresas conseguiram sobreviver. Era, pois, corriqueira a convolação da concordata em falência.

A nova lei introduz a recuperação extrajudicial e judicial das empresas,[62] fornecendo ao devedor instrumentos mais flexíveis e adequados à sua finalidade, qual seja, manter a empresa em funcionamento.

Há, portanto, uma imanente relação entre a recuperação de empresas e a idéia institucionalista de preservação da empresa.[63] É o que se depreende da análise sistêmica da lei, em especial, de seu art. 47: "A recuperação judicial tem por objetivo viabilizar a superação da situação de crise econômico-financeira do devedor, a fim de permitir a manutenção da fonte produtora, do emprego dos trabalhadores e dos interesses dos credores, promovendo, assim, a preservação da empresa, sua função social e o estímulo à atividade econômica". E isso se dá pela convergência dos interesses de todas as partes envolvidas – devedores, credores e sociedade – na manutenção da atividade do devedor.

Interessa-nos, para fins deste estudo, a recuperação judicial, um processo mais formal e realizado sob controle da Justiça, no qual, em suma, os credores devem formar maioria em torno de um plano de recuperação. Se o plano não for aprovado ou não atingir suas metas de recuperação, aí sim caberá ao juiz decretar a falência.[64]

5. Conceito e o objetivo da recuperação judicial

Consoante reza o art. 47 da Lei, a recuperação judicial é um instituto colocado à disposição do devedor, que tem por objetivo permitir a superação de crise econômico-financeira, a fim de permitir a manutenção da fonte produtora, do emprego dos trabalhadores e dos interesses dos credores, promovendo, assim, a preservação da empresa, sua função social e o estímulo à atividade econômica.

60. Mauro R. Penteado, in Francisco Satiro Souza Júnior e Antônio Sérgio A. de Morais Pitombo (coords.), *Comentários à Lei de Recuperação de Empresas e Falência: Lei 11.101/2005*, p. 58.

61. V. art. 198: "Os devedores proibidos de requerer a concordata nos termos da legislação específica em vigor na data da publicação desta Lei ficam proibidos de requerer recuperação judicial ou extrajudicial nos termos desta Lei".

62. Ressalte-se que o instituto da recuperação de empresas não é uma novidade no Direito positivo brasileiro. Disposição similar era prevista no Alvará de 13 de novembro de 1756, promulgado pelo Marquês de Pombal.

63. Calixto Salomão Filho, in Francisco Satiro Souza Júnior e Antônio Sérgio A. de Morais Pitombo (coords.), *Comentários à Lei de Recuperação de Empresas e Falência: Lei 11.101/2005*, p. 48.

64. Ramez Tebet, Parecer n. 534, de 2004.

Temos, portanto, que o objetivo da recuperação judicial é sanear a crise econômico-financeira do devedor em insolvência, que possua viabilidade econômica, tornando-o novamente um agente econômico competitivo e produtivo, de maneira a cumprir sua função econômico-social.

Assim, podemos conceituar a recuperação judicial como sendo um instrumento de negociação coletiva, colocado à disposição do devedor, com o objetivo de sanear sua crise econômico-financeira, através de um plano de recuperação de conteúdo flexível, que deverá ser aprovado pelos credores e homologado pelo juiz.

6. Natureza jurídica

A recuperação judicial é um favor legal concedido ao devedor, através do qual, atendidos determinados pressupostos, terá o direito de sanear a crise econômico-financeira em que se encontra. Tal benefício dá fôlego ao devedor, para que a crise seja superada, permitindo, assim, a manutenção da empresa e, conseqüentemente, o emprego dos trabalhadores e o interesse dos credores.

Mauro Penteado[65] afirma que "a nova lei caracteriza a recuperação judicial como um negócio jurídico (...) que é realizado mediante uma proposta do devedor (o Plano), ao qual podem aderir sem reservas os credores, desde que silenciem no prazo legal das objeções (art. 55), ou então aprovado, integralmente ou com modificações, pela assembléia geral de credores (art. 35, I, *a*)".[66] Ou seja, um negócio jurídico privado, realizado sob a supervisão judicial.

Tratando a recuperação judicial como um ato complexo, Jorge Lobo analisa sua natureza jurídica sob três aspectos: um ato coletivo processual, visto que concorrem as vontades do devedor e credores, formando uma vontade unitária, sob a supervisão do Poder Judiciário; um favor legal, porquanto garante ao devedor, desde que atendidos determinados pressupostos e requisitos, o direito de sanear o estado de crise econômico-financeira em que se encontra; e uma obrigação *ex lege*, já que sua aprovação pelo juiz[67] obriga o devedor e todos os credores a ela sujeitos, sem prejuízo das garantias que possuam.[68]

Temos, assim, que a natureza jurídica da recuperação judicial é bipartida, visto que se trata de uma ação judicial encetada pelo devedor (aspecto processual), que lhe concede um favor legal que obriga todos os credores concorrentes que aprovaram o plano do devedor (aspecto material), gerando uma obrigação *ex lege*.

7. As finalidades da recuperação judicial

Como vimos, o novo diploma concursal, alterando o paradigma anterior que objetivava a simples satisfação dos credores, tem por finalidade principal recuperar as empresas economicamente viáveis, através da recuperação extrajudicial ou judicial, ou retirar do mercado aquelas inviáveis, o que se faz com a decretação de sua falência.

65. A posição de Mauro Penteado, ao classificar a recuperação judicial como negócio jurídico, apresenta pontos de interseção com a teoria do contrato plurilateral de Ascarelli, segundo a qual "à pluralidade corresponde a circunstância de que os interesses contrastantes das várias partes devem ser unificados por meio de uma finalidade comum; os contratos plurilaterais aparecem como contratos de comunhão de fim" (Tullio Ascarelli, *Problemas das Sociedades Anônimas e Direito Comparado*, 2ª ed., p. 271).

66. Mauro R. Penteado, *Comentários à Lei de Recuperação...*, cit., p. 84.

67. A exigência da aprovação do acordo pela autoridade judiciária não altera a natureza do instituto, pois não se trata de uma sentença, mas de uma medida de polícia judiciária. Cf. Trajano de Miranda Valverde, *Comentários à Lei de Falências*, vol. III, 2ª ed., p. 110.

68. Jorge Lobo, in Paulo F. C. Salles de Toledo e Carlos Henrique Abrão (coords.), *Comentários à Lei de Recuperação de Empresas e Falência*, pp. 105-106.

Temos, aqui, o primeiro axioma: nem toda empresa deve ser recuperada. Somente aquelas viáveis, com potencial para reorganizar-se, devem ter a crise sanada. Como disposto no Relatório da Comissão Especial da Câmara sobre o Projeto de Lei n. 4.376/1993:

> a recuperação judicial pretende corrigir os erros de gestão dos administradores da empresa. Ainda que, na maioria das vezes, a crise da empresa não seja causada pela prática de atos ilícitos, o certo é que ela, muitas vezes, é o reflexo de equívocos na definição de estratégicas ou no estabelecimento de prioridades, que se refletem sobre todos os agentes econômicos envolvidos, gerando passivo ilíquido.

Desta forma, o custo social envolvido, que demanda o sacrifício de um ou mais agentes, adstringe a recuperação somente às empresas em que se vislumbre viabilidade econômica. Deve-se, criteriosamente, analisar o plano de recuperação, verificando sua plausibilidade funcional, econômica e financeira, assim como se os custos com a conservação da empresa são inferiores aos custos de sua liquidação.[69]

Logo, para permitir uma recuperação judicial plausível e eficaz, o juiz e os credores, constituídos em assembléia geral, deverão efetuar verdadeira ponderação de princípios (*v.g.*, o da conservação e da função social da empresa, o da dignidade humana e da valorização do trabalho e o da segurança jurídica e da efetividade do Direito). Evidente, pois, o interesse social de que se reveste o instituto, dando à empresa uma oportunidade de recuperação,[70] desde que seja economicamente viável.

A recuperação judicial, embora guarde alguma semelhança com a concordata preventiva, dela difere sobremaneira. A diferença fundamental é o papel atribuído aos credores que antes apenas eram atingidos pela concordata, independentemente de sua vontade, e agora tem papel decisivo na continuidade da atividade do devedor. Assim, caberá aos credores deliberar a sorte do devedor.[71]

Assim, o devedor e credores vislumbrando que a empresa tem potencial econômico para superar a crise, poderão, através do instituto da recuperação, manter a empresa em atividade.

Considerando, pois, que a recuperação judicial tem por objetivo viabilizar a superação de crise econômico-financeira do devedor, a fim de permitir a manutenção da fonte produtora, do emprego dos trabalhadores e dos interesses dos credores, promovendo, assim, a preservação da empresa, sua função social e o estímulo à atividade econômica,[72] temos que a finalidade da recuperação judicial é permitir que as empresas em crise econômico-financeira superem-na, voltando a serem produtivas, mantendo-se o emprego dos trabalhadores e atendendo aos interesses dos credores, exercendo, pois, sua função social como agente econômico relevante.

Estas finalidades não são imediatas, até mesmo porque o tempo é inerente à superação da crise. Assim, a médio prazo visa-se manter a fonte produtora, o emprego dos trabalhadores e os interesses dos credores. Como ressalta Paulo F. C. Salles de Toledo, embora tais finalidades sejam atingidas imediatamente, busca-se num primeiro momento estancar a hemorragia, para, mais adiante, vencida a moléstia, permitir que o paciente volte à vida normal.[73]

Em sendo assim, mantendo-se a fonte produtora, os empregos dos trabalhadores e os interesses dos credores, preserva-se, por conseguinte, a empresa (fonte produtiva), de modo que esta cumpra sua função

69. Celso Marcelo Oliveira, *Comentários à Nova Lei de Falências*, p. 225.
70. Idem, ob. cit., p. 224.

71. LRE, art. 35, I, c/c art. 56, § 4º.
72. LRE, art. 47.
73. Paulo F. Campos Salles de Toledo, "Recuperação judicial:...", cit., *Revista do Advogado* 83/102.

social[74] (agente econômico) e estimula-se a atividade econômica.

8. Sujeito ativo da recuperação judicial

A concordata e a falência, até a entrada em vigor do Código Civil,[75] somente poderiam ser requeridas por comerciantes. A teoria da empresa que permeou o Código Civil, também foi expressamente adotada pela Lei de Recuperação de Empresas.

Em sendo assim, a legitimação ativa para requerer a recuperação judicial é exclusiva do devedor (art. 48 da Lei), entendendo-se por devedor, o empresário ou a sociedade empresária, nos termos do art. 1º da Lei 11.101/2005. A Lei de Recuperação poderia ter ido além, permitindo, como nos Estados Unidos da América e Espanha, seu requerimento pelos credores, já que estes, assim como o devedor, têm, a rigor, interesse convergente na manutenção da empresa.

Cabe aqui uma breve alusão às definições de empresário e sociedade empresária, contidas no novel Código Civil brasileiro. Segundo seu art. 966, considera-se empresário quem exerce profissionalmente atividade econômica organizada para a produção ou a circulação de bens ou de serviços, sendo obrigatória inscrição do empresário no Registro Público de Empresas Mercantis da respectiva sede, antes do início de sua atividade.[76]

Sociedade empresária é aquela que tem por objeto o exercício de atividade própria de empresário sujeito a registro (art. 967),[77] sendo a sociedade formada pelo contrato entre pessoas que reciprocamente se obrigam a contribuir, com bens ou serviços, para o exercício de atividade econômica e a partilha, entre si, dos resultados.

É imprescindível a prova de que o requerente exerce legalmente atividade empresarial, estando devidamente inscrito no registro próprio.

Desta sorte, cabe tão-somente ao empresário e à sociedade empresária requerer a recuperação judicial, desde que esteja atravessando crise econômico-financeira (art. 47).

8.1 Legitimação extraordinária

Entrementes, existe exceção para o caso de morte do devedor, conforme o parágrafo único do art. 48. Neste caso, a recuperação judicial também poderá ser requerida (legitimação extraordinária) pelo cônjuge sobrevivente, herdeiros do devedor, inventariante ou sócio remanescente.[78]

8.2 Exclusões legais

Pela exegese do parágrafo único do art. 966, do Código Civil, não podem requerer recuperação judicial quem exerce profissão intelectual, de natureza científica, literária ou artística, mesmo que conte

74. Cf. Fábio Konder Comparato: "Função em direito, é um poder de agir sobre a esfera jurídica alheia, no interesse de outrem, jamais em proveito do próprio titular. Algumas vezes, interessados no exercício da função são pessoas indeterminadas e, portanto, não legitimadas a exercer pretensões pessoais e exclusivas contra o titular do poder. É nessas hipóteses, precisamente, que se deve falar em função social ou coletiva. A função social da propriedade não se confunde com as restrições legais ao uso e gozo dos bens próprios; em se tratando de bens de produção, o poder-dever do proprietário de dar à coisa uma determinada destinação compatível com o interesse da coletividade transmuda-se, quando tais bens são incorporados a uma exploração empresarial,em poder-dever do titular do controle de dirigir a empresa para a realização dos interesses coletivos" (in *Direito Empresarial: Estudos e Pareceres, apud* Celso Marcelo Oliveira, *Comentários à Nova Lei de Falências*, p. 237).

75. "Art. 2.037. Salvo disposição em contrário, aplicam-se aos empresários e sociedades empresárias as disposições de lei não revogadas por este Código, referentes a comerciantes, ou a sociedades comerciais, bem como a atividades mercantis."

76. CC, art. 967. V. ainda arts. 1.150 e ss.

77. CC, art. 982.

78. LRE, art. 48, parágrafo único.

com colaboradores, salvo se o exercício da profissão constituir elemento de empresa.

Igualmente, as sociedades simples não poderão requerer recuperação judicial, assim como o empresário rural, se não registrado no Registro Público de Empresas Mercantis.[79]

Nesse sentir, a Lei perdeu a oportunidade de estender a falência e a recuperação às cooperativas não creditícias, uma vez que estas, à luz do Código Civil (art. 982, parágrafo único), são consideradas sociedades simples, portanto, não empresarias.

Em seu art. 2º, a Lei de Recuperação de Empresas exclui de sua aplicação as empresas públicas, sociedades de economia mista,[80] instituições financeiras públicas ou privadas, cooperativas de crédito, consórcio, entidade de previdência complementar, sociedade operadora de plano de assistência à saúde, sociedade seguradora, sociedade de capitalização e outras entidades legalmente equiparadas às anteriores (*v.g.*, Câmaras de Compensação).

As instituições financeiras estão sujeitas à legislação específica,[81] notadamente a Lei n. 6.024/1974 e o Decreto n. 2.321/1987,[82] que prevêem um regime concursal extrajudicial, sob a supervisão do Banco Central. Este regime especial não exclui a falência das instituições financeiras, a qual poderá ser decretada em hipóteses específicas. Estão, pois, as instituições financeiras e correlatas sujeitas à intervenção, liquidação extrajudicial, Regime de Administração Especial Temporária (RAET) e à falência.[83]

Ainda, considerando que a definição de atividade empresária, pode-se discutir a aplicação da lei às sociedades puramente de controle (*holdings*) e às sociedades de propósito específico, constituídas para a execução de um único empreendimento. Para Haroldo Verçosa, em ambos os casos as sociedades são consideradas empresárias, e, portanto, sujeitas à falência e recuperação judicial.[84]

Não é despiciendo destacar, tendo em vista a legitimação exclusiva do devedor, a recuperação judicial não poderá ser requerida pelo Ministério Público, tampouco pelo juiz *ex officio*.

8.3 Pressuposto objetivo

Interessante notar que a lei, ao contrário do que ocorria com a antiga concordata, não exige uma situação de inadimplemento, ou nem que se demonstre uma iminente impossibilidade de cumprir os compromissos financeiros assumidos.[85] Basta o requerimento do devedor e a verificação casuística de sua higidez financeira. Até porque "o colapso financeiro de uma empresa geralmente é precedido por sinais de carência em estágios progressivos de dificuldade".[86]

79. Cf. art. 971 do CC.

80. Houve muita discussão durante o trâmite do projeto acerca a inclusão das sociedades de economia mista, acabando por ser excluída da incidência da lei. Tal decisão é de constitucionalidade questionável, porquanto o art. 173, § 1º, da Constituição Federal expressamente determina a sujeição das sociedades de economia mista ao regime jurídico próprio das empresas privadas. Tal exclusão foi um evidente retrocesso, visto que eram atingidas pela antiga Lei de Falências.

81. A importância econômico-social das instituições financeiras e securitárias determina a necessidade de tratamento especial, vislumbrando um "risco sistêmico", já que a falência de tais empresas poderia gerar uma situação calamitosa na economia do país.

82. Que trata do Regime de Administração Especial Temporária – RAET.

83. Embora haja certa discussão doutrinária, a nosso ver, a nova Lei de Recuperação não exclui a possibilidade de falência destas instituições, nas hipóteses previstas expressamente na lei especial, máxime pelo que dispõe o art. 197 da Lei.

84. Haroldo Malheiros Duclerc Verçosa, in Luiz Fernando Valente de Paiva (coord.), *Direito Falimentar e a Nova Lei de Falências e Recuperação de Empresas*, p. 67.

85. Paulo F. Campos Salles de Toledo, ob. cit., p. 102.

86. Celso Marcelo Oliveira, *Comentários à Nova Lei de Falências...*, p. 234.

Paulo F. C. Salles de Toledo caracteriza o estado de crise econômico-financeira como "metajurídico, aberto e cambiante",[87] portanto, sujeito a toda sorte de causas, que culminam na inadimplência de obrigação pecuniária, iliquidez e insolvência.

Dessarte, o devedor verificando a potencialidade incorrer na inadimplência de obrigação pecuniária, iliquidez e insolvência, poderá requerer a recuperação judicial.

8.4 Requisitos para requerer a recuperação judicial

Para requerer a recuperação judicial, o devedor – empresário ou sociedade empresária – deve preencher cumulativamente determinados requisitos contidos no art. 48 da Lei, abaixo citados, além de demonstrar que exerce atividades há mais de 2 (dois) anos:

> I – não ser falido e, se o foi, estejam declaradas extintas, por sentença transitada em julgado, as responsabilidades daí decorrentes;
>
> II – não ter, há menos de 5 (cinco) anos, obtido concessão de recuperação judicial;
>
> III – não ter, há menos de 8 (oito) anos, obtido concessão de recuperação judicial com base no plano especial de que trata a Seção V deste Capítulo;
>
> IV – não ter sido condenado ou não ter, como administrador ou sócio controlador, pessoa condenada por qualquer dos crimes previstos nesta Lei.

Rachel Sztajn ressalta que a lei atual praticamente reproduziu o que dispunha o Decreto-lei 7.661/1945, em seu art. 158, I, no que concerne ao exercício do comércio há mais de dois anos, e tem por função evitar oportunismos.[88] No mais, a redação da lei atual é mais precisa quanto aos demais requisitos necessários ao pedido de recuperação.

Evidente que, para requerer a recuperação judicial, o devedor não pode ser falido e, se o foi, estejam declaradas extintas, por sentença transitada em julgado, as responsabilidades daí decorrentes. Isso porque se seus ativos já estão liquidados não há outros ativos para que o devedor continue a atividade empresarial.

No tocante ao inciso II, repete-se o prazo previsto na lei antiga para o requerimento da concordata, assim como adrede colide com o prazo prescricional, conforme salienta Rachel Sztajn.[89] O inciso III do art. 48 concerne à obtenção de recuperação judicial nas bases especiais para microempresas e empresas de pequeno porte.[90]

Por derradeiro, o art. 48, IV, veda a recuperação judicial caso tenha sido condenado ou não ter, como administrador ou sócio controlador, pessoa condenada por qualquer dos crimes previstos nesta Lei. Esta norma, lamentavelmente, colide com o princípio da separação dos conceitos de empresa e de empresário, que emana da lei. Com efeito, não se deve confundir a empresa com a pessoa natural ou jurídica que a controla. Assim, é plenamente possível o soerguimento da empresa com o afastamento do administrador ou sócio controlador, atribuindo seu controle ao administrador judicial.

87. Paulo F. Campos Salles de Toledo, *Direito Concursal*, cit., p. 169, nota 4, *apud* Paulo F. Campos Salles de Toledo e Carlos Henrique Abrão (coords.), *Comentários à Lei de Recuperação de Empresas e Falência*, p. 106.

88. Cf. Rachel Sztajn, in Francisco Satiro Souza Júnior e Antônio Sérgio A. de Morais Pitombo (coords.), *Comentários à Lei de Recuperação de Empresas e Falência: Lei 11.101/2005*, pp. 222 e 223.

89. Rachel Sztajn, ob. cit., p. 224.

90. O plano especial para micro e pequenas empresas está previsto nos arts. 70 *usque* 73 da LRE. Cabe ressaltar que, tendo em vista que as micro e pequenas empresas representam a grande maioria das empresas em atividade no país, foi extremamente negativa a limitação do plano especial aos créditos quirografários.

9. Sujeitos passivos da recuperação judicial

Como regra geral, estão sujeitos à recuperação judicial todos os créditos existentes na data do pedido, ainda que não vencidos.[91] Logo, em relação à antiga concordata há um considerável aumento na extensão dos credores atingidos, que outrora se limitavam aos quirografários. Destarte, a recuperação judicial abarca:[92]

a) os titulares de créditos decorrentes da legislação do trabalho (art. 52, III, c/c art. 6º, § 2º) e os titulares de crédito derivados de acidentes de trabalho, podendo pleitear a reserva das importâncias que estimarem devidas;

b) os credores com direitos reais de garantia (CC, art. 1.419 e ss.), com privilégio especial (CC, art. 964) e com privilégio geral (CC, art. 965);

c) credores subordinados (LSA, art. 58, § 4º);

d) credores quirografários (LRE, art. 83, VI);

e) credores por multas contratuais (LRE, art. 83, VII);

f) os sócios ou acionistas credores.

9.1 Exclusões legais

Por exclusão, a recuperação judicial não atinge a União, Estados e Municípios, incluindo-se as autarquias.[93] Estão, lamentavelmente, excluídos da recuperação judicial os créditos tributários, uma vez que deverão ser negociados separadamente para a obtenção de um incerto parcelamento "especial".[94]

Também não são afeados os credores por obrigação a título gratuito;[95] credores por despesas realizadas para se habilitarem na recuperação judicial, salvo as custas judiciais decorrentes de litígio com o devedor;[96] credores por quantia ilíquida.[97]

Outrossim, o § 3º do art. 49, tratando dos contratos em que haja cláusula de irretratabilidade ou irrevogabilidade,[98] exclui os titulares de crédito oriundos de contratos, nos seguintes termos:

> tratando-se de credor titular da posição de proprietário fiduciário de bens móveis ou imóveis, de arrendador mercantil, de proprietário ou promitente vendedor de imóvel cujos respectivos contratos contenham cláusula de irrevogabilidade ou irretratabilidade, inclusive em incorporações imobiliárias, ou de proprietário em contrato de venda com reserva de domínio, seu crédito não se submeterá aos efeitos da recuperação judicial e prevalecerão os direitos de propriedade sobre a coisa e as condições contratuais, observada a legislação respectiva, não se permitindo, contudo, durante o prazo de suspensão a que se refere o § 4º do art. 6º desta Lei, a venda ou a retirada do estabelecimento do devedor dos bens de capital essenciais a sua atividade empresarial.

A exemplo do que ocorre na legislação dos países mais desenvolvidos, e como constava no projeto de lei, todos os créditos deveriam sujeitar-se à recuperação judicial, quiçá extrajudicial, de modo que há excessiva proteção ao Fisco e às instituições financeiras. Assim, os créditos tributários e proprietários deveriam estar incluídos na recuperação judicial.

91. LRE, art. 49.

92. Cf. Paulo F. Campos Salles de Toledo, *Comentários à Lei de Recuperação de Empresas*..., p. 116.

93. Art. 6º, § 7º. As execuções de natureza fiscal não são suspensas pelo deferimento da recuperação judicial, ressalvada a concessão de parcelamento nos termos do Código Tributário Nacional e da legislação ordinária específica, c/c art. 155-A, cf. Lei Complementar n. 118/2005.

94. A Lei Complementar n. 118, de 9.2.2005, acresceu ao art. 155-A do CTN, § 3º, assim redigido: "§ 3º. Lei específica disporá sobre as condições de parcelamento dos créditos tributários do devedor em recuperação judicial".

95. LRE, art. 5º, I.

96. LRE, art. 5º, II.

97. LRE, art. 6º, § 1º.

98. Rachel Sztajn, ob. cit., p. 228.

A recuperação judicial também não incide sobre os recursos que o devedor tenha recebido a título de adiantamento de contrato de câmbio para exportação.[99]

Ademais, a recuperação judicial não prejudica os direitos dos credores contra os coobrigados, fiadores e obrigados de regresso. Em outras palavras, são preservados os direitos de garantia dos credores, os quais poderão cobrar seus créditos dos coobrigados, fiadores e obrigados de regresso, ressalvando-lhes o direito de habilitarem-se na recuperação para serem ressarcidos.

O § 2º do mencionado art. 49 segue a mesma linha de preservação dos direitos dos credores, na estrita observância do princípio da obrigatoriedade das convenções livremente pactuadas.[100] Nesse sentir, as obrigações anteriores à recuperação judicial observarão as condições originalmente contratadas ou definidas em lei, inclusive no que diz respeito aos encargos, salvo se de modo diverso ficar estabelecido no plano de recuperação judicial.

Por fim, o § 5º do art. 49 reza que:

> tratando-se de crédito garantido por penhor sobre títulos de crédito, direitos creditórios, aplicações financeiras ou valores mobiliários, poderão ser substituídas ou renovadas as garantias liquidadas ou vencidas durante a recuperação judicial e, enquanto não renovadas ou substituídas, o valor eventualmente recebido em pagamento das garantias permanecerá em conta vinculada durante o período de suspensão de que trata o § 4º do art. 6º desta Lei.

Isso quer dizer que "recaindo o penhor sobre títulos de crédito, direitos de crédito não consubstanciados em cártulas, ou outros tipos de crédito, o fato de o credor pignoratício exercer o direito, receber o crédito ou qualquer outro direito a ele vinculado, os valores ficarão depositados em conta vinculada até que decorra o prazo de 180 dias – § 4º do art. 6º da Lei",[101] ou seja, até que o plano de recuperação seja aprovado.

10. Meios de recuperação judicial

Vimos linhas acima que o objetivo precípuo da recuperação judicial é possibilitar ao devedor o saneamento da crise econômico-financeira em que se encontra. A execução universal de credores sobre o patrimônio do devedor está, agora, em segundo plano.

Todavia, a atividade empresarial, especialmente no cotidiano internacionalizado em que nos encontramos, pode sofrer influência dos mais variados fatores, encetando crises que demandam cada qual solução específica.

O novo instituto da recuperação judicial vai mais além do que a antiga concordata, que se limitava às crises de iliquidez temporária, tratando de problemas de insolvabilidade da mais variada ordem. Cabe, então, ao devedor e aos credores verificar qual o meio de recuperação mais adequado ao saneamento da crise. Para tanto, a lei traz, em seu art. 50, um rol exemplificativo de meios (verdadeiras soluções de mercado) que podem ser utilizados pelo devedor, em conjunto ou isoladamente, na reorganização da empresa.

Decerto, dada a liberalidade de negociação entre devedor e credores, qualquer outro meio de recuperação, desde que lícito e observados os requisitos legais, será admitido e poderá integrar o plano.

Segundo o mencionado art. 50, constituem meios de recuperação judicial:

> I – concessão de prazos e condições especiais para pagamento das obrigações vencidas ou vincendas;
>
> II – cisão, incorporação, fusão ou transformação de sociedade, constituição de subsidiária integral, ou cessão de co-

99. Cf. LRE, art. 49, § 4º, c/c art. 86, II.

100. Cf. Paulo F. Campos Salles de Toledo, ob. cit., p. 118.

101. Rachel Sztajn, ob. cit., p. 229.

tas ou ações, respeitados os direitos dos sócios, nos termos da legislação vigente;

III – alteração do controle societário;

IV – substituição total ou parcial dos administradores do devedor ou modificação de seus órgãos administrativos;

V – concessão aos credores de direito de eleição em separado de administradores e de poder de veto em relação às matérias que o plano especificar;

VI – aumento de capital social;

VII – trespasse ou arrendamento de estabelecimento, inclusive à sociedade constituída pelos próprios empregados;

VIII – redução salarial, compensação de horários e redução da jornada, mediante acordo ou convenção coletiva;

IX – dação em pagamento ou novação de dívidas do passivo, com ou sem constituição de garantia própria ou de terceiro;

X – constituição de sociedade de credores;

XI – venda parcial dos bens;

XII – equalização de encargos financeiros relativos a débitos de qualquer natureza, tendo como termo inicial a data da distribuição do pedido de recuperação judicial, aplicando-se inclusive aos contratos de crédito rural, sem prejuízo do disposto em legislação específica;

XIII – usufruto da empresa;

XIV – administração compartilhada;

XV – emissão de valores mobiliários;

XVI – constituição de sociedade de propósito específico para adjudicar, em pagamento dos créditos, os ativos do devedor.

Jorge Lobo divide estes meios de recuperação em seis grupos: a) do poder de controle; b) financeira; c) econômica; d) administrativa; e) societária; e f) complexa ou híbrida.[102]

a) A reestruturação do poder de controle pode dar-se pela: (*i*) alienação do poder de controle; (*ii*) consolidação do poder de controle; (*iii*) poder de controle compartilhado (art. 50, III); (*iv*) eleição de administradores indicados pelos credores; (*v*) poder de veto (art. 50, V); (*vi*) constituição de sociedade de credores (art. 50, X); e (*vii*) usufruto (art. 50, XIII).

Na reestruturação financeira pode ocorrer: (*i*) dilação de prazos de obrigações e dívidas[103] (art. 50, I); (*ii*) remissão total ou parcial de dívidas (que embora não prevista expressamente é sempre possível o perdão da dívida pelo credor); (*iii)* aumento do capital social (art. 50, VI); (*iv*) dação em pagamento e novação de dívidas (art. 50, IX); (*v*) equalização dos encargos financeiros (art. 50, XII); (*vi*) emissão de valores mobiliários (art. 50, XV); e (*vii*) dívidas em moedas estrangeiras (art. 50, § 2º).

A reestruturação econômica pode ser obtida com: (*i*) cessão de quotas ou ações (art. 50, II); (*ii*) trespasse ou arrendamento de estabelecimento (art. 50, VII); (*iii*) alienação parcial de bens (art. 50, XI e XVI).

Administrativamente a reorganização da empresa poderá ser realizada com: (*i*) substituição dos administradores (art. 50, IV); (*ii*) modificação dos contratos de trabalho (art. 50, VIII); (*iii*) administração compartilhada.

Ainda, é possível a reestruturação societária (art. 50, II), que pode prever a cisão, total ou parcial, a incorporação, a fusão, a transformação da empresa e a constituição de subsidiária.

Ademais, prevê o § 1º do aludido art. 50 que na alienação de bem objeto de garantia real, a supressão da garantia ou sua substituição somente serão admitidas mediante aprovação expressa do credor titular da respectiva garantia. Ou seja, é necessária a anuência do credor titular do direito

102. Cf. Jorge Lobo, in Paulo F. Campos Salles de Toledo, "Recuperação judicial:...", cit., *Revista do Advogado* 83/123.

103. Este meio de recuperação é o que mais se aproxima da antiga concordata, que somente previa a dilação do prazo de pagamento dos créditos quirografários.

real de garantia, para a supressão ou substituição da garantia, a exemplo do que ocorre com a venda parcial de bens gravados.

11. Do pedido da recuperação judicial

A recuperação judicial é uma ação judicial de natureza constitutiva, exigindo, como tal, o atendimento a determinados requisitos e pressupostos que impõe ao devedor e aos credores a ela submetidos uma obrigação, implicando na novação dos créditos anteriores ao pedido, e obriga o devedor e todos os credores a ele sujeitos.[104]

Fábio Ulhoa Coelho divide o processo de recuperação judicial em três fases distintas. A primeira denominada *fase postulatória*, o devedor "apresenta seu requerimento de benefício. Ela se inicia com a petição inicial de recuperação judicial e se encerra com o despacho judicial mandando processar o pedido. Na segunda fase, a que se pode referir como *deliberativa*, após a verificação de crédito, discute-se e aprova-se um plano de reorganização. Tem início com o despacho que manda processar a recuperação judicial e se conclui com a decisão concessiva do benefício. A derradeira etapa do processo, chamada *fase de execução*, compreende a fiscalização do cumprimento do plano aprovado".[105]

Interessa-nos, neste ensaio, a fase postulatória, que se inicia com petição inicial, que deve atender às disposições do Código de Processo Civil (art. 282), e deve ser instruída com os documentos exaustivamente indicados no art. 51 da Lei n. 11.101, notadamente:

> I – a exposição das causas concretas da situação patrimonial do devedor e das razões da crise econômico-financeira;
>
> II – as demonstrações contábeis relativas aos 3 (três) últimos exercícios sociais e as levantadas especialmente para instruir o pedido, confeccionadas com estrita observância da legislação societária aplicável e compostas obrigatoriamente de:
>
> a) balanço patrimonial;
>
> b) demonstração de resultados acumulados;
>
> c) demonstração do resultado desde o último exercício social;
>
> d) relatório gerencial de fluxo de caixa e de sua projeção;
>
> III – a relação nominal completa dos credores, inclusive aqueles por obrigação de fazer ou de dar, com a indicação do endereço de cada um, a natureza, a classificação e o valor atualizado do crédito, discriminando sua origem, o regime dos respectivos vencimentos e a indicação dos registros contábeis de cada transação pendente;
>
> IV – a relação integral dos empregados, em que constem as respectivas funções, salários, indenizações e outras parcelas a que têm direito, com o correspondente mês de competência, e a discriminação dos valores pendentes de pagamento;
>
> V – certidão de regularidade do devedor no Registro Público de Empresas, o ato constitutivo atualizado e as atas de nomeação dos atuais administradores;
>
> VI – a relação dos bens particulares dos sócios controladores e dos administradores do devedor;
>
> VII – os extratos atualizados das contas bancárias do devedor e de suas eventuais aplicações financeiras de qualquer modalidade, inclusive em fundos de investimento ou em bolsas de valores, emitidos pelas respectivas instituições financeiras;
>
> VIII – certidões dos cartórios de protestos situados na comarca do domicílio ou sede do devedor e naquelas onde possui filial;
>
> IX – a relação, subscrita pelo devedor, de todas as ações judiciais em que este figure como parte, inclusive as de natureza trabalhista, com a estimativa dos respectivos valores demandados.

104. LRE, art. 59.

105. Fábio Ulhoa Coelho, *Manual de Direito Comercial*, 16ª ed., p. 378.

A petição inicial deverá iniciar-se com um relatório expondo, de forma clara e objetiva, a situação financeira e patrimonial do devedor, expondo, também, as razões que desencadearam a crise. Deve-se indicar o real motivo gerador do desequilíbrio patrimonial.[106] Obviamente, na petição inicial o devedor deverá especificar que pretende reestruturar suas atividades, demonstrando a viabilidade econômico-financeira da empresa.

Após, deverão ser anexadas as demonstrações contábeis, relativas aos três últimos exercícios sociais. Evidente que a demonstração contábil do exercício corrente também deverá ser acostada, de modo a refletir a atual situação do negócio.

Uma relação nominal completa dos credores, especificando seu endereço, natureza, classificação e valor do crédito, deverá ser apresentada, permitindo ao administrador judicial elaborar, após verificação dos créditos, a primeira relação de credores.[107]

Igualmente, uma relação de todos os empregados deve ser fornecida, indicando as respectivas funções, salários, indenizações e eventuais pagamentos pendentes. Cabe destacar que os prestadores de serviço, que não têm vínculo trabalhista, não deverão constar da lista, visto tratarem-se de credores quirografários.

O devedor deve anexar, também, certidão do Registro de Empresas comprovando que a empresa está no exercício regular de suas atividades.

Nos termos do inciso VI, uma relação dos bens particulares dos sócios deverá ser fornecida. Esta relação será de grande importância caso tenha havido abuso da personalidade jurídica, caracterizado pelo desvio de finalidade, ou pela confusão patrimonial, permitindo a desconsideração da personalidade jurídica, conforme preconiza o art. 50, do Código Civil.[108]

Extratos atualizados das contas do devedor, assim como certidões dos cartórios de protesto e uma listagem das ações judiciais em que seja parte deverão instruir a petição inicial da recuperação judicial, permitindo vislumbrar a extensão do passivo do devedor.

Todos os documentos de escrituração contábil e demais relatórios auxiliares, na forma e no suporte previstos em lei, permanecerão à disposição do juízo, do administrador judicial e, mediante autorização judicial, de qualquer interessado.[109]

12. Do processamento da recuperação judicial

Estando a petição inicial de acordo com as normas processuais e instruídas com toda a documentação a que se refere o art. 51, o juiz deferirá o processamento da recuperação judicial. Se houver alguma irregularidade, aplicando-se subsidiariamente o Código de Processo Civil (art. 284), o juiz mandará o devedor emendá-la, sob pena de indeferimento da petição inicial. Ressalta que, nesta hipótese, é vedado a juiz decretar a quebra, por ausência de previsão legal.[110]

106. Rachel Sztajn, ob. cit., p. 248.
107. LRE, art. 7º.

108. Para Jorge Lobo, "o art. 51, VI, ao impor que a petição inicial seja instruída com 'relação dos bens particulares dos sócios controladores e dos administradores', comete uma demasia, porquanto é consabido que os detentores do poder de comando da sociedade empresária nem, tampouco, seus administradores respondem pelas obrigações e dívidas sociais, por força do instituto da personalidade jurídica das pessoas jurídicas, que 'impôs a separação, hoje nítida e incontestável, entre o patrimônio dos sócios e o patrimônio da sociedade' (Jorge Lobo, *Direito dos Grupos de Sociedades*, cit., p. 34), salvo nas hipóteses de aplicação da teoria da desconsideração" (Jorge Lobo, in Paulo F. Campos Salles de Toledo, "Recuperação judicial:...", cit., *Revista do Advogado* 83/132, nota 83).

109. LRE, art. 51, § 1º.

110. Cf. Jorge Lobo, in Paulo F. Campos Salles de Toledo, "Recuperação judicial:...", cit., *Revista do Advogado* 83/134.

Consoante o art. 52 da Lei, nesta decisão que defere o processamento da recuperação judicial, o juiz:

I – nomeará o administrador judicial, observado o disposto no art. 21 desta Lei;

II – determinará a dispensa da apresentação de certidões negativas para que o devedor exerça suas atividades, exceto para contratação com o Poder Público ou para recebimento de benefícios ou incentivos fiscais ou creditícios, observando o disposto no art. 69 desta Lei;

III – ordenará a suspensão de todas as ações ou execuções contra o devedor, na forma do art. 6º desta Lei, permanecendo os respectivos autos no juízo onde se processam, ressalvadas as ações previstas nos §§ 1º, 2º e 7º do art. 6º desta Lei e as relativas a créditos excetuados na forma dos §§ 3º e 4º do art. 49 desta Lei;

IV – determinará ao devedor a apresentação de contas demonstrativas mensais enquanto perdurar a recuperação judicial, sob pena de destituição de seus administradores;

V – ordenará a intimação do Ministério Público e a comunicação por carta às Fazendas Públicas Federal e de todos os Estados e Municípios em que o devedor tiver estabelecimento.

Assim, deferido o processamento, será nomeado o administrador judicial, que deverá ser profissional idôneo, preferencialmente advogado, economista, administrador de empresa ou contador, ou pessoa jurídica especializada.[111]

Para viabilizar o prosseguimento das atividades do devedor, o juiz determinará a dispensa da apresentação de certidões negativas que venham a ser solicitadas por terceiros fornecedores e contratantes, mas é imposto ao devedor o dever de indicar em todos os atos que doravante pratica a expressão "em recuperação judicial".[112] Entretanto, remanesce a impossibilidade de contratar com o Poder Público, haja vista constituir exceção à dispensa de apresentação de certidões. Desta forma, a dispensa de apresentação das Certidões Negativas de Débito, prevista no art. 52, II, é risível, conquanto justamente nas contratações do Poder Público, em que são normalmente exigíveis, continuam obrigatórias.

Deferido o processamento da recuperação judicial, suspende-se a prescrição e todas as ações e execuções movidas contra o devedor pelo prazo improrrogável de 180 dias, restabelecendo-se, após o decurso do prazo, o direito de os credores iniciarem ou continuarem as ações e execuções, independentemente de pronunciamento judicial.[113] É o chamado *stay period*. Como salienta Paulo F. C. Salles de Toledo, espera o legislador que nesse prazo já tenha havido uma decisão acerca do plano, de modo que, se este tiver sido aprovado, nem tiver sido decretada a falência, poderão os credores dar prosseguimento às demandas movidas contra o devedor, ou ajuizar novas.[114]

Ressalta-se, todavia, que as ações em que se discute quantia ilíquida não se suspendem, nos termos do § 1º do art. 6º da lei, assim como prosseguem as reclamações trabalhistas e as execuções fiscais.

No mais, o devedor deve prestar contas mensalmente, sob pena de destituição de seus administradores, enquanto perdurar a recuperação judicial; competindo ao Comitê de Credores fiscalizar-lhe as atividades.

O Ministério Público deverá ser intimado, assim como as Fazendas Públicas Federal e de todos os Estados e Municípios em que o devedor tiver estabelecimento. Assim, o *Parquet* poderá manifestar-se nos casos previstos na Lei, bem como as Fazendas farão as anotações pertinentes, já que ao devedor é vedada a contração com

111. LRE, art. 21.
112. LRE, art. 69.
113. LRE, art. 6º, § 4º.
114. Paulo F. Campos Salles de Toledo, "Recuperação judicial:...", cit., *Revista do Advogado* 83/105.

o Poder Público e a obtenção de incentivos.

Ademais, o juiz ordenará a expedição de edital, para publicação no órgão oficial, que conterá:

I – o resumo do pedido do devedor e da decisão que defere o processamento da recuperação judicial;

II – a relação nominal de credores, em que se discrimine o valor atualizado e a classificação de cada crédito;

III – a advertência acerca dos prazos para habilitação dos créditos, na forma do art. 7º, § 1º, desta Lei, e para que os credores apresentem objeção ao plano de recuperação judicial apresentado pelo devedor nos termos do art. 55 desta Lei.

Com a publicação deste edital, abre-se prazo de 15 dias para os credores apresentarem ao administrador judicial suas habilitações ou suas divergências quanto aos créditos relacionados.[115] As despesas com a publicação do edital serão suportadas pelo devedor, conforme se depreende da exegese do art. 191 da LRE.

Após o deferimento do processamento da recuperação judicial, os credores poderão, a qualquer tempo, requerer a convocação de assembléia geral para a constituição do Comitê de Credores ou substituição de seus membros. Segundo o art. 35 da Lei de Recuperação de Empresas, compete à assembléia geral de credores aprovar, rejeitar ou modificar o plano apresentado pelo devedor; eleger os membros do Comitê de Credores; aprovar o pedido de desistência da recuperação judicial; aprovar o nome do administrador judicial, assim como deliberar sobre qualquer outra medida que afete interesses dos credores.

O § 3º do referido art. 52 incumbe o devedor de comunicar aos juízes competentes a suspensão dos processos, oriunda do deferimento do processamento da recuperação judicial. Em outras palavras, o devedor deverá comunicar a suspensão para todos os juízes responsáveis por ações e execuções em que seja parte.

Por fim, é vedado ao devedor desistir do pedido de recuperação judicial após o deferimento de seu processamento, salvo se obtiver aprovação da desistência na assembléia geral de credores.[116] Em todo o caso, deverá ser ouvido o Ministério Público.

"Em outras palavras", salienta Raquel Sztajn, "uma vez deferido o processamento do pedido, o devedor terá de explicar aos credores, de forma convincente, suportados seus argumentos sobre fatos ou elementos indicativos da possibilidade de preservar a atividade, que o melhor resultado para os interessados está na desistência do procedimento mantendo-se as relações jurídicas entre as partes, tal como originalmente ajustadas."[117]

13. Considerações finais

Verificamos, neste breve estudo, que a Lei 11.101/2005 introduziu importantes alterações no direito falimentar brasileiro, adequando-o às exigências da realidade socioeconômica, com a incorporação de princípios e instrumentos consagrados em diversos países, com a finalidade de fornecer ao devedor, credores e sociedade instrumentos capazes de atender aos interesses individuais e coletivos envolvidos.

A principal inovação trazida pela novel lei foi a introdução da recuperação judicial em nosso direito concursal, em substituição à inoperante concordata, demonstrando a tendência de nosso direito de desjudicialização das soluções de controvérsia, bem como o interesse do Estado em manter a atividade do devedor, de modo que este atenda, como relevante agente econômico, à sua finalidade social e econômica.

115. LRE, art. 7º, § 1º.

116. LRE, art. 52, § 4º.

117. Rachel Sztajn, ob. cit., p. 263.

A recuperação judicial, assim, permite ao devedor encetar negociações coletivas com os credores, estabelecendo um plano de recuperação, de conteúdo flexível e, portanto, prevendo uma ou mais soluções de mercado, com a finalidade de sanear o estado de crise em que se encontra.

Para atingir tal desiderato, é dado um papel relevante aos credores, que, através de Assembléia Geral, decidirão a sorte do devedor. Em outras palavras, cabe agora aos credores, verificando a viabilidade econômica, decidir se o devedor será ou não retirado do mercado.

Trata-se, portanto, de instituto moderno, que permitirá, ao menos é o que se espera, que o devedor supere a crise, com o aceite dos credores, mantendo sua atividade empresarial, salutar ao desenvolvimento econômico e social do país.

Bibliografia

ABRÃO, Nelson. *Curso de Direito Falimentar.* 2ª ed., São Paulo, Saraiva, 1980.

______. *Da Caracterização da Falência.* São Paulo, 1970.

ASCARELLI, Tullio. *Corso di Diritto Commerciale.* Milão, Giuffrè, 1962.

______. *Problemas das Sociedades Anônimas e Direito Comparado.* 2ª ed., São Paulo, Saraiva, 1969.

BARRETO FILHO, Oscar. *Teoria do Estabelecimento Comercial.* São Paulo, Max Limonad, 1969.

BULGARELLI, Waldirio. *Direito Comercial.* 15ª ed., São Paulo, Atlas, 2000.

CAMPILONGO, Celso Fernandes. *Política, Sistema Jurídico e Decisão Judicial.* São Paulo, Max Limonad, 2002.

COELHO, Fábio Ulhoa. *Manual de Direito Comercial.* 16ª ed., São Paulo, Saraiva, 2005.

COMPARATO, Fábio Konder. *Aspectos Jurídicos da Macro-Empresa.* Ed. RT, São Paulo, 1970.

______. *Direito Empresarial: Estudos e Pareceres, a Reforma da Empresa.* 1ª ed., São Paulo, Saraiva, 1995.

MARTINS, Fran. *Curso de Direito Comercial: Empresa Comercial, Empresários Individuais, Microempresas, Sociedades Comerciais, Fundo de Comércio.* 27ª ed., rev. e atual., Rio de Janeiro, Forense, 2001.

OLIVEIRA, Celso Marcelo. *Comentários à Nova Lei de Falências.* São Paulo, IOB Thomson, 2005.

PACCHI, Stefania. "La reforma del derecho concursal italiano", in *Derecho de los Negocios,* Ano 17, n. 187, Editora La Ley, 2006.

PAIVA, Luiz Fernando Valente de (coord.). *Direito Falimentar e a Nova Lei de Falências e Recuperação de Empresas.* São Paulo, Quartier Latin, 2005.

REALE, Miguel. *Lições Preliminares de Direito.* 23ª ed., São Paulo, Saraiva, 1996.

SOUZA JÚNIOR, Francisco Satiro, e PITOMBO, Antônio Sérgio A. de Morais (coords.). *Comentários à Lei de Recuperação de Empresas e Falência: Lei 11.101/2005.* São Paulo, Ed. RT, 2005.

TOLEDO, Paulo F. C. Salles de, e ABRÃO, Carlos Henrique (coords.). *Comentários à Lei de Recuperação de Empresas e Falência.* São Paulo, Saraiva, 2005.

______. "Recuperação judicial: a principal inovação da Lei de Recuperação de Empresas – LRE", in *Revista do Advogado* 83/98-106, set./2005.

TZIRULNIK, Luiz. *Direito Falimentar.* 5ª ed., São Paulo, Ed. RT, 1999.

______. *Intervenção e Liquidação Extrajudicial das Instituições Financeiras.* 2ª ed., São Paulo, Ed. RT, 2000.

VALVERDE, Trajano de Miranda. *Comentários à Lei de Falências.* vols. I e III, 2ª ed., Rio de Janeiro, Revista Forense, 1955.

A COMPENSAÇÃO NA FALÊNCIA: SUBCLASSE NO QUADRO GERAL DE CREDORES

Vinícius Jose Marques Gontijo

1. Introdução. 2. A compensação: 2.1 Distinção entre "garantia" e "privilégio" – 2.2 A compensação na falência: sistemas francês e alemão – 2.3 Modalidade de extinção de obrigação. 3. A compensação no sistema falimentar brasileiro: 3.1 A ordem de privilégio dos créditos fixada no art. 186 do CTN: 3.1.1 Art. 186 do CTN: norma formal e materialmente complementar – 3.2 Compensação: crédito extraconcursal, quantia passível de restituição ou modalidade de garantia real? – 3.3 Compensação: privilégio entre os credores da mesma classe; modalidade de subclasse. 4. Conclusões.

1. Introdução

Entre os temas do direito falimentar, a *compensação* representa um daqueles menos explorados e certamente um dos de maior relevância, uma vez que este instituto pode, no caso concreto, representar a diferença para o credor entre haver ou não o pagamento de uma obrigação na falência do devedor.

Em que pese a haver previsão legal expressa (art. 122 da Lei 11.101, de 9.2.2005 – Lei de Falências/LF), tratandose, portanto, de modalidade de compensação legal, até porque a "compensação no Direito Brasileiro opera por força de lei",[1] constatamos que não há estudo aprofundando o tema, que examine a validade da norma e sua melhor hermenêutica, sendo que os autores, quase que em sua totalidade,[2] colacionam os mesmos argumentos e "polêmicas", olvidando a real dimensão do instituto na falência.

Com este nosso artigo, pretendemos apresentar nossos questionamentos e proposições acerca da correta aplicação da compensação na falência, examinando a validade da norma diante do modelo constitucional e legal; igualmente, verificar se a compensação na falência representa modalidade de garantia ou privilégio, ou seja, se, além das classes de credores, poderíamos constatar a existência, também, de subclasses de credores composta por aqueles que têm créditos a compensar.

2. A compensação

Inicialmente, cabe-nos trazer à discussão o que venha a ser a "compensação"

1. Caio Mário da Silva Pereira, *Instituições de Direito Civil*, 21ª ed. (atualizada por Guilherme Calmon Nogueira da Gama), vol. 2, Rio de Janeiro, Forense, 2006, p. 298.

2. Diante dessa perspectiva, apresentamos a uma de nossas alunas no Mestrado o tema para que ela o explorasse, bem como os problemas e propostas que ora trazemos a público. Isso redundou na elaboração, por ela, de uma dissertação de Mestrado: Juliana Ferreira Morais, *A Compensação de Créditos na Falência: Hermenêutica do Art. 122 da Lei 11.101, de 9 de Fevereiro de 2005*, Nova Lima, Faculdade de Direito Milton Campos, 2006.

e os sistemas de compensação na falência, ordinariamente classificados como o sistema francês e o alemão, para que possamos verificar em qual deles se poderia classificar o sistema nacional, ou se haveria um sistema brasileiro.

Para tanto, contudo, é necessário primeiro distinguirmos as espécies que compõem o gênero das preferências – o que será examinado no item subseqüente –, na medida em que a compreensão deste instituto é de capital relevância ao objeto de nosso artigo.

2.1 Distinção entre "garantia" e "privilégio"

Para que possamos melhor compreender os sistemas francês e alemão e sua conjugação com o sistema positivo nacional, é necessário que façamos a distinção técnica entre as espécies que compõem o gênero da preferência dos créditos.

Para isso, cumpre-nos registrar que a preferência dos créditos, conforme afirmamos, é gênero composto por duas espécies: (a) a garantia e (b) o privilégio.

"Destarte, salta aos olhos que os créditos preferenciais são de duas ordens: os resultantes de direitos reais de garantia e os créditos privilegiados, sendo que os primeiros advêm dos contratos e da lei e os últimos são determinados apenas por lei."[3]

De fato, a garantia poderá ser real ou quirografária, em que pese a esta última não ter preferência (art. 958 do CC).[4] Na garantia real o credor tem, assegurando a adimplência da obrigação, bem destacado, notadamente no patrimônio do devedor, mas não obrigatoriamente, uma vez que o gravame real poderá onerar bem de terceiro, desde que, com isso, ele consinta.[5]

Por outro lado, na garantia quirografária o credor tem, assegurando a adimplência da obrigação, o patrimônio do devedor, como um todo considerado. Assim: "O patrimônio da pessoa responde pelas suas obrigações. A noção é singela e exata. Pelos débitos, assumidos voluntariamente ou decorrentes da força da lei, respondem os bens do devedor, tomado o vocábulo 'bens' em sentido genérico, abrangente de todos os valores ativos de que seja titular".[6]

Já a preferência dos créditos que se compreende no privilégio não se confunde com a garantia senão pelo que as espécies de um mesmo gênero têm em comum.

Em verdade, o privilégio representa a ordem de vocação do crédito na partilha dos ativos do devedor, externando-se basicamente, no caso de mais de um credor promover a execução, sobre a mesma coisa; ou, mais comumente, quando vários credores executam de maneira colegiada a garantia comum: o patrimônio do devedor.

A *privilegia exigendi* consiste "na *preferência* que a lei atribui a alguns credores sobre o patrimônio do devedor. Têm esses credores direito a pagamento preferencial, tal como os titulares de direito real de garantia, mas o direito do credor privilegiado estende-se a todo o patrimônio do devedor e é conferido pela lei em atenção à

3. Sérgio Abdalla Semião, "Das preferências e privilégios creditórios na falência", *RT* 801/61, São Paulo, Ed. RT.

4. Naturalmente, nesta classificação está abstraída a garantia pessoal ou fidejussória decorrente, por exemplo, de aval ou fiança, porque esta modalidade, por si só, não desnatura o caráter quirografário do crédito.

5. "*Direito real de garantia* é o que confere ao credor da pretensão de obter o pagamento da dívida com o valor de bem aplicado exclusivamente à sua satisfação.

"Sua função é garantir ao credor o recebimento da dívida, por estar vinculado determinado bem ao seu pagamento. O direito do credor 'concentra-se sobre determinado elemento patrimonial do devedor'" (Orlando Gomes, *Direitos Reais*, 14ª ed., Rio de Janeiro, Forense, 1999, p. 343).

6. Caio Mário da Silva Pereira, *Instituições de Direito Civil*, 9ª ed., vol. 4, Rio de Janeiro, Forense, 1992, p. 219. Naturalmente, excluídos os bens impenhoráveis.

causa e à *qualidade* do crédito. O privilégio não outorga poder imediato sobre as coisas, como se verifica com os direitos reais de garantia".[7]

Firmada a distinção entre as modalidades de preferência dos créditos, há necessidade de examinar qual delas é a espécie que se tem em caso de se implementar uma compensação na falência.

2.2 A compensação na falência: sistemas francês e alemão

Conforme nos revela João Baptista Villela em sua tese de doutoramento, nos países de *civil law* há dois grandes modelos legislativos em matéria de compensação na falência: o francês e o alemão. Sendo que esta dicotomia surge a partir da hermenêutica das fontes romanas que empregavam a expressão *ipso jure compensari*. Então, João Baptista Villela arremata: "Pelo sistema francês, estruturado a partir da identificação entre *ispo jure* e *sine facto hominis*, a compensação se resolve essencialmente numa modalidade de pagamento: *compensatio est instar solutionis*. Bem diversamente, o sistema germânico surgiu e desenvolveu-se com base na idéia de garantia, ligado que foi, desde muito cedo, ao direito de retenção".[8]

De fato, para o sistema alemão, o devedor, quase que instintivamente, muitas vezes fornece ao seu credor um crédito destacando no patrimônio deste a própria dívida que ele tem para com o seu agora devedor e também credor. Pensando: "Se ele não me pagar, eu também não o pagarei: compensarei!". Engendrando, assim, uma "garantia real" de solvência da obrigação. Nesse sentido, veja-se a interessante observação de Trajano de Miranda Valverde, *litteris*: "Freqüentemente, na vida dos negócios, não se resolve o comerciante a abrir um crédito a outro senão porque já é deste devedor. Na sua própria dívida vê ele uma *garantia* do pagamento do crédito concedido"[9] (grifo acrescido ao original).

A conseqüência direta da dicotomia nos sistemas de *civil law* é que para o sistema francês a compensação não é possível de se dar em caso de falência de uma das partes, enquanto no sistema alemão isso de maneira alguma impediria a compensação.

"Assentadas, então, essas considerações sobre as excelências que cada um dos sistemas se avoca, podemos fixar as grandes linhas que os estremam: de um lado o sistema francês, proibindo a compensação na falência, fundando no amor à *par conditio creditorum* e na indisponibilidade do patrimônio por parte do falido; e do outro lado o sistema germânico, permitindo-a francamente em nome da defesa dos créditos, valor a que o instituto visa precipuamente a servir."[10]

Adepto do sistema francês, o Direito Argentino, por exemplo, veda a compensação após a declaração da falência de uma das partes no art. 130 de sua Lei de Falências (Lei 24.522, publicada em 9.8.1995), e "o fundamento não é outro senão o de manter o tratamento igualitário dos credores na falência"[11] – ou seja, a *par conditio creditorum*. Por outro lado, aparentemente aderindo ao sistema alemão, o Direito Brasileiro prevê a compensação mesmo em caso de falência de uma das partes no art. 122 da Lei 11.101/2005. Com efeito: "Em

7. Orlando Gomes, *Direitos Reais*, cit., 14ª ed., p. 348.

8. João Baptista Villela, *Da Compensabilidade no Concurso Falencial*, Belo Horizonte, UFMG, 1963 (tese de doutoramento), p. 6.

9. Trajano de Miranda Valverde, *Comentários à Lei de Falências*, 4ª ed., vol. 1, Rio de Janeiro, Forense, 1999, p. 354.

10. João Baptista Villela, *Da Compensabilidade no Concurso Falencial*, cit., p. 10.

11. "El fundamento no es otro que el de mantener el trato igualitario de los acreedores frente a la falencia" (Santiago C. Fassi e Marcelo Gebhardt, *Concursos y Quiebras*, 8ª ed., 1ª reimpr., Buenos Aires, Astrea, 2005, p. 367 – tradução livre do autor).

resumo, as dívidas do devedor, existentes no momento da decretação da falência, vencem-se. A partir daí, se houver créditos em favor do falido (leia-se 'massa falida'), titulados à mesma pessoa de que o falido é devedor, essas dívidas compensam-se, desde que sejam obedecidos os ditames da legislação civil".[12]

Assim, em que pese a parecer a parte da doutrina que o Código Civil brasileiro adotou o sistema francês quando o assunto é falência, parece também razoável afirmar que o sistema brasileiro se direcionou para o alemão, na medida em que o primeiro não admite a compensação na falência, enquanto o segundo a admite. Por isso, não achamos pertinente confundir a compensação fixada no Código Civil com aquela fixada para a falência, como parece ter feito Ricardo Tepedino, citando Caio Mário da Silva Pereira, que examinava a compensação no Código Civil: "Como ensina Caio Mário, a nossa 'sistemática filiou-se à escola que se poderia dizer francesa da compensação legal e *ipso jure*' – isto é, verificados os requisitos legais, referidos acima, e respeitadas as demais prescrições do Código Civil, a compensação ocorre".[13]

De fato, o art. 122 da LF condiciona a compensação, em caso de bancarrota de uma das partes, aos *requisitos* ditados pela legislação civil, sem, contudo, permitir a confusão entre os sistemas francês e alemão aplicáveis à falência com aqueles aplicáveis ao Código Civil.

2.3 Modalidade de extinção de obrigação

A despeito de os sistemas de compensação na falência e no Código Civil não se confundirem quanto à sua origem, temos que examinar o que vem a ser "compensação", sendo que, para tanto, devemos partir do Código Civil, uma vez que ali temos dados fundamentais para a compreensão desse instituto.

A compensação está prescrita no Capítulo VII do Título III do Livro I da Parte Especial do Código Civil, representando, portanto, para nosso legislador civilista, modalidade de adimplemento e extinção das obrigações.

De fato, conforme lecionava J. M. de Carvalho Santos, temos:

"A compensação é um modo de extinção de obrigações recíprocas. A palavra 'compensação', que vem de *pensare cum*, *pensare rem aliquam cum aliqua*, 'pesar na balança uma coisa com outra' para ver se o peso é igual, dá idéia perfeita do verdadeiro conceito do instituto.

"Coloca-se em cada prato da balança um peso representativo de cada débito: se os pesos são iguais, os débitos eliminam-se reciprocamente; se não, o débito mais pesado se extingue até a ocorrência do menos pesado (Soriano de Sousa Neto, *Da Compensação*, n. 1. Cf. Giorgi, ob. cit., vol. 8. n. 2).

"A compensação, portanto, extingue as duas obrigações recíprocas, que se consideram pagas, totalmente, se forem iguais, ou até a concorrência da menor, se forem desiguais."[14]

Destarte, não cabem maiores discussões no direito civil acerca do fato de que a compensação é modalidade de extinção das obrigações por pagamento. "Resta concluir que a compensação é um acto jurídico em sentido estrito que visa à extinção de créditos."[15]

12. Paulo Salvador Frontini, in Francisco Satiro de Souza Jr. e Antônio Sérgio A. de Moraes Pitombo (coords.), *Comentários à Lei de Recuperação de Empresas e Falência*, São Paulo, Ed. RT, 2005, p. 448.

13. Ricardo Tepedino, in Paulo F. C. Salles de Toledo e Carlos Henrique Abrão (coords.), *Comentários à Lei de Recuperação de Empresas e Falência*, São Paulo, Saraiva, 2005, p. 329.

14. João Manuel de Carvalho Santos, *Código Civil Brasileiro Interpretado*, 10ª ed., vol. 13, Rio de Janeiro, Freitas Bastos, 1977, p. 215.

15. António Menezes Cordeiro, *Da Compensação no Direito Civil e no Direito Bancário*, Coimbra, Livraria Almedina, 2003, p. 147.

Na falência, conforme já afirmamos, este tema toma dimensão extraordinária, uma vez que, pela compensação, o credor poderá ver satisfeito seu crédito, desde que atendidos os *requisitos* prescritos no Código Civil.

Obviamente, parcela da melhor doutrina[16] propugna por uma diferenciação entre os requisitos para a compensação no Código Civil e na falência, a fim de facilitar a compensação em caso de quebra; entretanto, assim não entendeu nosso legislador falimentar, que, ao regular a matéria, autorizou-a, porém condicionou-a aos requisitos do Código substantivo brasileiro.

3. A compensação no sistema falimentar brasileiro

Conforme reiteradas vezes já afirmamos ao longo deste nosso trabalho, o sistema falimentar brasileiro autorizou expressamente a compensação em caso de falência de uma das partes. E, por isso, se poderia afirmar que o sistema de compensação na falência brasileira é inspirado no alemão.

Contudo, pensamos que não é possível a simples compensação sem que primeiro examinemos a validade da norma no sistema falimentar brasileiro.

Com efeito, o art. 122 da LF prescreve que se compensam, "com preferência sobre todos os demais credores, as dívidas do devedor, vencidas até o dia da decretação da falência, provenha o vencimento da sentença de falência ou não, obedecidos os requisitos da legislação civil". Fazendo com que Fábio Ulhoa Coelho afirme que a compensação "é feita a despeito da ordem de classificação dos créditos"[17] e, finalmente, cite o seguinte exemplo: "Se o banco, por exemplo, é credor quirografário do falido em virtude de mútuo obtido numa agência, e este, por sua vez, é credor do mesmo banco em razão do saldo existente em conta de depósito administrada por outra agência, será cabível compensar-se uma obrigação pela outra, *mesmo que isso signifique preterição de outros créditos com preferência*"[18] (grifos acrescidos ao original).

No entanto, pensamos de maneira diversa da de Fábio Ulhoa Coelho. Isso porque, para nós, não bastaria a simples leitura do texto da lei, divorciada do sistema positivo nacional. Pensamos ser necessário, primeiro, conferir a validade da norma e, em seguida, interpretá-la de acordo com o Direito Brasileiro. Pensamos, ainda, que a interpretação emprestada por aquele autor ao art. 122 da LF conduziria à inconstitucionalidade formal do preceito legal, já que autorizaria, por exemplo, o pagamento de crédito quirografário em detrimento de outros que sobre ele têm privilégio, tais como os créditos trabalhistas e fiscais.

3.1 A ordem de privilégio dos créditos fixada no art. 186 do CTN

A ordem de privilégio dos créditos não pode ser examinada exclusivamente sob a perspectiva da Lei de Falências. É necessário conjugar o Código Tributário Nacional com a Lei ordinária 11.101/2005 (Lei de Falências), isso porque aquela lei complementar prescreve a ordem de preferência do crédito tributário, abrindo validade para a Lei de Falências.

"Desta forma, duas regras distintas foram estabelecidas pelo Código Tributário Nacional, após a sua alteração pela Lei Complementar 118/2005, referentes ao concurso de preferências. Uma estabelecida especialmente para os casos em que há a falência do devedor, instituída pelo parágrafo único do art. 186 do CTN, e a outra

16. João Baptista Villela, *Da Compensabilidade no Concurso Falencial*, cit., 1963.

17. Fábio Ulhoa Coelho, *Comentários à Nova Lei de Falências e de Recuperação de Empresas*, 4ª ed., São Paulo, Saraiva, 2007, p. 334.

18. Idem, p. 335.

de âmbito geral, aplicável em qualquer situação em que exista disputa pelos credores em execuções individuais, fora do âmbito do direito concursal, instituída pelo *caput* do artigo 186 do CTN."[19]

Com efeito, em uma situação econômica normal do devedor – ou seja, sem a declaração judicial de sua falência – o crédito tributário está em segundo lugar na ordem de privilégio, logo atrás do crédito decorrente da legislação do trabalho e do acidente do trabalho, que, juntos, devem ser pagos em primeiro lugar *pro rata* e sem limite quantitativo.

No entanto, havendo a falência do devedor, o parágrafo único do art. 186 do CTN, acrescido pela Lei Complementar 118, de 9.2.2005 (que precisamente alterou o Código Tributário Nacional a fim de validar as normas ditadas pela Lei de Falências), prescreve a posição do privilégio fazendário. Nesse sentido, colha-se: "A Lei Complementar 118/2005 veio reforçar o quanto já delineado pela nova Lei de Falências, com o intuito de tornar prevalente e lembrado a todos o privilégio que o crédito tributário detém".[20]

Ora, em caso de falência do contribuinte, o crédito tributário somente não prefere aos créditos extraconcursais e àqueles passíveis de restituição, aos créditos por acidente de trabalho e aos decorrentes da legislação do trabalho, sendo que estes últimos foram limitados a 150 salários mínimos (art. 83, I, da LF), e aos créditos com garantia real (no limite do bem dado em garantia real).

Portanto, aí não se mencionou como exceção ao privilégio do crédito tributário aquele passível de compensação. Por isso, primeiro é necessário descobrirmos se o art. 186 do CTN, além de formalmente complementar, seria, também, materialmente desta natureza.

Esta análise urge ser feita, porque, segundo a jurisprudência do STF, se a matéria for tratada por lei complementar mas não lhe couber a reserva constitucional para a competência complementar à Carta de 1988, ela poderá ser derrogada por lei ordinária, uma vez que, segundo ainda aquela Corte, não haveria vínculo hierárquico-normativo entre a lei complementar e a ordinária, sendo apenas espécies legislativas que têm campos de atuação materialmente distintos;[21] com isso, o emprego de lei ordinária para tratar de matéria complementar revelaria uma inconstitucionalidade formal, por impropriedade da via legislativa.

3.1.1 *Art. 186 do CTN: norma formal e materialmente* complementar

Quanto ao aspecto estritamente formal, não há o que questionar: o art. 186 e seu parágrafo único são resultados da Lei Complementar 118/2005 – e, portanto, são normas formalmente complementares.

Já quanto ao aspecto material, faz-se necessário examinar o dispositivo em confronto com a alínea "b" do inciso III do art. 146 da Constituição da República, ou seja, se a ordem de privilégio do crédito tributário se caracterizaria como norma geral tributária cuja regulamentação somente poderia ocorrer por via de lei complementar. Isso porque, se constatarmos que o art. 186 do CTN é materialmente ordinário, a ordem de preferência nele fixada poderia ser alterada pela lei ordinária falimentar.

Inicialmente, cumpre destacar – como muito bem o fez Ives Gandra da Silva Mar-

19. Bráulio Lisboa Lopes, *Aspectos Tributários da Falência e Recuperação de Empresas*, São Paulo, Quartier Latin, 2008, p. 130.

20. João Damasceno Borges de Miranda, "Reflexos tributários da nova Lei de Falências", in Marcelo Magalhães Peixoto (coord.), *Comentários à Lei Complementar 118/2005*, São Paulo, MP Editora, 2005, p. 39.

21. Nesse sentido, a título de exemplo, cite-se: STF, 2ª Turma, RE/AgR 500.054-MG, rel. Min. Celso de Mello, j. 9.10.2007, v.u., *DJU* 31.10.2007, p. 97.

tins – que o elenco mencionado no inciso III do art. 146 da Constituição da República "é exemplificativo, não excluindo outras normas gerais cuja estruturalidade tenha esse perfil, embora não elencadas expressamente no inciso III".[22]

Porém, fazendo uma leitura acerca da alocação do art. 186 no CTN, temos que ele se encontra na Seção II ("Preferências") do Capítulo VI ("Garantias e Privilégios do Crédito Tributário") do Título III ("Crédito Tributário"); portanto, em uma leitura da intenção de nosso legislador, gramatical e da estrutura sistemática da lei, poderíamos antever que o dispositivo seria também materialmente complementar, na medida em que ele está inserido na regulamentação do crédito tributário, que – reitere-se –, na forma da alínea "b" do inciso III do art. 146 da vigente Carta, exigiria lei complementar. Por outras palavras, a Constituição da República exige lei complementar para estabelecer as normas gerais em matéria de *crédito* tributário, e nosso legislador considerou a sua preferência um "atributo componente" do crédito.

De fato, a alínea "b" do inciso III do art. 146 da CF de 1988 prescreve a necessidade de regulamentação das leis gerais tributárias por via de lei complementar, não apenas no que diz respeito à obrigação, mas também ao crédito. E, se é verdade que o crédito tributário se reveste da mesma natureza jurídica da obrigação principal (art. 139 do CTN),[23] também se sabe que "a modificação do crédito não se reflete na obrigação tributária, que lhe pode sobreviver. Por outras palavras, anulado ou suspenso o lançamento, subsiste a obrigação principal".[24]

22. Ives Gandra da Silva Martins, *Curso de Direito Tributário*, 7ª ed., São Paulo, Saraiva, 2000, p. 16.

23. "O crédito tributário *faz parte* da obrigação" (Sacha Calmon Navarro Coêlho, *Curso de Direito Tributário Brasileiro*, 3ª ed., Rio de Janeiro, Forense, 1999, p. 649).

24. Aliomar Baleeiro, *Direito Tributário Brasileiro*, 10ª ed., 11ª tir., Rio de Janeiro, Forense, 1995, p. 498.

O crédito tributário, conforme previsto na Constituição, compreende suas próprias garantias e privilégios. E, por isso, parece-nos correto poder afirmar que a fixação da preferência deste crédito, como gênero, é norma geral tributária que somente poderia se regulamentar por lei complementar. E por isso concluirmos que o art. 186 do CTN e seu parágrafo único não são apenas formalmente complementares, mas também materialmente.

Destarte, a compensação somente poderia se dar antes da adimplência do passivo fiscal, conforme pretende o art. 122 da LF, se fosse contemplada no parágrafo único do art. 186 do CTN, na medida em que este dispositivo rege as exceções ao privilégio fiscal em caso de falência do contribuinte.

Portanto, resta-nos indagar, com base nas exceções ao privilégio do crédito fazendário fixadas no parágrafo único do art. 186 do CTN: seria a compensação modalidade de crédito extraconcursal, quantia passível de restituição ou garantia real? Até porque soaria ridículo e absurdo poder indagar ou mesmo imaginar que o crédito a compensar pudesse ter natureza alimentar para se equiparar ao crédito trabalhista, ou ainda pudesse ser equiparado ao crédito decorrente de acidente do trabalho, mesmo porque é vedado ao intérprete propor hermenêutica que conduza ao absurdo.

3.2 Compensação: crédito extraconcursal, quantia passível de restituição ou modalidade de garantia real?

A Lei 11.101/2005 classificou os créditos na falência em créditos extraconcursais e concursais, considerando os primeiros como sendo aqueles créditos que devem ser pagos independentemente de habilitação e tão logo haja disponibilidade de caixa, observando a ordem fixada no art. 84 dessa mesma lei, enquanto os créditos concursais serão aqueles que, à exceção do crédito fazendário, somente serão pagos após regular habilitação, sujeitando-se, é claro, ao concurso de credores e à ordem prescrita no art. 83 do referido diploma legal – sem, é claro, olvidar o preceito do art. 186 do CTN.

Conforme tivemos ocasião de demonstrar,[25] alguns autores[26] têm pensado que os créditos extraconcursais seriam aqueles, na linguagem do Decreto-lei 7.661/1945 (antiga Lei de Falências), decorrentes de encargos da massa falida. Contudo, isso não nos parece conjugar com a lei, haja vista que o inciso V do art. 84 da Lei 11.101/2005 determina que serão consideradas extraconcursais as obrigações que resultem de atos jurídicos válidos praticados durante a recuperação judicial em caso de convolação em falência, nos exatos termos do art. 67 da novel legislação falimentar. Portanto, tem-se aí um caso em que não se trata de obrigações emergentes da gestão da massa falida, mas sim do próprio devedor recuperando, e anteriores à quebra, mesmo assim consideradas extraconcursais.

Destarte, *a priori*, não se pode descartar a possibilidade de a compensação ser também modalidade de crédito extraconcursal, a despeito de as obrigações terem sido contraídas antes de a falência ser declarada.

Em que pese à possibilidade teórica, pensamos que, com efeito, a compensação não representa modalidade extraconcursal, na medida em que não se conjuga com o vetor teleológico da norma.

"Em verdade, o elemento que orientou a fixação dos créditos extraconcursais é o benefício da própria comunidade de credores do devedor, e não os encargos da gestão da massa falida.

"São créditos extraconcursais aqueles que permitiriam à comunidade de credores auferir vantagens (ou mesmo conservação) dos ativos do devedor comum."[27]

Não acreditamos que a compensação possa ser considerada extraconcursal porque também vemos no art. 84 da LF uma enumeração taxativa (ou *numerus clausus*), tanto que fixa, inclusive, a ordem de privilégios entre os próprios credores extraconcursais. Não se perca, ainda, de vista que os créditos extraconcursais podem ser vistos como exceções à regra da *par conditio creditorum* estabelecida em função dos interesses da própria comunidade de credores, ou seja, da massa falida subjetiva, e, portanto, devem ser interpretados restritivamente, cujo método, por excelência, é o gramatical.

O *caput* do art. 84 da LF prescreve que o pagamento dos créditos extraconcursais obedecerá à ordem fixada nos incisos do artigo, sendo que nesta ordem não se entabula a compensação.

Por tais razões, não se pode concluir coisa diversa: a compensação não representa modalidade de crédito extraconcursal.

Constatado que a compensação não é extraconcursal, resta-nos examinar se ela poderia ser considerada como modalidade de restituição, outra exceção ao privilégio do crédito fazendário estabelecida no inciso I do parágrafo único do art. 186 do CTN.

25. Vinícius José Marques Gontijo, "Inexigibilidade de multas tributárias do contribuinte na sua falência", *Revista Tributária e de Finanças Públicas* 73/209-210.

26. "Note-se ainda que, na realidade, os créditos ora denominados extraconcursais eram na vigência do Decreto lei 7.661/1945 os chamados encargos da massa, que preferem a todos os demais créditos e devem ser pagos antes de qualquer credor incluído na classificação do art. 83" (Palmyrita Sammarco Junqueira, in Rubens Approbato Machado (coord.), *Comentários à Nova Lei de Falências e Recuperação de Empresas*, São Paulo, Quartier Latin, 2005, p. 236).

27. Vinícius José Marques Gontijo, "Inexigibilidade de multas tributárias do contribuinte na sua falência", cit., *Revista Tributária e de Finanças Públicas* 73/210.

"Deitando profundas ligações na clássica ação de reivindicação, o processamento do pedido de restituição se insere dentro dos mecanismos colocados à disposição de terceiros que têm interesse no deslocamento da coisa do arco patrimonial da massa ao acervo individual."[28]

A partir da Lei 11.101/2005 pode-se classificar as ações de restituição em dois grandes grupos: (a) a ação de restituição ordinária, que se assenta no direito de propriedade (*caput* do art. 85 da LF), e (b) a ação de restituição extraordinária, que se assenta na boa-fé (parágrafo único do art. 85 da LF).

Sobre a ação de restituição ordinária, vale transcrever o escólio de Moacyr Lobato, *verbis*:

"O pedido de restituição serve ao propósito de excluir da massa falida ou mesmo impedir que sejam a ela integrados os bens de propriedade de terceiro, em poder do falido, ou que tenham sido objeto de arrecadação por ato do administrador judicial.

"A massa falida objetiva – conjunto de bens e direitos integrantes do patrimônio do devedor – é constituída pela ação arrecadatória do administrador judicial. A ele compete, por lei, promover a arrecadação e a conservação dos bens do falido.

"Naturalmente, entre os bens arrecadados, alguns ou mesmo vários deles poderão ser titularizados por terceiros que, na condição de proprietários, poderão intentar a ação de restituição para ver reintegrados ao seu patrimônio esses mesmos bens arrecadados pelo administrador ou mesmo que estejam em poder do falido quando da decretação judicial de sua *quebra*."[29]

Ora, a constatação de que a restituição ordinária assegura o direito do *proprietário* de reaver seu bem indevidamente arrecadado para a massa falida pelo administrador judicial já demonstra à saciedade que a compensação não se incorporaria nesta modalidade, na medida em que a pessoa que pretende exercer o direito de compensar o estaria fazendo na condição de *credora*, e não de *proprietária* – razão pela qual seria incabível a restituição ordinária.

"*O terceiro que tem direito à restituição não é credor*. Ele tem, em virtude de um direito, ou por força do contrato ou da lei, *o direito de restituição*, não concorrendo com os credores do concurso.

"A posição do terceiro, nas falências, tem a máxima preferência de recebimento, e diz o art. 149 que, *realizadas as restituições*, pagos os credores extraconcursais, na forma do art. 84 da lei, e consolidado o quadro geral de credores, as importâncias recebidas com a realização do ativo serão destinadas ao pagamento dos credores, atendendo à classificação prevista no art. 83 da lei."[30]

Por outro lado, *ex vi* do parágrafo único do art. 85 da LF, também pode ser objeto do pedido de restituição, agora extraordinária, a coisa vendida a crédito e entregue ao devedor nos 15 dias antes da distribuição do pedido de falência. Aqui, o fundamento não é direito real de propriedade, mas o direito pessoal do contrato entabulado com boa-fé, em que se abre crédito ao devedor e se lhe entrega coisa nos 15 dias antes do requerimento de sua falência. Não é crível que o devedor, 15 dias antes do pedido de sua falência, já não tenha noção de sua ruína econômica; porém, a despeito disso, ele ainda está usufruindo do crédito, que se assenta na confiança recíproca. Tal comportamento, é óbvio, poderá tragar para a quebra outras pessoas que, de boa-

28. Carlos Henrique Abrão, *Pedido de Restituição na Concordata e na Falência*, São Paulo, LEUD, 1991, p. 12.

29. Moacyr Lobato, *Falência e Recuperação*, Belo Horizonte, Del Rey, 2007, p. 265.

30. Frederico Augusto Monte Simionato, *Tratado de Direito Falimentar*, Rio de Janeiro, Forense, 2008, p. 606.

fé, ainda negociavam a crédito com aquele devedor, expondo a risco todo o mercado.

Não chega a ser expletivo lembrar que a restituição extraordinária foi introduzida no sistema falimentar brasileiro pelo Decreto 5.746, de 9.12.1929, sendo que antes disso, ao tratar da Lei de Falências 2.024, de 17.12.1908, J. X. Carvalho de Mendonça afirmava: "Na venda a crédito (*habita fide de pretio*), desde que houve a tradição das mercadorias vendidas, o comprador tornou-se proprietário delas. O vendedor é credor quirografário do preço da venda no caso de falência do comprador; confiou no crédito deste, deve correr os riscos que experimentam todos os outros credores".[31]

Porém, o mês de outubro do ano de 1929 precipitou o *crack* (ou, como preferem alguns, *crash*) na Bolsa de Valores de Nova York, nos Estados Unidos da América, na chamada "quinta-feira negra" (24.10.1929) e mesmo na terça-feira seguinte (29.10.1929), trazendo consigo a necessidade de uma nova regulamentação legal falimentar e do próprio instituto da restituitória a fim de dar guarida à boa-fé e à própria incolumidade do mercado, protegendo-o: "A depressão econômica sentida no ano de 1929, fruto das oscilações ocorridas nos Estados Unidos da América, transmudando-se para o nosso domínio, provocou profundas alterações não só no sistema de intercâmbio, mas também nas relações jurídicas".[32]

A ação de restituição extraordinária, prevista inicialmente na legislação de 1929, foi reiterada no Decreto-lei 7.661/1945 e preservada na vigente Lei de Falências n. 11.101/2005.

Ainda que se pudesse antever na restituição o direito de retenção que, inclusive, fundamenta a compensação no Direito Alemão e que, conforme vimos, dá azo à admissão da compensação no Direito Brasileiro, a natureza da ação de restituição é diversa; ela pode ser devida, reitere-se, em virtude de direito real ou de contrato,[33] mas pauta-se no direito de propriedade e na boa-fé, sendo que, nesta última, a lei fixa prazo rígido e, para ambas, condições objetivas que nada têm a ver com a compensação: "São pressupostos, pois, do pedido restituitório em tela os seguintes: (a) que a cousa tenha sido vendida a crédito; (b) que tenha sido entregue nos 15 dias anteriores ao requerimento da falência; (c) que ainda não tenha sido alienada pela massa".[34]

Na restituição extraordinária o credor não teve a intenção de assumir o risco do pedido de falência, que se deu nos 15 dias após a abertura do crédito; o que não se poderia negar em caso de compensação em que as obrigações podem se estender por um longo período, em que tal risco seria inerente ao crédito recíproco.

Novamente, não constatamos a possibilidade de a compensação se confundir com a restituição, por não atendidos os pressupostos do pedido e o escopo da ação. Portanto, somente nos resta saber se a compensação poderia ser compreendida como modalidade de garantia real, pelo menos por equiparação legal.

Ao examinarmos neste nosso articulado a natureza da preferência do crédito fazendário, pudemos verificar a garantia real; e, nesse instituto, o credor tem, assegurando a adimplência da obrigação, coisa destacada e individualizada. Assim, na compensação poder-se-ia dizer que a parte

31. J. X. Carvalho de Mendonça, *Tratado de Direito Comercial Brasileiro*, 3ª ed., vol. 8, Rio de Janeiro, Freitas Bastos, s/d, p. 310.

32. Carlos Henrique Abrão, *Pedido de Restituição na Concordata e na Falência*, cit., p. 15.

33. Waldemar Ferreira, *Tratado de Direito Comercial*, vol. 15, São Paulo, Saraiva, 1966, pp. 96-97.

34. Rubens Requião, *Curso de Direito Falimentar*, 14ª ed., vol. 1, São Paulo, Saraiva, 1991, p. 244. Entendemos que, tendo havido a venda da coisa pela massa falida, a restituição se fará em dinheiro, na forma do que prescreve o inciso I do art. 86 da LF.

tem no seu próprio crédito a "garantia" da solvência do débito. Porém, no atual estágio do Direito esta afirmação não prospera, e os institutos não podem ser confundidos: garantia real e compensação.

De fato, como bem esclarece Orlando Gomes, os direitos reais e, claro, a própria garantia real asseguram sempre e necessariamente o direito de seqüela, que consiste no fato de o titular de direito real "seguir a coisa em poder de todo e qualquer detentor ou possuidor".[35]

Ora, a compensação jamais autorizaria o direito de seqüela, na medida em que o credor não teria como executar seu crédito sobre o patrimônio de eventual terceiro a quem o produto financeiro pudesse ter sido transferido. Isso, somado ao registro das garantias reais, sem maiores delongas, já afasta a compreensão da compensação como modalidade de garantia real ou mesmo de direito real.

Diante do exposto, chega-se a uma encruzilhada que envolve a validade da regra da compensação prescrita no art. 122 da LF, uma vez que seu texto gramatical não se conjuga com as exceções ao privilégio do crédito fazendário (parágrafo único do art. 186 do CTN).

Pensamos que a interpretação que se deve dar ao art. 122 da Lei de Quebras seja aquela que se conjuga com o sistema jurídico, a fim de harmonizar o preceito legal e, fazendo uma interpretação conforme a Constituição da República de 1988, validar a norma, que não nos parece ser inválida.

3.3 Compensação: privilégio entre os credores da mesma classe; modalidade de subclasse

Para a perfeita harmonização legal, pensamos que, além das classes de credores de todos conhecidas (arts. 83 e 84 da LF e parágrafo único do art. 186 do CTN), há também subclasses constituídas pelo privilégio da compensação a ser assegurado aos credores em uma mesma classe.

De fato, a compensação não pode se dar no ápice dos créditos, mas, sim, dentro da mesma classe. Portanto, se um indivíduo é devedor de um banco por contrato de abertura de crédito ("cheque especial") em uma agência e, ao mesmo tempo, credor por um investimento em outra agência, caberá ao administrador judicial da massa falida arrecadar o dinheiro e ao banco habilitar seu crédito na classe respectiva (quirografária); e, quando do pagamento desta classe, caberá ao administrador pagar à instituição financeira a quantia que ela tinha a compensar com privilégio sobre os demais credores quirografários, naturalmente nos limites das forças econômicas da massa falida.

Destarte, forma-se uma subclasse dentro de cada classe de credores na entabulação do quadro geral de credores da massa falida, sendo esta subclasse constituída pelos eventuais credores que tinham quantias a compensar na forma do art. 122 da LF.

Portanto, o texto do *caput* do art. 122 da Lei 11.101/2005, sob pena de invalidade da norma, deve ser assim interpretado: "Compensam-se, com preferência sobre todos os demais credores *da mesma classe*, as dívidas do devedor vencidas até o dia da decretação da falência, provenha o vencimento da sentença de falência ou não, obedecidos os requisitos da legislação civil".

4. Conclusões

Em razão deste nosso articulado, podemos concluir:

4.1 O sistema falimentar brasileiro autorizou expressamente a compensação em caso de falência de uma das partes (art.

35. Orlando Gomes, *Direito Reais*, cit., 14ª ed., p. 8.

122 da LF) e, por isso, se poderia afirmar que o sistema de compensação na falência brasileira é inspirado no alemão.

4.2 Compensam-se, com preferência sobre todos os demais credores *da mesma classe*, as dívidas do falido vencidas até o dia da declaração da falência, provenha o vencimento da sentença de quebra ou não, obedecidos os requisitos do Código Civil e desde que não expressamente excepcionados no parágrafo único do art. 122 da Lei 11.101/2005.

4.3 Além das classes de credores fixadas na Lei de Falências e no Código Tributário Nacional, constatamos a existência de subclasses dentro da mesma classe, formadas pelos credores que têm quantias a compensar, os quais receberão, no limite do que tinham a compensar, primeiro que os demais credores da mesma classe, quando do pagamento da classe respectiva e se a massa o comportar.

Bibliografia

ABRÃO, Carlos Henrique. *Pedido de Restituição na Concordata e na Falência*. São Paulo, LEUD, 1991.

————, e TOLEDO, Paulo F. C. Salles de (coords.). *Comentários à Lei de Recuperação de Empresas e Falência*. São Paulo: Saraiva, 2005.

BALEEIRO, Aliomar. *Direito Tributário Brasileiro*. 10ª ed., 11ª tir. Rio de Janeiro, Forense, 1995.

CARVALHO DE MENDONÇA, José Xavier. *Tratado de Direito Comercial Brasileiro*. 3ª ed., vol. 8. Rio de Janeiro, Freitas Bastos, s/d.

CARVALHO SANTOS, João Manuel de. *Código Civil Brasileiro Interpretado*. 10ª ed., vol. 13. Rio de Janeiro, Freitas Bastos, 1977.

COELHO, Fábio Ulhoa. *Comentários à Nova Lei de Falências e de Recuperação de Empresas*. 4ª ed. São Paulo, Saraiva, 2007.

CÔELHO, Sacha Calmon Navarro. *Curso de Direito Tributário Brasileiro*. 3ª ed. Rio de Janeiro, Forense, 1999.

CORDEIRO, António Menezes. *Da Compensação no Direito Civil e no Direito Bancário*. Coimbra, Livraria Almedina, 2003.

FASSI, Santiago C., e GEBHARDT, Marcelo. *Concursos y Quiebras*. 8ª ed., 1ª reimpr. Buenos Aires, Astrea, 2005.

FERREIRA, Waldemar. *Tratado de Direito Comercial*. vol. 15. São Paulo, Saraiva, 1966.

FRONTINI, Paulo Salvador. In: PITOMBO, Antônio Sérgio A. de Moraes, e SOUZA JÚNIOR, Francisco Satiro de (coords.). *Comentários à Lei de Recuperação de Empresas e Falência*. São Paulo, Ed. RT, 2005.

GEBHARDT, Marcelo, e FASSI, Santiago C. *Concursos y Quiebras*. 8ª ed., 1ª reimpr. Buenos Aires, Astrea, 2005.

GOMES, Orlando. *Direitos Reais*. 14ª ed. Rio de Janeiro, Forense, 1999.

GONTIJO, Vinícius José Marques. "Inexigibilidade de multas tributárias do contribuinte na sua falência". *Revista Tributária e de Finanças Públicas* 73/200.

JUNQUEIRA, Palmyrita Sammarco. In: MACHADO, Rubens Approbato (coord.). *Comentários à Nova Lei de Falências e Recuperação de Empresas*. São Paulo, Quartier Latin, 2005.

LOBATO, Moacyr. *Falência e Recuperação*. Belo Horizonte, Del Rey, 2007.

LOPES, Bráulio Lisboa. *Aspectos Tributários da Falência e Recuperação de Empresas*. São Paulo, Quartier Latin, 2008.

MACHADO, Rubens Approbato (coord.). *Comentários à Nova Lei de Falências e Recuperação de Empresas*. São Paulo, Quartier Latin, 2005.

MARTINS, Ives Gandra da Silva. *Curso de Direito Tributário*. 7ª ed. São Paulo, Saraiva, 2000.

MIRANDA, João Damasceno Borges de. "Reflexos tributários da nova Lei de Falência". In: PEIXOTO, Marcelo Magalhães (coord.). *Comentários à Lei Complementar 118/2005*. São Paulo, MP Editora, 2005.

MORAIS, Juliana Ferreira. *A Compensação de Créditos na Falência: Hermenêutica do Art. 122 da Lei 11.101, de 9 de Fevereiro de 2005*. 2006. Nova Lima, Faculdade de Direito Milton Campos (dissertação de Mestrado).

PEIXOTO, Marcelo Magalhães (coord.). *Comentários à Lei Complementar 118/2005*. São Paulo, MP Editora, 2005.

PEREIRA, Caio Mário da Silva. *Instituições de Direito Civil*. 9ª ed., vol. 4. Rio de Janeiro, Forense, 1992; 14ª ed., vol. 4. Rio de Janeiro, Forense, 1992; 21ª ed. (atualizada por Guilherme Calmon Nogueira da Gama), vol. 2. Rio de Janeiro, Forense, 2006. v. 2.

PITOMBO, Antônio Sérgio A. de Moraes, e SOUZA JR., Francisco Satiro de (coords.). *Comentários à Lei de Recuperação de Empresas e Falência*. São Paulo, Ed. RT, 2005.

REQUIÃO, Rubens. *Curso de Direito Falimentar*. 14ª ed., vol. 1. São Paulo, Saraiva, 1991.

SEMIÃO, Ségio Abdalla. "Das preferências e privilégios creditórios na falência". *RT* 801/59. São Paulo, Ed. RT.

SIMIONATO, Frederico Augusto Monte. *Tratado de Direito Falimentar*. Rio de Janeiro, Forense, 2008.

SOUZA JR., Francisco Satiro de, e PITOMBO, Antônio Sérgio A. de Moraes (coords.). *Comentários à Lei de Recuperação de Empresas e Falência*. São Paulo, Ed. RT, 2005.

TEPEDINO, Ricardo. In: ABRÃO, Carlos Henrique, e TOLEDO, Paulo F. C. Salles de (coords.). *Comentários à Lei de Recuperação de Empresas e Falência*. São Paulo: Saraiva, 2005.

TOLEDO, Paulo F. C. Salles de, e ABRÃO, Carlos Henrique (coords.). *Comentários à Lei de Recuperação de Empresas e Falência*. São Paulo: Saraiva, 2005.

VALVERDE, Trajano de Miranda. *Comentários à Lei de Falências*. 4ª ed., vol. 1. Rio de Janeiro, Forense, 1999.

VILLELA, João Baptista. *Da Compensabilidade no Concurso Falencial*. Belo Horizonte, UFMG, 1963 (tese de doutoramento).

Atualidades

ANÁLISE ECONÔMICA DA NOVA LEI BRASILEIRA DE FALÊNCIAS E RECUPERAÇÃO DE EMPRESAS*

STEFANIA EUGENIA BARICHELLO

1. Introdução. 2. Considerações iniciais. 3. A nova legislação falimentar brasileira: 3.1 A nova Lei de Falências e suas inovações: negociação entre credores e devedores e manutenção da empresa. 4. Principais inovações da nova Lei de Falências: 4.1 Recuperação de empresas: 4.1.1 Recuperação extrajudicial – 4.1.2 Recuperação judicial – 4.2 Falência. 5. Considerações finais.

1. Introdução

A legislação falimentar tem sido pesquisada tradicionalmente pelos advogados, e não pelos economistas. Porém, nas duas ultimas décadas muitos estudos sobre os procedimentos econômicos das falências foram publicados. Atrás das tecnicidades da regulação legal da falência encontra-se uma racionalidade claramente econômica, já que na origem dos procedimentos de falência existe uma crise financeira de uma companhia. Os economistas[1] analisam a Lei de Falências como um instrumento legal para obter o melhor resultado possível, com vista à minimização do custo social.

Durante muito tempo a falência foi considerada um procedimento excepcional que só afetava um número reduzido de empresas – e, em conseqüência, não seria tema merecedor de investigação. Porém, atualmente assistimos a uma reforma importante das normas falimentares num grande número de países.[2] Diante desse processo de mudança, é justificada a análise do direito falimentar, além dos aspectos técnico-jurídicos, focando os aspectos que a nova regulação falimentar pode ter sobre a vida e a eficiência das empresas, isto é, valorando a eficiência das novas normas para determinar se as mesmas podem supor uma melhora com respeito à regulação anterior.

A Lei de Falências, tal como existe em muitos países, pode também ser entendida como um dispositivo para incrementar a eficiência das relações comerciais.

* Parte da monografia de final de curso apresentada na Especialização em Direito Empresarial da Universidade Federal do Rio Grande do Sul sob a orientação do professor Dr. Silvio Javier Batello Calderón.

1. No Brasil, Aloísio Araújo; e no Exterior, Rocio Albert, Francisco Cabrillo, Ben Depoorter.

2. Países como Rússia, Romênia, Polônia, Chile, México, Argentina, Equador e Colômbia. Nesse sentido, v.: Mike Falke, *Insolvency Law Reform in Transition Economies* (disponível em *http://siteresources.worldbank.org/GILD/Resources/InsolvencyLawReforminTransitionEconomies.pdf*, acesso em 3.11.2006), e Aloísio Araújo e Bruno Funchal, "Past and future of the Bankruptcy Law in Brazil and Latin America", *Ensaios Econômicos EPGE* 599, 8/2005 (disponível em *http://epge.fgv.br/portal/arquivo/1922.pdf*, acesso em 7.11.2006).

Entretanto, os custos de transação da elaboração e implementação de tais contratos costumam ser altos. E, como o balanço da firma é algo dinâmico, que muda a cada dia, os credores podem ser forçados a renegociar seus contratos sempre que novos credores reivindiquem contra os que estão no estado de devedores ou sempre que o devedor adquira um novo bem ou pague seus débitos prévios. Dessa forma, ela pode ser considerada eficiente para ter procedimentos-padrão que regulem a possível saída do estado de falência.

A existência de uma legislação falimentar eficiente é fundamental para o ambiente econômico e tem sido bastante discutida em matéria de *Law and Economics*. Essa importância surgiu a partir da constatação teórica de que um sistema de resolução de insolvências que cria um mecanismo ordenado para resolução de conflitos e coordenação de interesses para empresas com problemas financeiros ou até mesmo falidas gera resultados eficientes do ponto de vista econômico. Mas o papel desempenhado pela legislação falimentar vai muito além, tornando-se central na sinalização aos agentes econômicos sobre os possíveis resultados obtidos em suas estratégias de negócios.[3]

O tema do presente artigo é a "Análise Econômica da Nova Lei Brasileira de Falências e Recuperação de Empresas". O objetivo geral é analisar a nova Lei de Falências e Recuperação de Empresas sob uma perspectiva do Direito e da Economia; e os objetivos específicos são verificar como se dá o estudo dos procedimentos falimentares na "Análise Econômica do Direito" e identificar as maiores inovações na nova legislação falimentar brasileira quanto à eficiência econômica.

3. Marcos de Barros Lisboa e outros, "A racionalidade econômica da nova Lei de Falências e Recuperação de Empresas", in Luiz Fernando Valente de Paiva (coord.), *Direito Falimentar e a Nova Lei de Falências e Recuperação de Empresas*. São Paulo, Quartier Latin, 2005.

2. Considerações iniciais

A falência tem origem na *banca rotta*, antiga expressão que indicava que o banco de um comerciante havia quebrado, e desde então ele não era mais capaz de pagar seus credores.[4]

Há muito tempo a falência tem sido importante instituição legal nas economias de mercado, pois possibilita ao sistema de mercado desfazer-se das firmas ineficientes e realocar os bens dos devedores insolventes, além de ser um incentivo positivo para agir de forma eficiente na possibilidade de uma falência iminente.

O estudo da teoria econômica denominada "Análise Econômica do Direito" (originalmente, *Law and Economics*) foi fortalecido com a publicação da obra *The Problem of Social Cost*, de Ronald Coase.[5] Frente à análise neoclássica de mercados perfeitos sem custos de transação, Coase reclama a importância de custos de transação positivos e, em decorrência disso, da intervenção jurídica no mundo real. Nos estudos de *Law and Economics* é comum "a percepção da importância de recorrer a alguma espécie de avaliação ou análise econômica na formulação das normas jurídicas visando a torná-las cada vez mais eficientes".[6]

De acordo com Cooter e Ulen,[7] a "Análise Econômica do Direito" é tema in-

4. Nesse sentido, v.: Alfredo Rocco, *Princípios de Direito Comercial*, trad. de Ricardo Rodrigues Gama, Campinas, LZN, 2003, e Cesare Vivante, *Trattato di Diritto Commerciale*, 5ª ed., vol. 3, Milão, Casa Editrice Dott. Francesco Vallardi, 1935.

5. Originalmente publicado no *Journal of Law and Economics* 3/1-44 (1960). V.: Ronald Coase, *The Problem of Social Cost* (disponível em *http://enviro.colorado.edu/class/4545/Problem%20of%20SC.pdf*, acesso em 30.3.2006).

6. Rachel Sztajn, "*Law and Economics*", *RDM* 137/227-231, Ano XLIV, São Paulo, Malheiros Editores, janeiro-março/2005 (p. 228).

7. Robert Cooter e Thomas Ulen, *Derecho y Economía*, México, Fondo de Cultura Económica, 1998.

terdisciplinar que reúne dois grandes campos de estudo e facilita um entendimento maior de ambos. A Economia nos ajuda a perceber o Direito sob uma perspectiva nova, muito útil para os juristas e para os interessados nos problemas das políticas públicas. Essa linha de pensamento é corroborada por Spector quando afirma que "conocer los beneficios y costos de las normas jurídicas es indispensable para la obtención de cualquier resultado socialmente valioso".[8]

Rachel Sztajn[9] relata que a perspectiva de Ronald Coase, inserida na abordagem de *Law and Economics*, demonstra a importância da inserção da Economia nos estudos do Direito, especialmente considerando as novas formulações da economia institucional, centrada nas instituições sociais, entre as quais empresas, mercados e normas, que facilitam compreender o sistema econômico. Segundo ela, para Coase, "quando os operadores do Direito dominarem conceitos econômicos, suplantarão os economistas na avaliação econômica dos efeitos das normas jurídicas, refinando o método de estudo do Direito".[10]

Nessa teoria são designados como "regulação econômica" os "instrumentos que actúan fijando lo que se puede hacer o no, y penalizando los comportamientos que no cumplen con lo estipulado".[11] Entendida em um sentido amplo, a regulação econômica é a atividade pela qual o Estado intervém nos mercados e altera, desse modo, o funcionamento que os mesmos teriam espontaneamente.

Coloma[12] subdivide a regulação econômica em dois tipos: regulação direta e regulação indireta. O primeiro trata de atividades tais como a fixação e controle de preços e condições de provisão dos serviços públicos, padrões de emissões de substâncias contaminantes e requerimento de liquidez e solvência das entidades financeiras; o segundo, de normas que proíbem as práticas anticompetitivas, as incluídas na legislação *antidumping* e as que regulamentam os procedimentos em caso de falências.

Do ponto de vista da Análise Econômica do Direito, as normas sobre falências são consideradas regulação econômica indireta, pois "no son reglas que sirvan para organizar o crear mercados sino que su función es instrumentar procedimientos mediante los quales el Estado interviene en el funcionamiento espontáneo de los mismos".[13]

A justificativa econômica para esta intervenção estatal baseia-se na necessidade de resolver dois problemas básicos de eficiência: o oportunismo dos credores que intentam cobrar seus créditos com antecipação ao resto (a fim de obter maior pagamento) e o risco moral do devedor que, sabendo que o valor esperado de sua empresa é provavelmente negativo, perde incentivos para administrá-la eficientemente.

Lisboa e outros defendem que a função da legislação falimentar é prover o sistema econômico com um conjunto de regras de coordenação, alinhando incentivos de forma a maximizar o resultado global. Segundo eles, "na medida em que a legislação sinaliza com normas claras que preservem direito de propriedade, regulem o cumprimento de contratos e, em caso de insolvência efetiva, minimizem as perdas,

8. Horacio Spector (comp.), *Elementos de Análisis Económico del Derecho*, Santa Fé, Rubinzal-Culzoni, 2004, p. 21.

9. Racjel Sztajn, "*Law and Economics*", cit., *RDM* 137/227-231.

10. Idem, p. 232.

11. Joan Martinez Alier e Jordi Roca Jusmet, *Economía Ecológica y Política Ambiental*, 2ª ed., México, Fondo de Cultura Económica, 2001, p. 140.

12. Germán Coloma, *Análisis Econômico del Derecho Privado y Regulatório,* Buenos Aires, Ciudad Argentina, 2001.

13. Germán Coloma, *Análisis Económico del Derecho Privado y Regulatorio*, Buenos Aires, Ciudad Argentina, 2001, p. 276.

as incertezas são mitigadas, proporcionando maior segurança para a atividade econômica, para as relações comerciais e para o mercado de crédito em particular".[14]

Nos processos falimentares os principais progressos esperados devem acontecer a partir da maior participação da governança dos credores privados, mediante a utilização mais racional dos incentivos e mecanismos econômicos consagrados pela experiência internacional. A base principal está nas alterações das regras de prioridade, portanto, do incentivo econômico da participação dos credores nos processos falimentares. "Por melhor que seja a estrutura legal e judiciária que gere o sistema falimentar, ela não consegue substituir a participação e governança dos próprios e principais interessados nesses processos: os credores."[15]

Segundo Sztajn,[16] se não existisse outro argumento para estimular a pesquisa e o diálogo conjunto entre economistas e juristas, bastaria o do economista. "A importância do desbravamento da interdisciplinaridade e os benefícios que dela podem resultar para o estudo do Direito são inegáveis."

Sob o ponto de vista econômico, a legislação falimentar tem como objetivo criar condições para que situações de insolvência tenham soluções previsíveis, rápidas e transparentes, de forma que os ativos sejam preservados e continuem cumprindo sua função social, gerando produto, emprego e renda. Conforme Lisboa e outros, a legislação falimentar busca também "minimizar os impactos de insolvências individuais sobre a economia como um todo e, dessa forma, limitar prejuízos gerais e particulares".[17] Dessa forma, na busca de resultados econômicos eficientes, cabe um papel fundamental ao sistema de insolvências.

3. A nova legislação falimentar brasileira

Desde a década passada muitos países latino-americanos vêm passando por reformas, melhorando seus sistemas de insolvência.[18] A reforma brasileira começou a ser discutida em 1993 e foi finalmente concretizada em 9.2.2005, como Lei 11.101.

A antiga Lei de Falências brasileira – Decreto-lei 7.661 – foi decretada por Getúlio Vargas em 21.6.1945. Embora tenha sido um avanço em sua época, o antigo regime de insolvência já não se fazia mais compatível com as necessidades da economia atual, tampouco atendia aos anseios inerentes a uma legislação falimentar moderna, e no decorrer dos anos tornou-se inadequado a essas necessidades.

Conforme Carvalho,[19] dentre suas principais limitações encontram-se as se-

14. Marcos de Barros Lisboa e outros, "A racionalidade econômica da nova Lei de Falências e Recuperação de Empresas", cit., in Luiz Fernando Valente de Paiva (coord.), *Direito Falimentar e a Nova Lei de Falências e Recuperação de Empresas*, p. 34.

15. Aloísio Araújo e Eduardo Lundberg, "A nova legislação de falências – Uma avaliação econômica", in Luiz Fernando Valente de Paiva (coord.), *Direito Falimentar e a Nova Lei de Falências e Recuperação de Empresas*, São Paulo, Quartier Latin, 2005, p. 332.

16. Rachel Sztajn, "*Law na Economics*", cit., *RDM* 137/232.

17. Marcos de Barros Lisboa e outros, "A racionalidade econômica da nova Lei de Falências e Recuperação de Empresas", cit., in Luiz Fernando Valente de Paiva (coord.), *Direito Falimentar e a Nova Lei de Falências e Recuperação de Empresas*, p. 33.

18. Países como Chile, México, Argentina, Equador e Colômbia. Nesse sentido, v.: Aloísio Araújo e Bruno Funchal, "Past and future of the Bankruptcy Law in Brazil and Latin America", cit., *Ensaios Econômicos EPGE* 599, 8/2005 (disponível em *http://epge.fgv.br/portal/arquivo/1922.pdf*, acesso em 7.11.2006).

19. Antônio Gledson de Carvalho, *Lei de Falências, Acesso ao Crédito Empresarial e Taxas de Juros no Brasil* (disponível em *http://www.febraban.org.br/Arquivo/Servicos/Imprensa/Lei%20de%20*

guintes: (i) é desnecessariamente rígida; (ii) não oferece condições para a recuperação de empresas economicamente viáveis em estado de insolvência financeira; (iii) burocratiza excessivamente o processo de liquidação de empresas; (iv) não otimiza os proventos da massa falida, por afastar do processo os credores, que são os agentes mais aptos para conduzi-la; e (v) dificulta a obtenção de crédito pelas empresas.

No relatório do Projeto de Lei Complementar 71/2003 o Relator destacou diversos princípios que deveriam orientar a nova lei a ser aprovada – princípios, esses, que nortearam o texto final do Projeto aprovado pelo Senado. São eles: preservação da empresa; separação dos conceitos de "empresa" e de "empresário"; retirada do mercado de sociedades ou empresários não-recuperáveis; proteção aos trabalhadores; redução do custo do crédito no Brasil; celeridade e eficiência dos processos judiciais; segurança jurídica; participação ativa dos credores; maximização do valor dos ativos do falido; desburocratização da recuperação de microempresas e empresas de pequeno porte; rigor na punição de crimes relacionados à falência e à recuperação judicial.

A aprovação da nova Lei de Falências e Recuperação de Empresas constituiu ponto crucial no aperfeiçoamento institucional que o Governo vem implementando na economia brasileira, já que coloca o regime falimentar brasileiro em consonância com as melhores práticas adotadas internacionalmente e estimula o investimento, o crédito e o emprego no país. A elaboração da nova lei visou à adequação do sistema falimentar ao atual estágio de desenvolvimento da economia brasileira em geral e das relações comerciais particulares. Dessa forma, conforme Lisboa e outros, "mecanismos de alinhamento de incentivos foram criados, acompanhando a direção que vem sendo seguida pelos países que recentemente reformaram sua legislação falimentar".[20]

Falencias%20Gledson.pdf, acesso em 3.11.2006, p. 20).

3.1 A nova Lei de Falências e suas inovações: negociação entre credores e devedores e manutenção da empresa

A nova Lei de Falências moderniza nossa legislação falimentar, inovando em muitos aspectos ao procurar valorizar a empresa produtiva e preservar empregos. Como concepção, sem aferir a tradição e o ordenamento jurídico brasileiro, adota na prática um sistema unitário, assemelhado ao que existe no Direito Alemão e que vem sendo implementado na União Européia. A empresa em dificuldades financeiras, reconhecida sua situação pelo Poder Judiciário, tem a possibilidade de ter sua viabilidade econômica analisada por meio da apresentação de um plano de recuperação. Caso o plano de recuperação seja aceito pelos credores, o juiz aprova o processo de recuperação judicial; caso contrário é determinada sua falência.

A Lei 11.101/2005 cria dispositivos que estimulam a negociação entre devedores e credores, de forma a encontrar soluções de mercado para empresas em dificuldades financeiras. Conforme Lisboa e outros, o objetivo central da lei é "viabilizar a continuidade de negócios da empresa enquanto unidade produtiva, mantendo assim a sua capacidade de produção e geração de empregos, oferecendo condições para que as empresas com viabilidade econômica encontrem os meios necessários para a sua recuperação, a partir da negociação com seus credores. Caso os credores entendam que a reabilitação da empresa não é possí-

20. Marcos de Barros Lisboa e outros, "A racionalidade econômica da nova Lei de Falências e Recuperação de Empresas", cit., in Luiz Fernando Valente de Paiva (coord.), *Direito Falimentar e a Nova Lei de Falências e Recuperação de Empresas*, p. 42.

vel, a lei estimula a sua venda num ritmo expresso, de modo a permitir que, sob uma nova administração, a empresa continue a exercer a sua função social de gerar emprego e renda. Em última instância, se o negócio não for mais viável, a lei cria condições factíveis para que haja uma liquidação eficiente dos ativos, permitindo assim que se maximizem os valores realizados e, conseqüentemente, se minimizem as perdas gerais".[21]

Dessa forma, pretende-se estimular a recuperação da empresa, desde que obedecidas as restrições de viabilidade e eficiência. O modelo adotado foi planejado para gerar incentivos concretos à reorganização, porém não descuidou de coibir os problemas de risco moral que normalmente acompanham a condução ineficiente dos negócios e uma administração desvinculada dos interesses dos credores.

A nova Lei de Falências procura evitar o quadro observado no regime falimentar anterior, no qual a inexistência de um ambiente de negociação entre credores e devedor e a morosidade dos processos falimentares levavam à desvalorização dos ativos da empresa.

A busca de um equilíbrio entre os objetivos do devedor e do credor, visando à preservação da função social da empresa, sustentou a construção de dois institutos que compõem o novo arcabouço falimentar: recuperação (judicial e extrajudicial) e falência. Quando a empresa tiver condições de se reerguer, aplica-se a recuperação. Porém, se a continuidade do negócio é inviável economicamente sob a gestão original, ou seu encerramento inevitável, o novo regime de falências prevê regras e instrumentos de liquidação da empresa e alienação de seus ativos de maneira eficiente e rápida, evitando sua desvalorização.

A nova legislação falimentar dá prioridade à manutenção da empresa e dos seus recursos produtivos, ao dispor sobre o fim do antigo instituto da concordata e criar as recuperações judicial e extrajudicial, aumentando a abrangência e a flexibilidade nos processos de recuperação de empresas e propondo alternativas para o enfrentamento das dificuldades econômicas e financeiras da empresa devedora.

Pela nova lei, o envolvimento direto do Judiciário é precedido de uma tentativa de negociação informal entre devedor e credores, por meio de uma proposta de recuperação apresentada pelo devedor a uma Assembléia de Credores. A criação dessa Assembléia é uma importante novidade, que nos aproxima do padrão internacional em relação à legislação falimentar.

Na Lei 11.101 a Assembléia-Geral de Credores é o órgão que, na recuperação judicial e na falência, manifesta a vontade coletiva da comunhão de credores. Em ambos os casos a Assembléia-Geral de Credores é órgão de funcionamento facultativo, que poderá, até, nunca precisar ser convocado. É órgão hierarquicamente superior que, em princípio, constitui os outros dois órgãos previstos na nova Lei Falimentar: o Comitê de Credores, em casos de recuperação judicial e de falência, escolhendo e substituindo os seus representantes, e o Gestor Judicial, na recuperação judicial. Porém, a Assembléia-Geral de Credores não tem preponderância hierárquica sobre o Administrador Judicial, o qual está subordinado exclusivamente ao juiz.

4. Principais inovações da nova Lei de Falências

A reforma da Lei de Falências brasileira traz mudanças significativas tanto em relação ao crédito como em relação à eficiência alocativa dos fatores produtivos. As inovações introduzidas pela nova lei melhoram a legislação falimentar existente, integrando o sistema de insolvência com os amplos sistemas legais e comerciais do país. O primeiro ponto a destacar é a opção

21. Idem, ibidem.

de reorganização judicial e extrajudicial; o segundo é que ela provê um razoável balanço entre liquidação e reorganização, mitigando o "Erro Tipo I",[22] permitindo, assim, alocação mais eficiente dos fatores de produção; o terceiro ponto é o enriquecimento significativo do sistema legal de insolvência, que possibilita a conversão da recuperação em liquidação, o requerimento do devedor para reabilitação durante o processo de liquidação imposto a ele e a introdução de um novo procedimento de reorganização extrajudicial para planos de reestruturação pré-acordados.

No que diz respeito ao processo de liquidação, Araújo e Funchal[23] destacam uma série de mudanças também implementadas, entre elas: (a) a limitação do crédito trabalhista a 150 salários mínimos; (b) a prioridade do crédito segurado acima do Fisco; (c) o crédito não-segurado acima de alguns créditos fiscais; (d) a venda das firmas em primeiro lugar, preferencialmente como um todo (se não for possível venda em blocos); posteriormente, a formação da lista dos credores, de forma a aumentar a velocidade do processo e o valor da firma nos estados de bancarrota, além da tentativa de preservar empregos; (e) o fim do problema de sucessão de débitos, já que as alienações serão feitas em hasta pública, onde o novo comprador fica livre da sucessão das obrigações do devedor; e (f) o novo crédito fornecido durante o período de reorganização será prioritário em caso de liquidação.

Quanto à limitação do crédito trabalhista a 150 salários mínimos, à prioridade do crédito segurado acima do Fisco e à do crédito não-segurado acima de alguns créditos fiscais, Araújo e Funchal[24] explicam que o nível de proteção dado aos credores tende a aumentar por meio dessas mudanças. Tais fatos geram efeitos positivos sobre as diferentes fases de vida das firmas. Na fase inicial de investimentos, anterior às dificuldades financeiras, o custo do capital se reduziria, expandindo o conjunto de projetos socialmente eficientes a serem financiados e reduzindo o subinvestimento em esforço que é exacerbado quando o sistema de bancarrota dá prioridade às demandas trabalhistas e fiscais sobre os credores. No período pós-problemas financeiros, a proporção de firmas com dificuldades se reduziria, devido ao aumento no nível de esforço empregado e, como os "jogos" em investimento de risco e os atrasos estratégicos não são afetados por mudanças na liquidação, seus efeitos agregados diminuem.

Nos casos em que as firmas são preferencialmente vendidas como um todo, sucedidas pela formação da lista dos credores (d), e nos casos de exclusão da sucessão das obrigações do devedor (e), o valor das firmas falidas tende a aumentar, na medida em que, quanto mais os credores esperam receber nos estados de insolvência, menor a quantia que irão requerer da firma nos estados de solvência, reduzindo o custo do capital.

O fato de que todo novo crédito fornecido durante o período de recuperação será prioritário em caso de falência é importante para reduzir custos indiretos que podem existir num processo de recuperação, onde os parceiros da firma insolvente poderiam ficar mais relutantes em fazer negócios ou demandar termos mais favoráveis do que se não existisse essa medida.

Todas essas mudanças atuam para aumentar a qualidade da falência. As medidas "a" e "b" aumentam a proteção ao cre-

22. Na elaboração de testes de hipóteses, segundo a Estatística, um "Erro Tipo I" consiste em rejeitar a hipótese nula quando esta é verdadeira. A probabilidade de cometer este erro é denotada por "α" e recebe o nome de "Nível de Significância" do teste.

23. Aloísio Araújo e Bruno Funchal, "A nova Lei de Falências brasileira e seu papel no desenvolvimento do mercado de crédito", *Pesquisa e Planejamento Econômico/PPE* 36-n.2/209-254, Rio de Janeiro, agosto/2006.

24. Idem, ibidem.

dor segurado, enquanto "c", "d" e "e" aumentam a eficiência do processo de insolvência.

4.1 Recuperação de empresas

O novo processo de recuperação de empresas (a *reorganização*) resgata a racionalidade econômica encontrada no Capítulo 11 da Lei de Falências norte-americana.[25] Diferentemente do procedimento antigo, chamado de "concordata",[26] onde não se permitia qualquer negociação entre as partes interessadas, os gerentes fazem uma ampla proposta de recuperação, que deve ser aceita por cada uma das classes de credores, os quais, agora com um papel mais relevante no processo, terão de negociar e votar a favor de um plano de reorganização como forma de aumentar as chances de sucesso na recuperação das empresas insolventes.

Foram introduzidas duas possibilidades pela nova lei. Em primeiro lugar está a aplicação por 180 dias do chamado *automatic stay*, no qual credores não podem tomar qualquer bem da firma, até mesmo aqueles dados como garantia, a fim de não atrapalhar o funcionamento de suas atividades. Em segundo lugar está a possibilidade de obtenção de novos créditos por parte da firma que está se reorganizando. Os créditos concedidos após a falência passam a ter prioridade, se ocorrer a liquidação da firma, incentivando os novos credores a fazerem novos empréstimos a termos mais favoráveis, reduzindo, dessa forma, os custos indiretos originados pela situação de insolvência.

Conforme Araújo e Funchal, essas mudanças "facilitam o processo de recuperação e permitem que mais firmas economicamente eficientes se reabilitem, reduzindo o "Erro Tipo I" e aprimorando o balanceamento entre liquidação e reorganização".[27] Tal equilíbrio entre ambos os procedimentos de insolvência permite uma alocação mais eficiente dos fatores de produção, tanto através da recuperação das firmas economicamente eficientes que passam por dificuldades financeiras como pela transferência dos ativos das economicamente ineficientes (através de sua liquidação) para firmas mais eficientes.

A recuperação baseia-se na constatação de que a reorganização eficaz dos negócios de uma empresa em dificuldade representa uma das principais formas de maximização do valor dos ativos e proteção dos credores. Lisboa e outros salientam que, em conseqüência desse fato, "a resolução de uma insolvência via recuperação importa menores perdas de bem-estar social, pois evita rupturas econômicas e interrupção de projetos de investimento. A experiência brasileira das últimas décadas, baseada na concordata como único instrumento de recuperação, revela que mecanismos muito rígidos, sem espaço para negociação entre devedor e credores, dificilmente tem êxito no seu objetivo de possi-

25. Marcos de Barros Lisboa e outros, "A racionalidade econômica da nova Lei de Falências e Recuperação de Empresas", cit., in Luiz Fernando Valente de Paiva (coord.), *Direito Falimentar e a Nova Lei de Falências e Recuperação de Empresas*, 2005.

26. A origem da concordata remonta ao Direito Romano de forma "embrionária". Porém, o Direito Romano não conheceu a concordata com o devedor insolvente, visto que havia, naquela época, a responsabilidade pessoal dos herdeiros por dívidas do morto. Para que a memória do morto não fosse gravada com a infâmia, os herdeiros realizavam um acordo com os credores onde eles *concordavam* em reduzir seus créditos às forças da herança. Nesse sentido, v.: Paulo Roberto Colombo Arnoldi, *Direito Comercial: Falências e Concordatas*, Leme, Led, 1999, p. 349; José Cândido Sampaio de Lacerda, *Manual de Direito Falimentar*, Rio de Janeiro, Freitas Bastos, 1959, p. 266; Trajano de Miranda Valverde, *Comentários à Lei de Falências*, vol. III, Rio de Janeiro, Forense, 1955, p. 99.

27. Aloísio Araújo e Bruno Funchal, "A nova Lei de Falências brasileira e seu papel no desenvolvimento do mercado de crédito", cit., *Pesquisa e Planejamento Econômico/PPE* 36-n. 2/249.

bilitar à empresa a superação de seus problemas financeiros".[28]

Sobre as recuperações, Fazzio Jr.[29] salienta que a nova lei deixa abertos dois caminhos para o devedor: a recuperação extrajudicial, posteriormente homologada pelo juiz, e a recuperação judicial. Em ambos os casos a intervenção da coletividade de credores é decisiva, pois, além de concordar ou discordar, podem rever propostas e sugerir alternativas. Estabelece-se com isso um processo de duas vias que, frente aos planos alternativos propostos pelos credores, vê-se na contingência de acolher ou não tais propostas. Essa reciprocidade de propostas e respostas levará à composição de um plano de recuperação consensual, a tentativas judiciais de conciliação ou, em último caso, à decretação da falência.

Os novos regimes de recuperação extrajudicial e judicial permitem a criação de mecanismos flexíveis para a busca de soluções dos problemas financeiros da empresa, para poderem resolver satisfatoriamente seus débitos, sem que isso implique sua liquidação. Portanto, poderão resultar na remoção das causas da crise econômico-financeira da empresa, e não em um mero prolongamento de dívidas.

4.1.1 *Recuperação extrajudicial*

A nova lei também introduz o processo de reorganização extrajudicial, que é de suma importância para o Brasil, uma vez que poupa as firmas dos altos custos incorridos no litígio. Nesse tipo de procedimento a maioria impõe a decisão pré-acordada à minoria. A renegociação privada entre os grupos de credores e devedores evita diversas perdas (como reputação) durante a reabilitação da firma, o que seria observado em caso de uma renegociação aberta.[30]

Segundo Lisboa e outros: "A recuperação extrajudicial tem como principal característica a ampla flexibilidade de negociação entre devedor e credores(ou grupo de credores), sem a rigidez de processos judiciais, embora exista a possibilidade de respaldo do Poder Judiciário, desde que obedecidos requisitos legais mínimos, conferindo segurança jurídica ao processo".[31]

Na recuperação extrajudicial são chamados apenas os credores mais expressivos para renegociarem seus créditos, visando à reestruturação da empresa sem que haja comprometimento de suas características, prazo e valores dos créditos dos demais credores (de menor expressão no passivo da empresa).

A criação da recuperação extrajudicial, além de autorizar a realização de negociações privadas e informais entre o devedor e seus credores e de reduzir o custo de transação envolvido no procedimento anterior, confere maior transparência e segurança, com a possibilidade da homologação judicial do plano de recuperação. A presença do Judiciário assegura o cumprimento dos requisitos legais, homologando o acordo em caso afirmativo e tornando o processo mais ágil e flexível. Essa participação do Poder Judiciário, embora reduzida, mostra-se necessária como forma de legitimar e conferir maior segurança ao acordo, minimizando a possibilidade de disputas nos tribunais – o que prejudicaria

28. Marcos de Barros Lisboa e outros, "A racionalidade econômica da nova Lei de Falências e Recuperação de Empresas", cit., in Luiz Fernando Valente de Paiva (coord.), *Direito Falimentar e a Nova Lei de Falências e Recuperação de Empresas*, p. 43.

29. Waldo Fazzio Jr., *Recuperações* (disponível em *http://www.waldo.pro.br/emp/arts/Recupera.pdf*, acesso em 20.1.2007).

30. Aloísio Araújo e Bruno Funchal, "A nova Lei de Falências brasileira e seu papel no desenvolvimento do mercado de crédito", cit., *Pesquisa e Planejamento Econômico/PPE* 36-n.2/249.

31. Marcos de Barros Lisboa e outros, "A racionalidade econômica da nova Lei de Falências e Recuperação de Empresas", cit., in Luiz Fernando Valente de Paiva (coord.), *Direito Falimentar e a Nova Lei de Falências e Recuperação de Empresas*, p. 44.

a rapidez e a confiabilidade buscadas com a nova legislação.

Conforme Lisboa e outros, "o plano de recuperação extrajudicial deve ser elaborado de forma a aliviar a situação financeira da empresa. Nesse sentido, o diploma legal confere uma ampla liberdade, facultando a realização de planos envolvendo todos os credores, ou apenas parte destes, preservados, naturalmente, todos os direitos dos credores que não aderirem ao plano. Créditos tributários e trabalhistas não podem ser contemplados por um plano de recuperação judicial".[32]

A flexibilidade inerente à recuperação extrajudicial implica menor custo para as situações que demandem soluções mais simples ou que tenham apoio de todas as partes. Nesse sentido, a recuperação extrajudicial pode servir como instrumento para estancar crises financeiras iniciais, facilitando os processos de ajuste, com menor nível de perdas para as partes diretamente envolvidas e para a sociedade como um todo.

Ressalta-se, porém, que não é uma opção recomendável para qualquer empresa, já que uma grande quantidade de credores inviabilizaria o acordo direto. A recuperação extrajudicial também não pode ser usada para negociar dívidas fiscais e/ou trabalhistas, como estabelece a lei de 2005. Portanto, só é recomendável adotar esse método em pequenas e médias empresas com poucos credores, pois, por se tratar de procedimento mais rápido e barato que a recuperação judicial, pode ser interessante para empresas pequenas com credores privados como bancos e instituições financeiras.

4.1.2 *Recuperação judicial*

A recuperação judicial objetiva viabilizar a superação da situação de crise econômico-financeira do devedor e, dessa forma, permitir a manutenção da fonte produtora, do emprego dos trabalhadores e dos interesses dos credores, promovendo a preservação da empresa e de sua função social e estimulando a atividade econômica.

Esse tipo de recuperação é utilizado nas situações mais complexas ou que demandem o envolvimento de todos os credores, e se dá de maneira mais rígida e formal, sob a condução e controle do Poder Judiciário e dos credores.

A principal característica da recuperação judicial é o incentivo à negociação entre seus devedores e credores, aliado à criação de instrumentos de coordenação. A recuperação deve ser decidida e planejada, em princípio, pelos próprios credores, que poderão formar o Comitê de Credores, no qual prevalecerá a vontade da maioria quando da aprovação do programa de recuperação.

A nova lei estabelece um período de 180 dias (*stay period*) em que as ações e execuções contra a empresa ficam suspensas, proporcionando a tranqüilidade financeira necessária para a elaboração e negociação do plano de reorganização. Segundo Lisboa e outros, esse prazo mostra-se "razoável para conferir a proteção necessária para a empresa negociar o plano, sem, no entanto, desencadear essas conseqüências danosas, comprometendo a própria recuperação da empresa".[33]

No planejamento de recuperação poderão ser programados a capitalização da empresa, com a venda de parte da empresa, venda de ativos, renegociação e alongamento de prazos, cisão, incorporação e fusão de sociedade, alteração do controle societário, dentre outros, para o fim de melhorar seu desempenho.

O plano de recuperação proposto pelo devedor e discutido com a Assembléia deve ter a anuência das três classes de credores para ser aprovado em até 180 dias,

32. Idem, p. 45.

33. Idem, p. 49.

coincidente com o *stay period*. Na hipótese de o plano de recuperação não alcançar aprovação ou não atingir as metas almejadas, caberá ao juiz decretar a falência da empresa.

A utilização do conjunto de instrumentos econômicos presentes no instituto da recuperação só é justificada "quando há a perspectiva de que a reestruturação da empresa resultará em valor econômico superior ao valor montante obtido pelos credores com a liquidação imediata dos ativos existentes. A recuperação deve ser incentivada, pois preserva produção, empregos e capacidade de geração de tributos. Mas esse enfoque não deve ser pleno a ponto de manter em funcionamento empresas sem perspectivas, o que implicaria a gradual deterioração dos ativos ainda existentes. Para isso foi desenvolvido um regime falimentar balanceado, capaz de permitir a rápida alienação de ativos e a conseqüente distribuição dos recursos arrecadados entre diversos credores".[34]

4.2 Falência

A falência é o procedimento indicado para as situações em que a recuperação de empresas se torna impossível. Ressalta-se que a falência representa uma situação de inviabilidade econômica da empresa, mas não necessariamente sua inviabilidade financeira. Períodos prolongados de administrações perdulárias ou ineficientes freqüentemente geram passivos (financeiros, tributários e trabalhistas) tão significativos que nem mesmo a utilização de novos incentivos de recuperação judicial seria capaz de viabilizar o funcionamento da pessoa jurídica.

O objetivo de se propor um regime de falência ágil e com a participação dos credores é facilitar a transferência da empresa, ou de suas partes viáveis, para uma gerência melhor capacitada para administrá-la. Dessa forma, a eficiência do sistema econômico é incrementada ao serem encerradas as atividades de um negócio inviável e permitir sua rápida transferência a terceiros. O resultado auferido com a venda permite o pagamento de pelo menos parte dos credores, gerando uma situação em que o ganho social com a transferência dos ativos é maior que a perda individual dos credores. A Lei 11.101/2005 incentiva a realização rápida dos ativos, garantindo também maior proteção ao crédito, decorrente de um maior retorno para os credores.

Conforme Lisboa e outros, "assim como na recuperação, o processo de falência requer um arcabouço legal com incentivos corretos, de modo que a empresa seja liquidada de forma ordenada e eficiente. A ordem representa o respeito às prioridades de créditos, às formas de alienação dos ativos, às decisões coletivas em detrimento das decisões individuais. A eficiência significa a maximização dos resultados, contemplando a maior quantidade possível de créditos".[35]

A maximização dos ativos é propiciada pela determinação da nova lei para manter a empresa em funcionamento, quando possível, mesmo depois de decretada a falência. No regime falimentar anterior, ao decretar a falência o juiz determinava o fechamento imediato do estabelecimento. Porém, a nova lei oferece a possibilidade de a empresa continuar em funcionamento, evitando a desvalorização das máquinas e equipamentos e elevando seu valor para a venda. O objetivo principal é vender a empresa, ou suas partes, pelo maior valor possível, distribuindo-se os recursos entre os credores.

Araújo e Lundberg salientam que "a mudança nas regras da prioridade do Fisco deve contribuir para a maior governança da falência, já que os credores com garantia real passarão a ter maior interesse em

34. Idem, p. 53.

35. Idem, pp. 54-55.

participar e fiscalizar o processo. Com a mudança no art. 186 do Código Tributário, além da limitação dos créditos trabalhistas em 150 salários mínimos, a segunda prioridade passará a ser os créditos de garantia real, à frente dos créditos tributários, invertendo a ordem atualmente em vigor".[36]

Ressalta-se que no caso dos créditos trabalhistas essa limitação não visa a subtrair ou eliminar direitos dos trabalhadores, mas apenas redefinir prioridades na ordem de pagamentos de créditos de uma empresa falida. Não é justo que indenizações milionárias de altos executivos, que em sua maioria têm algum tipo de participação ou responsabilidade pelo fracasso da empresa, continuem sendo pagas prioritariamente, em detrimento dos demais credores.

A limitação em 150 salários mínimos também é importante para "coibir e evitar saques fraudulentos dos recursos da massa a favor dos próprios donos e executivos da empresa, seja em nome próprio, seja em nome de 'laranjas'. Ao contrário do que ocorre em outros países, a prioridade trabalhista em nosso país não tinha qualquer tipo de limitação".[37]

A ordem de prioridade no pagamento dos credores na falência é fundamental na criação de incentivos para a resolução rápida e eficiente dos processos falimentares, além de significar ganhos institucionais importantes, pois permite o fortalecimento dos contratos celebrados nos períodos anteriores ao da situação de insolvência. O estabelecimento de uma ordem de prioridade tem, dessa forma, a capacidade de reduzir as perdas e minimizar os riscos – ambas condições importantes para aumentar a eficiência alocativa de recursos. Na definição dessas prioridades podem ser destacadas algumas questões, como o poder de barganha das partes, a capacidade de monitoramento do risco assumido, a associação de garantias e o interesse geral *versus* o interesse particular. O equilíbrio entre esses aspectos na determinação da ordem de classificação é essencial para que se consiga estruturar um processo de barganha equilibrado e gerar incentivos corretos no sentido de processos de resolução eficazes.[38]

5. Considerações finais

Sob a perspectiva da Análise Econômica do Direito, um sistema falimentar deveria procurar ser eficiente *ex ante* e *ex post*. A eficiência *ex post* significa que o procedimento maximiza o valor total dos ativos da firma, tornando maior o retorno dos credores nos estados de insolvência e, conseqüentemente, menores o custo do capital e a restrição de crédito para as firmas dessa economia. A eficiência *ex ante* refere-se à divisão ótima do valor em caso de falência.

O Brasil tinha um sistema falimentar muito pobre. Seu procedimento lento e custoso não permitia maximizar o valor da firma falida. Além disso, a proteção dada aos credores também era muito fraca, devido à prioridade dada às demandas trabalhistas e fiscais. As mudanças na nova lei tendem a proporcionar um ambiente de negócios mais atrativo aos empreendedores. É possível destacar conseqüências potenciais a partir dessas mudanças na legislação. Com a reforma espera-se que os ganhos de eficiência do procedimento, que são refletidos em um aumento do valor da firma em estados de insolvência, assim como uma preferência maior dada aos credores, sejam traduzidos em menores taxas

36. Aloísio Araújo e Eduardo Lundberg, "A nova legislação de falências – Uma avaliação econômica", cit., in Luiz Fernando Valente de Paiva (coord.), *Direito Falimentar e a Nova Lei de Falências e Recuperação de Empresas*, p. 337.

37. Idem, ibidem.

38. Marcos de Barros Lisboa e outros, "A racionalidade econômica da nova Lei de Falências e Recuperação de Empresas", cit., in Luiz Fernando Valente de Paiva (coord.), *Direito Falimentar e a Nova Lei de Falências e Recuperação de Empresas*, 2005.

de juros para as firmas e um maior conjunto de possibilidades de investimento, fomentando, então, o empreendedorismo, através da formação de novas firmas e investimentos, e, por conseqüência, impulsionando o crescimento econômico.

O novo processo de recuperação está de acordo com os procedimentos mais modernos do mundo. Diferentemente da concordata, que não tinha mecanismos efetivos para apoiar a reestruturação corporativa, a nova lei facilitou o processo de recuperação através da inclusão do período de *automatic stay*, no qual credores não podem tomar qualquer bem da firma, aumentando as possibilidades de as firmas economicamente eficientes se reabilitarem (reduzindo a freqüência do "Erro Tipo I").

No que se refere à eficiência alocativa dos recursos produtivos, a criação de um bom procedimento de recuperação possibilita que firmas economicamente viáveis continuem operando mesmo que passem por dificuldades financeiras, e que as economicamente inviáveis sejam fechadas, transferidos seus ativos para outras mais eficientes, promovendo, assim, ganhos econômicos. Portanto, a reforma na Lei de Falências brasileira trará significativas conseqüências tanto para o mercado e o crédito brasileiros quanto para a eficiência geral da economia.

No processo de falência, uma das mudanças mais significativas foi o aumento da proteção ao credor, dando aos credores segurados a preferência sobre as demandas fiscais e parte das demandas trabalhistas, e para os não-segurados a preferência sobre parte das demandas fiscais. Além disso, medidas que visavam a aumentar o valor da firma em falência, como sua venda como um todo e a exclusão da possibilidade de sucessão das obrigações do devedor, foram realizadas.

Finalmente, no momento de valorar os efeitos econômicos de uma nova lei em nosso país há que ter presente não só as disposições substantivas da norma, mas também a estrutura da administração de justiça que deve aplicá-la. Uma lei perfeita em sua redação pode, assim, fracassar por completo se os órgãos que velam por seu cumprimento atuam com ineficiência e lentidão.

E não há dúvida de que a eficiência da administração de justiça no Brasil vem sendo objeto de numerosas críticas. Essa preocupação ganha especial relevância numa lei como a falimentar, já que a simples existência de dilações poderia levar ao fracasso boa parte dos objetivos da norma e dificultaria sua conversão em uma instituição rápida e eficiente na qual possam confiar as empresas de nosso país nos casos de liquidação e reestruturação de empresas em crise.

É preciso que o Poder Público realize um grande esforço para garantir o bom funcionamento desses novos procedimentos, para reduzir as probabilidades de um fracasso que afetaria negativamente a reforma falimentar.

Bibliografia

ALBERT, Rocio, e CABRILLO, Francisco. "Un análisis económico de la reforma concursal española". *Revista Valenciana de Economía y Hacienda* 11/113-132. Ano IV. Valência, II/2004.

ALIER, Joan Martinez, e JUSMET, Jordi Roca. *Economía Ecológica y Política Ambiental*. 2ª ed. México, Fondo de Cultura Económica, 2001.

ALMEIDA, Amador Paes de. *Curso de Falência e Recuperação de Empresa: de Acordo com a Lei 11.101/2005*. São Paulo, Saraiva, 2005.

ARAGÃO, Alexandre Santos de. "O conceito jurídico de 'regulação'". *RDM* 122/38-47. Ano XL. São Paulo, Malheiros Editores, abril-junho/2001.

ARAÚJO, Aloísio, e FUNCHAL, Bruno. "A nova Lei de Falências brasileira e seu papel no desenvolvimento do mercado de crédito". *Pesquisa e Planejamento*

Econômico/PPE 36-n. 2/209-254. Rio de Janeiro, agosto/2006.

————. "Past and future of the Bankruptcy Law in Brazil and Latin America". *Ensaios Econômicos EPGE* 599, 8/2005 (disponível em *http://epge.fgv.br/portal/arquivo/1922.pdf*, acesso em 7.11.2006).

ARAÚJO, Aloísio, e LUNDBERG, Eduardo. "A nova legislação de falências – Uma avaliação econômica". In: PAIVA, Luiz Fernando Valente de (coord.). *Direito Falimentar e a Nova Lei de Falências e Recuperação de Empresas*. São Paulo, Quartier Latin, 2005.

————. *A Nova Lei de Falências – Uma Avaliação* (disponível em *http://www.bcb.gov.br/Pec/SeminarioEcoBanCre/Port/V%20-%20Lei%20de%20Fal%C3%AAncias%20-%204JSB.pdf*, acesso em 7.11.2006).

ARIDA, P. "A pesquisa em Direito e Economia: em torno da historicidade da norma". In: ZYLBERSTAJN, Décio, e SZTAJN, Rachel (orgs.). *Direito & Economia. Análise Econômica do Direito e das Organizações*. Rio de Janeiro, Elsevier, 2005.

ARNOLDI, Paulo Roberto Colombo. *Direito Comercial: Falências e Concordatas*. Leme, Led, 1999.

ASCARELLI, Tullio. *Corso di Diritto Commerciale: Introduzione e Teoria dell'Impresa*. 3ª ed. Milão, Dott. A. Giuffrè Editore, 1962.

BAROSSI FILHO, Milton. "As assembléias de credores e plano de recuperação de empresas: uma visão em teoria dos jogos". *RDM* 137/233-238. Ano XLIV. São Paulo, Malheiros Editores, janeiro-março/2005.

BONFANTE, Pedro. *Instituciones de Derecho Romano*. Madri, Reus, 1929.

BOUCKAERT, BOUDEWIJN e DE GEEST, Gerrit (eds.). *Encyclopedia of Law and Economics. The Economics of Crime and Litigation*. vol. V. Cheltenham, UK, Edward Elgar, 2000.

CABRILLO, Francisco, e ALBERT, Rocio. "Un análisis económico de la reforma concursal española". *Revista Valenciana de Economía y Hacienda* 11/113-132. Ano IV. Valência, II/2004.

————. e DEPOORTER, Ben W. F. "Bankruptcy proceedings". In: BOUCKAERT, BOUDEWIJN e DE GEEST, Gerrit (eds.). *Encyclopedia of Law and Economics. The Economics of Crime and Litigation*. vol. V. Cheltenham, UK, Edward Elgar, 2000.

CALEFFI, Antônio Marcelo. "Uma visão crítica da recuperação judicial instituída pela Lei 11.101/2005 – Nova Lei de Falências". *Revista Jurídica* 33/49-62. Porto Alegre, julho/2005.

CARVALHO, Antonio Gledson de. *Lei de Falências, Acesso ao Crédito Empresarial e Taxas de Juros no Brasil* (disponível em *http://www.febraban.org.br/Arquivo/Servicos/Imprensa/Lei%20de%20Falencias%20Gledson.pdf*, acesso em 3.11. 2006).

CASTRO, Carlos Alberto Farracha de. "A ordem de preferência na nova Lei de Falências". *RDM* 135/127-135. Ano XLIII. São Paulo, Malheiros Editores, julho-setembro/2004.

COASE, Ronald. *The Problem of Social Cost* (disponível em *http://enviro.colorado.edu/class/4545/Problem%20of%20SC.pdf*, acesso em 30.3.2006).

COLOMA, Germán. *Análisis Económico del Derecho Privado y Regulatorio*. Buenos Aires, Ciudad Argentina, 2001.

COOTER, Robert, e ULEN, Thomas. *Derecho y Economía*. México, Fondo de Cultura Económica, 1998.

DE GEEST, Gerrit, BOUCKAERT e BOUDEWIJN (eds.). *Encyclopedia of Law and Economics. The Economics of Crime and Litigation*. vol. V. Cheltenham, UK, Edward Elgar, 2000.

DE LUCA, Newton, e SIMÃO FILHO, Adalberto (coords.) *Comentários à Nova Lei de Recuperação de Empresas e de Falências: Comentários Artigo por Artigo, Lei 11.101/2005*. São Paulo, Quartier Latin, 2005.

DECLAREUIL, J. *Roma y la Organización del Derecho*. Barcelona, Cerventes, 1928.

DEPOORTER, Ben W. F., e CABRILLO, Francisco. "Bankruptcy proceedings". In: BOUCKAERT, BOUDEWIJN e DE GEEST, Gerrit (eds.). *Encyclopedia of Law and Economics. The Economics of Crime and Litigation*. vol. V. Cheltenham, UK, Edward Elgar, 2000.

ECO, Umberto. *Como se Faz uma Tese*. São Paulo, Perspectiva, 1999.

FALKE, Mike. *Insolvency Law Reform in Transition Economies* (disponível em *http://siteresources.worldbank.org/GILD/Resources/InsolvencyLawReforminTransitionEconomies.pdf*, acesso em 3.11.2006).

FAZZIO JR., Waldo. *Nova Lei de Falências e Recuperação de Empresas*. São Paulo, Atlas , 2005.

———. *Recuperações* (disponível em *http://www.waldo.pro.br/emp/arts/Recupera.pdf*, acesso em 20.1.2007).

FONSECA, Humberto Lucena Pereira da, e KÖHLER, Marcos Antônio. "A nova Lei de Falências e o instituto da recuperação extrajudicial". *RDM* 138/53-69. Ano XLIV. São Paulo, Malheiros Editores, abril-junho/2005.

FRANÇA, Erasmo Valladão Azevedo e Novaes. "A Assembléia-Geral de Credores na nova Lei Falimentar". *RDM* 138/71-83. Ano XLIV. São Paulo, Malheiros Editores, abril-junho/2005.

FUNCHAL, Bruno, e ARAÚJO, Aloísio. "A nova Lei de Falências brasileira e seu papel no desenvolvimento do mercado de crédito". *Pesquisa e Planejamento Econômico/PPE* 36-n. 2/209-254. Rio de Janeiro, agosto/2006.

———. "Past and future of the Bankruptcy Law in Brazil and Latin America". *Ensaios Econômicos EPGE* 599, 8/2005 (disponível em *http://epge.fgv.br/portal/arquivo/1922.pdf*, acesso em 7.11.2006).

JUSMET, Jordi Roca, e ALIER, Joan Martinez. *Economía Ecológica y Política Ambiental*. 2ª ed. México, Fondo de Cultura Económica, 2001.

KÖHLER, Marcos Antônio, e FONSECA, Humberto Lucena Pereira da. "A nova Lei de Falências e o instituto da recuperação extrajudicial". *RDM* 138/53-69. Ano XLIV. São Paulo, Malheiros Editores, abril-junho/2005.

LISBOA, Marcos de Barros, e outros. "A racionalidade econômica da nova Lei de Falências e Recuperação de Empresas". In: PAIVA, Luiz Fernando Valente de (coord.). *Direito Falimentar e a Nova Lei de Falências e Recuperação de Empresas*. São Paulo, Quartier Latin, 2005.

LUNDBERG, Eduardo, e ARAÚJO, Aloísio. "A nova legislação de falências – Uma avaliação econômica". In: PAIVA, Luiz Fernando Valente de (coord.). *Direito Falimentar e a Nova Lei de Falências e Recuperação de Empresas*. São Paulo, Quartier Latin, 2005.

———. *A Nova Lei de Falências – Uma Avaliação* (disponível em *http://www.bcb.gov.br/Pec/SeminarioEcoBanCre/Port/V%20-%20Lei%20de%20Fal%C3%AAncias%20-%204JSB.pdf*, acesso em 7.11.2006).

MEZZAROBA, Orides, e MONTEIRO, Cláudia Sevilha. *Manual de Metodologia da Pesquisa*. São Paulo, Saraiva, 2003.

MIÑANA, Horácio Nuñez. *Finanzas Públicas*. Buenos Aires, Ediciones Macchi, 1998.

MONTEIRO, Cláudia Sevilha, e MEZZAROBA, Orides. *Manual de Metodologia da Pesquisa*. São Paulo, Saraiva, 2003.

NEGRÃO, Ricardo. *Aspectos Objetivos da Lei de Recuperação de Empresas e de Falências: Lei 11.101, de 9 De fevereiro de 2005*. São Paulo, Saraiva, 2005.

PAIVA, Luiz Fernando Valente de (coord.). *Direito Falimentar e a Nova Lei de Falências e Recuperação de Empresas*. São Paulo, Quartier Latin, 2005.

PENALVA SANTOS, Paulo (coord.). *A Nova Lei de Recuperação de Empresas e de Falências: Lei 11.101/2005*. Rio de Janeiro, Forense, 2006.

PENTEADO, Luciano de Camargo. "Teoria dos jogos: por uma propedêutica à elaboração racional da decisão". *RDM* 132/160-165. Ano XLIV. São Paulo, Malheiros Editores, outubro-dezembro/2003.

POSNER, Richard. *El Análisis Económico del Derecho*. México, Fondo de Cultura Económica, 1998.

RECHSTEINER , Beat Walter. *Direito Falimentar Internacional e MERCOSUL*. São Paulo, Juarez de Oliveira, 2000.

ROCCO, Alfredo. *Princípios de Direito Comercial*. Trad. de Ricardo Rodrigues Gama. Campinas, LZN, 2003.

RODRIGUES, Frederico Viana. "Reflexões sobre a viabilidade econômica da empresa no novo regime concursal brasileiro. Notas sobre as assembléias de credores na Lei de Recuperação de Empresas". *RDM* 138/102-122. Ano XLIV. São Paulo, Malheiros Editores, abril-junho/2005.

SAMPAIO DE LACERDA, José Cândido. *Manual de Direito Falimentar.* Rio de Janeiro, Freitas Bastos, 1959.

SIMÃO FILHO, Adalberto, e DE LUCA, Newton (coords.) *Comentários à Nova Lei de Recuperação de Empresas e de Falências: Comentários Artigo por Artigo, Lei 11.101/2005.* São Paulo, Quartier Latin, 2005.

SOLA, Juan Vicente. *Constitución y Economía.* 1ª ed. Buenos Aires, Abeledo Perrot, 2004.

SPECTOR, Horácio (comp.). *Elementos de Análisis Económico del Derecho.* Santa Fé, Rubinzal-Culzoni, 2004.

SZTAJN, Rachel. "*Law and Economics*". *RDM* 137/227-231. Ano XLIV. São Paulo, Malheiros Editores, janeiro-março/2005.

————. "Notas sobre as assembléias de credores na Lei de Recuperação de Empresas". *RDM* 138/53-69. Ano XLIV. São Paulo, Malheiros Editores, abril-junho/2005.

————. e ZYLBERSZTAJN, Décio (orgs.). *Direito & Economia. Análise Econômica do Direito e das Organizações.* Rio de Janeiro, Elsevier, 2005.

TIMM, Luciano Benetti (org.). *Direito e Economia.* São Paulo, IOB Thomson, 2005.

TZIRULNIK, Luiz. *Direito Falimentar.* São Paulo, Ed. RT, 2005.

ULEN, Thomas, e COOTER, Robert. *Derecho y Economía.* México, Fondo de Cultura Económica, 1998.

VALVERDE, Trajano de Miranda. *Comentários à Lei de Falências.* vol. III. Rio de Janeiro, Forense, 1955.

VENTURA, Deisy. *Monografia Jurídica.* Porto Alegre, Livraria do Advogado, 2000.

VIVANTE, Cesare. *Trattato di Diritto Commerciale.* 5ª ed., vol. 3. Milão, Casa Editrice Dott. Francesco Vallardi, 1935.

WORLD BANK. *Principles for Effective Insolvency Systems.* 2001.

ZYLBERSTAJN, Décio, e SZTAJN, Rachel (orgs.). *Direito & Economia. Análise Econômica do Direito e das Organizações.* Rio de Janeiro, Elsevier, 2005.

DISCUSSÃO SOBRE A INDENIZAÇÃO PUNITIVA NO BRASIL

RENATA DE PAIVA PUZZILLI COMIN

MARIANA GUIMARÃES BORBOREMA DE SOUSA

1. Introdução. 2. Panorama geral: 2.1 Origens da indenização punitiva – 2.2 A figura dos "punitive damages" nos Estados Unidos – 2.3 A indenização punitiva fora dos Estados Unidos: 2.3.1 O caso da Itália – 2.3.2 O caso da Alemanha. 3. Discussão sobre a indenização punitiva no Brasil: 3.1 Controvérsia sobre a função punitiva da reparação dos danos morais – 3.2 Controvérsia sobre a função punitiva da indenização na jurisprudência. 4. A indenização punitiva em discussão na Câmara dos Deputados e no Senado Federal: 4.1 Projetos que não estabelecem disciplina para a reparação do dano moral – 4.2 Projetos que disciplinam a reparação dos danos morais: 4.2.1 PL 7.124/2002, PL 1.443/2003 e PL 1.914/2003 – 4.2.2 PLS 114/2008 – 4.2.3 PLS 334/2008 – 4.2.4 Emendas substitutivas ao PL 7.124/2002 e ao PL 2.496/2007. 5. Conclusão.

1. Introdução

Há muita discussão na doutrina e na jurisprudência a respeito da aplicação da indenização punitiva no âmbito da responsabilidade civil, a despeito de inexistir previsão no ordenamento jurídico brasileiro.

Segundo Vítor Fernandes Gonçalves, a expressão *punitive damages* representa uma quantia conferida em favor da vítima de um dano em ação civil proposta contra o agente do ato danoso. O autor destaca: "(...) denomina-se 'indenização' ao dinheiro que se outorga a uma parte em uma ação civil proposta em face da causação de um prejuízo (...). Por conseguinte, a tradução mais correta para a expressão *punitive damages* é 'indenização punitiva'" (Gonçalves 2005:24).

O item 2 deste artigo apresenta um panorama geral do instituto da indenização punitiva, origem histórica e aplicação no âmbito internacional, com análise dos casos norte-americano, italiano e alemão. No item 3 será analisada a controvérsia existente na doutrina e na jurisprudência no Brasil sobre a indenização punitiva, com análise de sua aplicação enquanto função da reparação de danos morais. No item 4 serão examinados os principais projetos de lei em andamento na Câmara dos Deputados e no Senado Federal que instituem regramento da reparação do dano moral e discutem a introdução, ou não, do caráter punitivo.

2. Panorama geral

2.1 Origens da indenização punitiva

A idéia de que a função primordial da responsabilidade civil é indenizar a parte lesada, via reposição ao estado anterior ao ato lesivo, é algo relativamente recente. A regra romana do *neminem laedere* foi reinserida no pensamento jurídico moderno pelo Direito Canônico, que considerava pecado a violação de direito – ou seja, o respeito ao próximo era um preceito para a convivência em sociedade e a reparação do dano um dever jurídico essencial (Moraes 2003:203-205).

Nas sociedades primitivas os atos lesivos geravam o sentimento de vingança, e as penas tinham como objetivo central castigar o ofensor fisicamente e moralmente. As leis no Estado primitivo institucionalizaram uma forma de vingança autorizada, mas que não divergia da vingança privada (Reis 2002:128-130).

Posteriormente o Estado verificou que as penas de caráter pessoal geravam desarmonia social e enfraquecimento do próprio poder estatal, e as normas punitivas foram sendo gradativamente substituídas pelas normas reparatórias (Reis 2002: 131-136). Coube ao Direito Romano a substituição da idéia de vingança privada por aplicação de sanções, com o intuito de punir o responsável pelo dano e, conseqüentemente, ressarcir a vítima (Costa/Pargendler 2005:17).

O processo punitivo foi sendo gradualmente aprimorado, e na tradição romano-germânica houve um processo de despenalização visando a limitar a obrigação reparatória aos danos efetivamente sofridos bem como a eliminar a idéia de grau de culpa do ofensor como elemento para a fixação da indenização. Entre os fatos que levaram à separação entre indenização e pena pode-se citar a influência dos ideais de justiça defendidos pela Igreja Católica, que condenava a transferência injustificada de valores de uma pessoa para outra (Costa/Pargendler 2005:18).

Outro fator importante foi a contraposição entre o público e o privado resultante dos ideais liberais, que defendiam a liberdade do cidadão e a plena autonomia dos agentes econômicos privados. E, desta forma, a retirada do caráter punitivo da indenização deixava claro que a aplicação da pena estava restrita aos atos ilícitos relevantes para o Estado.[1] Tal processo conduziu à eliminação da função punitiva do âmbito da responsabilidade civil bem como à uniformização do ressarcimento em caso de dolo ou culpa. Esse é o entendimento vigente no Código Civil brasileiro – conforme disposto no *caput* do art. 944.[2]

O caminho evolutivo traçado acima não se aplica à tradição anglo-saxônica ou *Common Law*, pois esta não afastou o caráter punitivo da responsabilidade civil, tendo o aprimoramento do instituto transformado a pena em um instrumento preventivo, cuja finalidade de punir visava a evitar práticas ilícitas (Costa/Pargendler 2005:19).

Na legislação inglesa o caráter punitivo da indenização do dano passou a embasar a arbitragem dos valores devidos pelos agressores, desde que os atos lesivos não fossem diretos ou intencionais. Nesta perspectiva, o ofensor era obrigado a reparar um valor múltiplo ao valor do dano causado; era a chamada "indenização múltipla". É dentro dessa concepção que se encaixa a figura dos *punitive damages* ou *exemplary damages* (Costa/Pargendler 2005:19).

O *Common Law* prevê diversas modalidades de indenização (*damages*), que apresentam denominações e objetivos próprios. Entre tais modalidades destacam-se: (i) *compensatory damages*, quando o objetivo é a compensação das perdas e danos comprovados; (ii) *nominal damages*, quando não há dano substancial ou sua extensão não é demonstrada; (iii) *general damages*, quando o dano causado não pode ser avaliado pecuniariamente e independe de comprovação; (iv) *multiple damages*, quando a

1. Segundo a visão liberal, a ilicitude configurava-se quando o ato atingia a liberdade alheia e, desta forma, mostrou-se indispensável regular as conseqüências jurídicas dos atos ilícitos, visando a evitar exageros que pudessem limitar a liberdade individual e negocial (Moraes 2003:195-199).

2. "Art. 944. A indenização mede-se pela extensão do dano."

indenização é agravada em um valor prefixado e limitado em lei, e (v) *punitive damages*, que visam essencialmente a punir o ofensor, desde que presentes certos aspectos (Andrade 2006:181-194).

Segundo André Gustavo Corrêa de Andrade, a primeira indenização múltipla do Direito Inglês data do século XIII, quando foi estipulada indenização triplicada em ação de recuperação de propriedade imóvel. Contudo, o instituto dos *punitive damages* foi se desenvolver somente a partir do século XVIII, sendo que a primeira previsão da figura em questão encontra-se no caso "Wilkes *versus* Wood",[3] no qual o Júri Inglês estipulou uma alta soma a título de indenização, visando a prevenir atos semelhantes. A partir desse precedente, os *punitive* ou *exemplary damages* passaram a embasar os pedidos de punição aos ofensores quando o ato fosse considerado grave (Andrade 2006:186-188). A indenização adicional por dano à pessoa era aplicada pelas Cortes como um instrumento compensatório e punitivo.

2.2 A figura dos "punitive damages" nos Estados Unidos

Nos Estados Unidos da América/EUA os *punitive damages* surgiram posteriormente, no caso "Genay *versus* Norris", julgado em 1784,[4] mas até 1830 continham caráter meramente compensatório. A função dissuasória foi consolidada somente em 1851, quando a Suprema Corte dos EUA considerou possível a imposição de *punitive damages* levando em consideração o grau de culpa do ofensor (Andrade 2006:189).

Com a evolução do instituto, a função compensatória dos *punitive damages* foi transferida para os *compensatory damages*, e as Cortes passaram a aceitar os *punitive damages* unicamente como punição. Atualmente o instituto desvinculou-se da idéia de indenizar somente os danos extrapatrimoniais, tendo como foco não mais a espécie do dano, mas, sim, a conduta do agente (Andrade 2006:189).

Os EUA adotam a teoria do desestímulo (Reis 2002:212), conferindo função punitiva à indenização. Nesse sentido, os *punitive damages* correspondem ao valor conferido ao autor de uma ação indenizatória que supera o montante necessário para compensar o dano causado. Opõem-se aos *compensatory damages*, que consistem no valor indenizatório equivalente ao dano comprovado. Conceituam-se os *punitive damages* como "soma de valor variável, estabelecida em separado dos *compensatory damages*, quando o dano é decorrência de um comportamento lesivo marcado por grave negligência, malícia ou opressão. Se a conduta do agente, embora culposa, não é especialmente reprovável, a imposição dos *punitive damages* mostra-se imprópria" (Andrade 2006:195).

A condenação punitiva enfoca a conduta do agente, ou seja, a figura dos *punitive damages* visa a punir o ofensor bem como a dissuadir a prática de atos ilícitos por possíveis ofensores. A relevância do instituto é destacada em situações em que: (i) o ato danoso estaria fora do alcance do processo criminal; (ii) quando a indeniza-

3. O jornal *The North Briton* publicou artigo anônimo ofendendo o Rei George III e seus Ministros. O Secretário de Estado determinou a prisão de todos os suspeitos sem identificá-los, o que levou à prisão de 49 pessoas, entre elas John Wilkes, que era o autor do artigo. Quando da prisão de Wilkes, sua casa foi invadida e revirada, o que justificou o ajuizamento de uma ação contra Mr. Wood, que havia supervisionado o cumprimento da prisão e da invasão. O pedido era para que o réu fosse condenado ao pagamento de *exemplary damages*, com o intuito de impedir atos semelhantes (Andrade 2006:186-188).

4. Genay e Norris haviam marcado um duelo de pistolas para solucionar um conflito de interesses, mas antes do evento Norris envenenou a bebida de Genay, o que lhe causou sofrimento. Ao analisar o caso, a Corte condenou o réu ao pagamento de um valor a título de *exemplary damages* (Andrade 2006:188-189).

ção compensatória se mostrasse insuficiente para desestimular práticas danosas; e (iii) nos casos em que o dano atingisse interesses coletivos (Andrade 2006:195-198).

No caso "Exxon Shipping Co. *versus* Baker",[5] concluído em 25.6.2008, a Suprema Corte dos EUA examinou longamente a figura dos *punitive damages* e explicitou o consenso hoje existente na doutrina e na jurisprudência sobre seus dois principais objetivos: (i) retribuição ou punição ao causador do dano e (ii) desestímulo de condutas semelhantes.

Do ponto de vista legislativo observa-se significativa autonomia entre as unidades federativas norte-americanas, o que gera divergência sobre a admissibilidade, a extensão e as hipóteses de aplicação do instituto. Na decisão acima referida a Suprema Corte informou que: (i) o Estado de Nebraska não admite os *punitive damages*; (ii) alguns Estados admitem somente com autorização legal, como Louisiana, Massachusetts, Washington e New Hampshire; (iii) vários Estados estabelecem limites para as condenações; e (iv) outros, ainda, impõem um destino para o valor pago a título punitivo.

As legislações estaduais limitam de várias formas o valor da indenização punitiva. Alguns Estados estabelecem tetos em valores monetários absolutos, outros fixam a proporção máxima entre a indenização compensatória e a indenização punitiva ou, ainda, a combinação dos dois critérios. Geralmente a proporção adotada entre indenização punitiva e indenização compensatória varia entre 1:1 a 5:1.

Na maioria dos Estados Norte-Americanos o valor dos *punitive damages* é determinado pelo Júri, que é composto de pessoas leigas em assuntos jurídicos, tendo em vista a tradição do sistema de atribuir à população a decisão de questões relevantes. Por outro lado, os valores podem ser revistos pelas Cortes de Apelação, com vistas a garantir sua razoabilidade.

A Suprema Corte dos EUA indica alguns fatores que devem ser obedecidos em todo o território (Moraes 2003:232). Desde 1996 a Suprema Corte vem impondo às Cortes Estaduais alguns critérios para a fixação da indenização punitiva, visando a garantir a razoabilidade da condenação e, conseqüentemente, o devido processo legal.[6]

5. Em 24.3.1989 o navio-tanque Exxon Valdez, navegando na costa do Alasca, fraturou o casco e espalhou milhões de galões de óleo no mar, causando dano imenso. A Exxon, proprietária da embarcação, celebrou acordos em ações movidas pelo Governo Federal e pelo Estado do Alasca, para indenização dos danos ambientais, em valor superior a US$ 1 bilhão. Pescadores comerciais, nativos do Alasca, população costeira e outros ajuizaram ação de indenização pelos danos econômicos individuais, com pedido de indenização com caráter compensatório e punitivo (*compensatory damages* e *punitive damages*).

A Corte Distrital do Alasca condenou a empresa em *punitive damages* de US$ 4,5 bilhões, valor que foi reduzido pela Corte de Apelação do Nono Circuito para US$ 2,5 bilhões. A Suprema Corte norte-americana, por sua vez, reduziu a indenização. Decidiu que: (i) a empresa pode ser condenada em *punitive damages* em razão de atos de negligência *(reckless)* praticados por empregados com cargo de gerência; (ii) as penalidades previstas na lei que regulamenta a poluição das águas (*Clean Water Act*/CWA) não têm prevalência sobre as regras da *Common Law* marítima sobre *punitive damages*; e (iii) o valor máximo permitido para *punitive damages* na *Common Law* marítima seria igual ao valor estipulado pelo Júri para a indenização dos danos com caráter compensatório (*compensatory damages*), em US$ 507,5 milhões (in *Exxon Shipping Co.* versus *Grant Baker*, n. 07-219, j. 25.6.2008, Suprema Corte dos EUA).

6. Quando do julgamento do caso "Ira Gore *versus* BMW of North America" o Júri condenou a empresa ao pagamento de US$ 4 mil a título de *compensatory damages* e mais US$ 4 milhões a título de *punitive damages*. A empresa havia vendido um carro repintado sem que tal dano tivesse sido informado ao comprador. Em segunda instância o valor dos *punitive damages* foi reduzido para US$ 2 milhões, mas a empresa recorreu à Suprema Corte. Por fim, o valor da condenação punitiva foi reduzida para US$ 50 mil, considerado excessivo o montante anterior (Costa/Pargendler 2005:28).

Entre os critérios, André Gustavo Corrêa de Andrade destaca: "(a) o grau de reprovabilidade da conduta do réu; (b) a proporção entre o dano efetivo ou potencial e a indenização punitiva; (c) a diferença entre a indenização e penalidades civis ou criminais previstas para casos similares" (Andrade 2006:211-212).

Para a garantia do devido processo legal, a diretriz da Suprema Corte é no sentido de que a proporção entre a indenização punitiva e a indenização compensatória fique limitada a multiplicador de um dígito, suficiente para os objetivos de retribuição e prevenção de condutas semelhantes. Quando o valor da indenização compensatória for muito alto, a proporção em relação aos *punitive damages* deve ser ainda menor.[7]

Os *punitive damages* serão cabíveis somente quando o ato danoso for repreensível a ponto de merecer outras sanções. Assim, a indenização punitiva é imposta em face do ato ilícito intencional, sendo sua aplicação condicionada à presença de circunstâncias subjetivas semelhantes ao dolo, entre elas a malícia, a opressão e a fraude, cabendo à vítima o ônus da prova (Gonçalves 2005:55-75).

Há na doutrina divergência quanto à incidência do instituto sobre qualquer ato ilícito, precisamente quanto ao ato ilícito contratual. Em tese caberia o pedido de indenização punitiva em face do ilícito contratual, desde que provado o cometimento de um ilícito conexo à violação do contrato. Caso não esteja presente o elemento subjetivo, será cabível somente a indenização compensatória (Gonçalves 2005:55-75).

Outro ponto controvertido é a imposição da indenização punitiva quando o ato ilícito for praticado com culpa. Existem julgados em que foi imposta a indenização em questão por culpa grave, ou seja, quando os deveres de conduta foram ignorados pelo agente; mas parte considerável da doutrina discorda de tal entendimento (Gonçalves 2005:55-75).

A indenização punitiva é autônoma em relação à responsabilidade apurada na esfera penal, apesar de haver entendimento contrário no sentido de que a condenação criminal inutilizaria a punição civil, podendo a última exceder os objetivos da responsabilidade civil. A autonomia também impera frente à indenização compensatória, pois o pedido de indenização punitiva prescinde de um pedido compensatório e, por isso, o indeferimento de um dos pedidos não afeta o outro (Gonçalves 2005:79-82).

A aplicação dos *punitive damages* não é a regra, tendo sido aplicada em menos de 4% das decisões relacionadas a casos de responsabilidade civil.[8]

O instituto desenvolveu-se e ampliou sua aplicação a outras áreas do Direito, dentre elas a consumerista e a ambiental, mas sua utilização continua sendo muito criticada. Destacam-se os argumentos que questionam a constitucionalidade da imposição de indenizações punitivas. As críticas não se limitam à análise jurídica, mas também a conseqüências sócio-comportamentais (Gonçalves 2005:149-150).

Entre os argumentos de cunho constitucional, afirma-se que a aplicação de uma pena na esfera criminal e outra na esfera civil violaria o princípio constitucional que proíbe a dupla punição pelo mesmo ato ilícito. Quanto a este aspecto, Vítor Fernandes Gonçalves destaca posicionamento doutrinário contrário à aplicação dos *punitive damages* nos seguintes termos: "A permissão de indenizações punitivas põe uma pessoa em perigo por duas vezes pela mesma ofensa, em contrário a previsões

7. Suprema Corte dos EUA, *State Farm Mutual Automobile Insurance Co.* versus *Campbell et al.*, n. 01-1289, j. em 7.4.2003.

8. André Gustavo Corrêa de Andrade destaca que, em média, os valores estipulados a título de *punitive damages* somam US$ 38 mil (Andrade 2006:230).

insertas na Constituição Federal e na dos Estados, uma vez que, apesar de o mesmo mal ser infligido, a multa concedida como punição na ação civil não impede o indiciamento e a prossecução criminal, e a punição criminal não é admissível para mitigar a indenização punitiva" (Gonçalves 2005:154).

Além disso, a imposição da indenização punitiva burlaria o devido processo legal, tendo em vista: (i) a falta de controle da discricionariedade da decisão do Júri; (ii) a limitação da possibilidade de rediscussão da decisão pela instância superior; (iii) bem como pelo desrespeito às garantias processuais penais, entre elas a presunção de inocência.

Quanto ao último ponto, ressalta-se o fato de o ofensor ser citado para compensar sem que haja qualquer indiciamento criminal, pois se está julgando um ilícito civil; portanto, a indenização punitiva representaria uma punição de caráter criminal. Segundo Vítor Fernandes Gonçalves, a doutrina norte-americana sugere mudanças para que as indenizações punitivas passem a se sujeitar aos procedimentos criminais (Gonçalves 2005:154-158). O valor claramente excessivo afrontaria o princípio constitucional da proporcionalidade, haja vista "o raciocínio de que as indenizações punitivas têm, na realidade, a natureza jurídica de multas, bem como, por serem normalmente fixadas em valores muito elevados, podem ser consideradas (...) inconstitucionais" (Gonçalves 2005:157).

De outra parte, valores diferentes concedidos para ilícitos similares violariam o princípio da igualdade, pois "para situações semelhantes, isto é, para condutas ilícitas idênticas, diferentes valores de indenizações punitivas são concedidos, o que ocorre em face da propalada excessiva discricionariedade de que dispõe o Júri (...)" (Gonçalves 2005:158).

Ainda nesse sentido, Maria Celina Bodin de Moraes destaca que os valores das indenizações punitivas são imprevisíveis, pois o Júri os estipula sem que haja prévia instrução jurídica, o que contribui para que os valores impostos sejam superiores ao cabível, tornando a condenação arbitrária (Moraes 2004:59-60).

Vítor Fernandes Gonçalves apresenta ainda argumento do ponto de vista da conseqüência sócio-comportamental, como o enriquecimento sem causa do demandante e a chamada "indústria do dano moral", pois o pagamento de valores superiores ao devido estimularia a vítima a não evitar o dano, para que assim pudesse acionar o Poder Judiciário (Gonçalves 2005:151-153).

Como exemplo da "indústria do dano moral", Maria Celina Bodin de Moraes destaca que: "Nos Estados Unidos, as questões relacionadas às indenizações por danos punitivos, em lugar de serem reguladas no âmbito de critérios e de parâmetros estritamente jurídicos, têm sido absorvidas pela lógica do mercado (...) os valores das sentenças – sem incluir danos punitivos – triplicaram desde 1993" (Moraes 2003: 233).

Por fim, destaca-se que a indenização não deve inviabilizar economicamente a pessoa jurídica ou física, e para isso estudiosos do instituto defendem a necessidade de limitar a competência do Júri ou, mesmo, que os *punitive damages* sejam aplicados apenas pelos magistrados, de forma a impedir que o Júri estipule o valor da indenização, o que reduziria na imprevisibilidade do julgamento (Moraes 2003:245).

2.3 A indenização punitiva fora dos Estados Unidos

A Suprema Corte dos EUA informa que os *punitive damages* são muito mais freqüentes nos EUA que em qualquer outro lugar.[9] No Reino Unido, por exemplo, a

9. Suprema Corte dos EUA, *Exxon Shipping Company* versus *Grant Baker*, n. 07-219, j. 25.6.2008, pp. 18-19.

indenização punitiva ou exemplar seria admitida apenas em caso de atos opressivos, arbitrários ou inconstitucionais de funcionários do Governo; injúrias que objetivem lucros enormes se comparados com o valor da indenização compensatória; e condutas para as quais a indenização punitiva seja expressamente autorizada pela legislação. Canadá e Austrália admitem a indenização com caráter exemplar em caso de condutas ultrajantes, mas as condenações seriam raras.

A Suprema Corte dos EUA esclarece que a indenização não-compensatória não faz parte da tradição civilista, como no caso da França, Alemanha, Áustria e Suíça. Alguns sistemas legais, além de não reconhecerem a indenização punitiva propriamente dita, também recusam a executoriedade de decisões estrangeiras condenatórias em indenização punitiva, como contrárias à ordem pública – como, por exemplo, Japão, Itália e Alemanha.

2.3.1 *O caso da Itália*

Há um importante julgado da Corte Suprema de Cassação italiana (*Corte Suprema di Cassazione*) que negou executoriedade a uma decisão norte-americana condenatória em indenização punitiva.[10] Tratava-se de acidente automobilístico ocorrido em 17.9.1995 em Jefferson, Alabama, EUA, no qual um motociclista colidiu com um automóvel que não obedecera ao sinal de preferência. O motociclista perdeu o capacete protetivo, em razão de um defeito de projeto da fivela de fechamento do capacete. O impacto no chão, sem proteção, foi mortal. A mãe da vítima ajuizou, nos EUA, ação de ressarcimento do dano pela morte do filho contra a empresa fabricante da fivela defeituosa, Fimez S.p.A., que tem sede na Itália.

O Tribunal de Alabama condenou a empresa ré ao pagamento de um US$ 1 milhão em favor da mãe, a título de *punitive damages*. A mãe iniciou a execução da sentença na Itália, mas a Corte de Apelação de Veneza rejeitou a ação, por entender que a condenação em indenização punitiva seria contrária à ordem pública italiana. Em recurso, a mãe alegou que a sentença norte-americana não seria contrária à ordem pública interna italiana, e argumentou que o ordenamento civil italiano conheceria institutos de natureza e finalidades sancionatórias e aflitivas, como a cláusula penal e o ressarcimento do dano moral ou não-patrimonial.

A Corte Suprema de Cassação italiana rejeitou o recurso. Em primeiro lugar, esclareceu que a cláusula penal não tem natureza e finalidade sancionatórias ou punitivas. Ela tem a função de reforçar o vínculo contratual e de liquidar preventivamente a prestação ressarcitória. Quanto aos danos morais, a Corte Suprema de Cassação esclareceu que em sua indenização o acento é posto sobre a vítima, e não sobre o causador do dano. A finalidade perseguida é reintegrar a lesão, enquanto nos *punitive damages* não há correspondência entre o montante do ressarcimento e o dano efetivamente verificado.

No ordenamento italiano as idéias de punição e de sanção seriam estranhas ao ressarcimento do dano, assim como seria indiferente a conduta do causador do dano. O objetivo precípuo da responsabilidade civil seria restaurar a esfera patrimonial da vítima que sofreu dano, mediante o pagamento de uma soma de dinheiro que tendesse a eliminar a conseqüência do dano. E isso valeria para qualquer dano, compreendido o dano não-patrimonial ou moral, em cujo ressarcimento não se poderia reconhecer a finalidade punitiva, assim como seriam irrelevantes o estado de necessidade da vítima e a capacidade patrimonial do causador do dano. De todo modo, deveria ser feita a prova da existência de sofrimento causado pelo ilícito, mediante a alegação de circunstâncias de fato concretas.

10. Caso 1.183/07, 3ª Seção Civil, j. 18.10.2006.

Ao analisar referida decisão da Corte Suprema de Cassação, Marco Rossetti, Juiz do Tribunal de Roma, aponta que há discussão na Itália sobre o cabimento da indenização punitiva (Rossetti 2007). E conclui que a indenização punitiva não é cabível, uma vez que a regra do ressarcimento do dano é o princípio do ressarcimento na extensão do dano, com a conseqüência de que o ressarcimento não pode colocar a vítima numa posição economicamente mais vantajosa que aquela na qual ela se encontrava antes do evento danoso. Ele acredita que o debate tende a cessar após a decisão da Corte Suprema de Cassação, afastando a comparação do dano não-patrimonial com o dano punitivo.

O caso acima relatado foi analisado no relatório sobre a jurisprudência civil da Corte Suprema de Cassação italiana em 2007 (Benini 2008). Ficou consignado o entendimento da Corte no sentido de que a indenização punitiva, por ter função exclusivamente sancionatória, é contrária à ordem pública italiana. O sistema ressarcitório italiano tem natureza exclusivamente repristinatória, ou seja, o ressarcimento visa a recompor a situação anterior.[11]

Ao comentar outro caso versando sobre dano não-patrimonial, referido relatório consignou que na responsabilidade aquiliana o dano deve ser integralmente ressarcido, tanto patrimonial como não-patrimonial, tendo em vista a finalidade puramente ressarcitória da indenização.[12]

2.3.2 *O caso da Alemanha*

A discussão sobre o cabimento da indenização punitiva também vem se colocando na Alemanha. A Suprema Corte (*Budesgerichshof*) também negou executoriedade a uma condenação em indenização punitiva norte-americana, conforme relatado por Maria Celina Bodin de Moraes (Moraes 2004:66-67).

Em 1984 um jovem rapaz de origem alemã foi condenado pela Corte Suprema do Estado da Califórnia à pena de reclusão por abusos sexuais contra um menino de 13 anos. Foi também condenado ao ressarcimento de danos no valor de US$ 750,260.00. A condenação referia-se a (i) US$ 260.00 por despesas médicas, (ii) US$ 100,000,00 por despesas médicas futuras, (iii) US$ 50,000.00 para acomodação, (iv) US$ 200,000.00 pela angústia, dores e sofrimento sofridos pela vítima, (iv) US$ 400,000.00 de indenização punitiva (*exemplary* e *punitive damages*) e (v) 40% sobre o valor da condenação ao advogado do autor (aproximadamente US$ 300,000,00). O réu conseguiu transferir-se para a Alemanha, onde possuía cidadania e

11. No original: "Il rapporto con gli ordinamenti esteri viene affrontato nell'ambito dei diritti fondamentali anche nella Sentenza n. 1.183 con la quale la Corte ha escluso che, in tema di risarcimento dei danni non patrimoniali, anche se relativi alla lesione di diritti costituzionali inviolabili, possano trovare ingresso i c.d. *punitive damages* ovvero danni che abbiano una funzione esclusivamente sanzionatoria ritenendoli contrari al nostro ordine pubblico interno sulla base della natura esclusivamente ripristinatoria del nostro sistema risarcitorio e del conseguente necessità di provare il pregiudizio subito anche quando consista in una lesione della sfera emotiva. Peraltro è opportuno aggiungere che nell'ambito del risarcimento dei danni non-patrimoniali ed in particolare di quelli relativi alla perdita di una figura parentale ed affettiva di primario rilievo è sufficiente la prova di natura presuntiva" (Benini 2008:38-39).

12. No original: "Nel solco tracciato dalle pronunce appena ricordate (n. 9.510 e n. 20.987) si colloca anche la Sentenza n. 22.884 secondo cui nel bipolarismo risarcitorio (danni patrimoniali e danni non-patrimoniali) previsto dalla legge, al di là della questione puramente nominalistica, non è possibile creare nuove categorie di danni, ma solo adottare, per chiarezza del percorso liquidatorio, voci o profili di danno, con contenuto descrittivo – ed in questo senso ed a questo fine può essere utilizzata anche la locuzione 'danno esistenziale', accanto a quella di 'danno morale' e 'danno biologico' –, tenendo conto che, da una parte, deve essere liquidato tutto il danno, non lasciando privi di risarcimento profili di detto danno, ma che, dall'altra, deve essere evitata la duplicazione dello stesso che urta contro la natura e la funzione puramente risarcitoria della responsabilità aquiliana" (Benini 2008:145).

bens, mas, apesar da transferência, a execução da sentença foi iniciada. O Tribunal de primeira instância (*Landgericht*) de Dusseldorf aceitou a execução da sentença. O Tribunal de segunda instância (*Oberlandesgericht*) confirmou parcialmente a decisão, mas reduziu o valor da execução para US$ 275,000.00. As partes recorreram à Corte Suprema.

A Corte *Bundesgerichshof* não admitiu a execução da indenização punitiva, "pelo limite de ordem pública expresso no § 723, II, 2ª Parte, e § 328, I, n. 4, do *ZPO*",[13] uma vez que o ordenamento jurídico permite apenas o ressarcimento do dano, vedando o enriquecimento da vítima. Além disso, as funções punitiva e pedagógica da indenização punitiva seriam objetivos apenas do direito penal, conforme relatado por Maria Celina Bodin de Moraes:

"Em especial, manifestou-se no sentido de considerar justo que a *fattispecie* proveniente dos ordenamentos anglo-saxões possa operar no âmbito do direito civil, mas não considerou admissível que em um ordenamento como o germânico, em que o Estado tem o monopólio de aplicar as sanções, um cidadão possa assumir a função do Ministério Público, pretendendo que sejam cominadas sanções em decorrência de um ilícito civil e, pior, que delas possa beneficiar-se.

"A Corte alemã observou ainda que a função pedagógica da indenização punitiva não pode ser equiparada, de nenhum modo, à satisfação presente na reparação do dano extrapatrimonial porque a *ratio* de ambas é distinta: enquanto a responsabilidade civil extrapatrimonial tem uma função precipuamente compensatória, o instituto anglo-saxão tem como função principal a punição do responsável pelo dano e, secundariamente, a constituição de prevenções em relação ao autor e à sociedade como um todo" (Moraes 2004:67-68).

A autora menciona, no entanto, que o entendimento não é pacífico na Corte Suprema alemã. Em caso versando sobre publicação de entrevista falsa a Corte determinou a fixação de indenização compensatória como preventiva de futuras condutas ofensivas (Moraes 2004:68).

3. *Discussão sobre a indenização punitiva no Brasil*

Apresenta-se a seguir a discussão travada na doutrina e na jurisprudência brasileiras sobre a função punitiva da reparação dos danos morais.

3.1 Controvérsia sobre a função punitiva da reparação dos danos morais

A disciplina da responsabilidade civil dispõe sobre as regras de restabelecimento do prejuízo causado, visando A uma reparação ampla e adequada. O instituto vem se aperfeiçoando, com o intuito de garantir a segurança jurídica e o restabelecimento do equilíbrio desfeito por ocasião do dano,[14] seja ele material ou imaterial (Reis 2002: 109-112).

A reparação dos danos baseia-se nas regras *neminem laedere* e *restitutio in integrum*. A primeira regra é pressuposto para a manutenção da harmonia social, ao estabelecer como obrigação o respeito aos direitos alheios. A segunda é conseqüência do desrespeito da primeira regra, devendo o ofensor indenizar o prejuízo causado pelo ato contrário ao ordenamento jurídico (Reis 2002:124). Dessa forma, a responsabilidade do ofensor é um dever jurídico sucessivo, pois a obrigação é o dever originário e a necessidade de indenizar é a conseqüência da violação de uma obrigação (Cavalieri Filho 2007:2-3).

13. *Zivilprozeßordnung* é o Código de Processo Civil alemão.

14. "Dano é a lesão a um bem tutelado pelo ordenamento jurídico" (Maggi 2007:34).

A indenização na legislação brasileira tem caráter compensatório. Não existe no Brasil, tal como ocorre nos EUA, o instituto da indenização punitiva como uma categoria autônoma de indenização, que poderia ser concedida à vítima além da indenização dos danos materiais e morais. A discussão sobre a indenização punitiva no Brasil insere-se na análise dos critérios para a quantificação da indenização dos danos morais, já que a legislação não prevê regramento especifico.

Antes da promulgação da Constituição de 1988 a reparação civil estava limitada ao dano material diretamente mensurável.[15] Para que o dano moral fosse aceito, a vítima deveria comprovar que tal dano estava ligado a uma redução do seu patrimônio (Carmignani 1996:32). A noção de "dano moral" veio se desenvolvendo significativamente, até que a possibilidade de sua reparação foi definitivamente reconhecida pela Constituição Federal de 1988, no sentido de que o dever de indenizar o dano moral não depende da existência de dano material, conforme disposto no art. 5º, V e X, da CF.[16]

Depois de reconhecido na Constituição Federal, o dano moral foi incorporado em algumas leis, mas sem regramento específico para orientar a avaliação da indenização. Assim é que o Código de Defesa do Consumidor prevê a indenização do dano moral.[17]

O mesmo se deu em relação ao Código Civil de 2002. O ato ilícito configura-se com a violação de direito ou ocorrência de dano a outrem, ainda que exclusivamente moral, podendo ser derivado de ação ou de omissão, bem como ser cometido, ainda, pelo exercício abusivo de direito (arts. 186 e 187[18] do CC). A obrigação de indenizar nasce com a prática do ato ilícito (art. 927).[19]

A regra para a fixação do valor da indenização é que o valor da indenização deve ser equivalente à extensão do dano, incluindo-se o dano emergente e os lucros cessantes (arts. 402 e 944, *caput*).[20] Em princípio, o elemento subjetivo não interfere na fixação do valor da indenização, na medida em que o objetivo da indenização é reparar ou compensar o dano. O foco está na avaliação do dano sofrido, e não no ofensor.

Conforme entendimento exposto por Sérgio Cavalieri Filho, tendo em vista a consolidação do *direito subjetivo constitucional à dignidade*, o conceito de "dano moral" deve ser visto sob dois aspectos distintos. Em sentido estrito, dano moral é

15. No mesmo sentido, Bruno Oliveira Maggi destaca essa fase pela impossibilidade da indenização por dano moral, a qual era considerada imoral (Maggi 2007:37).

16. "Art. 5º. Todos são iguais perante a lei, sem distinção de qualquer natureza, garantindo-se aos brasileiros e aos estrangeiros residentes no país a inviolabilidade do direito à vida, à liberdade, à igualdade, à segurança e à propriedade, nos termos seguintes: (...) V – é assegurado o direito de resposta, proporcional ao agravo, além da indenização por dano material, moral ou à imagem; (...) X – são invioláveis a intimidade, a vida privada, a honra e a imagem das pessoas, assegurado o direito a indenização pelo dano material ou moral decorrente de sua violação: (...)."

17. "Art. 6º. São direitos básicos do consumidor: (...) VI – a efetiva prevenção e reparação de danos patrimoniais e morais, individuais, coletivos e difusos; (...)."

18. "Art. 186. Aquele que, por ação ou omissão voluntária, negligência ou imprudência, violar direito e causar dano a outrem, ainda que exclusivamente moral, comete ato ilícito.

"Art. 187. Também comete ato ilícito o titular de um direito que, ao exercê-lo, excede manifestamente os limites impostos pelo seu fim econômico ou social, pela boa-fé ou pelos bons costumes."

19. "Art. 927. Aquele que, por ato ilícito (arts. 186 e 187), causar dano a outrem, fica obrigado a repará-lo."

20. "Art. 402. Salvo as exceções expressamente previstas em lei, as perdas e danos devidas ao credor abrangem, além do que ele efetivamente perdeu, o que razoavelmente deixou de lucrar."

"Art. 944. A indenização mede-se pela extensão do dano."

violação do direito à dignidade. Em sentido amplo, o dano moral envolve diversos graus de violação aos direitos da personalidade, mesmo que a dignidade não seja abalada (Cavalieri Filho 2007:76-78).

Além disso, o autor afirma que "o dano moral não mais se restringe à dor, tristeza e sofrimento (...) razão pela qual revela-se mais apropriado chamá-lo de dano imaterial ou *não-patrimonial* (...)". "Em razão dessa natureza imaterial, o dano moral é insuscetível de avaliação pecuniária" (Cavalieri Filho 2007:78).

O objetivo da reparação do dano moral não é pagar pela dor sofrida. A dor não pode ser valorada monetariamente, não se lhe podendo atribuir um preço. Contudo, o sofrimento da vítima pode ser minimizado, dando-lhe condições de recuperação.

Por outro lado, o dano moral suportado por alguém não se confunde com os meros transtornos ou aborrecimentos que o cidadão sofre no dia-a-dia, sob pena de se colocar em descrédito a própria concepção da responsabilidade civil. Nesse sentido, foi aprovado o Enunciado 159[21] na III Jornada de Direito Civil, segundo o qual o dano moral não se confunde com os meros aborrecimentos decorrentes de prejuízo material.

Maria Celina Bodin de Moraes[22] destaca que a reparação dos danos morais, segundo a visão "civil-constitucional", visa a "oferecer a máxima garantia à pessoa humana, com prioridade, em toda e qualquer situação da vida social". Sempre que houver uma privação ou violação a aspecto da personalidade haverá um dano moral indenizável, independentemente de repercussão patrimonial, o que é ratificado pela seguinte afirmação: "(...) o dano moral não pode ser reduzido à 'lesão a um direito da personalidade', nem tampouco ao 'efeito extrapatrimonial da lesão a um direito subjetivo, patrimonial ou extrapatrimonial'. Tratar-se-á sempre de violação da cláusula geral de tutela da pessoa humana, seja causando-lhe um prejuízo material, seja violando direito (extrapatrimonial) seu, seja, enfim, praticando, em relação à sua dignidade, qualquer 'mal evidente' ou 'perturbação', mesmo se ainda não reconhecido como parte de alguma categoria jurídica" (Moraes 2003:182-184).

Por outro lado, apesar de a reparabilidade do dano moral estar consagrada definitivamente, ela não foi objeto, ainda, de regramento específico na legislação – o que faz persistir alguns pontos de divergência doutrinária, entre eles o questionamento acerca da função da reparação dos danos morais. Nessa discussão insere-se o debate em torno da indenização punitiva, não como uma categoria nova de indenização, mas como uma das funções da reparação dos danos morais.

A reparação do dano moral não seria exatamente uma indenização, tendo em vista não eliminar os prejuízos e conseqüências do ato; e, por isso, a obrigação do pagamento de certa quantia em dinheiro, ao mesmo tempo em que agrava o patrimônio do ofensor, também proporciona uma reparação satisfativa ao ofendido (Cahali 2005:41-44). Nessa linha de raciocínio, Sérgio Cavalieri Filho aponta duas funções à reparação do dano moral – a função satisfatória e a função punitiva –, destacando que "o ressarcimento do dano moral não tende à *restitutio in integrum* do dano causado, tendo mais uma genérica função satisfatória, com a qual se procura um bem

21. "O dano moral, assim compreendido todo dano extrapatrimonial, não se caracteriza quando há mero aborrecimento inerente a prejuízo material" (Escola Superior da Magistratura de Pernambuco/ ESMAPE, *Enunciados 01 a 396 das Jornadas de Direito Civil Promovidas pelo Centro de Estudos Judiciários do Conselho da Justiça Federal*, Recife, 2007, p. 105).

22. Segundo a autora, a principal característica da metodologia civil-constitucional é a aplicação de princípios e regras constitucionais aos institutos e relações previstos no âmbito do direito civil, ou seja, tendo em vista a cláusula geral da tutela da pessoa humana, a dicotomia público-privado daria lugar à interpretação do ordenamento jurídico como uma unidade (Moraes 2003:182-183).

que recompense, de certo modo, o sofrimento ou a humilhação sofrida. (...). Por outro lado, não se pode ignorar a necessidade de se impor uma pena ao causador do dano moral, para não passar impune a infração e, assim, estimular novas agressões. A indenização funcionará também como uma espécie de pena privada em benefício da vítima" (Cavalieri Filho 2007:78).

Para Nehemias Domingos de Melo a indenização do dano moral tem tripla finalidade: satisfação, dissuasão e de exemplaridade (Melo 2005:192-197). A verba indenizatória seria estipulada visando a compensar a vítima pelo dano sofrido, desestimular a conduta do ofensor e, por fim, demonstrar para a sociedade que determinados atos serão reprimidos pelo Poder Judiciário.

Há também o entendimento no sentido de que a indenização deve servir como alerta – e, assim, teria caráter sancionatório e dissuasivo de novas práticas danosas (Santos 2003:156-159). Nesse sentido, a função punitiva da indenização estaria em "refrear os impulsos anti-sociais do ofensor, bem como produzir medida exemplar no meio social" (Reis 2002:199).

Para que a indenização cumprisse tais objetivos, o magistrado deveria observar (i) a gravidade do ato, (ii) a situação econômica das partes envolvidas e (iii) as conseqüências do ato para a vítima. Assim, quando os julgados recomendam atenção aos critérios supracitados "estar-se diante do caráter punitivo do dano" (Santos 2003: 161).

Parte da doutrina questiona a atribuição de novas funções à reparação civil. Maria Celina Bodin de Moraes afirma que a função compensatória foi "distorcida" para cumprir variadas funções, entre elas (i) compensatória, (ii) punitiva e (iii) preventiva (Moraes 2006:233-258).

Destaca que, apesar das diferenças substanciais entre a tradição do *Common Law* e a romano-germânica, existe uma aproximação mediante a "transposição de institutos e procedimentos típicos", e, segundo a autora, o instituto dos *punitive damages* seria um exemplo de transposição, haja vista a tentativa de parte da doutrina e jurisprudência pátrias de atribuir caráter punitivo à reparação do dano moral (Moraes 2004:46-47).

A doutrina contrária à indenização com caráter punitivo – da qual são exemplos Clayton Reis e Maria Celina Bodin de Moraes – aponta a ausência de disciplina legal como um dos obstáculos à sua aplicação, bem como uma violação ao princípio da legalidade. Por ficar ao livre arbítrio do juiz a fixação do valor da indenização punitiva, há o risco de violação do princípio da legalidade, segundo o qual não há pena sem lei anterior que a preveja (Moraes 2004:73). O foco da indenização é o dano sofrido pela vítima, nunca a conduta do agente. O ramo do Direito que disciplina e pune a conduta do agente é o *penal*, cujo princípio basilar é o de que não há crime nem pena sem anterior previsão legal.

Para Wesley de Oliveira Louzada Bernardo a indenização tem somente a função compensatória, e o parâmetro primordial a ser utilizado pelo juiz para o arbitramento da indenização dos danos morais deve ser a extensão do dano, em consonância com o art. 944 do CC (Bernardo 2005:165-169). Para a fixação do valor da reparação dos danos morais deveriam ser examinados diversos aspectos, tais como (i) a dignidade humana atingida, com gravidades variadas, tais como a vida, a liberdade, a honra; (ii) a dimensão temporal do dano, ou seja, o tempo de duração do dano, pois se o dano for definitivo a reparação deve ser mais abrangente; e (iii) a repercussão do dano.

Wesley de Oliveira Louzada Bernardo apresenta uma série de inconvenientes para a discussão da adoção da indenização punitiva no ordenamento brasileiro: (i) o juiz teria um grau de subjetividade muito grande, com a possibilidade de concessão de estipulações milionárias, diante da inexistência de pena previamente estipulada; (ii) possibilidade de *bis in idem* em relação às condenações por danos morais de condutas já apenadas criminalmente; (iii) possibilidade de penas que passassem da pessoa do agente, nos casos de indenização por fato de outrem; (iv) possibilidade de enriquecimento ilícito da vítima ao receber soma em dinheiro superior aos danos por ela sofridos (Bernardo 2005:176-177).

Conforme esclarece Wesley de Oliveira Louzada Bernardo: "(...) tendo em vista que adotamos o critério da extensão do dano como fundamental, pouco importa, para sua valoração, ser o seu causador pessoa de posses ou carente de recursos. O montante indenizatório não poderá ser elevado a esse pretexto, sob pena de entregar-se à vítima valor que não lhe pertence e de atribuir ao dano moral caráter aleatório"[23] (Bernardo 2005:182).

Mirna Cianci afasta o caráter punitivo da reparação moral em razão do distanciamento em relação ao dano efetivamente sofrido pela vítima: "Razoável o entendimento que afasta o caráter punitivo da reparação moral não só porque o seu pressuposto não diz respeito direto ao dano experimentado pela vítima e afasta a aplicação do consagrado princípio da *restitutio in integrum* que domina o tema da reparação do dano, como porque, como critério objetivo, deixa sem solução hipóteses abrangidas pelo dever indenizatório, como a responsabilidade por fato de outrem (objetiva) e a decorrente do risco da atividade, ambas divorciadas da ilicitude e, portanto, do conceito de culpa" (Cianci 2007:11).

A autora minutou um projeto de lei para a disciplina dos danos morais, que será examinado no próximo item deste artigo, no qual consta o caráter exclusivamente compensatório da indenização: "Art. 2º. A indenização a que se refere o artigo anterior tem caráter exclusivamente compensatório e sua fixação deverá considerar o bem jurídico tutelado, os reflexos sociais e pessoais, a possibilidade de superação física ou psicológica, a extensão e a duração dos efeitos da ofensa, entre outros elementos que determinem a gravidade da lesão ao patrimônio ideal do ofendido" (Cianci 2007:140).

Maria Celina Bodin de Moraes admite a incidência dos *punitive damages* em casos excepcionais, como exceção, assumindo "sua função de exemplaridade, quando for imperioso dar uma resposta à sociedade, isto é, à consciência social, tratando-se, por exemplo, de conduta particularmente ultrajante, ou insultuosa, em relação à consciência coletiva, ou, ainda, quando se der o caso, não incomum, de prática reiterada" (Moraes 2003:163). A autora adverte, no entanto, da necessidade de prévia estipulação legal do instituto e das garantias processuais.

3.2 Controvérsia sobre a função punitiva da indenização na jurisprudência

Não se tem notícia de julgado brasileiro que tivesse fixado indenização punitiva independentemente da indenização dos danos materiais e dos danos morais. A idéia da indenização punitiva aparece como uma das funções da reparação dos danos morais.

A inexistência de função punitiva da indenização por perdas e danos foi assinalada pelo Ministro do STJ Ari Pargendler[24]

23. O autor tampouco admite o critério das condições econômicas da vítima, como fazem alguns julgados, na maior parte das vezes para a finalidade de diminuir o valor da indenização. No entender do autor, "partindo-se do pressuposto de que o dano moral deriva de lesão à dignidade da pessoa humana, diferenciar as vítimas por suas posses equivaleria a reconhecer maior dignidade aos mais afortunados e menor aos menos favorecidos" (Bernardo 2005:183).

24. STJ, REsp 447.431-MG, rel. Min. Ari Pargendler, j. 28.3.2007, *DJU* 16.8.2007, 49 pp., p. 5.

em julgamento de ação de responsabilidade civil por danos materiais causados por instituição financeira decorrentes da transferência não justificada de fundos do correntista: "(...) no Brasil a indenização de perdas e danos não tem função punitiva. Mesmo nos EUA esse instituto supõe uma carga de dolo ("Usos e abusos da função punitiva (*punitive damages* e o Direito Brasileiro)", Judith Martins-Costa e Mariana Souza Pargendler, *Revista do CEJ* 28/15-32), inexistente na espécie, na qual o perito esclareceu que os descontos estavam previstos implicitamente no contrato de cheque especial (...)".

Para a fixação dos danos morais, por outro lado, a jurisprudência vem alternando ora para sua própria tradição romano-germânica, incrustada na Constituição Federal e fundada nas garantias fundamentais do art. 5º, ora aceitando a função punitiva da indenização – solução, esta, que considera a condição econômica das partes com vistas a punir o causador do dano.

O STJ não é unânime em relação à função punitiva da indenização dos danos morais. De um lado, o Tribunal aponta a reparação do dano moral como sendo ao mesmo tempo compensação e castigo, nos seguintes termos: "Cabe ao STJ o controle do valor fixado a título de indenização por dano moral, que não pode ser ínfimo ou abusivo, diante das peculiaridades de cada caso, mas sim proporcional à dúplice função deste instituto: reparação do dano, buscando minimizar a dor da vítima, e punição do ofensor, para que não volte a reincidir".[25]

Percebe-se que o caráter punitivo é visto também como função pedagógica, pois a punição é aplicada com a intenção de evitar reincidência e desestimular a outros que se enveredem pelo mesmo caminho reprimido. Entretanto, diante da impossibilidade da reparação integral, a jurisprudência aponta que a compensação pecuniária dos danos morais deve observar os critérios da razoabilidade e proporcionalidade, visando a evitar a aplicação de uma indenização com valor inadequado frente ao dano sofrido (Reis 2002:189-191).

A incipiente experiência brasileira gera muita incerteza quanto aos parâmetros da indenização. A indenização punitiva gerou tantos abusos que levou o STJ a admitir revolver os fatos nos casos em que o valor da indenização for irrisório ou extremamente elevado, em exceção à Súmula 7, que proíbe o reexame de matéria de fato por aquele Tribunal. Essa posição inovadora do STJ expressa a preocupação com a razoabilidade e proporcionalidade, com vistas a evitar o enriquecimento desproporcional ou sem causa da vítima ou de terceiro, óbices à aplicação irrestrita dos *punitive damages* no Brasil:

"6. Há, como bastante sabido, na ressarcibilidade do dano moral, de um lado, uma expiação do culpado e, de outro, uma satisfação à vítima. 7. O critério que vem sendo utilizado por essa Corte Superior na fixação do valor da indenização por danos morais considera as condições pessoais e econômicas das partes, devendo o arbitramento operar-se com moderação e razoabilidade, atento à realidade da vida e às peculiaridades de cada caso, de forma a não haver o enriquecimento indevido do ofendido, bem como que sirva para desestimular o ofensor a repetir o ato ilícito. 8. Ressalte-se que a aplicação irrestrita dos *punitive damages* encontra óbice regulador no ordenamento jurídico pátrio, que anteriormente à entrada do Código Civil de 2002 vedava o enriquecimento sem causa como princípio informador do Direito e após a novel codificação civilista passou a prescrevê-lo expressamente, mais especificamente no art. 884 do CC de 2002. 9. Assim, cabe a alteração do *quantum* indenizatório quando este se revelar como valor exorbitante ou ínfimo, consoante iterativa

25. STJ, 2ª Turma, REsp 575.023, rela. Min. Eliana Calmon, j. 27.4.2004, *DJU* 21.6.2004, p. 204.

jurisprudência desta Corte Superior de Justiça."[26]

De outro lado, a 1ª Seção do STJ, ao analisar a incidência de imposto de renda sobre indenização por danos morais,[27] posicionou-se no sentido de que o dano moral é uma lesão ao âmago, à personalidade. Desta forma, não haveria acréscimo patrimonial na indenização por tais danos, eis que o valor em discussão – material – apenas representaria recomposição do patrimônio imaterial ofendido. Como asseverou o Relator, Min. Herman Benjamin, a incidência do imposto de renda sobre tal montante consubstanciaria violação do princípio da reparação integral, reduzindo sua eficácia material:

"O Relator do recurso no STJ, Min. Herman Benjamin, entendeu que a verba recebida a título de dano moral não acarreta acréscimo patrimonial e, por isso, não se sujeita à incidência do imposto de renda. Para o Relator, 'a indenização por dano estritamente moral não é fato gerador do imposto de renda, pois se limita a recompor o patrimônio imaterial da vítima, atingido pelo ato ilícito praticado. Ao negar a incidência do imposto de renda não se reconhece a isenção, mas a ausência de riqueza nova – oriunda dos frutos do capital, do trabalho ou da combinação de ambos – capaz de caracterizar acréscimo patrimonial. A indenização por dano moral não aumenta o patrimônio do lesado, apenas o repõe, pela via da substituição monetária, *in statu quo ante* [*no mesmo estado em que se encontrava antes*]'.

"O Min. Herman Benjamin ressaltou que 'a tributação da reparação do dano moral, nessas circunstâncias, reduziria a plena eficácia material do princípio da reparação integral, transformando o Erário simultaneamente em sócio do infrator e beneficiário da dor do contribuinte. Uma dupla aberração. Destaco que as considerações feitas no presente voto, referentes à incidência do imposto de renda sobre o dano moral, restringem-se às pessoas físicas enquanto possuidoras, por excelência, dos direitos da personalidade e das garantidas individuais, consagrados no princípio constitucional da dignidade da pessoa humana'."[28]

Destaca-se o posicionamento manifestado durante o julgamento pelo Juiz convocado Carlos Mathias a respeito dos *punitive damages* do sistema norte-americano, que representam um acréscimo patrimonial. No seu entender, apesar de algumas tentativas fracassadas, esses não foram adotados pelo ordenamento brasileiro, principalmente em função da consagração do princípio da proibição do enriquecimento sem causa.

4. *A indenização punitiva em discussão na Câmara dos Deputados e no Senado Federal*

Há vários projetos de lei disciplinando a indenização dos danos morais pendentes de votação na Câmara dos Deputados e no Senado Federal.[29] Alguns discutem a introdução no Brasil da função punitiva da indenização, tais como:

26. STJ, 4ª Turma, REsp 913.131-BA, rel. Min. Carlos Fernando Mathias, j. 16.9.2008.

27. STJ, 1ª Seção, REsp 963.387-RS, rel. Min. Herman Benjamin, j. 8.10.2008 (acórdão ainda não disponível).

28. "STJ afasta a incidência de imposto de renda sobre a indenização por dano moral", notícia de 17.10.2008 (disponível em *http://www.stj.gov.br/portal_stj/publicacao/engine.wsp?tmp.area=398&tmp.texto=89640*, acesso em 20.10.2008).

29. Todos os projetos de leis, emendas e pareceres examinados neste artigo podem ser encontrados no sítio da Câmara dos Deputados na Internet (*www.camara.gov.br*) e no sítio do Senado Federal na Internet (*www.senado.gov.br*). Denominamos "PL" os projetos de lei em trâmite na Câmara dos Deputados e "PLS" os projetos de lei em trâmite no Senado Federal.

QUADRO – PROJETOS DE LEI SOBRE DANOS MORAIS		
Projeto de Lei	**Redação Atual**	**Redação Proposta**
PL 7.124/2002	Não há lei especial disciplinando o dano moral.	Institui lei especial para regulamentar o dano moral e sua reparação. Estabelece que o juiz, ao apreciar o pedido de indenização, considerará o teor do bem jurídico tutelado, os reflexos pessoais e sociais da ação ou omissão, a possibilidade de superação física ou psicológica, a extensão e duração dos efeitos da ofensa, a situação social, política e econômica das pessoas envolvidas, as condições em que ocorreu a ofensa ou o prejuízo moral, a intensidade do sofrimento ou humilhação, o grau de dolo ou culpa, a existência de retratação espontânea, o esforço efetivo para minimizar a ofensa ou lesão e o perdão, tácito ou expresso. A capacidade financeira do causador do dano, por si só, não autoriza a fixação da indenização em valor que propicie o enriquecimento sem causa, ou desproporcional, da vítima ou de terceiro interessado. Estabelece patamares para o valor da indenização: I – ofensa de natureza leve: até R$ 20.000,00 (vinte mil Reais); II – ofensa de natureza média: de R$ 20.000,00 (vinte mil Reais) a R$ 90.000,00 (noventa mil Reais); III – ofensa de natureza grave: de R$ 90.000,00 (noventa mil Reais) a R$ 180.000,00 (cento e oitenta mil Reais), podendo ser elevado ao triplo na reincidência ou diante da indiferença do ofensor.
PL 1.443/2003	Não há lei especial disciplinando o dano moral.	Institui lei especial para regulamentar o dano moral e a sua reparação. Estabelece que o juiz, ao apreciar o pedido de indenização, considerará o comportamento do ofendido e se houve retratação por parte do ofensor, podendo reduzir a indenização e, até mesmo, cancelá-la se houver anuência do ofendido. Fixa teto para o valor da indenização em até duas vezes e meia os rendimentos do ofensor ao tempo do fato, desde que não exceda em 10 vezes o valor dos rendimentos mensais do ofendido; na ocorrência conjunta de dano material, o valor indenizatório do dano moral não poderá exceder a 10 vezes o valor daquele apurado.
PL 1.914/2003	Art. 953 do CC: "A indenização por injúria, difamação ou calúnia consistirá na reparação do dano que delas resulte ao ofendido. "Parágrafo único. Se o ofendido não puder provar prejuízo material, caberá ao juiz fixar, eqüitativamente, o valor da indenização, na conformidade das circunstâncias do caso."	Transforma parágrafo único em § 1º: "Se o ofendido não puder provar prejuízo material, caberá ao juiz fixar, eqüitativamente, o valor da indenização na conformidade das circunstâncias do caso e de acordo com o disposto no parágrafo seguinte". Introduz § 2º: "Na fixação da indenização por danos morais, o juiz, a fim de evitar o enriquecimento indevido do demandante, levará em consideração a situação econômica do ofensor, a intensidade do ânimo de ofender, a gravidade e repercussão da ofensa, a posição social ou política do ofendido, bem como o sofrimento por ele experimentado".
PL 276/2007	Art. 944 do CC: "A indenização mede-se pela extensão do dano".	Introduz § 2º ao art. 944: "A reparação do dano moral deve constituir-se em compensação ao lesado e adequado desestímulo ao lesante".

QUADRO – PROJETOS DE LEI SOBRE DANOS MORAIS

Projeto de Lei	Redação Atual	Redação Proposta
PL 2.496/2007	Art. 6º do CDC: "São direitos básicos do consumidor: (...) VI – a efetiva prevenção e reparação de danos patrimoniais e morais, individuais, coletivos e difusos;"	Introduz um parágrafo único ao art. 6º: "A fixação do valor devido a título de efetiva reparação de danos morais atenderá, cumulativamente, à função punitiva e à função compensatória da indenização".
PLS 413/2007	Art. 944 do CC: "A indenização mede-se pela extensão do dano".	Introduz § 2º ao art. 944: "A indenização atenderá às funções compensatória, preventiva e punitiva".
PLS 114/2008 (SF)	Art. 944 do CC: "A indenização mede-se pela extensão do dano".	Nova redação ao art. 944: "O juiz, ao estabelecer a indenização por danos morais, atenderá aos seguintes critérios: I – Extensão e a gravidade do dano; II – Gravidade e repercussão da ofensa; III – Sofrimento experimentado pelo ofendido; IV – Condição econômica do ofensor; V – Se o valor pleiteado se ajusta à situação posta em julgamento. "§ 1º. Fica vedada qualquer indenização superior ao valor de R$ 20.000,00 (vinte mil Reais). "§ 2º. Se houver excessiva desproporção entre a gravidade da culpa e o dano poderá o juiz reduzir, eqüitativamente, a indenização."
PLS 334/2008	Não há lei especial disciplinando o dano moral.	Institui lei especial para regulamentar o dano moral e sua reparação, com 11 artigos, dentre os quais se destaca: "Art. 3º. Ressalvada da hipótese de reparação natural tempestiva e suficiente, a indenização a que se refere o art. 1º tem caráter exclusivamente compensatório e a sua fixação deverá considerar: I – o bem jurídico ofendido; II – a posição socioeconômica da vítima; III – a repercussão social e pessoal do dano; IV – a possibilidade de superação psicológica do dano, quando a vítima for pessoa física, e de recomposição da imagem econômica ou comercial, quando pessoa jurídica; V – a extensão da ofensa e a duração dos seus efeitos; VI – o potencial inibitório do valor estabelecido. "Parágrafo único. Na apreciação da demanda, o juiz poderá considerar outros elementos que determinem a gravidade da lesão ao patrimônio ideal do ofendido."

Fonte: Elaboração própria, com base em informações do sítio da Câmara dos Deputados (*www.camara.gov.br*) e do sítio do Senado Federal (*www.senado.gov.br*) na Internet.

4.1 Projetos que não estabelecem disciplina para a reparação do dano moral

O PL 276/2007, o PL 2.496/2007 e o PLS 413/2007 apenas anunciam os princípios aos quais a reparação do dano moral deveria atender: às funções compensatória, punitiva, preventiva e desestimulante. No entanto, esses projetos de leis não estabelecem critérios para orientar o juiz na fixação do valor da reparação do dano moral. Por isso, os projetos poderão ter a constitucionalidade questionada e não trarão a segurança jurídica que a matéria urge proporcionar à sociedade e aos operadores do Direito.

O parecer apresentado pelo Relator do PL 2.496/2007 na Comissão de Defesa do Consumidor da Câmara dos Deputados reconhece o mérito de se estabelecer o regramento do dano moral, mas entende que o PL é vago, e essa carência de critérios objetivos para se fixar a indenização perpetuará a dificuldade de mensurar os danos morais. Assim, o Relator sugere a aprovação da Emenda Substitutiva apresentada ao PL, que foi aprovada naquela Comissão e será examinada em subitem abaixo.

4.2 Projetos que disciplinam a reparação dos danos morais

4.2.1 *PL 7.124/2002, PL 1.443/2003 e PL 1.914/2003*

O PL 7.124/2002, o PL 1.443/2003 e o PL 1.914/2003 estão apensados e receberam parecer conjunto em 2.9.2008, que será votado pela Comissão de Constituição e Justiça e Cidadania da Câmara dos Deputados. O Relator sugeriu que o PL 7.124/2002 e o PL 1.443/2003 seriam inconstitucionais, por entender que conteriam regras excessivas de responsabilização por danos morais, o que violaria o direito à liberdade de expressão previsto no art. 5º, IV e IX, da CF, bem como a liberdade de comunicação, garantida pelo art. 220, § 1º.

No mérito, o Relator reconheceu a necessidade de se estabelecer o regramento dos danos morais, mas entendeu que seria impossível ao legislador "conceituar o dano moral e estabelecer os bens juridicamente tutelados".

No mesmo parecer o Relator sugere a aprovação do PL 1.914/2003. A proposição introduz um parágrafo ao art. 953 do CC, cujo *caput* trata da indenização dos danos causados por injúria, difamação e calúnia. O parágrafo único trata da possibilidade de o juiz fixar eqüitativamente o valor dos danos *materiais*, quando não puderem ser comprovados pelo autor da ação. O novo parágrafo prevê os critérios a serem utilizados pelo juiz na fixação da indenização por danos *morais*, com o objetivo de evitar o enriquecimento indevido do autor da ação, a saber: a situação econômica do ofensor, a intensidade do ânimo de ofender, a gravidade e repercussão da ofensa, a posição social ou política do ofendido, bem como o sofrimento por ele experimentado.

Não obstante o PL 1.914/2003 meritoriamente estabeleça critérios, hoje inexistentes no ordenamento jurídico, para a definição do *quantum debeatur*, ele se remete à "condição econômica do ofensor" e à "posição social ou política do ofendido" como parâmetros a serem considerados pelo magistrado.

A "condição econômica do ofensor" não deve ser critério para estipular o valor da indenização, pela simples razão de que o foco da indenização civil deve ser a vítima, e não o agente; o dano, e não a conduta.

A extensão objetiva do dano não varia de acordo com a condição econômica do agente. A dor sofrida pela perda de um familiar vítima de homicídio, por exemplo, é objetivamente a mesma a despeito da condição econômica do homicida.

O mesmo se aplica à "posição social ou política do ofendido", disposição que pode dar ensejo a enormes injustiças. Se uma mesma conduta causou dano idêntico a pessoas de diferentes posições sociais, a indenização a ser paga deve ser a mesma, a despeito da posição social do ofendido, sob pena de se violar o princípio da igualdade. A previsão de que a condição econômica do agente deva servir como critério para o estabelecimento da indenização introduz no ordenamento jurídico brasileiro o caráter punitivo, e não meramente compensatório, da indenização do dano moral.

Por isso, para aferir o valor da indenização do dano moral basta que sejam observados os outros critérios incluídos no PL: a gravidade e repercussão da ofensa e o sofrimento experimentado pela vítima.

4.2.2 *PLS 114/2008*

O PLS 114/2008 propõe a alteração do *caput* do art. 944 do CC e a introdução de cinco critérios para o juiz estabelecer a indenização dos danos morais: (i) a extensão e a gravidade do dano; (ii) a gravidade e a repercussão da ofensa; (iii) o sofrimento experimentado pelo ofendido; (iv) a condição econômica do ofensor; e (v) se o valor pleiteado se ajusta à situação posta em julgamento. O § 1º estabelece um teto para a indenização em R$ 20.000,00. O PLS recebeu parecer do Relator pela aprovação na Comissão de Constituição e Justiça do Senado Federal, com Emenda, mas o teor do parecer ainda não está disponível no sítio do Senado Federal – o que deverá ocorrer após sua votação por aquela Comissão.

Essa proposição apresenta um problema grave de juridicidade, pois altera o *caput* do art. 944 do CC, que contém a regra geral da indenização por dano em sentido amplo (material, moral e à imagem). Com a alteração proposta, o art. 944 passaria a tratar especificamente da indenização do dano moral, ferindo a sistemática do Código Civil.

O art. 944 deve continuar a tratar da indenização em sentido amplo, caso contrário o Código Civil deixaria de ter dispositivo dirigido ao dano material e à imagem – o que seria inconcebível.

No mérito, a maioria dos critérios a serem levados em consideração pelo juiz para a determinação da indenização coaduna-se com o princípio da reparação integral do dano e os usualmente adotados pela jurisprudência. São adequados para se medir o dano moral e aferir o valor da indenização: gravidade e extensão do dano, gravidade e repercussão da ofensa, o sofrimento experimentado pelo ofendido, e se o valor se ajusta à situação posta em julgamento; seria o exame da proporcionalidade. Por outro lado, o PL introduz elemento característico do caráter punitivo da indenização, qual seja, a condição econômica do ofensor. Como visto anteriormente, é discutível a utilização desse critério do ponto de vista da teoria da responsabilidade civil, pois o foco da indenização seria desviado do dano sofrido pela vítima, em direção à conduta do ofensor. A dor sofrida pela vítima é a mesma, independentemente da condição econômica do ofensor.

4.2.3 *PLS 334/2008*

O PLS 334/2008 propõe a introdução de uma lei especial para regulamentar o dano moral e sua reparação. A proposição coaduna-se com o art. 944 do CC, ao prever que a "indenização (...) tem caráter exclusivamente compensatório", em harmonia com a tradição romano-germânica da indenização.

O Projeto nasceu da minuta elaborada por Mirna Cianci em sua obra *O Valor da Reparação Moral* (Cianci 2007). Partindo do exame exaustivo da jurisprudência, foram estabelecidos os critérios que deverão ser levados em conta pelo julgador para a fixação da indenização dos danos morais, bem como dos parâmetros que deverão ser observados na fixação do valor da indenização. O PLS 334/2008 prevê que, ao fixar o valor da indenização, o juiz deverá observar (i) o bem jurídico ofendido; (ii) a posição socioeconômica da vítima; (iii) a repercussão social e pessoal do dano; (iv) a possibilidade de superação psicológica do dano, quando a vítima for pessoa física, e de recomposição da imagem econômica ou comercial, quando pessoa jurídica; (v) a extensão da ofensa e a duração dos seus efeitos; e (vi) o potencial inibitório do valor estabelecido.

O PLS recebeu parecer do Relator pela aprovação na Comissão de Constituição e Justiça do Senado Federal, com emendas, mas o teor do parecer e o das emendas ainda não estão disponíveis no sítio do Senado Federal.

A quase-totalidade dos critérios diz respeito ao dano efetivamente sofrido pela vítima, a ser reparado, o que possibilitará a fixação da indenização na extensão do dano, conforme o art. 944 do CC.

Por outro lado, o Projeto contém dois elementos que introduzem o caráter punitivo da indenização: o potencial inibitório do valor estabelecido é contraditório com o caráter "exclusivamente compensatório" da indenização estabelecido no *caput* do artigo. Além disso, esse critério não mede o dano, mas tem foco na conduta do agente – o que se afasta do princípio da reparação integral do dano.

Do texto original proposto por Mirna Cianci não constava o critério do potencial inibitório do valor da indenização, que foi introduzido ao PL pelo seu autor, em contradição com o *caput* do artigo, que estabelece textualmente que a indenização tem função exclusivamente compensatória.

O critério da repercussão social e pessoal do dano refere-se à "esfera ideal do ofendido", conforme ressaltado pela Justificação do Projeto. No entanto, a redação não deixa claro esse aspecto, o que poderia levar o intérprete a considerar a repercussão social do dano, sendo que o critério relevante para se medir o dano e fixar a indenização é a repercussão do dano na esfera ideal da vítima.

4.2.4 *Emendas substitutivas ao PL 7.124/2002 e ao PL 2.496/2007*

Há mais duas proposições que estabelecem critérios para a fixação dos danos morais. São as Emendas Substitutivas apresentadas ao PL 7.124/2002 e ao PL 2.496/2007, ambas de igual teor. Essas Emendas disciplinaram detalhadamente o regime da indenização dos danos morais. Destacam-se os principais dispositivos que se relacionam com o que se discute neste artigo:

"Art. 7º. Ao apreciar o pedido, o juiz considerará o teor do bem jurídico tutelado, os reflexos pessoais e sociais da ação ou omissão, a possibilidade de superação física ou psicológica, assim como a extensão e duração dos efeitos da ofensa.

"§ 1º. Se julgar procedente o pedido, o juiz fixará a indenização a ser paga, a cada um dos ofendidos, em um dos seguintes níveis: I – ofensa de natureza leve: até R$ 8.000,00 (oito mil Reais); II – ofensa de natureza média: até R$ 40.000,00 (quarenta mil Reais); III – ofensa de natureza grave: até R$ 100.000,00 (cem mil Reais).

"§ 2º. Na fixação do valor da indenização, o juiz levará em conta, ainda, a situação social, política, econômica e creditícia das pessoas envolvidas, as condições em que ocorreu a ofensa ou o prejuízo moral, a intensidade do sofrimento ou humilhação, o grau de dolo ou culpa, a existência de retratação espontânea, o esforço efetivo para minimizar a ofensa ou lesão e o perdão, tácito ou expresso.

"§ 3º. A capacidade financeira do causador do dano, por si só, não autoriza a fixação da indenização em valor que propicie o enriquecimento sem causa, ou desproporcional, da vítima ou de terceiro interessado."

Para fixar o valor da indenização dos danos morais o juiz deverá considerar os seguintes critérios, convenientes e necessários para a avaliação do dano moral: (i) o teor do bem jurídico tutelado; (ii) os reflexos pessoais da ação ou omissão; (iii) a possibilidade de superação física ou psicológica; (iv) a extensão e duração dos efeitos da ofensa; (v) as condições em que ocorreu a ofensa ou o prejuízo moral; (vi) a intensidade do sofrimento ou humilhação; (vii) o esforço efetivo para minimizar a ofensa ou lesão; (viii) o perdão, tácito ou expresso.

Ao lado desses critérios, no entanto, as Emendas propõem alguns critérios relacionados com o ofensor e sua conduta, que não auxiliarão o juiz a avaliar a extensão do dano sofrido, a saber: (i) os reflexos sociais da ação ou omissão; (ii) a situação social, política, econômica e creditícia das pessoas envolvidas; (iii) o grau de dolo ou culpa; (iv) a existência de retratação espontânea.

As Emendas propõem patamares para o valor da indenização, dependendo da natureza da ofensa, com a limitação de que: "A capacidade financeira do causador do dano, por si só, não autoriza a fixação da indenização em valor que propicie o enriquecimento sem causa, ou desproporcional, da vítima ou de terceiro interessado". Trata-se de regra que se harmoniza com o princípio da proporcionalidade do valor da indenização, de forma a evitar o enriquecimento sem causa, consagrado pela jurisprudência do STJ.

As duas Emendas já foram apreciadas pelos Relatores das matérias, que chegaram a conclusões opostas. A Emenda ao PL 7.124/2002, que está tramitando na Comissão de Constituição e Justiça e Cidadania da Câmara dos Deputados, recebeu parecer pela inconstitucionalidade e pela rejeição no mérito, pelos mesmos motivos pelos quais o PL 7.124/2002, propriamente dito, foi apreciado: seria inconstitucional, por conter regras excessivas de responsabilização por danos morais, o que violaria o direito à liberdade de expressão e a liberdade de comunicação (art. 5º, IV e IX, e art. 220, § 1º, da CF); e no mérito, o Relator entendeu que não seria possível "conceituar o dano moral e estabelecer os bens juridicamente tutelados".

Esse parecer deverá ser votado pela Comissão de Constituição e Justiça e Cidadania da Câmara dos Deputados.

Já a Emenda ao PL 2.496/2007, que está tramitando na Comissão de Defesa do Consumidor da Câmara dos Deputados, recebeu parecer favorável no mérito,[30] entendendo o Relator que ela contém critérios para serem utilizados pelo juiz na fixação dos danos morais, nos seguintes termos: "Nesse sentido, a Emenda apresentada é mais completa, ao estabelecer uma série de critérios objetivos que deverão ser levados em conta pelo julgador para a fixação dos danos morais, garantindo o devido processo legal, de forma a evitar condenações excessivas, arbitrárias ou mesmo incabíveis. Por esta razão sugerimos a aprovação da Emenda, apenas com a devida adequação na técnica legislativa".

Em 26.11.2008 a Comissão de Defesa do Consumidor aprovou o parecer do Relator, pela aprovação do PL 2.496/2002 e da Emenda, com substitutivo. A proposição aguarda apreciação pela Comissão de Constituição e Justiça e Cidadania da Câmara dos Deputados.

5. Conclusão

Há muita discussão a respeito da aplicação da indenização punitiva. Nos EUA a doutrina e a jurisprudência estão preocupadas com a evolução das indenizações milionárias, e buscam estabelecer critérios para trazer as indenizações a patamares razoáveis e proporcionais ao dano, para a garantia do devido processo legal.

30. O parecer é pela aprovação da Emenda, com adequação de técnica legislativa. Isto porque a forma da Emenda Substitutiva ao PL 2.496/2007 sofre de inadequação à técnica legislativa. A epígrafe não dialoga com a parte dispositiva. Na epígrafe ao PL 2.496/2007 consta que a proposição introduz um parágrafo único ao art. 6º da Lei 8.078, de 11.9.1990. A Emenda contém a mesma epígrafe, mas o texto legislativo proposto não é a introdução de um parágrafo único ao art. 6º; ao contrário, referido artigo sequer é mencionado. A Emenda contém nove artigos independentes, de tal forma como se fosse lei própria – o que não é possível, diante das normas de elaboração legislativa.

A introdução da indenização punitiva em países de tradição romano-germânica é muito discutível. A Corte Suprema de Cassação da Itália já se posicionou contrariamente, e há decisões contraditórias na Suprema Corte alemã.

No Brasil, a despeito de inexistir previsão legal da indenização punitiva, discute-se a idéia do caráter punitivo da indenização como uma das funções da indenização dos danos morais. A doutrina é controversa e a jurisprudência do STJ é contraditória. A discussão encontra reflexo no Poder Legislativo, no bojo das discussões a respeito de projetos de leis que visam a estabelecer a disciplina da reparação dos danos morais.

O centro do debate é a possibilidade de se aplicar a indenização punitiva em relação ao dano moral, ou seja, a imposição de uma pena pecuniária desvinculada da extensão do dano sofrido, que teria por finalidade a prevenção de novas práticas ilícitas violadoras de direitos. Várias são as questões acerca da aplicabilidade da indenização punitiva no campo do dano moral, em razão da tradicional regra de que a indenização deve refletir a extensão do dano causado, mas principalmente pela inexistência de previsão legal expressa da disciplina dos danos morais.

Ainda que o posicionamento atual da responsabilidade civil seja no sentido de garantir à vitima a reparação do dano sofrido, deixando-se de lado o ideal de vingança, diversos doutrinadores defendem a aplicação de sanção ao agressor por meio de um incremento ao valor da satisfação, seja para puni-lo, seja para evitar novas lesões.

Essa penalidade, porém, não pode ser aplicada sem que haja lei prevendo a infração a ela ligada, conforme o preceito *nulum crimen, nulla poena sine lege*. Dessa forma, o caráter punitivo fica limitado às disposições legais, não podendo prevalecer sobre o princípio da legalidade. Acrescente-se a possibilidade de ocorrer *bis in idem* no caso de sentenças no campo penal e no cível que venham a punir o ofensor, e a não-observância das garantias processuais devidas – argumentos que invalidam a corrente punitiva.

A natureza da indenização do dano moral é essencialmente reparatória da lesão sofrida, tendo como efeito imediato e pretendido a satisfação do dano. Não é desejável se afastar, no âmbito da responsabilidade civil, do caráter exclusivamente compensatório da indenização. O caráter punitivo é matéria de direito penal, foro no qual o Estado tem o poder de reprimir condutas consideradas injustas, com todas as garantias do devido processo legal, tendo a pena caráter retributivo e preventivo de condutas semelhantes.

Referências bibliográficas

ANDRADE, André Gustavo Corrêa de (2006). *Dano Moral e Indenização Punitiva: os* ***Punitive Damages*** *na Experiência do* ***Common Law*** *e na Perspectiva do Direito Brasileiro.* Rio de Janeiro, Forense.

BENINI, Stefano (coord.) (2008). *La Giurisprudenza delle Sezioni Civili della Corte Di Cassazione – Anno 2007. Corte Suprema di Cassazione, Ufficio del Massimario, Rassegna della Giurisprudenza di Legittimità.* Roma, 314 pp., janeiro/2008 (disponível em *http://www.cortedicassazione.it/Documenti/RassegnaCivile2007.pdf*, acesso em 22.9.2008).

BERNARDO, Wesley de Oliveira Louzada (2005). *Dano Moral: Critérios de Fixação de Valor.* Rio de Janeiro, Renovar.

CAHALI, Yussef Said (2005). *Dano Moral.* 3ª ed. São Paulo, Ed. RT.

CARMIGNANI, Maria Cristina da Silva (1996). "A evolução histórica do dano moral." *Revista do Advogado* 49/32-46. São Paulo, dezembro/1996.

CAVALIERI FILHO, Sérgio (2007). *Programa de Responsabilidade Civil.* 7ª ed. São Paulo, Atlas.

CIANCI, Mirna (2007). *O Valor da Reparação Moral*. São Paulo, Saraiva.

COSTA, Judith Martins, e PARGENDLER, Mariana Souza (2005). "Usos e abusos da função punitiva (*punitive damages* e o Direito Brasileiro)". *Revista CEJ/Centro de Estudos Judiciários* 28/15-32. Ano 9. Brasília, janeiro-março/2005.

GONÇALVES, Vítor Fernandes (2005). *A Punição na Responsabilidade Civil: a Indenização do Dano Moral e da Lesão a Interesses Difusos*. Brasília, Brasília Jurídica.

MAGGI, Bruno Oliveira (2007). "Nova proposta de classificação do dano no direito civil." *RDPrivado* 32/32-54. Outubro-dezembro/2007.

MELO, Nehemias Domingos de (2005). "Por uma nova teoria da reparação por danos morais." *Revista do Instituto dos Advogados de São Paulo* 15/191-200. São Paulo, janeiro-junho/2005.

MORAES, Maria Celina Bodin de (2003). *Danos à Pessoa Humana: uma Leitura Civil-Constitucional dos Danos Morais*. Rio de Janeiro, Renovar.

———— (2004). "*Punitive damages* em sistemas civilistas: problemas e perspectivas." *Revista Trimestral de Direito Civil* 18/45-78. Ano 5. Rio de Janeiro, abril-junho/2004.

———— (2006). "A constitucionalização do direito civil e seus efeitos sobre a responsabilidade civil". *Revista Direito, Estado e Sociedade* 9-n. 29/233-258. Rio de Janeiro, julho-dezembro/2006.

PARGENDLER, Mariana Souza, e COSTA, Judith Martins (2005). "Usos e abusos da função punitiva (*punitive damages* e o Direito Brasileiro)". *Revista CEJ/Centro de Estudos Judiciários* 28/15-32. Ano 9. Brasília, janeiro-março/2005.

REIS, Clayton (2002). *Os Novos Rumos da Indenização do Dano Moral*. Rio de Janeiro, Forense.

ROSSETTI, Marco (2007). *Parce Sepulto, Ovvero come Porre Fine all'Industria del Lutto* (disponível em *http://dottrina-ediritto.ipsoa.it/workare.jsp?visualizza_doc=617044*, acesso em 1.3.2007).

SANTOS, Antônio Jeová (2003). *Dano Moral Indenizável*. 4ª ed. São Paulo, Ed. RT.

Atualidades

REGULAÇÃO DOS FUNDOS DE PENSÃO BRASILEIROS OU ENTIDADES FECHADAS DE PREVIDÊNCIA COMPLEMENTAR

Renato Buranello

Bruno Cerqueira

1. Inserção internacional e nova macroeconomia do Brasil. 2. A regulação das entidades fechadas de previdência complementar/EFPCs. 3. Dos limites máximos para as aplicações no segmento de renda fixa: 3.1 Dos limites máximos de ativos de renda fixa para composição da carteira – 3.2 Dos limites máximos para ativos de renda fixa específicos – 3.3 Dos limites de concentração para cada devedor/coobrigado/fundo. 4. Dos limites máximos para as aplicações no segmento de renda variável: 4.1 Dos limites máximos de ativos de renda variável para composição da carteira – 4.2 Dos limites máximos para ativos de renda variável específicos – 4.3 Dos limites de concentração para cada empresa/instituição/fundo de investimento. 5. Dos limites máximos para as aplicações no segmento de imóveis. 6. Dos limites máximos para as aplicações no segmento de empréstimos e financiamentos. 7. Das aplicações em ativos no Exterior: 7.1 Investimento em títulos e valores mobiliários negociados em Bolsas de Valores ou mercado de balcão localizado no Exterior – 7.2 Investimento em imóveis ou em ações de empresas não negociadas em Bolsas de Valores ou mercado de balcão localizado no Exterior. 8. Conclusão.

1. Inserção internacional e nova macroeconomia do Brasil

Durante os últimos anos, ciclos de euforia e de frustração historicamente se alternavam no Brasil. As mudanças globais certamente ajudam a contar grande parte da história econômica recente, bem como das perspectivas de médio e longo prazos de países emergentes como o Brasil. Nesse sentido, é nítido que o estoque de capital aumentou fortemente nos países da Ásia emergente e também nos países emergentes como um todo. Nesse contexto, a economia brasileira, com amplo complemento ao mercado asiático, particularmente com a China, tem-se tornado cada vez menos dependente do mundo desenvolvido nas suas exportações. A economia brasileira, em particular, é a que dispõe da maior diversidade de *commodities*, tanto metálicas como agrícolas, e recentemente abriu nova e importante frente na área de petróleo e gás, além do promissor mercado do etanol.

No contexto de política cambial, com a introdução do regime de câmbio flutuante, trouxe uma alteração importante na história ciclotímica na economia nacional, na medida em que passou a exercer sua função primária de absorver os choques externos e, com isso, restabelecer a possibilidade dos agentes em uma economia de menor volatilidade. A posição cambial brasileira trouxe novas perspectivas positivas à estabilidade e à previsibilidade dos atores econômicos, favorecendo a construção de um ambiente macroeconômico relativamente inédito.

Nesse novo quadro, a economia brasileira experimentou importante alteração na sua inserção internacional, tanto no plano do comércio exterior como na sua integração financeira com o resto do mundo. O fortalecimento das empresas brasileiras capitalizadas e com presença crescente como investidores no Exterior e a importante participação das Entidades Fechadas de Previdência Complementar/EFPCs no financiamento da atividade econômica expõem-se para o mundo global.

Dados os volumes e a importância dos recursos administrados e a necessidade de realizar aplicações de longo prazo consistentes, as EFPCs ou fundos de pensão constituem segmento de investidores institucionais com grande potencial no financiamento de setores econômicos estratégicos e, ainda, mantendo o compromisso atuarial e de necessidade de criação de mercados secundários que assegurem liquidez aos ativos relacionados. Nesse sentido, este artigo dispõe sobre a regulação dos fundos de pensão, inclusive quais ativos no Brasil e no Exterior poderão ser objeto de investimento pelos referidos fundos brasileiros.

2. A regulação das entidades fechadas de previdência complementar/EFPCs

As entidades fechadas são fundações ou sociedades sem fins lucrativos acessíveis exclusivamente: (i) aos empregados de uma empresa ou grupo de empresas e aos servidores da União, dos Estados, do Distrito Federal e dos Municípios, entes denominados "patrocinadores", e (ii) aos associados ou membros de pessoas jurídicas de caráter profissional, classista ou setorial, denominadas "instituidores". Atualmente os recursos administrados por tais entidades representam aproximadamente R$ 460 bilhões, equivalente a aproximadamente 18% do Produto Interno Bruto/PIB brasileiro. Em razão do volume em administração, pode-se afirmar que as entidades fechadas são importantes instrumentos para a economia brasileira, pois, além de serem veículos de captação de poupança junto aos seus inúmeros participantes, contribuem para desenvolver diversas atividades produtivas de nossa economia através de seus investimentos.

Nesse sentido, e tendo em vista a referida importância econômica, as entidades fechadas estão sujeitas a regulação, dado que a intervenção do Estado (i) contribui para reduzir a assimetria informacional dos seus participantes em relação aos envolvidos na administração de recursos, tais como gestores, administradores e as próprias entidades, e (ii) evita possíveis externalidades que poderiam ocorrer no mercado financeiro brasileiro decorrente da quebra de uma das entidades.

Historicamente a regulação das entidades fechadas pode ser dividida em duas fases. A primeira fase vigorou de 1978 até 1994 e fundamentava-se em regras quantitativas e na obrigatoriedade de aplicar seus recursos seguindo limites mínimos e máximos estabelecidos pelo Conselho Monetário Nacional/CMN. Nesse modelo o principal objetivo do Estado Brasileiro era (i) estimular nosso incipiente mercado de capitais existente nessa época, através da destinação compulsória de recursos para tal mercado, e (ii) financiar o próprio Tesouro Nacional, através da aquisição de títulos públicos.

A segunda e atual fase da regulação das entidades iniciou-se em 1994, estando também fundamentada em regras quantitativas. Regulamentada atualmente pela Lei Complementar 109, de 29.5.2001, a principal alteração introduzida nessa fase foi a extinção dos limites mínimos para aplicação dos recursos dos fundos de pensão, permanecendo, assim, somente os limites máximos para aplicação em cada ativo.

A Lei Complementar 109 estabelece divisão das entidades responsáveis pela regulação das entidades fechadas, sendo um órgão responsável pela fiscalização e outro responsável pela estipulação dos limites máximos de aplicação pelos fundos de pensão. No que se refere à fiscalização das entidades, compete à Secretaria de Previdência Complementar/SPC, de acordo com a combinação dos arts. 5º e 74 da falada lei complementar, a seguir transcritos:

"Art. 5º. A normatização, coordenação, supervisão, fiscalização e controle das atividades das entidades de previdência complementar serão realizados por órgão ou órgãos regulador e fiscalizador, conforme disposto em lei, observado o disposto no inciso VI do art. 84 da Constituição Federal.

"(...).

"Art. 74. Até que seja publicada a lei de que trata o art. 5º desta Lei Complementar, as funções do órgão regulador e do órgão fiscalizador serão exercidas pelo Ministério da Previdência e Assistência Social, por intermédio, respectivamente, do Conselho de Gestão da Previdência Complementar (CGPC) e da Secretaria de Previdência Complementar (SPC), relativamente às entidades fechadas, e pelo Ministério da Fazenda, por intermédio do Conselho Nacional de Seguros Privados (CNSP) e da Superintendência de Seguros Privados (SUSEP), em relação, respectivamente, à regulação e fiscalização das entidades abertas."

Já para a regulação da aplicação dos recursos, conforme dispõe o § 1º do art. 9º da Lei Complementar 109, ainda cabe ao CMN estabelecer as diretrizes correspondentes às aplicações dos recursos das entidades fechadas:

"Art. 9º. As entidades de previdência complementar constituirão reservas técnicas, provisões e fundos, de conformidade com os critérios e normas fixados pelo órgão regulador e fiscalizador.

"§ 1º. A aplicação dos recursos correspondentes às reservas, às provisões e aos fundos de que trata o *caput* será feita conforme diretrizes estabelecidas pelo Conselho Monetário Nacional."

Nesse passo, o CMN regulamenta as aplicações dos recursos por meio da Resolução CMN-3.456, de 1.6.2007, estabelecendo os tipos de ativos e seus respectivos limites máximos de aplicação, que são divididos em quatro segmentos distintos: (i) de renda fixa; (ii) de renda variável; (iii) de imóveis; e (iv) de empréstimos e financiamentos.

3. Dos limites máximos para as aplicações no segmento de renda fixa

Conforme a Resolução 3.456/2007, os seguintes ativos de renda fixa podem ser adquiridos pelas entidades fechadas de previdência complementar: (a) os títulos de emissão do Tesouro Nacional, os créditos securitizados pelo Tesouro Nacional e os títulos de emissão de Estados e Municípios que tenham sido objeto de refinanciamento pelo Tesouro Nacional; (b) os títulos de emissão de Estados e Municípios; (c) os certificados e os recibos de depósito bancário, as letras de crédito imobiliário, as letras de crédito do agronegócio e os demais títulos e valores mobiliários de renda fixa de emissão ou coobrigação de instituição financeira ou outra instituição autorizada a funcionar pelo Banco Central do Brasil/BACEN, como as Cédulas de Produto Rural com liquidação financeira/CPRs-F que tenham aval de instituição financeira; (d) os depósitos de poupança em instituição financeira; (e) as debêntures, as Cédulas de Crédito Bancário/CCBs, os certificados representativos de contratos mercantis de compra e venda a termo de mercadorias e de serviços que atendam às condições estabelecidas na Resolução 2.801, de 7.12.2000, bem como os demais valores mobiliários de renda fixa de emissão de sociedades anônimas, inclusive as de objeto exclusivo, cuja distribuição tenha sido registrada na CVM; (f) as obrigações emitidas por organismos multilaterais autorizados a captar recursos no Brasil, cuja distribuição tenha sido registrada na CVM; (g) as cotas de fundos de investimento e as cotas de fundos de investimento em cotas de fundos de investimento, classificados como fundos de dívida externa; (h) as cotas de Fundos de Investimento em Direitos Creditórios/FIDCs e as cotas de fundos de investimento em cotas de fundos de investimento em direitos creditórios/FI-CFIDCs; (i) as cotas de fundos de investimento previdenciários e as cotas de fundos de investimento em cotas de fundos de investimento previdenciários classificados como renda fixa ou referenciado em indicadores de desempenho de renda fixa, constituídos sob a forma de condomínio aberto; (j) os Certificados de Recebíveis Imobiliários/CRIs cuja distribuição tenha obtido registro definitivo na CVM, bem como as Cédulas de Crédito Imobiliário/CCIs; e (k) as Cédulas de Produto Rural com liquidação financeira/CPRs-F que contem com cobertura de seguro, conforme regulamentação da Superintendência de Seguros Privados/SUSEP, os Certificados de Direitos Creditórios do Agronegócio/CDCAs e os Certificados de Recebíveis do Agronegócio/CRAs.

Após a definição dos ativos de renda fixa, a Resolução 3.456/2007 estabeleceu três categorias de limites máximos para as aplicações das entidades fechadas: (i) limites máximos gerais de ativos de renda fixa para composição da carteira; (ii) limites máximos para ativos específicos; e (iii) limites máximos de concentração por cada devedor/coobrigado/fundos de investimento. Ressalta-se que os limites máximos em cada categoria variam, em regra, conforme a classificação de risco dos ativos estabelecida por agência de classificação de risco em funcionamento no país, sendo um limite maior de aplicação para ativos de renda fixa classificados como de baixo risco de crédito e outro menor para os ativos de renda fixa classificados como de médio e alto risco de crédito.

3.1 Dos limites máximos de ativos de renda fixa para composição da carteira

Esse limite visa a restringir o máximo de exposição que as entidades fechadas de previdência complementar terão ao segmento de renda fixa tendo como base determinadas composições dos ativos anteriormente listados.

3.2 Dos limites máximos para ativos de renda fixa específicos

Após a limitação da exposição da carteira das entidades fechadas de previdência complementar ao segmento de renda fixa, antes mencionada, a Resolução 3.456/2007 estabelece limites máximos para ativos de renda fixa específicos, restringindo a exposição das aplicações a determinado tipo de produto.

3.3 Dos limites de concentração para cada devedor/coobrigado/fundo

Por fim, após a limitação da exposição da carteira das entidades fechadas de previdência complementar ao segmento de renda fixa e a determinado tipo de produto, o normativo do CMN estipula limites máximos proibitivos de concentração das aplicações em ativos de emissão ou de responsabilidade de um mesmo devedor, coobrigado ou fundo de investimento (inclusive por série de quota ou título).

4. Dos limites máximos para as aplicações no segmento de renda variável

No que se refere ao segmento de renda variável, os seguintes ativos podem ser objeto de aquisição pelas entidades fechadas de previdência complementar: (a) as ações, os bônus de subscrição de ações, os recibos de subscrição de ações e os certificados de depósito de ações de companhia aberta negociados em Bolsa de Valores ou admitidos a negociação em mercado de balcão organizado por entidade autorizada pela CVM; (b) as ações subscritas em lançamentos públicos ou em decorrência do exercício do direito de preferência; (c) as cotas de fundos de investimento previdenciários e as cotas de fundos de investimento em cotas de fundos de investimento previdenciários classificados como ações, constituídos sob a forma de condomínio aberto; (d) as ações, as debêntures[1] e os demais títulos e valores mobiliários de emissão de Sociedades de Propósito Específico/SPEs constituídas com a finalidade de viabilizar o financiamento de novos projetos, com prazo de duração determinado, as cotas de Fundos de Investimento em Empresas Emergentes/FIEEs e as cotas de Fundos de Investimento em Participações/FIPs, nos termos da regulamentação baixada pela CVM; (e) os certificados de depósito de valores mobiliários com lastro em ações de emissão de companhia aberta, ou assemelhada, com sede no Exterior (*Brazilian Depositary Receipts*/BDRs), classificados nos Níveis II e III definidos na regulamentação baixada pela CVM, cujos programas tenham sido registrados naquela autarquia; (f) as ações de emissão de companhias sediadas em países signatários do Mercado Comum do Sul/MERCOSUL ou os certificados de depósito dessas ações admitidos a negociação em Bolsa de Valores no Brasil, observado o disposto na Resolução 3.265, de 4.3.2005; (g) as debêntures com participação nos lucros cuja distribuição tenha sido registrada na CVM; (h) os certificados representativos de ouro físico no padrão negociado em Bolsa de Mercadorias e de Futuros; (i) os certificados de potencial adicional de construção, de que trata o art. 34 da Lei 10.257, de 10.7.2001, negociados em Bolsa de Valores ou admitidos a negociação em mercado de balcão organizado por entidade autorizada pela CVM, cuja distribuição tenha sido registrada naquela autarquia; e (j) as cotas de fundos de investimento e as cotas de fundos de investimento em cotas de fundos de investimento classificados como fundos multimercado, constituídos sob a forma de condomínio aberto.

Assim como ocorre para os ativos de renda fixa, os limites de renda variável também são divididos em três categorias: (i) limites máximos gerais de ativos de renda variável para composição da carteira; (ii) limites máximos para ativo de renda variável específicos; e (iii) limites máximos de concentração por cada empresa/instituição/fundo de investimento.

4.1 Dos limites máximos de ativos de renda variável para composição da carteira

Da mesma forma como feito para o segmento de renda fixa, esse limite visa a restringir a exposição das aplicações das entidades fechadas de previdência complementar ao segmento de renda variável.

4.2 Dos limites máximos para ativos de renda variável específicos

Após a limitação da exposição da carteira das entidades fechadas de previdência complementar ao segmento de renda variável, mencionada acima, a Resolução 3.456/2007 estabelece limites máximos para ativos de renda variável específicos, restringindo a exposição das aplicações das faladas entidades a determinado tipo de produto.

4.3 Dos limites de concentração para cada empresa/instituição/fundo de investimento

Por fim, como forma de criar regras proibitivas de concentração das aplicações

1. Somente podem ser admitidas as debêntures de emissão de sociedades de propósito específico consideradas pela entidade fechada de previdência complementar, com base em classificação efetuada por duas agências classificadoras de risco em funcionamento no país, como de baixo risco de crédito.

das entidades fechadas de previdência complementar em ativos de emissão de mesma empresa, instituição ou fundo de investimento, o normativo do CMN cria limites máximos de concentração por emissor (inclusive fundo de investimento).

5. *Dos limites máximos para as aplicações no segmento de imóveis*

O segmento de imóveis é segregado nas seguintes carteiras: (a) carteira de desenvolvimento, que inclui os investimentos em regime de co-participação na realização de empreendimentos imobiliários com vistas a sua ulterior alienação; (b) carteira de aluguéis e renda, que inclui os investimentos em imóveis e na realização de empreendimentos imobiliários, com a finalidade de obter rendimentos sob a forma de aluguel ou renda de participações; (c) carteira de fundos imobiliários, que inclui os investimentos nesses tipos de investimento; e (d) carteira de outros investimentos imobiliários, que inclui os investimentos imobiliários de uso próprio, imóveis recebidos em dação em pagamento ou como produto de execução de dívidas ou garantias, bem como outros imóveis não enquadrados em qualquer outra carteira cima.

6. *Dos limites máximos para as aplicações no segmento de empréstimos e financiamentos*

No que se refere às aplicações no segmento de empréstimos e financiamentos, a Resolução 3.456/2007 aponta as seguintes carteiras: (a) carteira de empréstimos a participantes e assistidos, que incluem as operações de empréstimo realizadas entre as entidades fechadas de previdência complementar e seus participantes assistidos, incluindo os valores mobiliários que sejam lastreados em recebíveis oriundos, direta ou indiretamente, desses empréstimos; e (b) carteira de financiamentos imobiliários a participantes e assistidos, que incluem as operações de financiamentos imobiliários realizadas entre as entidades fechadas de previdência complementar e seus participantes e assistidos, incluindo os valores mobiliários que sejam lastreados em recebíveis oriundos, direta ou indiretamente, desses financiamentos imobiliários.

7. *Das aplicações em ativos no Exterior*

Segundo o inciso XI do art. 65 da Resolução 3.456/2007, transcrito, as entidades fechadas de previdência complementar somente poderão aplicar em ativos no Exterior quando for expressamente permitido pelo referido normativo: "Art. 65. É vedado às entidades fechadas de previdência complementar: (...) XI – aplicar recursos no Exterior, ressalvados os casos expressamente previstos neste Regulamento".

Pela leitura do artigo, e em virtude de todo o exposto acima, percebe-se que o normativo do CMN abre expressamente uma possibilidade direta e uma indireta de aplicação dos recursos das entidades fechadas de previdência complementar no Exterior. A possibilidade de aplicação direta decorre da autorização expressa para a aplicação de recursos pelas entidades fechadas de previdência complementar em ações de emissão de companhias sediadas em países signatários do MERCOSUL, devendo ser observado, no entanto, o disposto na Resolução 3.265, de 4.3.2005.

No que se refere à aplicação indireta, o normativo permite aplicação em fundos de investimentos classificados como dívida externa que poderão aplicar em títulos representativos da dívida externa de responsabilidade da União e outros títulos de crédito transacionados no mercado internacional. Adicionalmente, se não fosse por determinadas controvérsias existentes na Resolução 3.456/2007 e em normativos da CVM, as EFPCs poderiam constituir algumas estruturas para permitir o investimento indireto de seus recursos das entidades fechadas de previdência complementar em ativos no Exterior, conforme dois exemplos a seguir apresentados.

7.1 Investimento em títulos e valores mobiliários negociados em Bolsas de Valores ou mercado de balcão localizado no Exterior

Nessa estrutura, as entidades fechadas de previdência complementar iriam subscrever quotas de um Fundo de Investimento Multimercado no Exterior/FIM Exterior, constituído nos termos do inciso II do art. 110-B da Instrução CVM-409, de 18.8.2004. Assim, dado que o FIM Exterior já detém autorização da CVM e do próprio BACEN para adquirir títulos e valores mobiliários negociados em Bolsa de Valores ou mercado de balcão organizado localizado no Exterior,[2] estaríamos viabilizando o investimento das EFPCs em mercados de Bolsa e de balcão organizado localizados no Exterior.

Ressalta-se que a principal controvérsia para a implementação dessa estrutura pelas fundações é a previsão contida no art. 42 da Resolução 3.456/2007, pelo qual o normativo equipara às aplicações realizadas diretamente pela EFPC aquelas efetuadas via fundos de investimento, salvo fundos de investimento em participações e fundos de investimento em empresas emergentes. Assim, entendemos que o CMN deveria rever a Resolução 3.456/2007, adaptando sua redação à nova realidade de investimentos instituída pela Instrução CVM-409, de 18.8.2004, dado que num horizonte de taxas menores de juros domésticas as EFPCs devem ter a flexibilidade necessária para auferir ganhos em outras localidades do mundo, visando a cumprir com suas metas atuariais.

7.2 Investimento em imóveis ou em ações de empresas não negociadas em Bolsas de Valores ou mercado de balcão localizado no Exterior

Nessa estrutura as entidades fechadas de previdência complementar aplicariam seus recursos num Fundo de Investimento em Participações/FIP ou num Fundo de Investimento em Empresas Emergentes/FIEE, estando sujeitas somente ao limite de aplicações previsto para esses fundos. Como nenhum desses fundos tem autorização da CVM ou do BACEN para fazer investimentos no Exterior, o FIP ou o FIEE poderia, em tese, aportar os recursos numa empresa brasileira, que, por não estar sujeita à regulação dessas entidades reguladoras, poderia livremente fazer a remessa dos recursos para o Exterior para adquirir imóveis e ações localizados no Exterior. No entanto, cabe mencionar as regras previstas no art. 38, VI, da Instrução CVM-209, de 25.3.1994, e no art. 35, VI, da Instrução CVM-391, de 16.7.2003, que criam controvérsias acerca da aplicação em ações e imóveis localizados no Exterior pelas empresas investidas do referido *private equity* brasileiro. Nesse sentido, entendemos que a CVM deveria rever tais dispositivos, de forma a permitir a alocação irrestrita dos recursos das empresas investidas de FIP e/ou FIEE, pois do contrário estaríamos admitindo que empresas brasileiras (apenas pelo fato de um de seus acionistas ser um desses fundos de investimento) teriam uma restrição para realizar negócios no Exterior – restrição que não existe para as demais empresas brasileiras e que, no nosso entendimento, violaria o princípio constitucional da livre iniciativa.

8. Conclusão

Com o desenvolver desse artigo buscamos mostrar que a regulação dos fundos

2. Ressaltamos que para fins fiscais essa estrutura é um pouco mais complexa, com a eventual criação de veículos específicos no Exterior.

de pensão brasileiros é complexa e específica, tendo regras diferenciadas para diversos tipos de ativos ou operações. A participação direta das entidades fechadas de previdência complementar no sentido de adquirir determinado tipo de ativo deve ser amplamente estudada, com o objetivo de garantir o cumprimento da legislação brasileira. Também assim, no caso de investimentos no Exterior deve-se buscar a melhor forma para viabilizar estruturas que permitam a aplicação dos recursos de maneira mais eficiente e segura, mas que também permitam para os gestores das EFPCs liberdade para cumprir com suas metas atuariais.

Espaço Discente

MERCADO, DESENVOLVIMENTO ECONÔMICO E REGULAÇÃO INTERNACIONAL: O CASO DOS SERVIÇOS DE SEGURO

RAFAEL LIMA SAKR

1. Introdução. 2. Classificação dos serviços de seguro: 2.1 Seguro social versus *privado – 2.2 Seguro de vida* versus *não-vida – 2.3 Seguro direto e resseguro. 3. Mercado mundial de seguros: 3.1 A estrutura do mercado de seguros – 3.2 A dimensão internacional do seguro. 4. Seguro e desenvolvimento econômico: 4.1 Promoção de estabilidade financeira e redução de ansiedade – 4.2 Substituição e complementação dos programas governamentais de segurança social – 4.3 Facilitador de comércio – 4.4 Movimentação de poupança – 4.5 Aperfeiçoamento da eficiência na administração do risco – 4.6 Encorajar prevenção de perdas – 4.7 Incentivo à alocação eficiente de capital. 5. O setor de seguro no sistema internacional de comércio: 5.1 Tratados econômicos regionais: experiências normativas internacionais: 5.1.1 OCDE: a codificação dos movimentos de capital – 5.1.2 União Européia: harmonização e reconhecimento normativo – 5.1.3 NAFTA: direito de estabelecimento e segurança sistêmica – 5.2 Tratado econômico multilateral: o Acordo Geral sobre Comércio de Serviços/GATS: 5.2.1 A estrutura do GATS: 5.2.1.1 Parte I: Escopo e modos de prestação de serviços: (a) Transfronteiriço (Modo 1) – (b) Consumo no Exterior (Modo 2) – (c) Presença Comercial (Modo 3) – (d) Presença de Pessoas Físicas (Modo 4) – 5.2.1.2 Parte II: Obrigações e disciplinas gerais: (a) Cláusula da Nação-Mais-Favorecida (art. II) – (b) Transparência (art. III) – (c) Regulamentação Doméstica (art. VI) – (d) Monopólios e Prestadores Exclusivos de Serviços (art. VIII) – (e) Balança de Pagamentos (art. XI) – 5.2.1.3 Parte III: Compromissos específicos – 5.2.1.4 Acesso a Mercado (art. XVI) – 5.2.1.5 Tratamento Nacional (art. XVII) – 5.2.1.6 Compromissos Adicionais (art. XVIII) – 5.2.2 Anexo sobre serviços financeiros: 5.2.2.1 Regulação doméstica (art. 2) – 5.2.2.2 Reconhecimento de medidas prudenciais (art. 3) – 5.2.2.3 Solução de disputas (art. 4) – 5.2.2.4 Definições (art. 5) – 5.2.3 Entendimento sobre Compromissos em Serviços Financeiros. 6. Conclusão: o impacto do GATS no setor de seguros.*

1. Introdução

O presente trabalho analisa o arcabouço jurídico-institucional e a estrutura econômica do setor de serviços de seguro no plano internacional. O objetivo é apresentar o mercado mundial de seguros, a relevância deste setor para o desenvolvimento econômico e a respectiva moldura regulatória multilateral, estabelecida no âmbito da Organização Mundial do Comércio/OMC.

Diferente dos setores agrícola e industrial, atividades capazes de despertar interesses da mídia e de parcelas da população, o setor de serviços, talvez em razão da sua multiplicidade de formas, da profunda especialização técnica ou da descentralização política, não está tão exposto aos holofotes do debate público. Não obstante, por exercerem importante função na economia capitalista, os serviços de seguro foram classificados como serviços financeiros e, conseqüentemente, estudados ao lado dos serviços bancários e de securitização. Entretanto, apesar de compartilharem características semelhantes, um estudo particular do setor de seguros possibilita evidenciar suas qualidades únicas, as quais desempenham importante papel no desenvolvimento econômico.

Nas últimas décadas, marcadas pelo rápido crescimento, associado à inovação tecnológica, o setor de seguros tem conquistado grande importância no contexto do mercado financeiro internacional. De fato, a estabilidade e a previsibilidade resultantes dos serviços de seguro são cada vez mais importantes para a economia mundial. No plano global a atividade securitária somente veio a ser codificada no final da Rodada Uruguai. Isso porque os negociadores dos Estados-Partes tinham dificuldade de encontrar um consenso sobre a inclusão, ou não, do setor de seguros no novo quadro jurídico-institucional que viria a estabelecer a Organização Mundial do Comércio/OMC. A questão residia na indagação acerca da necessidade de um número maior de prestadores de serviços de seguro nas economias nacionais, ou seja, buscavam determinar a viabilidade de fomentar a concorrência no setor. Não obstante, qualquer liberalização pretendida não poderia prescindir de análise dos impactos econômicos e de uma reforma regulatória, visando à construção de um ambiente favorável aos agentes econômicos.

Nesse particular, é preciso examinar a função socioeconômica do setor de seguros no contexto internacional. Conceber o seguro como mero mecanismo de diversificação de risco é – na perspectiva de Harold D. Skipper Jr. – desconhecer sua real importância para desenvolvimento econômico. A relevância da função dispersora de risco não deveria acobertar as demais contribuições que o seguro proporciona, especialmente a promoção da estabilidade financeira, expansão do intercâmbio comercial, controle mais eficiente dos riscos, aumento da capacidade de mobilização da poupança e da eficiência na mobilização do capital. Daí o fundamento da proposta de liberalização setorial ser propiciar o rápido desenvolvimento do setor de seguros (Skipper Jr. 2001:VI)

A aprovação do Acordo Geral sobre Comércio de Serviços/GATS foi uma conquista daqueles que acreditavam ser possível regulamentar e aplicar regras de Direito Internacional ao setor de serviços, uma vez que este passou a ser essencial em uma economia globalizada e dependente. Atualmente, o GATS atua na regulação do comércio internacional de serviços, estabelecendo bases para futuras negociações. O sucesso das negociações da Rodada Uruguai possibilitou, em 1997, a conclusão do Quinto Protocolo, conhecido como "Acordo sobre Serviços Financeiros"/FSA, que há duas décadas parecia impossível encontrar um consenso. Mais de 100 países incluíram compromissos, atingindo cerca de 95% do comércio mundial do setor financeiro.

Com isso em mente, o presente trabalho explora como os acordos internacionais organizam, disciplinam e fortalecem a atividade securitária, por meio da promoção de um mercado mundial mais competitivo, eficiente e seguro, de modo a beneficiar as economias nacionais, promovendo o desenvolvimento econômico. Divide-se, didaticamente, a exposição no exame do mercado mundial de seguros, buscando descrever suas principais características econômicas e sociais, bem como forma privada de organização; na análise do processo de codificação da atividade securitária no arcabouço jurídico-institucional da Organização Mundial do Comércio/OMC; os dispositivos do Acordo Geral sobre Comércio de Serviços/GATS e do Acordo sobre Serviços Financeiros pertinentes ao setor de seguros serão detidamente estudos; por fim, será abordado o impacto da codificação multilateral dos serviços de seguro no comércio internacional, e em particular na economia e regulamentação do Brasil.

2. *Classificação dos serviços de seguro*

Os serviços de seguro não têm uma única classificação padronizada e globalmente aceita. É comum encontrar nas legislações internas dos diversos Estados diferentes classificações para o mesmo produto securitário. O comércio internacional também não está livre da problemática da linguagem, bastando comparar a classificação adotada na Organização das Nações Unidas/ONU e na Organização Mundial do Comércio/OMC. Dessa forma, para melhor compreender o setor e evitar confusões interpretativas, serão examinados os três principais métodos classificatórios empregados, e em seguida se examinará como estes foram incorporados pelas organizações internacionais.

2.1 Seguro social versus *privado*

Há Estados que consideram terem natureza pública certos ramos de seguro, por isso criam uma reserva legal, monopolizando a cobertura dos riscos apenas aos agentes públicos autorizados. Nesse sentido, são comuns programas governamentais de seguro social, que garantem benefícios aos cidadãos – como, por exemplo, aposentadoria, seguro-desemprego e seguro por incapacidade. As principais distinções entre o seguro social e o privado consistem no regime adotado, na obrigatoriedade de contratação e no objetivo. O objetivo do seguro público é a eqüidade social, por isso tende a adotar o regime simples de repartição, onde os contribuintes ativos pagam os benefícios dos inativos – o que exige contribuição compulsória e solidária dos segurados. O seguro privado, por depender do interesse particular do segurado, é facultativo e adota o regime de eqüidade atuarial, na qual os prêmios refletem a sinistralidade, tendo por objetivo a administração do risco.

2.2 Seguro de vida versus *não-vida*

O comércio de seguros historicamente tem-se dividido em empresas que vendem seguros para pessoas, conhecidos como "seguros de vida", e aquelas que comercializam seguros relativos à proteção da propriedade, denominados "seguros de não-vida". A divisão não é, todavia, pacífica ou satisfatória, principalmente acerca dos seguros de saúde e acidentes de trabalho, os quais têm enquadramento diferente, dependendo de cada país. O principal interesse dessa divisão reside na proibição imposta por muitos países às seguradoras de atuar, concomitante, nos dois ramos.

2.3 Seguro direto e resseguro

Seguros vendidos ao consumidor ou às empresas não-seguradoras são classificados como "seguros diretos". Os seguros contratados por seguradoras que comercializam seguro direto, tendo por objetivo fortalecer seu portfólio, evitar a concentração de risco potencial e aumentar a capacidade de oferecer maior cobertura, são denominados "resseguros". Atualmente, quase todas as seguradoras do mundo adquirem resseguros, assim como as próprias resseguradoras, por meio do processo conhecido como "retrocessão", a fim de cobrir apólices que envolvem grande exposição à perda, geralmente com potencial catastrófico. Devido ao adensamento da rede de proteção ao risco, o resseguro tornou-se o segmento mais internacionalizado do comércio de seguros.

As listas de serviços de seguro adotadas pela ONU e pela OMC sofrem com incompatibilidades, devido, provavelmente, ao método empregado para dispor os diversos produtos securitários. Segundo estudo apresentado ao Comitê de Compromissos Específicos da OMC, a Lista de Classificação Setorial de Serviços do GATS não corresponde exatamente à adotada pela Classificação Central de Produtos/CPC da ONU, cujas principais diferenças se encontram em: (a) seguro de acidentes e seguro-saúde estão incluídos em "Seguros de Vida", enquanto na classificação CPC estão em "Seguros de Não-Vida"; (b) resseguros e retrocessão, por não serem arrolados na CPC, são incluídos na categoria residual de "Outros Serviços de Seguro"; na classificação do GATS esses produtos têm categoria própria; (c) na OMC os serviços de administração de fundos de pensão são, diferentemente do disposto na CPC, separados dos serviços de seguro de vida e incluídos nos serviços de administração de ativos, no item "Bancário e Outros Serviços Financeiros"; e (d) os "Serviços de Agenciamento e Corretagem de Seguros", que têm uma categoria própria na CPC, são agrupados, junto com outros serviços auxiliares ao seguro, dentro de um subsetor de serviços de seguro (World Trade Organization 1998:§ 9).

O Anexo sobre Serviços Financeiros do GATS introduziu, posteriormente, algumas alterações à Lista de Classificação Setorial de Serviços. A categoria "Serviços Auxiliares ao Seguro", devido ao aumento de complexidade dos produtos e serviços oferecidos, decorrente da demanda global, foi desmembrada, separando-se a atividade de "Intermediação, como Corretagem e Agenciamento", e reelaborada, de modo a especificar outros serviços auxiliares, como serviço de consultaria, controle de risco e ciência atuarial (World Trade Organization 1998:§ 10).

Não obstante, o dinamismo intrínseco ao setor tem produzido uma zona cinzenta de novos produtos, como *swaptions* e o *bancassurance*, os quais são de difícil classificação, em razão dos sofisticados elementos que compõem sua operação. Outro ponto a ser esclarecido é a linha divisória entre a prestação e a transferência de informações financeiras, as quais podem ser catalogadas em serviços financeiros ou serviços de comunicação com valor adicional (World Trade Organization 1998:§§ 10-14).

Ressalta-se que, apesar de diversos autores sustentarem serem irrelevantes os problemas de classificação, por considerá-los pura discussão doutrinária, o aperfeiçoamento da linguagem e, por conseqüência, a classificação têm papel fundamental no desenvolvimento do comércio internacional de seguros. Esses autores não conseguem perceber que a classificação reflete, por um lado, o processo de expansão e sofisticação do setor de seguros e, por outro, visa a evitar que dificuldades de interpretação impeçam o progresso das negociações multilaterais.

3. Mercado mundial de seguros

A atividade de seguro existe em todos os países, variando enormemente em tamanho, estrutura e importância, sendo diretamente afetada pela dinâmica da economia global e sujeita às tendências e influências do ambiente econômico, político, social e cultural de cada país e região. O presente item examina a estrutura e as relações do mercado mundial de seguros (Skipper Jr. 2001:3).

O método mais comumente empregado para determinar o crescimento do mercado de seguros é o cálculo do crescimento das subscrições de prêmios. Em 2007 as assinaturas de prêmios totalizaram US$ 4,061 bilhões, resultando em um crescimento real de 3,3% em comparação com o ano anterior. Dividido tradicionalmente em seguros de vida e não-vida, o mercado mundial também varia conforme a dinâmica socioeconômica. Enquanto, em 1999, 58% dos prêmios eram de seguros de vida e 42% de seguros de não-vida, em 2004 e 2007 os percentuais eram, respectivamente, de 57% e 59% de seguros de vida e de 43% e 41% de seguros de não-vida. O setor de seguro de vida totalizou, em 2007, US$ 2,393 bilhões em prêmios, com crescimento de 4,7% nos países desenvolvidos e 13,1%, nos países subdesenvolvidos, resultando na média mundial de 5,4%. No mesmo sentido, o setor de seguros de não-vida também cresceu 0,7%, calculado a partir do decrescimento dos países desenvolvidos de -0,3% e do crescimento dos países subdesenvolvidos de 11,8% (Skipper Jr. 2001:6; Swiss Re 2005:4; Swiss Re 2008:3).

Para compreender essa média é necessário dar atenção às diversidades regionais existentes no balanço dos setores de vida e não-vida, como sugere a Tabela 1. A alta proporção de seguro de vida na África decorre da distorção provocada pelo grande mercado de seguros da África do Sul, que responde por cerca de 84% dos prêmios do Continente, dos quais 4/5 são compostos por seguro de vida. A Ásia, de forma reveladora, é propensa a economizar via seguro de vida. Por outro lado, os efeitos da adversidade, decorrentes dos picos tarifários e da instabilidade política, têm deprimido o crescimento dos seguros de vida na América Latina. Entretanto, a situação vem mudando rapidamente em muitos países (Skipper Jr. 2001:6).

TABELA 1: AS MAIORES SEGURADORAS DO MUNDO POR RECEITA [FORTUNE 2008]

Rank	**Empresas**	**País de domicílio**	**Tipo de seguradora**	**Principal ramo**	**Receita (em milhões de US$)**	**Global 500 *rank***
1	AXA	França	Ações	Vida	162,762	15
2	Allianz	Alemanha	Ações	Não-Vida	140,618	22
3	Berkshire Hathaway	EUA	Ações	Não-Vida	118,245	30
4	Assicurazioni Generali	Itália	Ações	Vida	113,813	34
5	American International Group	EUA	Ações	Não-Vida	110,064	35
6	Aviva	Reino Unido	Ações	Vida	81,317	69
7	Prudential	Reino Unido	Ações	Vida	66,358	94
8	Munich Re Group	Alemanha	Ações	Não-Vida	64,774	98
9	Aegon	Holanda	Ações	Vida	62,383	103
10	State Farm Insurance Cos.	EUA	Cooperativa	Não-Vida	61,612	104
11	CNP Assurances	França	Ações	Vida	59,071	112
12	Nippon Life Insurance	Japão	Cooperativa	Vida	57,859	115

TABELA 1: AS MAIORES SEGURADORAS DO MUNDO POR RECEITA [FORTUNE 2008]						
Rank	**Empresas**	**País de domicílio**	**Tipo de seguradora**	**Principal ramo**	**Receita (em milhões de US$)**	**Global 500 *rank***
13	Zurich Financial Services	Suiça	Ações	Não-Vida	55,163	121
14	MetLife	EUA	Ações	Vida	53,15	129
15	China Life Insurance	China	Ações	Vida	43,44	159
16	Dai-ichi Mutual Life Insurance	Japão	Cooperativa	Vida	39,863	180
17	Allstate	EUA	Ações	Não-Vida	36,769	198
18	Legal & General Group	Reino Unido	Ações	Vida	36,416	202
19	Swiss Reinsurance	Suiça	Ações	Não-Vida	35,73	209
20	Prudential Financial	EUA	Ações	Vida	34,401	221
21	Old Mutual	Reino Unido	Ações	Vida	33,917	225
22	Manulife Financial	Canadá	Ações	Vida	33,09	230
23	Millea Holdings	Japão	Ações	Não-Vida	32,487	232
24	Meiji Yasuda Life Insurance	Japão	Cooperativa	Vida	31,542	242
25	Samsung Life Insurance	Coréia do Sul	Ações	Vida	30,905	247
26	New York Life Insurance	EUA	Cooperativa	Vida	29,28	268
27	Sumitomo Life Insurance	Japão	Cooperativa	Vida	29,246	269
28	Power Corp. of Canada	Canadá	Ações	Vida	29,089	271
29	TIAA-CREF	EUA	Cooperativa	Vida	27,526	294
30	Cathay Financial Holdings	Taiwan	Ações	Vida	26,811	300

Ao comparar a distribuição dos prêmios regionais com o mercado global, constata-se que a Europa é o maior mercado de seguros, somando 41,39% do total dos prêmios diretamente subscritos em 2007, seguida pela América do Norte, com 32,75%, e Ásia, 20,70%. Oceania, América Latina e África possuem, respectivamente, 1,69%, 1,31% e 2,15% do mercado mundial em 2007. Essas porcentagens variam anualmente, conforme a flutuação das moedas e da economia. O maior mercado nacional de seguros do mundo pertence aos Estados Unidos, seguidos pelo Reino Unido, Japão, França e Alemanha (Swiss RE 2008:35).

3.1 A estrutura do mercado de seguros

O mercado nacional de seguros tem forte vínculo com o ambiente socioeconômico do país, sendo que, em regra, a interação de oferta e demanda determina sua estrutura. O preço e outros inúmeros fatores econômicos e sociais influenciam a demanda por seguros. Os diversos estudos indicam que o consumo de serviços de seguro também tem forte relação com a renda *per capita*, pois, ao constatar que a elasticidade da receita dos prêmios tende a ser maior que um, demonstra que a renda do seguro tende a crescer mais rápido que a renda nacional (Skipper Jr. 2001:8).

Dessa forma, os países detentores de maiores rendas subscrevem mais prêmios que os de menor renda. Por isso, quando há queda na renda os indivíduos têm poucos motivos para contratar seguros, uma vez que não possuem ativos suficientes que justifiquem a contratação. Com o desenvolvimento econômico há o crescimento da renda e dos ativos, os quais necessitam de proteção e, logo, demandam maior arrecadação de recursos para o pagamento de prêmios. A conseqüência da expansão por maior proteção é a perda de relevância dos seguros informais, que resultam da proteção familiar, na medida em que se tornam ineficazes, em razão da diminuição e dispersão geográfica dos membros familiares, levando os indivíduos a dependerem da renda do próprio trabalho. Com isso, os seguros informais tendem a ser substituídos pelo sistema estatal de segurança social, que estabelece programas público e privado de seguro (Skipper Jr. 2001:8-10).

As seguradoras do mundo em sua maioria são constituídas na forma de sociedade cooperativa (ou mútua) ou sociedade por ações, sendo esta a predominante nos maiores mercados. As maiores seguradoras do mundo estão localizadas nas economias mais desenvolvidas. A Tabela 1 apresenta a lista das 30 maiores seguradoras do mundo, em relação à receita, e os países em que estão domiciliadas. A Tabela 1 também indica o ramo de seguro em que as seguradoras atuam – vida ou não-vida –, embora a maioria, constituída em grupos econômicos, ofereça ambos os produtos. Diante dos dados apresentados, constata-se que estão domiciliadas nos Estados Unidos 8 das 30 empresas seguradoras. O Japão aparece em segundo lugar, com 5 empresas, e o Reino Unido com 4. Ressalta-se, ainda, que a maior parte das empresas listadas atua somente no mercado interno (Skipper Jr. 2001:8-10).

3.2 A dimensão internacional do seguro

A globalização econômica propiciou a correspondente internacionalização dos serviços financeiros. No decorrer do processo constatou-se que os grandes projetos públicos ou privados, intensos em investimentos, demandavam ampla cobertura securitária, a qual, em razão do aumento e concentração da exposição às perdas, não podia ser coberta por seguradoras puramente domésticas. Daí a necessidade de buscar por capacidade seguradora internacional, visto que nenhum mercado doméstico tem capacidade suficiente para cobrir as garantias e responsabilidades da crescente exposição às perdas de grandes empreendimentos, como refinarias petrolíferas, satélites, aviões, e seu impacto ambiental. É necessária, portanto, a dispersão internacional do risco segurado (Skipper Jr. 2001:11-12).

Todavia, poucas seguradoras são verdadeiramente internacionais, ou seja, capazes de prestar seus serviços ao redor do mundo. As seguradoras realmente internacionalizadas estão localizadas: nos Estados Unidos, a *American International Group*, *CIGNA* e *Chubb*; no Reino Unido, a *Royal & Sun Alliance* e *CGNU*; a *AXA*, na França; *Zurich*, na Suíça; e *Allianz*, na Alemanha. Diversas outras seguradoras têm operações no Estrangeiro ou visam a tê-las, pois, para a grande maioria, expandir globalmente tornou-se o único caminho para o crescimento, já que seu mercado doméstico está saturado. Nessa particular, o papel desempenhado pelo resseguro tem grande importância, uma vez que as grandes empresas resseguradoras, como a *Munich Re* (Alemã), *Swiss Re* (Suíça), *General Re* (americana) e *SCOR* (Francesa), possibilitam uma substancial internacionalização das operações de seguro, agregando maior valor à capacidade seguradora nacional.

Com a internacionalização das operações, o mercado doméstico pode se beneficiar com a presença de resseguradoras e seguradoras internacionais, visto que propicia o aumento da variedade de produtos e serviços de seguro oferecidos e o amadurecimento da competição entre as empresas. Tal qual ocorre em outras áreas, o compartilhamento de tecnologia e *know-how* proporciona inovações, como a criação ou implementação de novos produtos, técnicas de produção, subscrição e solução de reclamações, enquanto a intensificação da concorrência e da inovação possibilita o aumento da competitividade internacional das seguradoras domésticas (Skipper Jr. 2001:12).

4. Seguro e desenvolvimento econômico

Os serviços financeiros em gênero e, em particular, os serviços de seguro são reconhecidos, atualmente, por terem importância primordial para o desenvolvimento econômico. Em 1964 a Conferência das Nações Unidas sobre o Comércio e o Desenvolvimento/UNCTAD reconheceu que o bom funcionamento do mercado de seguro nacional e de resseguro é uma característica essencial para o crescimento econômico. Após três décadas, a ONU constatou que o seguro não se trata de uma mera característica econômica, mas tem posição central na maioria das economias nacionais (UNCTAD 1964:55).

Entretanto, a precisa conexão entre seguro e desenvolvimento econômico ainda não é totalmente compreendida, pois raras são as pesquisas que buscam realmente desvendar a relevância da contribuição específica do setor. Embora seja amplamente aceito que o desenvolvimento financeiro afeta o crescimento econômico, não há consenso sobre a forma como isso ocorre. Segundo uma das teorias, o sistema financeiro contribui para o crescimento econômico ao incentivar o aumento da taxa de capital acumulado, o que proporciona recursos suficientes para financiar os projetos necessários ao desenvolvimento econômico. Outra teoria, porém, defende que a contribuição está no aumento da alocação eficiente de capital proporcionada pelo sistema financeiro, o qual implica o aumento da produtividade e eficiência econômica (Skipper Jr. 1997:6).

O resultado da investigação realizada por Ian P. Webb acerca dos mecanismos pelos quais os setores de seguro e bancário estimulam conjuntamente o crescimento econômico demonstrou que ambos têm significante papel nos ganhos nacionais de produtividade. Cada um desses setores financeiros contribui independentemente para o desenvolvimento econômico; mas, ao atuarem coletivamente, combinam suas sinergias, promovendo um crescimento ainda maior (Robinson/Skipper 2000:10).

Percebe-se, assim, que quanto mais desenvolvido e eficiente for o mercado securitário nacional, maior será a respectiva contribuição para a prosperidade econômica. Por isso, a rede de segurança formada pelo setor de seguro não pode ter sua função resumida à manutenção de um mecanismo de dispersão de riscos, constituído por um fundo composto pela contribuição dos segurados, servindo exclusivamente para resguardar as perdas do sinistro. Embora marcado pela aparente simplicidade, o seguro é responsável por contribuir com outras funções fundamentais para a prosperidade e estabilidade econômica. Os países capazes de direcionar essas contribuições garantem aos seus cidadãos e empresários grandes oportunidades econômicas. De acordo com H. D. Skipper Jr., o seguro contribui com sete importantes funções para a construção de um mecanismo financeiro promotor de desenvolvimento econômico (Robson/Skipper 2000:10-13; Skipper Jr. 1997:8-15; Skipper Jr. 2001: 19-25).

4.1 Promoção de estabilidade financeira e redução de ansiedade

O setor de seguro é um eficaz mecanismo para ajudar e promover a estabilidade financeira de pessoas físicas e jurídicas, ao indenizá-las na ocorrência de perdas ou acidentes. Sem seguro, indivíduos e empresas podem incorrer em problemas financeiros, sendo forçados a recorrer à assistência de cônjuges, família, amigos e do próprio governo. Atividades empresárias que estão sujeitas a significante perda podem sofrer prejuízos e pedidos de falência. Nesses casos, as perdas não resultam apenas no prejuízo particular dos proprietários, mas também da economia nacional, uma vez que haverá diminuição de tributos, demissões, prejuízos dos credores e menor variedade de produtos para os consumidores. A estabilidade proporcionada pelo seguro encoraja indivíduos e empresas, gerando riquezas com a garantia de ter seus recursos garantidos (Skipper Jr. 1997:11).

Em sentido contrário, o mecanismo securitário pode reduzir a ansiedade, quando esta deixa de ser construtiva para a atividade econômica e passa a causar paralisia de seus agentes. A ansiedade negativa, que decorre de preocupações com as conseqüências econômicas de possíveis perdas, pode ser reduzida parcialmente com a aquisição de seguro, que, ao proteger o investimento realizado, proporciona tranqüilidade e serenidade financeiras (Robson/Skipper Jr. 2000:11).

4.2 Substituição e complementação dos programas governamentais de segurança social

O seguro privado, especialmente o seguro de vida, pode substituir complementar os programas de segurança social governamentais. Com isso, o seguro privado pode beneficiar o Estado, ao diminuir a pressão decorrente do sistema de bem-estar social, permitindo aos indivíduos adotar o programa de seguro que melhor atenda às suas necessidades. Estudos têm confirmado a inter-relação entre a tendência de crescimento no número de subscrições de prêmios de seguro de vida quando associados à redução de despesas governamentais nos programas de seguridade social. Estudos demonstram existir relação inversamente proporcional entre a redução das despesas sociais e o crescimento dos prêmios de seguros de vida. Devido ao crescimento das dificuldades financeiras dos antigos sistemas de pensão, as seguradoras de seguro de vida têm ganhado importância especial, na medida em que aliviam a pressão social sobre os programas públicos (Robinson/ Skipper Jr. 2000:11).

4.3 Facilitador de comércio

Muitos produtos e serviços são produzidos e vendidos apenas se possuírem seguro. A adequada cobertura do risco é condição necessária ao empresário para se engajar em novos negócios de alto risco, não bastando somente a disponibilidade de ativos, mas a segurança do empreendimento. Empresários são mais propensos à criação e expansão de seus negócios se conseguirem contratar proteção securitária. Nesse particular, o seguro tem o papel de propiciar o aumento de credibilidade do tomador de empréstimos, visto que, tipicamente, os intermediadores financeiros apresentam duas opções: a contração de um seguro de crédito ou o pagamento do "risco de prêmio" que será acrescido na taxa de juros. Assim, sem uma ampla oferta e constantes inovações de produtos e preços, um inadequado setor de seguros pode sufocar a dinâmica comercial, pois, nas palavras de H. Skipper Jr., "o seguro funciona como um lubrificante do comércio" (Skipper Jr. 1997:9-10).

Nas economias modernas, concebidas segundo o paradigma de inovação e ganhos de produtividade, quanto maior a demanda por especialização do comércio, maior será a exigência por especialização e flexibilidade financeira. Nesse sentido, nota-se que os serviços de logística e transporte são particularmente sensíveis ao mercado de seguros, na medida em que a execução de suas atividades depende de proteção contra os diversos riscos. Daí o comércio internacional e a atividade empresarial terem no seguro uma importante base de sustentação.

4.4 Movimentação de poupança

A literatura especializada em serviços financeiros tem enfatizado a importância do papel da poupança no desenvolvimento econômico. A poupança pode ser financeira, composta de ativos financeiros como ações e seguros de vida, ou não-financeira, formada por imóveis e jóias. Embora não exista um consenso entre os economistas, estudos têm demonstrado que, na média, países poupadores, que tenham um eficiente sistema financeiro, tendem a crescer mais rápido. O setor de seguros tem o papel de, justamente, auxiliar a movimentação dos recursos da poupança (Skipper Jr. 1997:10-11).

As seguradoras, em especial as seguradoras de seguro de vida, têm importante atuação no direcionamento da poupança para o investimento doméstico. Ao atuar como intermediadores financeiros, as seguradoras desvinculam os recursos da poupança das funções de investimentos, de modo a não restringi-los ao próprio setor de origem, permitindo-lhes fluir até os setores mais economicamente produtivos. Esse aumento da eficiência possibilitado pelo sistema financeiro ocorre por meio de três formas.

Primeiramente, as seguradoras reduzem os custos de transação, ao aproximar poupadores e tomadores de empréstimos. Há milhares de indivíduos que subscrevem pequenos prêmios de seguro de vida, os quais passam a constituir fundos que são utilizados pelas seguradoras para canalizar recursos, na forma de empréstimos, aos empreendedores. Ao atuar como intermediadora, as seguradoras ajudam os segurados a evitar a custosa e demorada tarefa de emprestar e investir isoladamente sua poupança, na medida em que a elas cabe o dever de adquirir a informação necessária para assegurar um investimento mais rentável. A eficiência e o maior retorno são repassados aos segurados, por meio da redução do valor do prêmio (Robinson/Skipper Jr. 2000:11-12).

Segundo, as seguradoras criam liquidez financeira ao disponibilizar os recursos de seus fundos mútuos para empréstimos de curto ou longo prazo e outros investimentos. Com isso, os segurados têm acesso imediato ao pagamento do seguro em caso de sinistro, enquanto os tomadores de empréstimos não precisam devolver o dinheiro aplicado imediatamente. Se, entretanto, os indivíduos procurassem emprestar diretamente seus recursos a longo prazo, ao invés de investir em seguros, implicaria redução da liquidez dos ativos (Skipper Jr. 1997:12).

Finalmente, as seguradoras facilitam economias de escala em investimento. Há projetos de investimento que podem ser grandes e demasiadamente custosos, especialmente considerando os recursos financeiros disponíveis em mercados emergentes. Ao lidar com grandes volumes de capital, provenientes da subscrição de prêmios, as seguradoras são capazes de suprir as necessidades de financiamento, de modo a auxiliar a economia doméstica, mediante o aumento da viabilidade dos projetos de investimento e encorajando a eficiência econômica (Robinson/Skipper 2000:12).

Um sistema financeiro desenvolvido é caracterizado por possuir um amplo leque de instituições e instrumentos financeiros. Quanto maior for a variedade de produtos e instituições financeiras, mais eficiente o sistema será, resultando no desenvolvimento econômico. Os bancos comerciais, geralmente especializados em coletar depósitos e conceder empréstimos de curto prazo, diferem das instituições de poupança contratual, como os seguros de vida e fundos privados de pensão, na medida em que estas, ao possuírem responsabilidades de longo prazo e fluxo de caixa estável, são intermediadoras ideais para financiar projetos de longo prazo, tanto governamentais como privados (Skipper Jr. 1997:12).

4.5 Aperfeiçoamento da eficiência na administração do risco

Os sistemas financeiros e seus intermediários calculam o risco, possibilitando sua transformação, mensuração e redução. O risco é a capacidade de quantificar as incertezas de eventos mediante o conhecimento das probabilidades associadas à ocorrência de determinados resultados em relação a um valor médio esperado. O investimento no cálculo do risco possibilita ao sistema financeiro atuar de forma mais eficiente quanto à alocação de recursos, assim como ao estímulo à poupança e a investimentos diretos (Skipper Jr. 1997:12; Assaf Neto 2003:283).

O sucesso em mercados competitivos está no cálculo do risco. Este é fundamental tanto para os intermediários financeiros como para qualquer outro prestador de serviços ou comerciante, pois todos necessitam da mais eficiente alocação de recursos possível. O processo de precificação do risco ocorre em duas etapas. Primeiro as seguradoras avaliam o potencial de perda do negócio, da pessoa ou do bem, para formular uma proposta de seguro. O preço do prêmio está diretamente vinculado à expectativa de perda – isto é, maior será o prêmio pago quanto maior for a exposição ao risco. Para controlar os potenciais de risco, as seguradoras mantêm um sistema de informações atualizado sobre os segurados. Desse modo, os projetos muito arriscados não conseguem segurá-los, pois, ao assumirem racionalmente o elevado risco, esperam ter maior retorno financeiro. Todavia, esse equilíbrio pode ser rompido em razão de intervenção governamental ou da atuação de cartel no processo de formação do preço do seguro, o que implica efeitos distorcivos e prejudiciais à alocação dos recursos e seguros. A segunda etapa refere-se à avaliação de confiabilidade de crédito e do sucesso do empreendimento, realizada pelas seguradoras no momento da concessão de empréstimos. Essas avaliações acerca dos riscos do empreendimento permitem aos potenciais investidores, consumidores, empregados e especuladores tomar decisões mais bem informadas.

O seguro permite aos negociantes e indivíduos transformar suas exposições ao risco em vantagens. Propriedades, responsabilidades, perdas de receita e outras exposições ao risco podem ser transferidas para uma seguradora, por um preço, alterando, no processo, o perfil de risco do segurado. Adicionalmente, ao direcionar o contrato de seguro para as necessidades de diferentes clientes, a seguradora auxilia os empresários e indivíduos a transformarem suas poupanças em recursos de maior liquidez (Skipper Jr. 1997:13).

A comunhão e a redução do risco conduzem diretamente ao âmago da atividade seguradora. Ao combinar diversas exposições individuais de risco, as seguradoras podem realizar estimativas apuradas que combinem e agreguem os riscos de perdas. Dessa forma, quanto maior o número de segurados, mais estável e previsível será a experiência da seguradora, o que resulta na redução da volatilidade e da expectativa de risco, permitindo a diminuição e estabilidade do valor dos prêmios. No mesmo sentido, ao operar como investidor, as seguradoras também se beneficiam das combinações, na medida em que diversificam suas carteiras de investimento, entre empreendimentos com maior ou menor exposição ao risco. Portanto, embora ainda exista a possibilidade do não-pagamento do empréstimo, o ambiente favorável de investimento compensa o risco, refletindo maior estabilidade e previsibilidade aos investimentos da seguradora, que garantem um barateamento dos empréstimos (Skipper Jr. 1997:14).

4.6 Encorajar prevenção de perdas

As companhias seguradoras mundiais têm incentivos econômicos para ajudar os segurados a prevenir e reduzir suas perdas. O detalhado conhecimento acerca dos eventos, atividades e processos causadores de perdas pode proporcionar às seguradoras uma vantagem competitiva sobre diversas outras empresas. Se o cálculo e a avaliação das perdas constituem experiência capaz de diminuir os danos, logo, os segurados têm incentivos econômicos para controlá-los. Em razão disso, as seguradoras mantêm diversos programas de controle de perdas, como o de prevenção contra incêndio, saúde ocupacional e prevenção de perdas industriais, que consistem em atividades de redução de prejuízos para as empresas e indivíduos e administração complementar de risco. Com efeito, toda a sociedade se beneficia, direta ou indiretamente, com a redução de perdas (Robinson/Skipper Jr. 2000:13).

4.7 Incentivo à alocação eficiente de capital

As seguradoras centralizam informações que permitem analisar empresas e projetos, a fim de determinar o melhor preço e a viabilidade da oferta de seguro. Considerando que os poupadores e investidores individuais podem não ter tempo, recursos ou conhecimentos necessários para reunir e qualificar essa quantidade de informações, as seguradoras tendem a ter melhor aproveitamento acerca da alocação de seus recursos financeiros e do controle do risco de seguro. Portanto, elas são mais aptas a oferecer seguros e prover fundos para os mais confiáveis e seguros projetos, empresas e administradores.

Em razão do capital investido e do controle de perdas, as seguradoras têm interesse em manter constante monitoramento das empresas e projetos. Isso encoraja os empreendedores a atuar segundo os interesses de seus acionistas e consumidores, bem como evitar a assunção de riscos desnecessários. Ora, ao proceder dessa forma, as seguradoras assinalam ao mercado quais são as empresas reconhecidas por sua capacidade e eficiência na alocação de recursos e controle de riscos. Nesse particular, ressalta-se que o sistema financeiro nacional que impuser mínimas restrições à obtenção e análise dessas informações pela seguradora melhorará a eficiência da alocação de recursos, garantindo o crescimento econômico (Robinson/Skipper Jr. 2000:13).

5. O setor de seguro no sistema internacional de comércio

O setor financeiro desperta grande interesse na adoção de um conjunto de regras e compromissos, devido à sua influência direta sobre o mercado financeiro e de capitais, os quais afetam de forma sistêmica as economias nacionais. Apesar do reconhecido caráter internacional e da capacidade de direcionar grandes fluxos financeiros, o setor de seguros não dispõe de um organismo internacional especializado, cabendo às diversas organizações internacionais de cooperação e integração econômica regular difusamente suas atividades.

As primeiras propostas de normatização internacional dos serviços financeiros encontraram forte resistência, em razão do dissenso dos atores políticos acerca dos impactos da liberalização e do receio quanto à aplicabilidade das normas e estruturas jurídicas tradicionais, criadas para disciplinar o comércio de bens, ao comércio de serviços. Os agentes financeiros, públicos ou privados, da maior parte dos Estados rejeitavam a proposta de subordinar o setor a qualquer organismo internacional especializado em comércio, e não em finanças. Motivados pelas vantagens competitivas, os países desenvolvidos, capitaneados pelos Estados Unidos, foram os grandes defensores da liberalização comercial. Os países em desenvolvimento, liderados por Brasil e Índia, opunham-se à abertura do comércio de serviços, na medida em que a desvantagem comparativa implicaria fragilizar um setor estratégico para o desenvolvimento da economia nacional (Mirandola 2005:79-80; Marconini 2004:6-7 e 15).

As negociações sobre serviços financeiros ocorreram em diversas arenas com diferentes resultados. Na esfera multilateral, a promoção da liberalização comercial teve início na Rodada Tóquio, mas foi na Declaração Ministerial de Punta del Este que os serviços entraram na agenda do GATT. As resistências durante a Rodada Uruguai não foram suficientes para impedir a celebração, no contexto geral, do Acordo Geral sobre Comércio de Serviços e, no setorial, do Anexo sobre Serviços Financeiros. No âmbito regional foram desenvolvidas diversas experiências, sendo algumas previamente ao GATS, como o Acordo de Livre Comércio da América do Norte/NAFTA e a União Européia/UE e outras posteriores, como o Mercado Comum do Cone Sul/MERCOSUL. Não obstante, o papel das organizações internacionais de cooperação tem sido importantíssimo na juridicização, uniformização e harmonização das práticas do setor financeiro. Fundo Monetário Internacional/FMI, Banco Mundial/BIRD, Conferência das Nações Unidas sobre o Comércio e o Desenvolvimento/UNCTAD, Organização de Cooperação para Desenvolvimento Econômico/OCDE e Associação Internacional para Supervisores de Seguro/IAIS são os organismos que mais contribuem para a construção dos modelos setoriais de estrutura legal.

5.1 *Tratados econômicos regionais: experiências normativas internacionais*

O escopo do Acordo Geral sobre Tarifas e Comércio, firmado em 1947, visava, especificamente, a estabelecer regras gerais para o comércio de bens e criar um fórum permanente de negociações multilaterais para a liberalização do comércio, por meio do fim das barreiras protecionistas. Contudo, por não regular o comércio de serviços, o GATT propiciou aos Estados e organizações regionais desenvolverem, mediante tratados e estudos, regras específicas para os diversos setores de serviços, os quais, posteriormente, serviram como importante experiência histórico-normativa para a redação do Acordo Geral sobre Comércio de Serviços/GATS. Nesse particular, serão, brevemente, examinadas três experiências normativas que contribuíram para a concepção do GATS.

5.1.1 *OCDE: a codificação dos movimentos de capital*

Na década de 1960 a crescente relevância dos serviços financeiros no âmbito internacional exigiu da OCDE a inclusão, nos debates acerca da regulamentação do comércio internacional de serviços, de propostas sobre normas específicas para o setor. Visando a atender às crescentes pressões e demandas do setor financeiro, os países-membros da OCDE celebraram um acordo que instituiu o Código de Liberalização das Operações Invisíveis Correntes, cujo "Anexo A", apesar de não se referir ao termo "serviços" propriamente, determina aos signatários perseguir certas práticas no setor de seguros. Em 1990 a OCDE patrocinou a adoção de um novo acordo, denominado Código dos Movimentos de Capital, cujo objetivo era a abolição progressiva das restrições à movimentação de capital, mediante a aplicação do princípio da não-discriminação e das regras quanto às prestações transfronteiriças aos serviços de seguro. Foram, porém, permitidas exceções e reservas quanto às regras do Código, assim como estendê-las aos Estados não-membros da organização (Trebilcock/Howse 2002:293).

5.1.2 *União Européia: harmonização e reconhecimento normativo*

A União Européia adotou a liberalização do setor financeiro como componente essencial de sua política comercial, a qual está inserida no projeto de criação e fortalecimento de um mercado único europeu de bens, serviços e capitais. Os primeiros esforços nesse sentido ocorreram nas décadas de 1970 e 1980 com a eliminação das barreiras à livre circulação de capitais, a adoção de diretivas sobre a liberalização do setor financeiro e a eleição do mercado comum europeu como prioridade.

O processo de liberalização setorial implementado no mercado comum tem caráter particular, pois foi estruturado sobre o mútuo reconhecimento e a aplicação de regras dos países de origem, em detrimento dos princípios da não-discriminação e do tratamento nacional. Tal estratégia normativa permitiu concomitantemente a diversidade regulatória estatal e a eliminação de barreiras discriminatórias e não-discriminatórias, cujos efeitos foram desonerar o prestador de serviços a adaptar-se às regras existentes em cada Estado-membro. Assenta-se o novo sistema normativo sobre três princípios fundamentais: (i) harmonização regulatória mínima, que consiste na adoção de padrões mínimos pelos Estados-membros do mercado comum; (ii) mútuo reconhecimento de leis e regulamentos nacionais, cujo objetivo é garantir que, após o cumprimento dos requisitos regulatórios em seu Estado de origem, o prestador de serviços financeiros tenha livre acesso ao mercado dos demais Estados-membros; e (iii) regra de origem, medida que assegura aos órgãos regulatórios do Estado-membro de origem competência extraterritorial de fiscalizar e normatizar as atividades desenvolvidas pelas instituições financeiras nacionais em outros Estados-membros (Trebilcock/Howse 2002:292-293).

5.1.3 *NAFTA: direito de estabelecimento e segurança sistêmica*

Concluído por Estados Unidos, Canadá e México no começo da década de 1990, o Acordo de Livre Comércio da América do Norte é menos ambicioso que o projeto de liberalização financeira da União Européia, na medida em que as grandes diferenças regulatórias dificultaram a adoção do acordo. O ordenamento, fundado sobre os princípios da não-discriminação e do tratamento nacional, disciplina, em seu Capítulo XIV, os "Serviços Financeiros", cujos pontos de maior destaque são: (i) reconhecimento do direito de estabelecimento, o qual permite aos prestadores de serviços financeiros atuar nos Estados-Partes; (ii) condicionamento da liberalização à aplicação de medidas prudenciais que assegurem a integridade e estabilidade do sistema financeiro; e (iii) tratamento único dispensado aos investimentos, os quais são regidos separadamente no Capítulo XI (Trebilcock/Howse 2002:295; Marconini 2003:105).

5.2 *Tratado econômico multilateral: o Acordo Geral sobre Comércio de Serviços/GATS*

As experiências regionais demonstram que a cooperação internacional em serviços financeiros não é novidade. Apesar da singular natureza do setor, a celebração de um acordo multilateral sobre a matéria encontrava resistência de diversos Estados-Partes do GATT. Todavia, com a intensificação do processo de liberalização do comércio internacional na década de 1980, os anseios dos agentes econômicos internacionais, que demandavam o estabelecimento de regras jurídicas capazes de imprimir maior segurança jurídica e previsibilidade aos fluxos financeiros, foram atendidos, na conclusão da Rodada Uruguai, com a celebração do Acordo Geral sobre Comércio de Serviços. Com efeito, o GATS consubstancia o esforço multilateral para positivar normas internacionais e criar um ambiente propício de negociações de acesso a mercado. Acordado no contexto do *single undertaking*, o GATS integra o Acordo de Estabelecimento da OMC e, conseqüentemente, está submetido aos mecanismos institucionais, como o Órgão de Solução de Controvérsias.

O setor de serviços financeiros está estruturado, no ordenamento da OMC, em três níveis. No primeiro, o GATS estabelece, em seus 29 artigos, princípios e regras sobre o comércio internacional de serviços, os quais dispõem sobre deveres, obrigações e responsabilidades assumidos multilateralmente pelos Estados-membros. No segundo nível, o Anexo do GATS sobre Serviços Financeiros, o Entendimento sobre Compromissos nos Serviços Financeiros e o Segundo e Quinto Protocolos sobre o GATS prevêem as regras específicas para o setor de serviços financeiros. E, no terceiro nível, as listas trazem os compromissos e exceções particulares das políticas econômicas de cada Estado-membro. Em razão disso, proceder-se-á à análise da normativa multilateral do setor de seguros em cada nível do arcabouço do GATS.

5.2.1 *A estrutura do GATS*

O GATS estabelece 29 artigos, divididos em 6 partes, que tratam: (i) do escopo, conceitos e definições; (ii) das regras e princípios gerais, aos quais todos os Estados-membros estão submetidos; (iii) da disciplina de compromissos específicos; (iv) das futuras negociações do comércio de serviços; (v) da solução de controvérsias; e (vi) disposições finais.

5.2.1.1 Parte I: Escopo e modos de prestação de serviços

Nos termos do § 1º do art. I, o GATS aplica-se às medidas adotadas pelos Estados-membros que afetem o comércio de serviços. Diferentemente do comércio de bens, preocupado essencialmente com as trocas transfronteiriças de mercadorias, o GATS estrutura e disciplina o comércio multilateral de serviços segundo quatro modos de prestação:

(a) Transfronteiriço (Modo 1) – Primeiro modo de prestação, o comércio transfronteiriço é caracterizado pela localização territorial distinta do comprador e vendedor, de modo que o serviço seja prestado cruzando as fronteiras dos Estados. Por exemplo, a venda de apólices de seguros diretos a pessoas físicas ou jurídicas por uma companhia de seguros estrangeira que não tenha presença comercial no país.

Embora as rodadas de negociação tenham a pretensão de eliminar as restrições e barreiras ao comércio, a liberalização do setor de seguros, mediante o Modo 1, encontra resistências, em razão da preocupação dos Estados com a regulamentação prudencial. Isso explica a pequena participação da prestação transfronteiriça no comércio de seguros, a qual estima-se que, atualmente, no ramo de seguros de vida responde por apenas 1% dos prêmios mundiais, enquanto representa apenas 5% dos prêmios de seguros de não-vida, compostos em sua grande maioria pelo resseguro e seguros comerciais, principalmente seguro marítimo, aéreo e transporte.

A prestação transfronteiriça de seguros pode assumir duas formas particulares:

Prestação transfronteiriça pura: consiste no oferecimento direto e na contratação de uma apólice de seguros por uma seguradora estrangeira. A solicitação é encaminhada diretamente por comunicação direta, como telefone e correio eletrônico, ou por corretores. Esse modo de prestação envolve grandes riscos, devido à insegurança quanto à companhia seguradora, sendo que seus maiores usuários são as resseguradoras.

Prestação transfronteiriça de iniciativa própria: ocorre quando o próprio segurado inicia o contato com a seguradora, visando a melhores condições contratuais ou preços mais atrativos que os encontrados no mercado interno.

Linha de crédito (riscos excedentes): considerando que a maior parte dos Estados proíbe a prestação transfronteiriça pura, a cobertura de apólice estrangeira somente poderá ser contratada se for previamente negada pelas seguradoras doméstica licenciadas.

Apólice "guarda-chuva": é a contratação por uma empresa transnacional de um seguro "guarda-chuva" que cubra parte de seu programa de administração de risco global. As apólices são adquiridas nos país de origem do segurado de uma seguradora local, que será responsável por assegurar, mediante a compra de seguros ou a cooperação com as seguradoras locais de outros países, a cobertura global estipulada no contrato principal (Skipper Jr. 2001:13-14).

(b) Consumo no Exterior (Modo 2) – O segundo modo de prestação de serviços é uma das grandes inovações em relação ao tradicional comércio de bens disciplinado no GATT. A prestação de consumo no Exterior tem como característica implícita o movimento do consumidor; logo, cabe ao segurado se locomover ao país da seguradora para adquirir uma apólice. No caso dos serviços de seguro, embora os Modos 1 e 2 sejam semelhantes, a distinção reside na presença ou ausência de movimentação pelo segurado. Essa diferença é relevante, devido aos compromissos assumidos pelos Estados para liberalizar determinado modo de prestação. Sujeito a confusão, é preciso também esclarecer os efeitos jurídicos que podem decorrer da contratação pelo segurado, durante passagem temporária em país estrangeiro, de apólice de seguradora local. Nesse contrato, a cobertura poderá ter vigência por prazo determinado, isto é, durante a estadia no país estrangeiro, ou indeterminado, o que possibilitaria gerar efeitos no país de origem da segurado. Apesar do debate, atualmente o Modo 2 não tem grande relevância para o mercado internacional de seguros (Marconini 2004:22).

(c) Presença Comercial (Modo 3) – Os mercados nacionais são normalmente compostos por empresas domésticas e estrangeiras. O Modo 3 é justamente a forma de prestação de serviços por meio da presença comercial de seguradoras estrangeiras, que cruzam as fronteiras para se estabelecerem em novos mercados consumidores. Há diversas formas jurídicas pelas quais essa presença comercial poderá ser constituída: agência, filial, subsidiária e escritório representativo. Entretanto, diversos Estados-membros não reconhecem a presença comercial como um modo de prestação de serviço, em razão da estreita

conexão entre as seguradoras estrangeiras e os temas de investimento. Como as particularidades do setor de serviços financeiros exigem a proximidade do prestador de serviços com o consumidor, a movimentação de capital de longo prazo e normas prudenciais, os Estados-membros acordaram em incluir os investimentos em serviços na definição de comércio de serviços. Assim, o GATS passou a diferir do GATT, o qual não regulava o comércio internacional por meio de investimento estrangeiro direto. Não obstante, o objetivo almejado é a eliminação de entraves ao estabelecimento de empresas estrangeiras no mercado nacional, incluindo a liberdade para determinar a forma societária que melhor se adapte, bem como a eliminação de barreiras ao investimento estrangeiro direto (Skipper Jr. 2001:27).

A presença comercial pode ter diversas formas jurídicas:

Agência: é o representante comercial da seguradora estrangeira, sendo responsável pelo agenciamento das apólices de seguro e pela solução de eventual litígio. Ela não representa riscos à seguradora, pois tanto os fundos como o pagamento do sinistro são administrados no país-sede da empresa. Essa forma societária guarda grande semelhança com o Modo 1 de prestação, uma vez que a prestadora deve obedecer a todas as normas regulatórias da sede, exceto as práticas comerciais.

Filial: é uma forma mais comprometida de presença comercial. Os governos costumam exigir a manutenção de ativos e reservas financeiras e o depósito de capital mínimo, além de outros requisitos formais, para permitir a atuação das seguradoras estrangeiras no mercado doméstico. A filial é parte da empresa estrangeira, não se constituindo em uma nova e independente personalidade jurídica. Em razão disso, as seguradoras estrangeiras podem estar sujeitas a problemas de compatibilidade regulatória entre as regras dos diversos mercados consumidores.

Subsidiária: é uma empresa constituída ou adquirida pela seguradora estrangeira para atuar no mercado interno. Apesar do vínculo jurídico e econômico com a matriz, a subsidiária é uma seguradora nacional, sujeita a todos os direitos e obrigações pertinentes às sociedades nacionais. Atualmente é comum a subsidiária ser criada em forma de *joint venture*, resultado de uma associação cooperativa entre seguradoras nacionais e estrangeiras.

Escritório representativo: tem por finalidade promover o interesse das seguradoras estrangeiras e, algumas vezes, auxiliar os clientes que atuam em âmbito doméstico, porém não é capaz de negociar, calcular o risco ou vender apólices.

A presença comercial é o mais importante modo de prestação do setor de seguros. Os cálculos indicam que, globalmente, 10% dos seguros de não-vida e 5% do seguros de vida são comercializados por seguradoras estrangeiras, por meio da presença comercial, sendo que estes percentuais estão crescendo. O alcance da presença comercial e o sucesso das seguradoras estrangeiras variam enormemente, dependendo da estrutura jurídica e do desenvolvimento econômico do mercado consumidor. Nesse particular, as seguradoras estrangeiras têm tradicionalmente demonstrado maior sucesso que as seguradoras domésticas nas formas mais complexas de seguro, pois têm maior cobertura, recursos, habilidade e experiência nas grandes apólices, que demandam maior dispersão de risco. Entretanto, nos serviços de seguro mais simples ou dependentes de profundo conhecimento da cultura local as seguradoras domésticas obtêm melhores resultados.

A presença comercial, no entanto, é alvo de grandes barreiras, já que certas restrições governamentais podem servir para proteger o mercado interno. Transparência regulatória tem sido um dos problemas enfrentados pelas empresas estrangeiras ao tentarem se estabelecer em novos mercados. Isso porque as legislações nacionais em geral restringem indiretamente a presença estrangeira, mediante a exigência de nebulosos requerimentos legais e regulatórios, bem como a atribuição ao Executivo do poder discricionário para autorizar, ou não, a prestação de serviços de seguro. Em contrapartida, há um razoável número de países que têm buscado ampliar a transparência nas suas atuações, visando a permitir a livre concorrência (Skipper Jr. 2001:15-16).

(d) Presença de Pessoas Físicas (Modo 4) – O quarto modo é o menos relevante para o setor de seguro. A prestação refere-se, como no Modo 3, ao movimento de prestadores de serviços; porém, neste caso os prestadores são pessoas físicas. Aplica-se este modo à prestação de consultoria, quando o consultor vai até outro país, ou à transferência intrafirma de profissionais da área de seguros. A presença física de pessoas depende de movimento e estadia temporários nos mercados consumidores, de modo a sujeitar o prestador de serviços às normas de imigração vigentes nos Estados-membros. Com efeito, a liberalização envolve a eliminação de entraves para a circulação de pessoas (Marconini 2004:23).

5.2.1.2 Parte II:
Obrigações e disciplinas gerais

(a) Cláusula da Nação-Mais-Favorecida (art. II) – A Cláusula da Nação-Mais-Favorecida/CNMF é um complexo instituto do Direito Internacional que tem sido utilizado como norma organizadora das políticas comerciais internacionais em diversos momentos históricos. No contexto do pós-II Guerra os Estados acordaram em positivar no art. I, § 1º, do Acordo Geral de Tarifas e Comércio a CNMF, visando a estabelecer o fundamento de uma ordem econômica não-discriminatória, centrada cuidadosamente na obrigação multilateral do Tratamento da Nação Mais Favorecida incondicional em relação ao comércio de bens (Dam 1970:25-27).

Ensina John Jackson que, no sistema multilateral de comércio, a CNMF é, em essência, uma obrigação de tratar as atividades de um particular Estado estrangeiro, bem como seus cidadãos, de forma tão favorável quanto são tratadas as atividades de outro Estado. E completa: "The result of a Nation being a beneficiary of an MFN clause is that Nation can comb all of the treaties and all of the actual treatment is more favorable than that granted to it – in which case, the beneficiary can argue that such better treatment is owed to it" (Jackson 1997:161; World Trade Organization 1997:231-234).

No que tange ao comércio de serviços, o Órgão de Solução de Controvérsias da OMC observou, no caso "EC-Bananas", que a expressão "tratamento não menos favorável", prevista no § 1º do art. II do GATS, não proíbe somente o tratamento discriminatório formal, mas também a discriminação fática-material (Jackson 1997:161).

O Acordo Geral sobre Comércio de Serviços positivou, em seu art. II, a CNMF, adaptando-a às particularidades do comércio internacional de serviços. Nesse particular, ressalta-se que, durante as negociações da Rodada Uruguai, os Estados-Partes constataram a impossibilidade de aplicar imediata e incondicionalmente a CNMF, prevista no GATT, ao comércio de serviços. Para solucionar a questão, os negociadores decidiram permitir aos Estados-membros apresentar listas de exceções à aplicação do Tratamento da Nação-Mais-Favorecida, com as justificativas e a previsão de prazo final (Marconini 2004:24-25).

(b) Transparência (art. III) – Não há qualquer exceção possível à regra geral de transparência. O art. III do GATS estabelece o dever dos Estados-membros de noti-

ficar, informar e disponibilizar as normais legais e demais informações acerca do comércio de serviços. Todas as normas elaboradas, alteradas ou revogadas por um país que afetem ou venham a afetar o comércio de serviços devem ser compatíveis com os compromissos específicos adotados pelos Estados e publicadas nos meios oficiais e enviadas ao Conselho sobre Comércio de Serviços da OMC.

A finalidade da regra de transparência é assegurar o pleno funcionamento do GATS. Isso porque a liberalização do setor de serviços é alcançada pela não-discriminação legal. Assim, as informações acerca da regulamentação doméstica são vitais para os prestadores de serviço, na medida em que estão diretamente sujeitos a alterações normativas (Pupo 2005:51-52).

(c) Regulamentação Doméstica (art. VI) – A Cláusula da Regulamentação Doméstica é outra regra essencial que justifica a importância do Acordo Geral sobre Comércio de Serviços. Diferentemente do comércio de bens, cujas restrições estão na fronteira aduaneira, o comércio de serviços é sujeito às restrições normativas domésticas. Em razão disso, as restrições referentes às medidas qualitativas e discriminatórias são mais relevantes que as barreiras quantitativas ou numéricas. Ocorre que, apesar de a liberalização do comércio de serviços ser um dos objetivos primordiais, o GATS reconhece que nem todas as medidas incidentes sobre os serviços devem ser consideradas restritivas ao comércio. Com efeito, o Acordo Geral reconhece existir um espaço de regulamentação doméstica que caberá ao Estado disciplinar, não sendo afetado pelo processo de liberalização.

Não obstante, as medidas e normas técnicas adotadas por um Estado-membro nos setores em que tenha assumido compromissos específicos não poderão representar uma forma de barreira, restrição ou distorção ao comércio internacional. Busca-se evitar que tais regulamentações, ainda que permitidas e necessárias, sejam adotadas com a finalidade de constituir barreiras não-tarifárias à prestação de serviços. Daí esclarecer Mário Marconini que a aplicação do art. VI deve observar três aspectos cruciais da regulamentação de serviços: "(a) países têm o direito de regular seus setores de serviços de acordo com objetivos de política nacional; (b) três tipos de medidas muito importantes para os setores de serviços – títulos de aptidão, normas técnicas e licenças para a operação – deverão ser objeto de negociações mas poderão ser mantidos sob certas condições; (c) as condições são as seguintes: ser objetivo, transparente e não mais restritivo que o necessário para assegurar a qualidade do serviço; e, no caso de licenças, não transformá-las em restrições, aplicando-as de forma inconsistente (prazos absurdos etc.)" (Marconini 2004:28).

(d) Monopólios e Prestadores Exclusivos de Serviços (art. VIII) – O art. VIII disciplina um importante tema do setor financeiro: o monopólio. O GATS não condena ou proíbe o monopólio, mas regulamenta sua atuação, a fim de evitar que o prestador monopolista utilize sua posição dominante de forma incompatível com o Tratamento da Nação-Mais-Favorecida e com os compromissos específicos do Estado-membro. É também vedado ao monopolista abusar da posição dominante para adquirir vantagens em outros segmentos do mercado no mesmo setor. Para assegurar a efetividade, os Estados-membros que se sentirem afetados por abusos podem solicitar esclarecimentos do membro que mantenha a autorização do monopólio. Também deve ser comunicada a concessão de qualquer monopólio na prestação de serviços que conste de sua Lista de Compromissos.

(e) Balança de Pagamentos (art. XI) – Tema especialmente sensível aos países em desenvolvimento, a balança de pagamentos foi disciplinada pelo GATS

em seu art. XI, o qual guarda semelhanças com o disposto no âmbito do GATT. A dupla função do art. XI é (i) assegurar que nenhum pagamento ou transferência internacional de capitais, que tenha relação com os compromissos assumidos pelo Estado-membro, sofra qualquer forma de restrição; e (ii) salvaguardar a balança de pagamentos no caso da existência ou ameaça de sérias dificuldades financeiras externas. A adoção de medidas restritivas ao comércio deverá respeitar o Tratamento da Nação-Mais-Favorecida, estar conforme ao disposto no art. 8º do Estatuto do FMI, ser proporcional e temporalmente limitado à dificuldade enfrentada.

5.2.1.3 Parte III: Compromissos específicos

Enquanto as regras gerais são aplicadas indistintamente a todos os serviços, os compromissos específicos são assumidos pelos Estados-membros, por meio das Listas de Compromissos nacionais. Os membros deverão decidir quais serviços e modos de prestação específicos estarão sujeitos às Cláusulas de Acesso a Mercados, Tratamento Nacional e Compromissos Adicionais. Esse mecanismo de liberalização adotado pelo GATS é conhecido como "Sistema Condicional de Listas Positivas", pois apenas os setores e subsetores indicados positivamente pelos Estados em suas listas estarão sujeitos aos compromissos liberalizantes. Logo, os setores e subsetores não incluídos na lista estarão livres de qualquer compromisso específico de liberalização, mas sujeitos às regras gerais. Não obstante, o GATS também disciplina o sistema de listas negativas, o qual consiste no rol de setores e subsetores apresentado pelos Estados onde não incide qualquer obrigação, inclusive as regras gerais.

5.2.1.4 Acesso a Mercado (art. XVI)

O GATS não define o que é "Acesso a Mercado", mas arrola, em uma lista não-exaustiva, quais medidas serão consideradas proibidas. Apoiado sobre o sistema de Listas de Compromissos, a lógica subjacente ao GATS é a liberalização do comércio de serviços, mediante a eliminação gradual das medidas restritivas e a progressiva assunção de compromissos específicos. Nesse particular, destaca-se a particularidade do acesso a mercado no setor de serviços, o qual não é regido por tarifas aduaneiras, como no comércio de bens, mas sim por normas jurídicas que incidem sobre o mercado doméstico e internacional. Dessa forma, a lista de limitações proibidas não poderia ser exaustiva, pois cometeria grande equívoco por não considerar outras limitações abusivas, como, por exemplo, as normas fiscais (Marconini 2004:26).

5.2.1.5 Tratamento Nacional (art. XVII)

O Tratamento Nacional previsto no GATS distingue-se do análogo positivado no GATT em dois aspectos fundamentais: (i) a adoção do sistema híbrido, positivo e negativo, de Listas de Compromissos e (ii) a aplicação da obrigação tanto aos produtos quanto aos prestadores de serviços, em seus quatro modos de atuação. O art. XVII determina que os Estados-membros tratem os produtos e prestadores de serviços estrangeiros de forma não menos favorável que a concedida aos nacionais. O Acordo Geral reconhece que o tratamento idêntico ou o diferente são permitidos desde que o objetivo seja equilibrar as condições de competição, e não beneficiar as prestadoras domésticas. Portanto, a finalidade não está na mera igualdade formal, mas sim material; logo, será considerado menos favorável o tratamento que modifique as condições de concorrência em favor dos prestadores nacionais. Por exemplo, exigir o mesmo nível de reserva de capital de uma seguradora estrangeira e de uma nacional pode representar tratamento restritivo para a primeira, mas não para a segunda (Skipper Jr. 2001:31).

5.2.1.6 Compromissos Adicionais (art. XVIII)

O art. XVIII estabelece o mecanismo pelo qual os Estados-membros podem assumir Compromissos Adicionais aos arrolados na Lista de Compromissos. Note-se que os Compromissos Adicionais não podem implicar diminuição de comércio, mas podem dispor de medidas meramente normativas, como qualificações, regras e padrões e licenças para os setores de serviços. No contexto das rodadas comerciais a versatilidade desse mecanismo tem se mostrado útil, na medida em que permite aos Estados-membros negociarem e registrarem compromissos futuros de liberalização ou alteração das regras regulatórias domésticas. Ao trazer a regulamentação doméstica para o âmbito do GATS, o art. XVIII tem por efeito transferir, *ratione materiae*, parcela significativa da competência soberana normativa à OMC (Skipper Jr. 2001:31-32; FARIA 2002:151).

5.2.2 *Anexo sobre serviços financeiros*

O GATS prevê, em seu art. XXIX, a existência de anexos setoriais, os quais refletem a diversidade do comércio internacional de serviços. Aplicar as regras gerais às especificidades dos serviços financeiros demandou a adoção do Anexo sobre Serviços Financeiros ("Anexo") ao Acordo Geral sobre Comércio de Serviços. Ao apresentar as definições de "seguro" e "serviços relacionados ao seguro", o Anexo iniciou o processo de normatização multilateral do comércio de seguros à luz dos compromissos assumidos no âmbito da OMC. Dividido em cinco sessões, o Anexo contém diversos dispositivos, dentre os quais quatro tem particular importância para o setor de seguros:

5.2.2.1 Regulação doméstica (art. 2)

Devido à natureza dos serviços financeiros, os Estados-membros sempre defenderam a preservação da competência para impor as regras que visem a assegurar a integridade e a estabilidade do sistema financeiro. Aspecto sensível nas negociações, o Anexo garante aos Estados-membros a liberdade para estabelecer medidas aplicáveis ao setor de seguros sem que sejam consideradas barreiras não-tarifárias. Entretanto, as normas regulatórias não podem, em qualquer hipótese, ser a razão fundamental pelo não-cumprimento de qualquer compromisso ou obrigação do Estado-membro perante a OMC. Amplamente conhecidas como *prudential carve-out*, o Anexo não apresenta uma definição clara para o instituto, abrindo a possibilidade de disputas quanto à extensão e limites de aplicação das exceções prudenciais (Skipper Jr. 2001:33).

5.2.2.2 Reconhecimento de medidas prudenciais (art. 3)

O art. 3 do Anexo amplia os efeitos do art. VII do GATS, permitindo aos Estados-membros reconhecerem, mediante acordo ou unilateralmente, medidas prudenciais de um outro membro. Isso possibilita compatibilizar o sistema multilateral de comércio com os demais sistemas regionais, nos quais a uniformização, a harmonização e o mútuo reconhecimento, aliados a padrões mínimos, exercem relevante papel na convergência e/ou convivência regulatória (Mirandola 2005:91).

5.2.2.3 Solução de disputas (art. 4)

Devido às especificidades técnicas da regulamentação dos sistemas financeiros nacionais, os Estados-membros concordaram que, para ser aberto um painel, este deve ser composto por especialistas do setor. Adicionalmente, os Estados acordaram, no contexto interno da OMC, regras mais detalhadas sobre a aplicação de medidas compensatórias.

5.2.2.4 Definições (art. 5)

Conforme já examinado, o Anexo complementou a lista de definições e classificações adotadas no âmbito da OMC. No entanto, muitos observadores insistem que a lista aprovada é menos completa que o esperado, além da falta de rigor técnico na definição de diversos serviços incluídos.

5.2.3 *Entendimento sobre Compromissos em Serviços Financeiros*

O Entendimento sobre Compromissos em Serviços Financeiros ("Entendimento"), diversamente do Anexo, não é parte do Acordo Geral sobre Comércio de Serviços; logo, não compõe o *single undertaking*. Caminho alternativo às negociações, o Entendimento é um acordo plurilateral que reflete o desejo compartilhado por diversos Estados-membros, em sua maioria desenvolvidos, de assumir compromissos que permitam alcançar maior grau de integração de seus mercados financeiros, mediante adoção de regras e disciplinas mais específicas. Ressalva-se, porém, que os Estados-membros que adotarem o Entendimento não estão obrigado a aceitar todos os seus dispositivos, podendo ser incluídas limitações.

Ao analisar o Entendimento, percebe-se que nada há de realmente novo, embora apresente alguns dispositivos relevantes ao setor de seguros (OCDE 2003:10-12): (a) *standstill* – assegura o *status quo*, impedindo o Estado-membro de adotar ou ampliar qualquer limitação mais gravosa ao comércio de seguros; (b) *direitos de monopólio* – obrigam os Estados a conduzir sua política para reduzir e eliminar direitos de monopólio; (c) *compras governamentais* – os Estados-membros deverão estender aos prestadores de serviços financeiros estrangeiros os efeitos não-discriminatórios do Tratamento da Nação-Mais-Favorecida e Tratamento Nacional nos casos de compras governamentais; (d) *prestação transfronteiriça* – assegura às seguradoras e resseguradoras maior liberdade na prestação transfronteiriça de serviços. Os Estados-membros se comprometem a permitir aos prestadores não-residentes o direito de comercializar diretamente serviços de seguros, incluindo resseguro, retrocessão e serviços auxiliares ao seguro; (e) *novos produtos financeiros* – os Estados-membros deverão permitir aos prestadores de serviços estrangeiros oferecer, em seu território, novos produtos securitários.

6. Conclusão: o impacto do GATS no setor de seguros

O estudo jurídico que tenha por objeto a regulação da atividade econômica não pode se abster de conhecer a própria realidade. Isso porque qualquer proposição normativa deve estar atenta às suas conseqüências empíricas. Considerando que o Acordo Geral sobre o Comércio de Serviços é o resultado da tradução, ponderada pelos princípios do sistema multilateral de comércio, das práticas securitárias, o desconhecimento das regras internacionais e do mercado de seguros não permitiria investigar o setor de seguros como um fenômeno multifacetado.

Diante disso, o presente trabalho procurou examinar os serviços internacionais de seguros nas perspectivas econômica e jurídica. Dessa forma, o impacto do GATS no setor de seguros demanda essa dupla abordagem. Na perspectiva econômica, os efeitos do GATS sobre o mercado mundial de seguros são ainda controvertidos. Embora diversos Estados-membros tenham iniciado reformas liberalizantes durante o período de negociações, poucos assumiram verdadeiramente novos compromissos, preferindo manter o *status quo*. Os compromissos apresentados pelos países desenvolvidos pouco contribuíram com a expansão do mercado, pois apenas consolidaram os acordos alcançados nas negociações realizadas desde 1961 no âmbito da OCDE. No mesmo sentido, os países subdesenvolvidos, com exceção de Brasil e Egito, também se comprometeram com a manutenção do *status quo*, ou seja, não apresentaram qualquer compromisso adicional para futura liberalização (Mattoo 1999).

Se os compromissos de acesso a mercado não atingiram o resultado econômico esperado, do ponto de vista jurídico o GATS exerce um papel essencial na consolidação normativa da ordem econômica internacional. Os sistemas regionais e as organizações internacionais que disciplinam normativamente a atividade securitária não buscam necessariamente a coerência entre si. Com a positivação do Acordo Geral sobre o Comércio de Serviços, o sistema multilateral de comércio vem diminuindo as incertezas jurídicas decorrentes da fragmentação normativa, possibilitando, por meio do adensamento de juridicidade, ampliar a coerência regulatória do mercado mundial de seguros. Com isso, tornou-se razoável e factível a proposição de regras cada vez mais específicas para o setor de serviços, construídas sobre a estrutura normativa básica do GATS, visando a promover o desenvolvimento, a liberalização econômica e o tratamento não-discriminatório entre os Estados-membros.

Referências bibliográficas

ASSAF NETO, Alexandre (2003). *Mercado Financeiro*. 5ª ed. São Paulo, Atlas.

CELLI JR., Umberto (coord.) (2005). *Comércio de Serviços na OMC*. Curitiba, Juruá.

DAM, Kenneth W. (1970). *The GATT Law and International Economic Organization*. Chicago, University of Chicago Press.

FARIA, José Eduardo (2002). *O Direito na Economia Globalizada*. São Paulo, Malheiros Editores.

FORTUNE (2008). *Fortune 500*. 5.5.2008 (disponível em *http://money.cnn.com/magazines/fortune*, acesso em 30.9.2008).

HOWSE, R., e TREBILCOCK, M. J. (2002). *The Regulation of International Trade*. Nova York, Routledge.

JACKSON, John H. (1997). *The World Trading System: Law and Policy of International Economic Relations*. 2ª ed. Cambridge, MIT Press.

MARCONINI, Mário (2003). *OMC, Acordos Regionais e o Comércio de Serviços: Normativa Internacional e Interesse Brasileiro*. São Paulo, Aduaneiras.

——————— (2004). *O Setor de Serviços Financeiros no Contexto das Negociações Comerciais Internacionais*. São Paulo, CBLC e BOVESPA.

MATTOO, Aaditya (1999). *Financial Services and the World Trade Organization – Liberalization Commitments of the Developing and Transition Economies*. Washington, World Bank/Development Reseach Group, *Policy Research Working Paper 2.184 – WPS*2.184.

MIRANDOLA, Carlos Maurício S. (2005). "Serviços financeiros no GATS: políticas para o desenvolvimento e integração econômica". In: CELLI JR., Umberto (coord.). *Comércio de Serviços na OMC*. Curitiba, Juruá (pp. 73-105).

OCDE (2003). *Trade Directorate. Managing Request-Offer Negotions Under the GATS: the Case of Insurance Services*. Paris, TD/TC/WP(2003)17/FINAL.

PUPO, Rodrigo Luís (2005). "Acordo Geral sobre o Comércio de Seguros/GATS". In: CELLI JR., Umberto (coord.). *Comércio de Serviços na OMC*. Curitiba, Juruá (pp. 43-72).

ROBINSON, J. Mack, e Skipper Jr. , Harold D. (2000). *Insurance and Private Pensions Compendium for Emerging Countries*. [S.l.], OCDE, Livro 1, Parte 1:6(b).

SKIPPER Jr. , Harold D. (1997). *Foreign Insurers in Emerging Markets: Issues and Concerns*. [S.l.], International Insurance Foundation.

SKIPPER Jr. , Harold D. (2001). *Insurance in the General Agreement on Trade in Services*. Washington, AEI Press.

———————, e ROBINSON, J. Mack (2000). *Insurance and Private Pensions Compendium for Emerging Countries*. [S.l.]: OCDE, Livro 1, Parte 1:6(b).

SWISS RE (2005). *Sigma 2: World Insurance 2004: Growing Premiuns and Stronger Balance Sheets*. [S.l.].

———— (2008). *Sigma 3: World Insurance in 2007: Emerging Markets Leading the Way*. [S.l.].

TREBILCOCK, M. J., e HOWSE, R. (2002). *The Regulation of International Trade*. Nova York, Routledge.

UNCTAD (1964). *Proceedings of the United Nations Conference on Trade and Development*. [S.l.], vol. I, First Session, Final Act and Report, Anexo A.IV.23.

WORLD TRADE ORGANIZATION (1997). "Dispute Settlement Body. Appellate Body Report". *European Communities – Regime for the Imporation Sale and Distribution of Bananas*. WT/DS27/AB/R, adotado em 27.9.1997.

———— (1998). "Council for Trade in Services". *Financial Services*. [S.l.], 2.12.1998. S/C/W/72.

Jurisprudência Comentada

AFFECTIO SOCIETATIS – SOCIEDADE ANÔNIMA FECHADA

CRISTIANO GOMES DE BRITO

Ementa: Comercial – Sociedade anônima familiar – Dissolução parcial – Inexistência de *affectio societatis* – Possibilidade – Matéria pacificada.

I – A 2ª Seção, quando do julgamento do EREsp n. 111.294-PR (rel. Min. Castro Filho, por maioria, *DJU* 10.9.2007), adotou o entendimento de que é possível a dissolução de sociedade anônima familiar quando houver quebra da *affectio societatis*.

II – Embargos conhecidos e providos para julgar procedente a ação de dissolução parcial.

(STJ, 2ª Seção, EDvREsp 419.174-SP (2003/0040911-5), embtes.: Espólio de L. K. e outros, embda.: L. K. S/A Indústria de Borracha, rel. Min. Aldir Passarinho Jr., j. 28.5.2008, v.u.)

ACÓRDÃO

Vistos e relatados estes autos, em que são partes as acima indicadas: Decide a 2ª Seção, por unanimidade, conhecer dos embargos de divergência e lhes dar provimento, nos termos do voto do Sr. Ministro Relator. Os Srs. Mins. João Otávio de Noronha, Massami Uyeda, Sidnei Beneti, Ari Pargendler e Fernando Gonçalves votaram com o Sr. Ministro Relator.

Brasília/DF, 28 de maio de 2008 – *Aldir Passarinho Jr.*, relator

RELATÓRIO

O Exmo. Sr. Min. Aldir Passarinho Jr.: Espólio de L. K. e outros opõem embargos de divergência contra acórdão da egrégia 3ª Turma, de relatoria do eminente Min. Carlos Alberto Menezes Direito, assim ementado (fls. 565):

"Sociedade anônima – Dissolução parcial – Precedentes da Corte.

"1. É incompatível com a natureza e o regime jurídico das sociedades anônimas o pedido de dissolução parcial, feito por acionistas minoritários, porque reguladas em lei especial que não contempla tal possibilidade.

"2. Recurso especial conhecido e provido."

Sustentam os embargantes que a decisão divergiu de aresto da colenda 4ª Turma, no REsp n. 111.294-PR (rel. para o acórdão Min. César Asfor Rocha), que, ao apreciar a matéria, entendeu possível a dissolução parcial de sociedade anônima familiar, constituída *cum intuitu personae*, quando desaparecida a *affectio societatis*.

Acrescentam que as instâncias ordinárias reconheceram a característica de que a afinidade e o parentesco entre os acionistas foi o fundamento para a constituição da sociedade, tendo cabimento a aplicação do referido instituto.

O recurso foi originalmente admitido para discussão às fls. 603.

A embargada apresentou impugnação a fls. 605-619, no sentido do não-conhecimento dos embargos por inexistência de similaridade com o acórdão paradigmático, porquanto na hipótese dos autos a sociedade foi primordialmente composta por pessoas, depois convertida em sociedade anônima, único momento em que a apuração de haveres poderia ser realizada.

Acrescenta que a perda de confiança entre os acionistas por si só não é suficiente para a dissolução parcial, com apuração de haveres, porque deve estar acompanhada da ausência de proveito econômico.

No mérito, combate a pretensão recursal argüindo que o interesse maior deve ser a preservação da empresa, o que é albergado expressamente pela legislação específica, que veda a possibilidade.

A fls. 627-629 nova decisão em que inadmitido o recurso, por ausência de similitude no que respeita ao tema da distribuição de lucros.

Diante do agravo regimental de fls. 633-654, reconsiderei o *decisum* para propiciar a análise da matéria pelo Colegiado. É o relatório.

VOTO

O Exmo. Sr. Min. Aldir Passarinho Jr. (relator): Trata-se de embargos de divergência em que os recorrentes, Espólio de L. K. e outros, buscam a reforma de acórdão da colenda 3ª Turma, relatado pelo ilustre Min. Carlos Alberto Menezes Direito, que entendeu pela impossibilidade de dissolução parcial de sociedade anônima familiar, por inaplicável o art. 336 do CComercial, ainda que ausente a *affectio societatis*, porquanto a característica *intuitu personae* não é elemento de sua constituição.

Presentes os pressupostos da espécie, conforme já adiantava o ilustre Relator originário na 3ª Turma (fls. 561), adentro o mérito da controvérsia.

Com efeito, o próprio acórdão apontado paradigma foi objeto de embargos de divergência nesta colenda 2ª Seção, que adotou o posicionamento sufragado pela egrégia 4ª Turma, no seguinte sentido:

"Embargos de divergência – Questões preliminares – Substabelecimento – Renúncia do advogado substabelecente – Capacidade postulatória do substabelecido – Litisconsórcio passivo – Morte de um dos réus – Ausência de habilitação dos sucessores – Nulidade dos atos praticados após o óbito – Descabimento – Observância do princípio da segurança jurídica – Mérito – Direito comercial – Sociedade anônima – Grupo familiar – Inexistência de lucros e distribuição de dividendos há vários anos – Quebra da *Affectio societatis* – Dissolução parcial – Possibilidade.

"I – Ocorrida a renúncia por parte dos advogados substabelecentes em data posterior à interposição do recurso pelos advogados substabelecidos, não se há falar em ausência de capacidade postulatória decorrente do substabelecimento.

"II – A jurisprudência desta Corte é firme no sentido de que a morte de uma das partes suspende o processo no exato momento em que se deu, ainda que o fato não seja comunicado ao juiz da causa, invalidando os atos judiciais acaso praticados depois disso. Em situações excepcionais, porém, e visando a preservar outros valores igualmente relevantes, justifica-se uma mitigação dos regramentos processuais, uma vez que nem mesmo o sistema de nulidades é absoluto. É o que deve ser aplicado ao caso dos autos, em que o Espólio de um dos recorrentes, alegando haver tomado conhecimento da existência do feito apenas em 2002, comunicara o seu falecimento em 5.2.1993, requerendo a nulidade dos atos processuais praticados após o noticiado óbito. Há, todavia, que ser afastada a alegada nulidade processual, por não ter havido qualquer prejuízo às partes, haja vista que o interesse dos seus sucessores foi defendido em todos os momentos do processo, já que as petições apresentadas em Juízo foram subscritas pelo mesmo advogado e em nome de todos os litisconsortes passivos da demanda, desde a contestação até a interposição do recurso especial. É de se ter presente que este processo tramita desde 1991, envolvendo questão altamente controvertida, cuja decisão de mérito, favorável à apuração de haveres dos sócios dissidentes, já se encontra em fase de execução, não sendo razoável, portanto, a essa altura, declarar-se a nulidade dos atos processuais praticados após o óbito, sob pena de afronta ao princípio da segurança jurídica.

"III – É inquestionável que as sociedades anônimas são sociedades de capital (*intuitu pecuniae*), próprio às grandes empresas, em que a pessoa dos sócios não tem papel preponderante. Contudo, a realidade da economia brasileira revela a existência, em sua grande maioria, de sociedades anônimas de médio e pequeno porte, em regra, de capital fechado, que concentram na pessoa de seus sócios um de seus elementos preponderantes, como sói acontecer com as sociedades ditas familiares, cujas ações circulam entre os seus membros, e que são, por isso, constituídas *intuitu personae*. Nelas, o fator dominante em sua formação é a afinidade e identificação pessoal entre os acionistas, marcadas pela confiança mútua. Em tais circunstâncias, muitas vezes o que se tem, na prática, é uma sociedade limitada travestida de sociedade anônima, sendo, por conseguinte, equivocado querer generalizar as sociedades anônimas em um único grupo, com características rígidas e bem definidas.

"Em casos que tais, porquanto reconhecida a existência da *affectio societatis* como fator preponderante na constituição da empresa, não pode tal circunstância ser desconsiderada por ocasião de sua dissolução. Do contrário, e de que é exemplo a hipótese em tela, a ruptura da *affectio societatis* representa verdadeiro impedimento a que a companhia continue a realizar o seu fim, com a obtenção de lucros e distribuição de dividendos, em consonância com o art. 206, II, 'b', da Lei n. 6.404/1976, já que dificilmente pode prosperar uma sociedade em que a confiança, a harmonia, a fidelidade e o respeito mútuo entre os seus sócios tenham sido rompidos.

"A regra da dissolução total, nessas hipóteses, em nada aproveitaria aos valores sociais envolvidos, no que diz respeito à preservação de empregos, arrecadação de tributos e desenvolvimento econômico do país. À luz de tais razões, o rigorismo legislativo deve ceder lugar ao princípio da preservação da empresa, preocupação, inclusive, da nova Lei de Falências – Lei n. 11.101/2005, que substituiu o Decreto-lei n. 7.661/1945, então vigente –, devendo-se permitir, pois, a dissolução parcial, com a retirada dos sócios dissidentes, após a apuração de seus haveres em função do valor real do ativo e passivo. A solução é a que melhor concilia o interesse individual dos acionistas retirantes com o princípio da preservação da sociedade e sua utilidade social, para evitar a descontinuidade da empresa, que poderá prosseguir com os sócios remanescentes.

"Embargos de divergência improvidos, após rejeitadas as preliminares" (EREsp n. 111.294-PR , rel. Min. Castro Filho, m.v., *DJU* 10.9.2007).

Portanto, considerou-se preponderante para as sociedades anônimas familiares pequenas e médias a existência da *affectio societatis*, sem a qual presume-se que o clima beligerante entre os acionistas atua contra a preservação da empresa e torna-se obstáculo à consecução de seu objeto social, que não poderá ser cumprido.

Acresça-se que a distribuição de lucros ou dividendos ficou relegada ao plano de mera conseqüência da dissolução, pois, apesar de presente no recurso especial-paradigma, não foi mencionada como condicionante adicional quando do julgamento do mesmo processo em embargos de divergência.

Transcrevo do voto do Relator do precedente indicado acima, por muito elucidativo a esse respeito, o seguinte excerto:

"Em casos que tais, porquanto reconhecida a existência da *affectio societatis* como fator preponderante na constituição da empresa, não me parece possa essa circunstância ser desconsiderada por ocasião de sua dissolução. Do contrário, e de que é exemplo a hipótese em tela, a ruptura da *affectio societatis* representa verdadeiro impedimento a que a companhia continue a realizar o seu fim, com a obtenção de lucros e distribuição de dividendos, em consonância com o art. 206, II, 'b', da Lei n. 6.404/1976, já que dificilmente pode prosperar uma sociedade em que a confiança, a harmonia, a fidelidade e o respeito mútuo entre os seus sócios tenham sido rompidos.

"Não se desconhece que, em regra, a possibilidade de dissolução parcial, com a conseqüente apuração de haveres dos sócios dissidentes, é incompatível com esse tipo de sociedade, porque própria tal iniciativa das sociedades de pessoas e na sociedade por cotas. Todavia, na espécie, assim como asseverou o acórdão embargado, penso que a regra da dissolução total em nada aproveitaria aos valores sociais envolvidos, no que diz respeito à preservação de empregos, arrecadação de tributos e desenvolvimento econômico do país, razão pela qual sou a favor de que o rigorismo legislativo ceda lugar ao princípio da preservação da empresa, norteador, inclusive, da nova Lei de Falências – Lei n. 11.101/2005 –, que substituiu o Decreto-lei n. 7.661/1945, então vigente.

"Destarte, na hipótese, diante das especificidades do caso concreto, tenho que a aplicação da dissolução parcial, com a retirada dos sócios dissidentes, após a apuração de seus haveres em função do valor real do ativo e passivo, é a solução que melhor concilia o interesse individual dos acionistas retirantes com o princípio da preservação da sociedade e sua utilidade social, para que não haja a necessidade de solução de continuidade da empresa, que poderá prosseguir com os sócios remanescentes."

Assim, tem-se que a impessoalidade, com preponderância do capital, própria das sociedades anônimas, cede espaço nas empresas familiares regidas pela Lei n. 6.404/1976, como no caso concreto, nas quais deve coexistir com a *affectio societatis*.

Ante o exposto, conheço dos embargos e dou-lhes provimento para julgar procedente o pedido, admitindo a dissolução parcial de L. K. S/A, com retirada dos acionistas dissidentes, após a apuração de seus haveres em função do valor real do ativo e passivo, invertida a sucumbência.

É como voto.

VOTO

O Sr. Min. João Otávio de Noronha: Sra. Ministra Presidente, de rigor, entendo que as sociedades anônimas não foram constituídas e vocacionadas para esse tipo de dissolução. A lei prevê o direito de retirada nas hipóteses expressamente estabelecidas no art. 77 da Lei das S/A, e o faz em *numerus clausus*.

E assim o digo porque a natureza da Lei das S/A, ou seja, a natureza jurídica das empresas constituídas sob a forma de sociedade anônima é muito diversa da sociedade por quotas de responsabilidade limitada, e, no presente caso, as empresas, ainda que de capital fechado, assumem a natureza jurídica de sociedade anônima: com natureza institucional, e não meramente contratual.

Mas, tendo em conta o precedente desta Seção e atento a que devemos proporcionar ao jurisdicionado segurança jurídica – que importa, a meu ver, observância das regras jurisprudenciais que decorrem de interpretação da lei já manifestada pelo Tribunal –, prefiro me curvar ao posicionamento e acompanhar o Sr. Ministro Relator, conhecendo dos embargos de divergência e dando-lhes provimento para julgar procedente a ação de dissolução parcial.

Comentários de

Cristiano Gomes de Brito

Trata-se de embargos de divergência, previstos tanto para o STJ quanto para o STF, conforme disposição do art. 546, I e II, do CPC, sempre que a decisão de uma das Turmas desses Tribunais, em recurso especial ou extraordinário, divergir do julgamento que já tenha sido dado por outro órgão fracionário ou pelo Plenário do Tribunal.

In casu, o EDvREsp 419.174-SP, da 2ª Seção do STJ, foi admitido porque a 2ª Seção do Tribunal, quando do julgamento dos EREsp 111.294-PR (rel. Min. Castro Filho), adotou o entendimento de que é possível a dissolução de sociedade anônima familiar quando houver quebra da *affectio societatis*, julgando procedente a ação de dissolução parcial. A 4ª Turma, no REsp 111.294-PR (rel. Min. César Asfor Rocha), ao apreciar a matéria, entendeu possível a dissolução parcial de sociedade anônima familiar, constituída *intuitu personae*, quando desaparecida a *affectio societatis*. De forma diversa, a 3ª Turma, no REsp 419.174-SP (rel. Min. Carlos Alberto Menezes Direito), decidiu ser incompatível com a natureza e o regime jurídico das sociedades anônimas o pedido de dissolução parcial feito por acionistas minoritários, porque reguladas em lei especial que não contempla tal possibilidade.

Visando a pôr uma "pá-de-cal" sobre o tema – isto é, uniformizar a jurisprudência do próprio STJ –, a Corte entendeu que é possível a dissolução de sociedade anônima familiar quando houver quebra da *affectio societatis*.

De forma sintética, os julgados que admitem a dissolução parcial se alicerçam no fato de que há elevado grau de iliquidez das ações, impedimento da circulação das ações, capital fechado, pequeno número de acionistas, falta de poder deliberativo das ações e, ainda, quando há o rompimento da *affectio societatis*.

Esse conjunto de circunstâncias, principalmente a quebra da *affectio societatis*, acarreta o congelamento do capital investido pelo acionista, em face da absoluta iliquidez das ações, a justificar a dissolução parcial da companhia como alternativa de tutelar os interesses da minoria, dentro da construção elaborada para as sociedades limitadas.

De outro lado, as decisões que inadmitem a dissolução fundam-se no argumento de que a dissolução parcial viola disposição literal de lei, cria nova modalidade de direito de recesso, possibilita a exclusão de acionista, causa instabilidade nas relações de poder nas companhias, e a dissolução da sociedade está estritamente prevista no art. 206 da Lei das S/A.

Todavia, ao decidir que é possível a dissolução de sociedade anônima quando houver quebra da *affectio societatis*, o STJ, com a devida vênia, abre precedente perigoso na estrutura societária das anônimas, que, numa espécie de freios e contrapesos, têm medidas compensatórias em face do poder de controle do acionista majoritário em face dos minoritários – *v.g.*, os direitos essenciais dos acionistas que não podem ser suprimidos nem pelo estatuto, nem pela assembléia, uma vez que estabilizam as relações de poder na sociedade.

O primeiro impedimento quanto à adoção deste instituto nas sociedades anônimas é a ausência de *affectio societatis* entre os acionistas, pois a natureza capitalista que os marca é de índole legal e cogente, sendo, portanto, inafastável pela simples vontade dos contratantes.

Importa relembrar, mesmo que de forma sintética, que nas sociedades *intuitu personae* os caracteres individuais e subjetivos de cada sócio – *v.g.*, reputação, capacidade de administração – constituem fator determinante de sua criação e funcionamento e são a base da própria existência da sociedade; ou seja, os sócios criam e dirigem a sociedade, em razão dos recíprocos conhecimento e confiança.

Do outro lado estão as sociedades de capital, cujo fator determinante de criação é a contribuição pecuniária dos participantes, importando apenas a contribuição para o capital social, daí a livre cessibilidade das ações e a total desconsideração da morte, interdição ou falência do sócio.

Essa é a tradicional classificação de sociedade de pessoas e de capital. É bem verdade que essa classificação é muito criticada, pois é desprovida de qualquer critério científico, uma vez que todas as sociedades têm traços decorrentes das pessoas que as integram e dos capitais que as viabilizam.

Nas sociedades tidas como de capital as contribuições pecuniárias dos sócios, o *intuitu pecunae*, prevalecem em detrimento da pessoa dos sócios, deixando mitigados, ou sem valor considerável, seus atributos pessoais, a exemplo das sociedades anônimas.

Tal fato ocorre porque vige o princípio da livre circulação das ações, sendo que o acionista pode alienar suas ações independentemente da concordância dos demais acionistas ou de previsão no estatuto social, o que é incompatível com a *affectio societatis*.

Nas sociedades anônimas não há impedimento para a circulação das ações, pois o art. 36 da Lei ds S/A dispõe que o estatuto da companhia fechada pode impor limitações à circulação das ações nominativas, contanto que regule minuciosamente tais limitações e não impeça a negociação, nem sujeite o acionista ao arbítrio dos órgãos de administração da companhia ou da maioria dos acionistas. O que há é somente a possibilidade de uma limitação, que se consubstancia, em geral, no direito de preferência para aquisição das ações dos demais acionistas, e, como está previsto na lei, tal restrição deve estar minuciosamente regulamentada no estatuto social.

Por outro lado, nas sociedades institucionais e capitalistas, como é o caso das sociedades anônimas, sempre existiram remédios legais próprios para a livre entrada e saída dos sócios, indispensáveis aos próprios fins do modelo corporativo de harmonização entre acionistas investidores e gestores, como a venda de ações, o direito de recesso, o resgate e a amortização destas.

Bem verdade que, apesar de grande parte da doutrina afirmar que as companhias são de capitais, pois os atributos pessoais dos acionistas não influem na sociedade, esse entendimento deve ser recebido com reservas, uma vez que os acionistas também levam em consideração os atributos pessoais dos demais acionistas, que influenciarão na administração da sociedade, refletindo-se diretamente nos lucros da sociedade.

O acionista, ao subscrever e integralizar sua parte na constituição da sociedade ou ao adquirir ações no mercado secundário, analisa não só a expectativa de lucro da sociedade, como também o detentor do poder de controle na companhia, justamente para avaliar como e por quem a empresa será administrada – fatores de grande repercussão direta em seus lucros.

Desta feita, os atributos pessoais dos controladores influenciam no sucesso ou no fracasso na emissão de ações; e, por tal razão, dizer que nas sociedades anônimas não se levam em conta os atributos pessoais dos acionistas é fazer tábula rasa da realidade.

Todavia, deve-se ressaltar que a sociedade anônima, mesmo admitindo-se os caracteres da sociedade de pessoas, mantém-se sob a égide da Lei 6.404/1976, inclusive no que tange ao dividendo obrigatório, ao recesso do acionista nos casos expressos, não se importando institutos inerentes à sociedade de pessoas, decorrentes da *affectio societatis*.

Isso porque o regime jurídico de constituição e dissolução das companhias é estabelecido pela Lei 6.404 e pelos estatutos sociais, sendo que a Lei das S/A desenvolveu mecanismos próprios (hipóteses restritas de recesso, complexidade da administração, direitos essenciais dos acionistas etc.) que bloqueiam e impedem que elementos e valores subjetivos – *v.g.*, a *affectio societatis* – desequilibrem as relações de poder entres os acionistas e entre estes e a sociedade.

Oportuno relembrar que a sociedade anônima é um tipo societário institucional, em que as relações e vínculos entre os sócios não são regidos pelos princípios do direito contratual. Seus atos constitutivos são uma deliberação dos fundadores, manifestada em assembléia-geral ou escritura pública, fundando uma instituição à qual os futuros acionistas subscritores irão aderir, sem nada contratarem entre si. Por isso, sua criação e seu funcionamento dependem do cumprimento de regras estritas emanadas da lei e dos estatutos, restringindo-se o consentimento dos acionistas à aceitação de uma disciplina legal e estatutariamente imposta, com o escopo de manter permanentemente o equilíbrio de forças.

Como modelo institucional, a companhia foi concebida para a segurança do capital investido, insuscetível de estar à mercê das insatisfações pessoais dos acionistas minoritários.

As relações de poder nas companhias são instáveis, devido ao conflito de interesses dos acionistas. Contudo, independentemente desses embates, como modelo institucional, a Lei das S/A previu que essas relações fossem equilibradas como numa balança. De um lado, os acionistas majoritários, detentores do poder de conduzir a sociedade, haja vista o princípio majoritário das deliberações sociais. De outro, os acionistas minoritários, detentores do capital, mas que não comandam o destino da sociedade.

Esse equilíbrio é alcançado por meio dos direitos essenciais do acionista, que, de acordo com a melhor doutrina, são fixados taxativamente na lei, formando um sistema de tipicidade fechada – dentre eles, o direito de recesso nos casos previstos em lei.

Por tal razão, a lei assegura aos acionistas direitos essenciais, com o objetivo de garantir a estabilização nas relações de poder na sociedade, representando garantias de manutenção da posição acionária.

Ao se adotar o rol objetivo dos direitos essenciais, visou-se justamente a evitar que questões subjetivas, de caráter vago, não mensurável, fossem capazes de interferir nas relações de poder nas companhias, razão pela qual pode-se dizer que a existência da *affectio societatis* nas sociedades anônimas vai de encontro ao seu caráter institucional.

Interpretando de forma sistêmica a Lei das S/A, vê-se claramente que este foi o escopo do legislador. Tanto é que na lei não há qualquer menção a direito do acionista com fundamento subjetivo, como retirar-se da companhia por quebra da *affectio societatis.*

Ao se permitir a dissolução parcial de uma companhia por simples quebra da *affectio societatis*, abre-se uma fenda nas estruturas da sociedade anônima, inserindo em seu arquétipo direito decorrente de elementos subjetivos.

Dentre os direitos essenciais dos acionistas, previstos no art. 109 da Lei das S/A, está o de se retirar da sociedade nos casos estabelecidos no art. 137 da Lei das S/A, em rol também taxativo – o que exclui interpretações extensivas, não se encontrando como causas ensejadoras do direito de retirada a quebra da *affectio societatis*, a iliquidez das ações, o capital fechado, o pequeno número de acionistas ou a falta de poder deliberativo das ações.

Destaca-se que a Lei das S/A adotou um regime próprio para os casos de dissolução, com o seu complexo procedimento, elencando as causas e os legitimados para requerê-la, podendo a sociedade ser dissolvida, nos termos do art. 206, de pleno direito, por decisão judicial ou por decisão de autoridade administrativa competente.

Por fim, mister se faz ressaltar que tais argumentos cedem apenas a uma exceção: nos casos em que a companhia não puder preencher seu fim. Isto porque o art. 206, II, "b", da Lei das S/A dispõe que a companhia será dissolvida, por decisão judicial, quando provado que não pode preencher seu fim, em ação proposta por acionistas que representem 5% ou mais do capital social.

Como o intuito e fim social de uma sociedade comercial é o lucro, inexistindo este, facultado é a qualquer dos sócios requerer em juízo a dissolução da sociedade, podendo considerar-se esta faculdade um instrumento de proteção dos interesses da minoria.

Dessa forma, se a sociedade não puder preencher seu fim, a Lei das S/A expressamente dá ao acionista a faculdade de requerer sua dissolução parcial, haja vista o princípio da preservação da empresa.

Pareceres

RESTITUIÇÃO FALIMENTAR, EM CASO DE BANCOS ESTRANGEIROS, DE LINHAS DE CRÉDITO INTERNACIONAIS DESTINADAS AO FINANCIAMENTO À EXPORTAÇÃO CONCEDIDAS A BANCOS NACIONAIS CUJA QUEBRA FOI POSTERIORMENTE DECRETADA

HAROLDO MALHEIROS DUCLERC VERÇOSA

1. A estrutura da operação financeira sob análise e seus objetivos político-econômicos. 2. O regime jurídico da restituição falimentar: 2.1 No Decreto-lei 7.661/1945 – 2.2 Na Lei 4.728, de 14.7.1965, na redação original e segundo a que resultou da introdução do § 4º ao seu art. 75 pela Lei 9.450, de 14.3.1997 – 2.3 Na Lei 11.101/2005 (Lei de Falências e de Recuperação de Empresas) – 2.4 As Circulares 2.231, de 25.9.1992, e 2.632, de 16.11.1995, do Banco Central do Brasil. 3. Resposta aos quesitos apresentados.

PARECER

Interessados ou Bancos: Towerbank International, Inc., Zürcher Kantonalbank; Landesbank Baden-Württemberg; Banco de la Nación Argentina; e Nordea Bank AB; Bayerische Landesbanke, RZB Finance LLC, Natexis Banques Populaires, Wachovia Bank N.A., Orix USA Corporation, Banco Latinoamericano de Exportaciones S/A, The Export-Import Bank of The Republic of China, Banco Comercial Português S/A, em conjunto designados Sindicato de Bancos estrangeiros organizado por Orix Corporation; Rabobank International Netherlands; Banco do Comércio Exterior da Colômbia S/A; e Pacific National Bank. (publ.)

Seus advogados: Ana Lúcia Vidigal Lopes da Silva, Bocuzzi Advogados Associados, Barreto Ferreira, Kujawski, Brancher e Gonçalves, Pinheiro Neto Advogados e Tozzini Freire Advogados

Solicitam-nos os Interessados, por intermédio dos seus Advogados, um parecer conjunto a respeito de diversos pontos jurídicos respeitantes à sua situação como credores da massa falida do antigo Banco Santos S/A no campo da restituição falimentar dos recursos repassados pelos primeiros ao segundo, voltados para a celebração interna de Adiantamentos sobre Contratos de Câmbio/ACCs.

Adiante-se a definição dada pelo Banco Central do Brasil ao instituto em causa, conforme normativo vigente à época das operações a serem examinadas (Consolidação das Normas Cambiais, Capítulo 5, Título 3, objeto da Circular 2.231, de 25.9.1992): "O Adiantamento sobre Contrato de Câmbio constitui antecipação parcial ou total por conta do preço em moeda nacional da moeda estrangeira comprada a termo, devendo ter a sua concessão, pelos bancos, e utilização, pelos exportadores, dirigida para o fim precípuo de apoio financeiro à exportação".

Iniciemos o estudo do tema pela análise da operação como um todo, dividida em suas partes.

1. A estrutura da operação financeira sob análise e seus objetivos político-econômicos

A estrutura da operação objeto da presente análise não apresenta maior dificuldade. Trata-se de operações efetuadas pelos Bancos ao Banco Santos S/A, ao tempo em que operava normalmente, antes de haver sofrido medida interventiva por parte do Banco Central do Brasil, encontrando-se atualmente em regime de falência.

Como se pode verificar, os recursos fornecidos pelos Interessados ao Banco Santos S/A eram destinados ao financiamento de empresas exportadoras nacionais, seguidos os seguintes passos: (i) concessão de linhas de crédito pelos Interessados ao Banco Santos S/A com a utilização de linhas de crédito internacionais em moeda estrangeira; (ii) conversão desses recursos em Reais e ingresso dos mesmos no país; (iii) realização de operações pelo Banco Santos S/A aos seus clientes exportadores, por meio do qual aquela instituição financeira comprava a moeda estrangeira a ser futuramente entregue aos mutuários como pagamento das exportações a serem efetuadas, entregando-lhes Reais em contrapartida; (iv) conclusão de Adiantamentos por Conta de Contrato de Câmbio/ACCs pelo Banco Santos S/A com os clientes acima, na forma de antecipação do preço da moeda estrangeira futura; (v) realização das exportações pelos empresários nacionais e pagamento dos contratos de câmbio de exportação (anteriormente firmados) ao Banco Santos S/A, descontando-se os ACCs recebidos, dando-se a liquidação da operação no plano interno; e (vi) pagamento a ser feito pelo Banco Santos S/A aos Bancos estrangeiros provedores de tais linhas com a moeda estrangeira recebida dos exportadores clientes, fechando-se o ciclo da operação.

Cumpre notar, em observação extremamente importante para a resposta de alguns dos quesitos apresentados, que *há dois momentos em que são fechados contratos de câmbio dentro do conjunto da operação*: (a) pelo ingresso dos recursos estrangeiros no Brasil, entre os Bancos estrangeiros e nacionais; e (b) entre os Bancos nacionais e cada um dos exportadores clientes, na modalidade de contrato de câmbio de exportação para liquidação futura, ou seja, entrega da moeda estrangeira recebida do importador externo contra os Reais a serem pagos pelo Banco nacional.

É precisamente em relação ao segundo momento acima citado que são realizados os ACCs, por meio dos quais o Banco brasileiro paga antecipadamente ao exportador uma parte da moeda estrangeira que será recebida oportunamente quando da conclusão da exportação.

No caso concreto, dada a falência do Banco Santos S/A, a fase "(v)", acima indicada, não veio a ser completada, remanescendo os Bancos insatisfeitos quanto ao recebimento dos recursos concedidos àquele. Diante da justa pretensão quanto a esse pagamento, surgiram, precisamente, dúvidas a respeito de alegadas condições que deveriam ser preenchidas na operação para que os Bancos estrangeiros tivessem direito à restituição falimentar, prevista na lei. Além disto, também têm sido defendidas opiniões no sentido de que aspectos da fase "(v)" deveriam ser também atendidos para a mesma finalidade. Todas estas questões estão presentes nos quesitos formulados e serão respondidas ao final do estudo.

Atente-se, ainda, como fator extremamente importante, para os aspectos político-econômicos relacionados ao sistema operacional sob exame. Eles têm a ver com o fato de que, invariavelmente, na história do comércio exterior brasileiro tem havido premente necessidade de *divisas* para o adimplemento de obrigações financeiras internacionais. As referidas *divisas* – ou seja, recursos em moeda estrangeira conversível e internacionalmente aceita – são obtidas pelo Brasil fundamentalmente por meio de endividamento externo e pelas exportações de bens e de serviços.

Na realidade, é somente por meio de exportações que o país tem condições de pagar sua dívida contraída no Exterior, representando as operações externas tão-somente um meio provisório para o levantamento da moeda estrangeira a ser paga por operações externas de empréstimo. Ou seja, as exportações são a única forma de entrada líquida de *divisas*. Os empréstimos, como se sabe, devem ser pagos no seu vencimento ou renovados repetidamente; e, conseqüentemente, não é com um empréstimo que se paga outro em caráter definitivo. Esta *rolagem* apenas faz aumentar a "bola-de-neve" da dívida externa.

Dentro deste contexto é que foram engendradas as operações de que se trata, as quais mereceram do legislador, de longa data (desde 1965, pela promulgação da Lei 4.728, com seu art. 75), uma proteção jurídica especial, concernente ao benefício da restituição falimentar dos ACCs à qual têm direito os Bancos nacionais diante dos seus devedores a tal título. Claramente o objetivo deste benefício especial foi o de se proteger o acesso dos exportadores brasileiros à moeda estrangeira necessária à realização de suas atividades, em benefício do país como um todo. Para tanto, por sua vez, era necessário salvaguardar tais importâncias do processo regular da falência dos exportadores, afastando os créditos correspondentes da fila formada no quadro geral de credores. Isto ocorreu pela instituição de um tipo especial de restituição falimentar, conforme será examinado mais adiante.

Posteriormente foi completado o ciclo de proteção ao sistema em causa pela extensão do benefício da restituição em favor dos Bancos externos credores quando da quebra de Bancos nacionais devedores pela captação de linhas de crédito internacionais.

A confiança do sistema financeiro internacional quanto à segurança do recebimento dos recursos concedidos a Bancos brasileiros é extremamente fundamental para a manutenção do ciclo econômico correspondente. A isto se agrega o fato de que, respeitadas as condições inerentes a este modelo de financiamento internacional, as taxas de juros cobradas serão estabelecidas em patamares mais favoráveis, dentro de um contexto conhecido como "Risco Brasil", o qual abarca fatores ligados aos riscos político, cambial, jurídico/judicial etc.

Como se verifica, caso o Judiciário Brasileiro venha a entender (a nosso ver, erroneamente, como será demonstrado) que os Bancos estrangeiros estão sujeitos a determinadas condições para que possam alcançar o direito à restituição falimentar, então, o modelo sob exame sofrerá prejuízos significativos. Isto se dará em termos de redução das linhas de crédito internacionais e da elevação da taxa de juros, com dano geral para a economia brasileira. A este resultado os economistas chamam de "externalidades negativas" e de "efeitos de segunda ordem".

E as conseqüências em tela se darão de forma extremamente rápida, pois o sistema financeiro internacional funciona como *vasos comunicantes* praticamente instantâneos, municiados prontamente com informações próprias ou originadas de agências de análise de riscos nacionais.

O problema apresenta-se em um nível de gravidade ímpar, lembrando-se que o mundo atravessa atualmente a maior crise econômica e financeira dos últimos 80 anos, superado até mesmo o grande *crash* experimentado pelos Estados Unidos da América a começar da segunda década do século passado. Certamente esta não é, absolutamente, a hora de se "brincar com fogo", pois ele pode se alastrar ainda mais para dentro das fronteiras nacionais, com perdas inimagináveis.

Permita-se, aqui, um depoimento pessoal. Em mais de 40 anos de vivência dentro do Sistema Financeiro Nacional, 30 deles passados como servidor do Banco Central do Brasil, jamais nos deparamos com crise de tamanhas proporções como a que presentemente atinge praticamente todas as economias nacionais em um processo de "infecção generalizada". Os Bancos brasileiros têm sido poupados da quebra que foi deflagrada em muitos países porque sua *alavancagem operacional* havia sido extremamente limitada pela autoridade monetária, que não lhes permitiu *grandes vôos especulativos*.

Contudo, dada a redução já intensa da atividade econômica interna, em grande parte sentida pelo setor exportador, é absolutamente imprescindível a manutenção da fonte de recursos externos para o fim de não se cortar o fluxo de moeda forte para o Brasil via operações entre Bancos estrangeiros e nacionais. Esta corrente poderá ficar extremamente prejudicada, caso aqueles Bancos venham a perder sua confiança quanto ao quadro de garantias que reconhecem presentes na lei, no caso em que o direito à restituição falimentar de que aqui se trata vier a ser condicionado aos efeitos ligados ao adimplemento das empresas exportadoras junto aos Bancos internos com os quais celebraram ACCs.

2. O regime jurídico da restituição falimentar

Examinados os aspectos gerais da equação a ser solucionada, passemos ao estudo dos ângulos estritamente jurídicos, iniciando com uma rápida abordagem histórica, que se revela necessária.

Antes disso, insta fortalecer no plano jurídico a existência de operações distintas quanto aos Bancos estrangeiros diante dos Bancos nacionais receptores de linhas de crédito para financiamento à exportação e as operações destes com os seus clientes exportadores.

No sentido acima, embora muitas vezes se utilize o termo "repasse" para tal tipo de operação, na verdade não existe uma unidade jurídica no ciclo que começa no Banco estrangeiro e termina no exportador nacional. O primeiro é formado pelo contrato do Banco estrangeiro com o Banco nacional; o segundo corresponde ao negócio entre este com seu cliente exportador. A invalidade ou ineficácia de um negócio não afeta a do outro. O que existe, conforme será demonstrado mais adiante, é *uma ligação teleológica abstrata*, fixada no plano dos princípios da operação. Se o Banco estrangeiro disponibiliza em confiança uma linha de crédito a Banco nacional, destinada declaradamente ao financiamento de exportações por empresários brasileiros, seu direito à restituição não é afetado por eventual desvio de recursos pelo Banco mutuário ou *retorno* destes recursos ao Banco quando do adimplemento das obrigações dos seus clientes.

2.1 No Decreto-lei 7.661/1945

Na história mais recente do direito falimentar brasileiro verificamos que o instituto da restituição era tratado entre outros e no que presentemente nos interessa pelo art. 76 do Decreto-lei 7.661, de 21.6.1945, de acordo com os seguintes termos:

"Art 76. Pode ser pedida a restituição de coisa a arrecadada em poder do falido quando seja devida em virtude de direito real ou de contrato.

"§ 1º. A restituição pode ser pedida, ainda que a coisa já tenha sido alienada pela massa.

"§ 2º. Também pode ser reclamada a restituição das coisas vendidas a crédito e entregues ao falido nos 15 (quinze) dias anteriores ao requerimento da falência, se ainda não alienadas pela massa."

A regra geral do instituto em causa corresponderia à efetivação de uma *devolução de coisa* que tivesse sido objeto de um direito real (alienação fiduciária, por exemplo) ou de um contrato (bens alugados pelo falido). Além disto, o bem em questão deveria ter sido encontrado em poder do falido (a título de mera posse; conseqüentemente, não integrando seu patrimônio) e em seguida arrecadado pelo síndico da falência. Por este motivo, evidentemente, tais bens não poderiam ser utilizados para o pagamento de credores do falido. Desta sorte, o proprietário era revestido do direito de pedir sua entrega *de volta*.

De um lado, portanto, cabia ao síndico arrecadar todos os bens que se encontravam na posse do falido, sem fazer, naquele momento, qualquer juízo a respeito de sua condição jurídica. Em contraposição, entre outras situações, encontravam-se os verdadeiros proprietários de bens arrecadados, que deviam pedir seu *retorno*, reivindicando-os da massa falida. Na verdade, conforme informa Waldemar Ferreira, a Lei Falimentar de 1945, sob o nome de "restituição", havia mantido o instituto da *reivindicação* do Direito anterior.[1]

A hipótese da venda pela massa, mencionada na lei, constituiria um caso de alienação de bem não próprio, cabendo ao credor sub-rogar-se no preço correspondente – direito, este, que lhe foi reconhecido para que não se caracterizasse um prejuízo indevido mediante enriquecimento sem causa da massa falida.

Ainda no mesmo sentido de *devolução*, o § 2º do artigo em tela permitia o pedido de restituição das coisas vendidas a crédito e entregues ao falido nos 15 dias anteriores ao requerimento da falência, desde que não alienadas pela massa. Se alienadas, a *restituição* daria lugar à habilitação do crédito correspondente pelo credor. Na verdade, a lei procurou afastar negócios dolosos feitos pelo falido às vésperas da decretação de sua falência, realizados com a finalidade de "engordar" seu patrimônio em detrimento de credores e, eventualmente, de permitir ao *dono* ou controlador da empresa falida locupletar-se pessoalmente à custa dos credores, mediante o desvio de bens recentemente adquiridos.

2.2 Na Lei 4.728, de 14.7.1965, na redação original e segundo a que resultou da introdução do § 4º ao seu art. 75 pela Lei 9.450, de 14.3.1997

O art. 75 da lei em questão (incluído na seção "Das Disposições Diversas" de uma lei reguladora do mercado de capitais – e, portanto, representando mais um caso de má técnica legislativa no Direito pátrio) veio a cuidar do contrato de câmbio e de alguns aspectos a este relacionados, entre os quais a introdução de mais uma hipótese de restituição falimentar. Esta foi direcionada às importâncias adiantadas por Bancos a empresas exportadoras, mais tarde declaradas falidas ou concordatárias, relativamente a Adiantamentos sobre Contratos de Câmbio/ACCs. Para tal finalidade eram exigidos três pré-requisitos fundamentais: (i) celebração de um contrato de câmbio pelo Banco com um exportador; (ii) posterior protesto em razão de falta de pagamento; e (ii) averbação do ACC no instrumento de contrato de câmbio.

1. Waldemar Ferreira, *Tratado de Direito Comercial*, São Paulo, Saraiva, 1966.

A *ratio* do legislador estava fundada na busca de proteção para os Bancos que celebravam operações de câmbio voltadas para o fortalecimento do setor exportador com a finalidade de que o país pudesse ser beneficiado pelo recebimento de *divisas* (ou seja, de moeda forte) decorrentes de operações de comércio exterior, para o fim de poder honrar seus pagamentos internacionais.

Conforme visto acima, os Bancos em atividade no Brasil, não dispondo de recursos abundantes em moeda estrangeira para suas operações internas de câmbio, costumam obtê-la no Exterior mediante o recurso a linhas de crédito internacionais. Na medida em que os devedores, favorecidos com o *repasse* de recursos externos, vinham posteriormente a se encontrar em situação de concordata ou falência, surgia prejuízo direto para os Bancos nacionais credores, os quais precisavam buscar em outras fontes e mediante um elevado custo a moeda estrangeira vendida e não paga pelos devedores exportadores por ACCs inadimplidos, a fim de que, por sua vez, pudessem pagar seus débitos perante os Bancos estrangeiros a quem deviam.

Sempre esteve muito claro na lei que o direito do Banco nacional à restituição vertente era completamente alheio a quaisquer exigências relativas ao cumprimento das obrigações pertinentes aos ACCs, diretas ou indiretas. Tratava-se, neste sentido, de um caso especial de restituição. Observe-se que o legislador houve por bem instituir esta modalidade de restituição de forma completamente alheia à Lei de Falências, que nem sequer é citada no art. 75 da Lei 4.728/1965. Como se sabe, onde o legislador não fez restrições está o intérprete impedido de fazê-las.

Desta maneira, sempre foi absolutamente desligado do direito à restituição em causa o fato de não ter sido a importância do ACC destinada, por exemplo, a uma operação efetiva de exportação, não cabendo ao Banco nacional fiscalizar o tomador quanto aos recursos *repassados* a este. O mesmo se diga com relação ao pagamento posterior da exportação e a conseqüente liquidação do ACC junto ao Banco nacional. Muito menos se exigia que o valor da exportação tivesse sido pago ao devedor falido pelo importador estrangeiro e que as importâncias correspondentes tivessem sido arrecadadas pelo síndico. Mesmo porque, neste último caso, não se saberia dizer como poderiam ser identificados nas contas bancárias do falido quais recursos precisamente eram correspondentes a pagamentos específicos de ACCs. Afinal de contas, o dinheiro é o bem mais fungível que se conhece, e as operações bancárias não apresentam, evidentemente, condições de seu rastreamento material.

Em 14.3.1997 a Lei 9.450 acrescentou ao art. 75 da Lei 4.728/1965 o atual § 4º, com a seguinte redação: "§ 4º. As importâncias adiantadas na forma do § 2º deste artigo serão destinadas, na hipótese de falência, liquidação extrajudicial ou intervenção em instituição financeira, ao pagamento das linhas de crédito comercial que lhes deram origem, nos termos e condições estabelecidos pelo Banco Central do Brasil".

Uma importante observação inicial deve ser feita a respeito desta alteração legislativa. Ao tempo da promulgação da lei em questão (por sua vez, originada da Medida Provisória 1.113, de 12.9.1995) era ainda vigente o art. 192 da CF com a redação originária, nos termos a seguir, no tocante à parte que nos interessa: "Art. 192. O Sistema Financeiro Nacional, estruturado de forma a promover o desenvolvimento do país e a servir aos interesses da coletividade, será regulado *em lei complementar*, que disporá, inclusive, sobre: (...) IV – *a organização, o funcionamento e as atribuições do banco central* e das demais instituições financeiras públicas e privadas (...); (...)" (grifos nossos).

Assim sendo, ao haver o legislador ordinário outorgado uma atribuição ao Banco Central do Brasil quanto à matéria regulada no novo § 4º do art. 75 da Lei

4.728/1965, tal iniciativa revelou-se inconstitucional. Desta forma, aproveitando-se o restante do dispositivo sob comento, quanto ao seu mérito, e expurgada a inconstitucionalidade ali presente, a redação válida passou a ser: "§ 4º. As importâncias adiantadas na forma do § 2º deste artigo serão destinadas, na hipótese de falência, liquidação extrajudicial ou intervenção em instituição financeira, ao pagamento das linhas de crédito comercial que lhes deram origem".

O exame da norma em causa apresenta uma única condição para o direito à restituição, como seja, *o direcionamento tão-somente declarado das linhas de crédito internacional para a finalidade de celebração de ACCs pelos Bancos receptores* (combinando-se os §§ 4º e 2º do art. 75 da Lei 4.728/1965). Como é facilmente percebido, não teria o Banco estrangeiro condições de verificar se o Banco brasileiro efetivamente destinou os recursos externos recebidos para tal finalidade ou os desviou para outra. Este ônus corresponderia a um dever fático e jurídico impossível imposto ao Banco estrangeiro. Tratar-se-ia, no caso – isto, sim –, de uma responsabilidade administrativa do Banco local perante o Banco Central do Brasil, que, sendo o caso de desvio de finalidade, aplicaria àquele as penalidades cabíveis no plano administrativo.

Quanto a eventuais termos e condições que o Banco Central do Brasil houvesse estabelecido para a restituição devida pelos Bancos nacionais aos Bancos estrangeiros credores, eles não teriam qualquer validade, por se revelarem inconstitucionais em segunda ordem.

Na forma acima, tendo havido a concessão por um Banco nacional de um ACC a cliente exportador, no caso de haver sido decretada posteriormente sua falência ou se encontrar sob regime de liquidação extrajudicial ou de intervenção, o Banco credor no Exterior que concedeu linha de crédito ao Banco nacional tem direito à restituição de tais valores.

A respeito da inconstitucionalidade aqui defendida já havia se manifestado o STF na ADI/MC 1.357-DF, relator o Min. Moreira Alves, julgamento pelo Pleno em 19.12.1995 (*DJU* 19.4.1996, p. 12.212): "*Ementa:* Ação direta de inconstitucionalidade – Argüição de inconstitucionalidade dos arts. 1º, 2º, 3º e 4º da Lei n. 919/1995 do Distrito Federal – Pedido de liminar. Embora essas normas digam respeito especificamente ao Banco Regional de Brasília, que fica autorizado a fazer tal conversão observados esses requisitos legais, são elas disciplinadoras de operação de crédito de instituição financeira, razão por que é relevante o fundamento da argüição de inconstitucionalidade com base na alegação de invasão de competência privativa da União para legislar sobre política de crédito (art. 22, VII, da CF), competência, essa, que, conjugada com as de fiscalizar as operações de natureza financeira, especialmente as de crédito (art. 21, VIII, da Carta Magna), e de, *por lei complementar, regular 'a organização, o funcionamento e as atribuições do banco central e demais instituições financeiras publicas e privadas' (art. 192, IV, da Constituição)*, permite à União, de forma privativa, disciplinar o crédito em todas as suas modalidades, regulamentando, inclusive, com a fixação de limites, prazos e condições, as operações de empréstimo efetuadas com as instituições financeiras públicas e privadas de natureza bancária – Ocorrência, no caso, do requisito da conveniência da suspensão dos dispositivos impugnados – Pedido de liminar deferido, para suspender, *ex nunc* e até final decisão, os arts. 1º, 2º, 3º e 4º da n. Lei 919, de 13.9.1995, do Distrito Federal" (grifos nossos).

Espancada, portanto, qualquer dúvida sobre a inconstitucionalidade da atribuição ao Banco Central do Brasil do poder de estabelecer termos e condições quanto à restituição prevista no § 4º do art. 75 da Lei 4.728/1965, deve ser enfatizado tratar-se a restituição em tela de modalidade nova do instituto, acrescida ao rol das já anteriormente existentes. E isto se deu para um fim específico, que não se confunde com os ACCs feitos pelos Bancos nacionais aos exportadores, embora a origem final dos recursos seja a mesma. No caso, cuidou o legislador pátrio de proteger os Bancos estrangeiros contra a quebra dos Bancos nacionais seus devedores, porque aqueles até então se achavam a descoberto nesta circunstância.

A afirmação acima fica definitivamente comprovada a partir da verificação do intuito do legislador. Neste caso, a interpretação autêntica e histórica revela-se um fator determinante do entendimento da lei. Este ponto já foi levantado em douto parecer acostado a estes autos, mas que convém reforçar. Nestes termos, assim dizia a Exposição de Motivos da Medida Provisória 1.113/1995: "A redação atual do referido art. 75 *[da Lei 4.728/1965]* já contém mecanismo parcial de proteção dos Adiantamentos por Conta de Contratos de Câmbio/ACCs, ao assegurar, em seu § 3º, às instituições financeiras nacionais, em caso de falência ou concordata dos exportadores brasileiros, a restituição dos valores adiantados. Esse mecanismo, *no entanto, não protege a operação em seu ciclo completo, já que não alcança a operação inicial, materializada na linha de crédito comercial entre o Banco estrangeiro e o nacional, que dá suporte à operação subseqüente, de financiamento ao exportador pelo Banco nacional, através de adiantamentos por conta do contrato de câmbio.* As linhas de crédito colocadas à disposição dos exportadores pelas instituições financeiras desempenham papel de crucial importância para o fluxo comercial do país. Daí a necessidade de mecanismo que proteja tais linhas de crédito de eventuais traumas no mercado causados por intervenções ou liquidações extrajudiciais de instituições financeiras no país. Esse mecanismo resume-se a *estabelecer, legalmente, a regra de que as importâncias adiantadas aos exportadores serão destinadas, na hipótese de falência, liquidação extrajudicial ou intervenção em instituição financeira, ao pagamento de linhas de crédito comercial que lhes deram origem*" (grifos nossos).

Cuida-se, portanto, de uma nova situação jurídica na qual a restituição é devida. E, para que o objetivo do legislador seja alcançado, tanto quanto já disposto na norma que veio a ser criada, não se pode aceitar que esta restituição esteja fadada a sofrer os azares diversos que podem ocorrer quanto às operações dos Bancos nacionais receptores de linhas de crédito comerciais externas. Ou seja, o que acontece com os recursos em tela, na realização de operações de financiamento a exportadores nacionais, não é capaz de afetar o direito dos Bancos estrangeiros credores à restituição.

Do ponto de vista econômico, o objetivo do legislador não poderia ter sido demonstrado de forma mais clara. Quanto à interpretação jurídico-sistemática da legislação, tal como restou após o acréscimo do § 4º ao art. 75 da Lei 4.728/1965 e o advento da Lei de Falências e de Recuperação de Empresas, estes pontos ficarão determinantemente resolvidos mais adiante, no confronto da legislação aplicável.

O fato de se encontrar no texto do dispositivo acima a expressão "importâncias adiantadas" em nada prejudica a linha de argumentação que vem sendo defendida neste parecer, no sentido da presença de uma independência das operações entre o Banco estrangeiro, o Banco nacional e o exportador beneficiário do ACC. Dado que o § 4º do art. 75 se volta, fundamentalmente, para a restituição especial que o Banco estrangeiro tem na falência do Banco nacional, quando o legislador faz referência às "importâncias adiantadas" ele está simplesmente lembrando o aspecto teleológico abstrato do negócio complexo como um todo, de que se falou acima. Sobre este aspecto já ficou demonstrado à saciedade que se trata de operações distintas com partes distintas entre si.

Sob este ponto de vista mostra-se inteiramente correta a manifestação do Ministério Público em relação ao contrato celebrado entre o Interessado Landes-Bank Baden e o Banco Santos S/A, onde fica cabalmente demonstrado que fez o legislador *uso de uma imagem*, porque seu significado jurídico é o da venda antecipada da moeda estrangeira que o exportador receberá futuramente do Banco nacional no que se convencionou denominar de Adiantamento por Conta de Contrato de Câmbio/ACC. Nas acertadas palavras do Ministério Público, "nenhuma vinculação existe entre o provedor de *funding* e a empresa brasileira final da linha de crédito".

2.3 Na Lei 11.101/2005 (Lei de Falências e de Recuperação de Empresas)

A Lei de Falências e de Recuperação de Empresas acolheu o instituto da restituição nos seus arts. 85 a 93, referindo-se, no inciso II do art. 86, expressamente aos ACCs, trazendo algumas modificações em relação ao regime anterior, conforme se verá em seguida. Interessa-nos especialmente o inciso II do art. 86:

"Art. 85. O proprietário de bem arrecadado no processo de falência ou que se encontre em poder do devedor na data da decretação da falência poderá pedir sua restituição.

"Parágrafo único. Também pode ser pedida a restituição de coisa vendida a crédito e entregue ao devedor nos 15 (quinze) dias anteriores ao requerimento de sua falência, se ainda não alienada.

"Art. 86. Proceder-se-á à restituição em dinheiro: I – se a coisa não mais existir ao tempo do pedido de restituição, hipótese em que o requerente receberá o valor da avaliação do bem, ou, no caso de ter ocorrido sua venda, o respectivo preço, em ambos os casos no valor atualizado; *II – da importância entregue ao devedor, em moeda corrente nacional, decorrente de adiantamento a contrato de câmbio para exportação, na forma do art. 75, §§ 3º e 4º, da Lei n. 4.728, de 14 de julho de 1965, desde que o prazo total da operação, inclusive eventuais prorrogações, não exceda o previsto nas normas específicas da autoridade competente*; III – dos valores entregues ao devedor pelo contratante de boa-fé na hipótese de revogação ou ineficácia do contrato, conforme disposto no art. 136 desta Lei.

"Parágrafo único. As restituições de que trata este artigo somente serão efetuadas após o pagamento previsto no art. 151 desta Lei."

Conforme se verifica, não há, fundamentalmente, qualquer mudança quanto aos aspectos históricos da restituição tal como se encontrava tratada no Decreto-lei 7.661/1945, exceto o disposto no parágrafo único, que exige, como condição prévia inafastável para qualquer modalidade de restituição, o pagamento de créditos trabalhistas exclusivamente salariais vencidos nos três meses anteriores à decretação da falência, até o limite de cinco salários mínimos por empregado.

Mais uma vez o legislador manifestou uma ordem hierárquica de favorecimentos quanto às obrigações da massa falida, exercendo um juízo político e econômico de valor. Quanto a este ponto não se cogita absolutamente de tachar tais escolhas de inconstitucionais tanto no direito falimentar anterior como no atual.[2]

2. Quanto à restituição falimentar dos ACCs houve alguma discussão acadêmica sobre sua constitucionalidade, inteiramente superada desde muitos anos em vista do entendimento adotado pelo STF no sentido de que aquele instituto tem a natureza jurídica de pagamento antecipado do preço do contrato de câmbio de exportação, dele descontando-se futuramente o ACC concedido (RE 88.156-RS, rel. Min. Rodrigues de Alckmin, *RTJ* 86/704, com a seguinte ementa: "*Lei de Mercado de Capitais – Adiantamento feito por instituição financeira a exportador, por conta do valor do contrato de câmbio – Concordata. A restituição a que alude o § 3º do art. 75 da Lei n. 4.728, de 14.7.1965, não viola o princípio da isonomia (§ 1º do art.153 da CF) – Inexistência de dissídio com a Súmula n. 417, que, por ser anterior à Lei de Mercado de Capitais, não se refere à restituição em causa – Recurso extraordinário não conhecido*").

Contudo, nota-se um ponto extremamente importante para o deslinde das indagações apresentadas pelos Bancos no presente parecer.

Veja-se que, ao baixar uma nova lei reguladora da falência e do moderno instituto da recuperação da empresa, o legislador poderia haver com ela abarcado todas as situações de restituição que pretendia resguardar, revogando a legislação extravagante.

Mas não!

O art. 75 da Lei 4.728/1965 permaneceu vigente, inclusive quanto à tutela da proteção dos créditos fornecidos por Bancos estrangeiros a instituições financeiras nacionais falidas, objeto da nova redação determinada pela Lei 9.450/1997.

A opção em vista somente se justifica quando se aceita que a Lei de Falências e de Recuperação de Empresas reconheceu a autonomia da restituição prevista no art. 75 da Lei 4.728/1965, inserida entre os demais casos da primeira, tendo estabelecido algumas condições básicas comuns para o instituto de que se trata.

A fim de melhor perceber-se a vivência comum das duas leis citadas e sua interseção recíproca no que diz respeito aos recursos obtidos no Exterior para o financiamento de empresas exportadoras brasileiras, examinemo-las em paralelo:

LEI 4.728/1965, ART. 75	LEI 11.101/2005, ARTS. 85, 86 E 151
Art. 75. O contrato de câmbio, desde que protestado por oficial competente para o protesto de títulos, constitui instrumento bastante para requerer a ação executiva. *§ 1º. Por esta via, o credor haverá a diferença entre a taxa de câmbio do contrato e a da data em que se efetuar o pagamento, conforme cotação fornecida pelo Banco Central, acrescida dos juros de mora.* *§ 2º. Pelo mesmo rito, serão processadas as ações para cobrança dos adiantamentos feitos pelas instituições financeiras aos exportadores, por conta do valor do contrato de câmbio, desde que as importâncias correspondentes estejam averbadas no contrato, com anuência do vendedor.* *§ 3º. No caso de falência ou concordata, o credor poderá pedir a restituição das importâncias adiantadas, a que se refere o parágrafo anterior.* *§ 4º. As importâncias adiantadas na forma do § 2º deste artigo serão destinadas, na hipótese de falên-*	Art. 85. O proprietário de bem arrecadado no processo de falência ou que se encontre em poder do devedor na data da decretação da falência poderá pedir sua restituição. Parágrafo único. Também pode ser pedida a restituição de coisa vendida a crédito e entregue ao devedor nos 15 (quinze) dias anteriores ao requerimento de sua falência, se ainda não alienada. Art. 86. Proceder-se-á à restituição em dinheiro: *I – se a coisa não mais existir ao tempo do pedido de restituição, hipótese em que o requerente receberá o valor da avaliação do bem, ou, no caso de ter ocorrido sua venda, o respectivo preço, em ambos os casos no valor atualizado;* *II – da importância entregue ao devedor, em moeda corrente nacional, decorrente de adiantamento a contrato de câmbio para exportação, na forma do* ***art. 75, §§ 3º e 4º, da Lei n. 4.728, de 14 de julho de 1965****, desde que o prazo total da operação, inclusive eventuais prorrogações, não exceda o previsto nas normas específicas da autoridade competente;* *III – dos valores entregues ao devedor pelo contratante de boa-fé na hipótese de revogação ou ineficácia do contrato, conforme disposto no art. 136 desta Lei.* *Parágrafo único. As restituições de que trata este artigo somente serão efetuadas após o pagamento previsto no art. 151 desta Lei.* (...).

LEI 4.728/1965, ART. 75	LEI 11.101/2005, ARTS. 85, 86 E 151
cia, liquidação extrajudicial ou intervenção em instituição financeira, ao pagamento das linhas de crédito comercial que lhes deram origem, nos termos e condições estabelecidos pelo Banco Central do Brasil. (*Esta última parte foi por nós considerada inconstitucional, conforme visto acima.*)	Art. 151. Os créditos trabalhistas de natureza estritamente salarial vencidos nos 3 (três) meses anteriores à decretação da falência, até o limite de 5 (cinco) salários mínimos por trabalhador, serão pagos tão logo haja disponibilidade em caixa.

O estudo paralelo da restituição falimentar nos termos acima nos leva às seguintes conclusões:

(a) O art. 85 e o inciso I do art. 86 da Lei de Falências e de Recuperação de Empresas reproduzem os casos de restituição tradicionais do Direito Brasileiro. No primeiro trata-se da restituição do bem em si, enquanto no segundo de sua sub-rogação em dinheiro.

(b) O inciso III do art. 86 da Lei de Falências e de Recuperação de Empresas explicitou uma situação de restituição decorrente da ineficácia de atos praticados na falência (art. 136), de forma a se dar maior segurança aos interessados.

(c) O inciso II do art. 86 da Lei de Falências e de Recuperação de Empresas, em aplicação conjunta com o art. 75 da Lei 4.728/1965, cuida da restituição de importâncias destinadas ao financiamento de exportadores brasileiros mediante celebração de ACCs. E:

(d) O § 4º do art. 75 da Lei 4.728/1965 versa sobre a restituição das importâncias emprestadas aos Bancos nacionais por Bancos estrangeiros, destinadas ao financiamento do comércio exterior brasileiro.

Como se verifica, *há uma perfeita distinção de tratamento entre as operações dos Bancos estrangeiros com os Bancos nacionais e as destes com seus clientes exportadores.*

No primeiro caso o direito à restituição nasce pura e simplesmente de operações de crédito internacional entre um Banco estrangeiro e um Banco brasileiro, que tem o objetivo do fornecimento, a este último, de recursos destinados ao financiamento de exportadores brasileiros. Para que a restituição tenha lugar exige a lei tão-somente que seja celebrado contrato de câmbio entre o Banco estrangeiro e o nacional como resultado de uma operação de concessão de linha de crédito internacional voltada para o favorecimento das exportações brasileiras. Daí para a frente o Banco estrangeiro está completamente imune à existência, validade e eficácia dos negócios seguintes, o que alcança também eventuais hipóteses de inadimplemento total ou parcial de qualquer das partes no plano interno.

Para a finalidade acima uma única condição necessita ser atendida, ou seja, a verificação de que tenham sido pagos os créditos trabalhistas de natureza salarial, limitados a cinco salários mínimos por empregado, conforme disposto no art. 151 da Lei de Falências e de Recuperação de Empresas.

Não existe, por conseguinte, qualquer exigência referente às operações dos Ban-

cos nacionais com seus clientes para que o direito à restituição dos Bancos estrangeiros esteja consolidado. Não há como pensar diferentemente diante da evidência legal.

Outro é o tratamento dos recursos internados pelos Bancos nacionais no tocante às suas relações com os clientes exportadores. Para este caso nota-se a presença de alguns requisitos cumulativos, necessários à configuração do direito à restituição.

2.4 As Circulares 2.231, de 25.9.1992, e 2.632, de 16.11.1995, do Banco Central do Brasil

Há uma controvérsia nos autos a respeito da interpretação e do alcance dos normativos acima. Como se verifica, a douta sentença da 2ª Vara de Falências e de Recuperações Judiciais entendeu que, com base em tais dispositivos, o pagamento das linhas de crédito obtidas no Exterior aos bancos credores de instituição nacional falida dependeria de que, por sua vez, os exportadores favorecidos com ACCs houvessem pago suas obrigações àquela instituição financeira.

Suponha-se, inicialmente, que as circulares do Banco Central do Brasil estivessem em pleno vigor: qual teria sido, no fundo, o seu papel? Tão-somente o de repetir princípio já existente no Decreto-lei 7.661/1945 no sentido de que, "quando diversos reclamantes houverem de ser satisfeitos em dinheiro e não existir dinheiro bastante para o pagamento integral, far-se-á rateio entre eles" (§ 3º do art. 78).

É de se notar por relevante, o fato de que as circulares em questão não se referem (e nem poderiam fazê-lo, por falta de competência legal correspondente ao Banco Central do Brasil) às questões atinentes a contratos de câmbio, performados ou não-performados. Portanto, a matéria tratada pelas circulares do Banco Central do Brasil é distinta daquela objeto do § 4º do art. 75 da Lei 4.728/1965.

Entretanto, ainda que as circulares do Banco Central do Brasil tratassem da matéria do aludido § 4º (direito do Banco estrangeiro em decorrência do financiamento de ACCs), mesmo assim o disposto naqueles normativos não deveria prevalecer sobre a norma contida no parágrafo vertente.

Isto porque um ponto de substancial importância deve ser observado quanto aos normativos acima: *trata-se do fato de que as duas circulares acima citadas são anteriores à promulgação da Medida Provisória 1.331/1995, convertida na Lei 9.450/1997, quando se introduziu o § 4º ao art. 75 da Lei 4.728/1965.*

Assim sendo, é preciso verificar se, caso tivessem tratado da mesma matéria que o § 4º do art. 75 da Lei 4.728/1965, tais circulares teriam sido recepcionadas pelo mencionado § 4º (e, portanto, continuaram vigentes) ou se não o teriam, devendo neste último caso a matéria da restituição dos recursos fornecidos pelos Bancos estrangeiros aos Bancos nacionais ser regida inteiramente pelo mesmo § 4º e pelas normas às quais expressamente remete.

Como se recorda, as interferências recíprocas da lei no tempo são ainda regidas pelo Decreto-lei 4.667, de 4.9.1942, a conhecida Lei de Introdução do Código Civil/LICC. No que nos interessa precisamente, assim dispõem o *caput* do art. 2º e seus dois primeiros parágrafos, tão conhecidos mas aqui reproduzidos, para melhor reforço da argumentação:

"Não se destinando à vigência temporária, a lei terá vigor até que outra a modifique ou revogue.

"§ 1º. A lei posterior revoga a anterior quando expressamente o declare, quando seja com ela incompatível ou quando regule inteiramente a matéria de que trata a lei anterior.

"§ 2º. A lei nova, que estabeleça disposições gerais ou especiais a par das já existentes, não revoga nem modifica a lei anterior."

Conforme pode se verificar, a situação na qual se insere a questão em foco corresponderia à do § 1º, supra, na parte em que dispõe que a lei posterior revoga a anterior – no caso, as mencionadas circulares do Banco Central do Brasil, lei anterior: caso tratassem das mesmas matérias do § 4º do art. 75 da Lei 4.728/1965, teriam sido revogadas pelo novo § 4º do art. 75 da Lei 4.728/1965, porque este dispositivo teria regulado inteiramente a matéria que é o seu objeto.

Além disso, recorde-se que foi demonstrada acima a inconstitucionalidade da parte final do § 4º, no que dizia respeito às atribuições outorgadas à autoridade monetária para disciplinar esta matéria. Este aspecto não pode ser absolutamente omitido na análise vertente, já se havendo aqui destacado o preciso intuito do legislador na Medida Provisória 1.113/1995, de criar um mecanismo destinado a proteger os Bancos estrangeiros contra a quebra de Bancos nacionais devedores de linhas de crédito destinadas ao financiamento às exportações brasileiras por via de ACCs.

Assim sendo, as circulares em questão, ainda que dispusessem sobre a mesma matéria que o § 4º do art. 75 da Lei 4.728/1965, teriam sido revogadas, e suas disposições, por conseguinte, não mais regulariam a matéria de que teriam tratado.

Mas, ainda que assim não se entenda (ou seja, tais circulares diriam respeito à matéria sob exame e se encontravam em vigor), e trazendo o argumento a seguir tão-somente para argumentar, pode-se indagar se o Banco Central do Brasil teria competência legal para regular questões atinentes à falência de instituições financeiras, criando mecanismos próprios e afastando ou modificando, assim, a legislação falimentar em vigor.

A resposta seria afirmativa caso esta competência fosse originalmente própria daquele órgão, segundo a lei que o criou, ou, ainda, caso se lhe houvesse sido atribuída expressamente *por meio de lei complementar*, dentro do regime da Constituição Federal de 1988. Mas absolutamente não é o que ocorreu. Nem a Lei 4.595/1964, criadora daquela autoridade monetária e instituidora de suas atribuições, nem lei complementar especial do Sistema Financeiro Nacional (que até hoje jamais foi promulgada) estabeleceram qualquer competência nesta área para aquela autarquia.

Desta forma, ao regular a forma da realização de pagamentos na falência de instituições financeiras, o Banco Central do Brasil extravasou o limite de sua competência, não se encontrando qualquer norma que o autorizasse a tanto seja na Lei 4.595/1964 (Lei do Sistema Financeiro Nacional), seja na Lei 6.024/1974 (que trata da intervenção e liquidação extrajudicial de instituições financeiras).

Tenha-se em conta, a propósito, que a Lei de Falências e de Recuperação de Empresas é regedora subsidiária da falência de instituições financeiras, nos termos do seu art. 197, que se remete, enquanto não modificada, à Lei 6.024/1974. Como, segundo afirmado no parágrafo anterior, esta lei não trata da falência de instituições financeiras, ela mesma no art. 34 remetia-se ao Decreto-lei 7.661/1945 na qualidade de norma subsidiária, tendo sido a Lei de Falências e de Recuperação de Empresas recepcionada pela Lei 6.024/1974.

Nestes termos, conclui-se que falece ao Banco Central competência originária ou especial para legislar sobre a restituição falimentar, encontrando-se equivocada na douta sentença da 2ª Vara de Falências e de Recuperações Judiciais a fundamentação em tal sentido.

Desta maneira, não há qualquer ligação entre a concessão de crédito aos Bancos nacionais por Bancos estrangeiros no financiamento à exportação por via de ACCs e o direito dos segundos à restituição, exceto pelos pontos já apresentados no item 2.3, acima.

3. Resposta aos quesitos apresentados

Segue-se a apresentação dos quesitos trazidos pelos Bancos, com as respostas correspondentes

1. Qual o tratamento conferido por lei ao crédito de Banco estrangeiro, na falência de Banco nacional, em relação aos recursos fornecidos de maneira vinculada por aquele para que o Banco nacional celebrasse com seus clientes exportadores contratos de adiantamento de câmbio?

Trata-se de uma hipótese autônoma de restituição falimentar, correspondente a um tratamento diferenciado, fundado na proteção direta dos Bancos estrangeiros, que, assim, ficam protegidos diante da quebra do Banco nacional devedor. Seu caráter excepcional decorre dos aspectos teleológicos que orientam as operações em causa. Isto diz respeito à necessidade da garantia permanente do acesso do setor bancário nacional a linhas de crédito internacionais. Indiretamente protege-se também a permanente existência de fontes externas de moeda estrangeira em benefício da economia nacional.

Neste sentido, tem toda razão o Ministério Público do Estado de São Paulo quando, em cota nos autos do Processo 05.065208-5/80 (referente ao pedido de restituição formulado pelo LandesBank Dresden na Massa Falida do Banco Santos S/A), afirmou *que nenhuma vinculação existe entre o provedor de "funding" e a empresa beneficiária final da linha de crédito*. Em conclusão acertada, afirma que a lei pretendeu claramente beneficiar o financiador externo, como expressão de uma política governamental.

Seu fundamento legal está no § 4º do art. 75 da Lei 4.728/1965 decorrente da nova redação introduzida pela Lei 9.450/1997. Esta hipótese de restituição é completamente desvinculada da anteriormente já existente no Direito Brasileiro, referida no § 3º do mesmo dispositivo legal; e, portanto, infensa aos seus condicionamentos.

2. As normas legais impõem, como condição ao direito à restituição de referidas quantias na falência do Banco nacional, que o contrato de adiantamento de câmbio celebrado entre o Banco nacional e o exportador seja cumprido pelo exportador e liquidado pelo importador ou pelo próprio exportador? Há alguma disposição legal que exige que os recursos adiantados pelo Banco nacional sejam arrecadados para que o Banco estrangeiro tenha direito à restituição?

Não, em ambos os casos. Para o Banco estrangeiro de forma alguma se coloca a questão da *performance* dos ACCs pelos exportadores junto ao Banco nacional. Deve-se entender que há algumas situações diversificadas nos §§ do art. 75 da Lei 4.728/1965. Entre elas a distinção verificada entre os §§ 3º e 4º. O primeiro diz respeito às relações do Banco nacional com seus clientes, e o outro àquelas concernentes aos Bancos estrangeiros diante do Banco nacional. Mas elas não se comunicam.

Desta forma, não há qualquer condição imposta ao Banco estrangeiro para que possa ter direito à restituição em tela, a não ser que, perante aquele, o Banco nacional haja declarado que o levantamento de tais recursos é destinado ao financiamento de exportações brasileiras.

Não existe qualquer exigência de arrecadação pelo síndico da falência (hoje, seu administrador judicial) de recursos pagos pelos exportadores aos Bancos nacionais para que a restituição prevista no § 4º do art. 75 da Lei 4.728/1965 tenha lugar.

3. É possível afirmar que a mera entrega pelas instituições financeiras estrangeiras ao Banco Santos S/A dos valores destinados ao financiamento de adiantamentos a contratos de câmbio faz nascer o

direito de restituição, independentemente de qualquer outra condição, ***inclusive a de efetivação do próprio adiantamento****, desde que caracterizada a vinculação do numerário entregue aos adiantamentos a contratos de câmbio a serem celebrados (indicação dos exportadores que receberiam os recursos mutuados)?*

Tal afirmação é inteiramente verdadeira. Conforme se verificou ao longo do estudo aqui feito, a lei exige tão-somente que haja uma *vinculação de intenções* entre os Bancos estrangeiros e os nacionais no sentido da aplicação dos recursos recebidos por estes em operações de financiamento à exportação.

Ou seja, reconhece-se, a partir do estudo acima efetuado, que as importâncias relativas às linhas de crédito externas recebidas pelos Bancos nacionais devem ser *direcionadas em confiança* para a concessão futura de ACCs pelos Bancos nacionais, conforme se depreende pela leitura conjunta dos §§ 4º e 2º do art. 75 da Lei 4.728/1965.

A respeito da afirmação destacada do parágrafo anterior, nunca se pode esquecer que não há qualquer estranheza em se conceder às instituições financeiras nacionais uma responsabilidade em confiança no sentido da destinação de recursos para o financiamento à exportação. Afinal de contas, a autorização para seu funcionamento condiciona-as ao atendimento da política outorgada ao Conselho Monetário Nacional quanto ao destino dos recursos de que elas fazem uso (Lei 4.728/1965, art. 3º, IV). O pano de fundo deste nível de responsabilidade das instituições financeiras é precisamente o art. 192, *caput*, da CF, onde está determinado que o Sistema Financeiro Nacional (do qual aquelas fazem parte integrante) foi estruturado para o fim de promover o desenvolvimento equilibrado do país e para servir aos interesses da coletividade.

De outro lado, a resposta à hipótese alternativa da segunda parte do quesito demanda algumas considerações, pela sua peculiaridade. No caso, cuida-se do levantamento de uma linha internacional de crédito pelo Banco nacional, a qual declaradamente deverá ser dirigida para o financiamento a exportadores brasileiros relacionados na solicitação feita ao Exterior dos recursos correspondentes. Embora a operação tenha sido feita sob estas circunstâncias, os ACCs não vieram a ser celebrados, seja porque o Banco nacional desviou as importâncias correspondentes, seja porque "quebrou" antes de dar andamento às operações em tela.

Ainda neste caso, tendo em conta os aspectos teleológicos voltados para a proteção dos Bancos estrangeiros e para a garantia do modelo em causa, entendemos que a restituição seja devida. No primeiro caso porque ao Banco estrangeiro falecem as condições para fiscalizar o Banco nacional quanto ao destino dos recursos a este concedidos. Na segunda hipótese porque ocorreu tão-somente um fator temporal que impediu a prática daquelas operações.

Mesmo porque, conforme se tem visto durante toda a presente exposição, não há ligação entre um e outro dos dois pedaços da operação econômica, um no plano externo, outro no âmbito interno.

4. O Banco Central do Brasil tem competência para estabelecer condições restritivas ao direito material dos Bancos estrangeiros à restituição estabelecido nos arts. 86, II, da Lei de Falências e de Recuperação de Empresas e 75, § 4º, da Lei de Mercado de Capitais?

O Banco Central do Brasil não tem a referida competência. A resposta neste sentido está centrada na análise sistemática das normas aplicáveis e – extremamente importante – na verificação da inconstitucionalidade das atribuições outorgadas ao Banco Central do Brasil pelo § 4º, *in fine*, do art. 75. Lembre-se que esta mudança foi feita pela Lei 9.450, de 14.3.1987, quando ainda se encontrava em vigor a redação original do art. 192 da CF de 1988. Ali se previa o requisito essencial da promulgação de *uma lei complementar* reguladora do Sistema Financeiro Nacional. Entre os objetivos expressos da lei complementar mencionada encontravam-se, no inciso IV, os relacionados às atribuições do banco central (com minúsculas). Tal tema já foi versado em diversas oportunidades pela jurisprudência contemporânea do STF. Desta maneira, a parte final do referido § 4º é inconstitucional, por haver criado indevidamente nova atribuição para o Banco Central do Brasil.

5. A Circular 2.632/1995 do Banco Central do Brasil impõe alguma condição ao direito dos Bancos estrangeiros à restituição? A referida circular regula a questão em análise?

Não impõe. E, mesmo que assim tivesse ocorrido, faltaria ao Banco Central competência legal para dispor a respeito do instituto da restituição, matéria privativa de lei complementar, conforme visto acima.

Conforme examinado, o foco daquele normativo estava em esclarecer a hierarquia dos dispêndios a serem feitos pela massa falida, inclusive no caso das restituições objeto deste parecer, ou seja, um rateio entre beneficiados que estejam colocados na mesma condição jurídica quando os recursos são insuficientes para a satisfação de todos.

Não há como deixar de reconhecer tratar-se de norma de natureza procedimental, e não de direito material.

6. Na hipótese de os recursos adiantados pelo Banco Santos não terem sido arrecadados ou, de alguma forma, recebidos ou recuperados pela massa falida, quais os recursos que deveriam ser utilizados para pagamento dos créditos dos Bancos estrangeiros passíveis de restituição?

Como se trata de restituição, devem ser utilizados quaisquer recursos encontrados em caixa e eventuais recursos originados da realização do ativo, tão-somente devendo ser preterido o direito dos credores estrangeiros ao pagamento dos créditos salariais trabalhistas de que já se falou, bem como das obrigações consideradas créditos extraconcursais, previstos no art. 84 da Lei de Falências e de Recuperação de Empresas.

É nossa opinião, s.m.j.

São Paulo, 9 de março de 2009.

* * *

RDM 147

DOUTRINA: A UNICIDADE DO REGRAMENTO JURÍDICO DAS SOCIEDADES LIMITADAS E O ART. 1.053 DO CC. USOS E COSTUMES E REGÊNCIA SUPLETIVA – PAULA A. FORGIONI • ***ATUALIDADES***: O ESTADO, A EMPRESA E O MERCADO – NOVAS TENDÊNCIAS DE DIREITO ECONÔMICO E COMERCIAL. Empresa em crise, reforma das legislações nacionais e implementação de políticas públicas. O direito a serviço do mercado - MANOEL JUSTINO BEZERRA FILHO • DO NEGÓCIO DE INTERMEDIAÇÃO: A INTERVENÇÃO DO AGENTE NOS CONTRATOS DE COMPRA E VENDA PELA INTERNET – FABRÍCIO GONÇALVES DE SOUZA SABINA • A RACIONALIDADE ECONÔMICA DO COMBATE AO *INSIDER TRADING*: ASSIMETRIA DE INFORMAÇÃO E DANO AO MERCADO – JOÃO PEDRO SCALZILLI e LUIS FELIPE SPINELLI • DA LIVRE PARTICIPAÇÃO, COMO REGRA, DE SOCIEDADE ESTRANGEIRA EM SOCIEDADE BRASILEIRA DE QUALQUER TIPO (CC, art. 1.134, segunda parte) – ERASMO VALLADÃO A. E N. FRANÇA e MARCELO VIEIRA VON ADAMEK • ELEIÇÃO DO CONSELHO DE ADMINISTRAÇÃO DA S/A: VOTO MÚLTIPLO E VOTOS FRACIONÁRIOS – JOSÉ MÁRIO BIMBATO • DIREITO DE RECESSO E AS ALTERAÇÕES INTRODUZIDAS PELAS LEIS NS. 9.457/1997 E 10.303/2001 – MARCEL GOMES BRAGANÇA RETTO • JUROS SOBRE O CAPITAL PRÓPRIO. NATUREZA JURÍDICA – FÁBIO FERREIRA LANZANA PEREIRA • DO UNIVERSO CAMBIÁRIO PARA O UNIVERSO OBRIGACIONAL: VIABILIDADE E REQUISITOS DO PROTESTO DE DOCUMENTOS DE DÍVIDA – SIMONE EBERLE • SINAIS DISTINTIVOS DA EMPRESA – NEWTON SILVEIRA • A RECUPERAÇÃO JUDICIAL: DISPOSIÇÕES GERAIS, PEDIDO E PROCESSAMENTO – DANIEL ADENSOHN DE SOUZA • A COMPENSAÇÃO NA FALÊNCIA: SUBCLASSE NO QUADRO GERAL DE CREDORES – VINÍCIUS JOSE MARQUES GONTIJO • ANÁLISE ECONÔMICA DA NOVA LEI BRASILEIRA DE FALÊNCIAS E RECUPERAÇÃO DE EMPRESAS – STEFANIA EUGENIA BARICHELLO • DISCUSSÃO SOBRE A INDENIZAÇÃO PUNITIVA NO BRASIL – RENATA DE PAIVA PUZZILLI COMIN e MARIANA GUIMARÃES BORBOREMA DE SOUSA • REGULAÇÃO DOS FUNDOS DE PENSÃO BRASILEIROS OU ENTIDADES FECHADAS DE PREVIDÊNCIA COMPLEMENTAR – RENATO BURANELLO e BRUNO CERQUEIRA • ***ESPAÇO DISCENTE***: MERCADO, DESENVOLVIMENTO ECONÔMICO E REGULAÇÃO INTERNACIONAL: O CASO DOS SERVIÇOS DE SEGURO – RAFAEL LIMA SAKR • ***JURISPRUDÊNCIA COMENTADA***: *AFFECTIO SOCIETATIS* – SOCIEDADE ANÔNIMA FECHADA – CRISTIANO GOMES DE BRITO • ***PARECERES***: RESTITUIÇÃO FALIMENTAR, EM CASO DE BANCOS ESTRANGEIROS, DE LINHAS DE CRÉDITO INTERNACIONAIS DESTINADAS AO FINANCIAMENTO À EXPORTAÇÃO CONCEDIDAS A BANCOS NACIONAIS CUJA QUEBRA FOI POSTERIORMENTE DECRETADA – HAROLDO MALHEIROS DUCLERC VERÇOSA

MALHEIROS EDITORES

Revista de Direito Mercantil

industrial, econômico e financeiro

vol.
148
out./dez. 2007

M